東洋古典國譯叢書 7

懸吐完譯

書經集傳 下

◉ 成百曉 譯註

傳統文化研究會

譯註者 略歷

忠南 禮山 出生
家庭에서 父親 月山公으로부터 漢文 修學
月谷 黃璟淵, 瑞巖 金熙鎭 先生 師事
民族文化推進會 國譯硏修院 修了
高麗大學校 敎育大學院 漢文敎育科 修了
한국고전번역원 부설 고전번역교육원 名譽漢學敎授(現)
傳統文化硏究會 副會長(現) 해동경사연구소 소장(現)
古典國譯賞 受賞

論文 및 譯書

〈艮齋의 性理說小考〉〈燕岩의 學問思想硏究〉
四書集註 ≪詩經集傳≫ ≪書經集傳≫ ≪周易傳義≫
≪古文眞寶≫ ≪牛溪集≫ 등 數十種 國譯
≪宣祖實錄≫ ≪宋子大全≫ ≪茶山集≫ ≪退溪集≫ 등 共譯

凡 例

1. 本書는 東洋古典國譯叢書의 한 책이다.
2. 本書는 內閣本(諺解本 포함)을 國譯臺本으로 하고, 陳師凱의 《蔡傳旁通》·林之奇의 《尙書全解》·蘇軾의 《蘇長公書傳》·呂祖謙의 《東萊書說》과 日本의 漢文大系本 및 우리나라의 經學資料集成(書經)을 參考하여 上下 2冊으로 飜譯하였다.
3. 原文 理解의 도움을 위하여 懸吐하였다.
   本文의 吐는 官本 諺解의 吐를 위주로 하고 다만 必要에 따라 調整하였다.
   集傳의 吐는 譯註者가 懸吐하였다.
4. 飜譯은 原義에 充實하게 하여 原典講讀에 도움이 되도록 하였다.
5. 譯註는 重要한 出典이나 難解한 文脈과 妥當性이 있다고 여겨지는 異說 및 誤脫字를 對象으로 하였고, 原文의 難解字는 字義를 下段에 실었다.
6. 本文의 誤字, 假借字 등은 다음 符號를 使用하였다.
   誤字의 例 : 天秩有禮하시니 自我五禮하사 (有)(誤字)〔五〕(正字)를 庸哉하소서
   假借字의 例 : 克明俊(峻)德
7. 原文中 本文과 集傳은 活字의 大小로 區分하고 飜譯文도 이에 따랐다.
   各篇別로 일련번호를 붙여 구분하였다.
8. 本書의 理解를 돕고자 上卷 끝에 書傳圖(內閣本)를 附錄하였다.
9. 書經 小序를 書傳圖 뒤에 실었으며 이외에도 逸書 등이 있어 '尙書百篇'으로 전해오는바, 今古文의 수록 상태를 파악하기 위하여 異同表를 附錄하여 참고하게 하였다.
10. 本書의 使用 符號는 다음과 같다.
    〈 〉: 補充譯 및 篇名　　( ) : 間註 및 參考事項
    《 》: 書名　　〔 〕: 參考原語 및 漢字
    , : 原文에서는 同格羅列

目 次

〈上卷〉

附錄

〈下卷〉

書經集傳 卷六

周 書

周는 文王國號니 後에 武王이 因以爲有天下之號하시니 書凡三十二篇이라

周는 文王의 國名이니, 뒤에 武王이 인하여 天下를 所有한 칭호로 삼았다. 周書는 모두 32篇이다.

泰誓 上

泰는 大(太)同이니 國語에 作大하니라 武王伐殷하신대 史錄其誓師之言하니 以其大會孟津일새 編書者因以泰誓名之하니라 上篇은 未渡河作이요 後二篇은 旣渡河作이라 今文無, 古文有하니라

○ 按伏生二十八篇에 本無泰誓러니 武帝時에 僞泰誓出하여 與伏生今文書로 合爲二十九篇이라 孔壁書雖出이나 而未傳於世라 故로 漢儒所引은 皆用僞泰誓니 如曰 白魚入于王舟, 有火復于王屋[1]流爲烏니 太史公記周本紀에도 亦載其語라 然僞泰誓는 雖知剽竊經傳所引이로되 而古書亦不能盡見이라 故로 後漢馬融이 得疑其僞하여 謂泰誓는 按其文컨대 若淺露하고 吾又見書傳이 多矣나 所引泰誓而不在泰誓者甚多라하더니 至晉孔壁古文書行하여 而僞泰誓始廢하니라

○ 吳氏曰 湯武皆以兵受命이나 然湯之辭는 裕하고 武王之辭는 迫하며 湯之數桀也는 恭하고 武之數紂也는 傲하니 學者不能無憾이라 疑其書之晩出하여 或非盡當時之本文也니라

泰는 大(太)와 같으니, 《國語》에는 大로 되어 있다. 武王이 殷을 정벌하니, 史官이 군사들에게 맹세한 말씀을 기록하였는데, 孟津에서 크게 모였으

므로 책을 엮는 자가 인하여 泰誓라고 이름하였다. 上篇은 河水를 건너기 전에 지은 것이고, 뒤의 두 篇은 이미 河水를 건넌 뒤에 지은 것이다. 今文에는 없고 古文에는 있다.

○ 살펴보건대, 伏生의 28篇에는 본래 〈泰誓〉가 없었는데, 武帝 때에 僞泰誓(僞作泰誓)가 나와서 伏生의 今文書經과 합하여 29篇이 되었다. 孔壁의 책이 비록 나왔으나 세상에 전해지지 않았으므로 漢儒들이 인용한 것은 모두 僞泰誓였으니, 예를 들면 '흰 물고기가 王의 배에 들어왔다'는 것과 '불이 王이 머물고 있는 집의 지붕으로 돌아왔다가 흘러가 까마귀가 되었다.'는 것이니, 太史公이 〈周本紀〉를 기록할 때에도 또한 이 말을 기재하였다. 그러나 僞泰誓가 비록 經傳에 인용한 것을 표절한 것임을 알았으나 옛책을 또한 다 볼 수 없으므로 後漢의 馬融은 僞作임을 의심하여 이르기를 "〈泰誓〉는 그 글을 살펴보면 너무 淺近하고 드러난 듯하며, 내가 또 《書傳》을 본 것이 많으나 〈泰誓〉라고 인용하였는데 〈泰誓〉에 들어 있지 않은 것이 매우 많다." 하였다. 그러다가 晉나라때 孔壁의 古文書經이 행해짐에 이르러 僞泰誓가 비로소 폐지되었다.

○ 吳氏가 말하였다. "湯王·武王이 모두 武力으로 天命을 받았으나 湯王의 말은 너그럽고 武王의 말은 박절하며, 湯王이 桀王의 죄를 열거한 것은 공손하고 武王이 紂王의 죄를 열거한 것은 오만하니, 배우는 자가 유감이 없지 못하다. 생각하건대 이 글이 늦게 나와서 혹 다 당시의 本文은 아닌 듯하다."

譯註 1. 白魚入于王舟 有火復于王屋：殷나라는 白色을 숭상하였으므로 白魚가 王의 배에 들어온 것은 周나라가 殷나라를 이길 조짐이며, 王屋은 王이 머물고 있는 집으로 武王이 天子가 될 象이라 한다.

1. 惟十有三年春에 大會于孟津하시다

13년 봄에 孟津에서 크게 모였다.

十三年者는 武王卽位之十三年也라 春者는 孟春建寅之月也라 孟津은 見禹貢하니라

○ 按漢孔氏言 虞芮質成이 爲文王受命改元之年이니 凡九年而文王崩하고 武王立二年而觀兵하고 三年而伐紂하니 合爲十有三年이라하니 此皆惑於僞書泰誓之文하여 而誤解九年大統未集與夫觀政于商之語也라 古者에 人君卽位면 則稱元年하여 以計其在位之久近하니 常事也라 自秦惠文始改十四年하여 爲後元年하고 漢文帝亦改十七年하여 爲後元年하니 自後로 說春秋에 因以改元爲重이라 歐陽氏曰 果重事歟아 西伯卽位하여 已改元年하니 中間不宜改元而又改元이요 至武王卽位하여 宜改元而反不改元하고 乃上冒先君之元年하여 幷其居喪하여 稱十一年하고 及其滅商而得天下하여는 其事大於聽訟이 遠矣로되 而又不改元하니 由是言之컨대 謂文王受命改元과 武王冒文王之元年者는 皆妄也라 歐陽氏之辨이 極爲明著라 但其曰十一年者는 亦惑於書序十一年之誤也니 詳見序篇하니라 又按 漢孔氏以春爲建子之月이라하니 蓋謂三代改正朔에 必改月數요 改月數면 必以其正으로 爲四時之首라 序에 言一月戊午라하니 旣以一月爲建子之月이요 而經又係之以春이라 故로 遂以建子之月爲春이라 夫改正朔하고 不改月數는 於太甲에 辨之詳矣요 而四時改易은 尤爲無藝하니 冬不可以爲春이요 寒不可以爲暖은 固不待辨而明也라 或曰 鄭氏箋詩에 維莫(暮)之春은 亦言周之季春이니 於夏에 爲孟春이라하니 曰 此漢儒承襲之誤耳라 且臣工詩에 言 維莫之春이어늘 亦又何求오 如何新畬오 於(오)皇來牟 將受厥明이라하니 蓋言暮春則當治其新畬矣니 今如何哉아 然牟麥將熟이면 可以受上帝之明賜라하니 夫牟麥將熟이면 則建辰之月이니 夏正季春이 審矣라 鄭氏於詩에 且不得其義하니 則其攷之固不審也라 不然則商以季冬爲春하고 周以仲冬爲春하여 四時反逆하여 皆不得其正하리니 豈三代聖人奉天之政乎아

13년은 武王이 卽位한 13년이다. 봄은 孟春인 建寅月이다. 孟津은 〈禹貢〉에 보인다.

○ 살펴보건대, 漢나라 孔氏가 말하기를 "虞·芮가 質正하여 화평한 것이 文王이 天命을 받아 改元한 해였으니, 무릇 9년만에 文王이 崩하였고, 武王이 즉위한 지 2년만에 觀兵하였고, 3년만에 紂王을 정벌하였으니, 합하여 13

芮 : 물가 예　冒 : 무릅쓸 모　藝 : 기준할 예　箋 : 주낼 전　畬 : 밭일굴 여

년이다." 하였다. 이것은 모두 僞泰誓의 글에 혹하여 "9년에 大統을 이루지 못했다."는 것과 "商나라에 政事를 관찰했다."는 말을 잘못 해석한 것이다. 옛날에 인군이 즉위하면 元年을 칭하여 在位의 오래고 짧음을 계산하였으니, 이는 떳떳한 일이다. 秦나라 惠文王으로부터 처음으로 14년을 고쳐 後元年이라 하였고, 漢나라 文帝 또한 17년을 고쳐 後元年이라 하였으니, 이후로 春秋(史冊)를 말할 적에 인하여 改元을 중요한 일로 여기게 되었다.

歐陽氏(歐陽脩)가 말하기를 "과연 이것이 중요한 일인가? 西伯이 卽位하여 이미 元年을 고쳤으니, 중간에 改元을 해서는 안되는데 또 改元을 하였고, 武王이 즉위함에 이르러서는 마땅히 改元해야 하는데 도리어 改元하지 않고는 위로 先君의 元年을 무릅써서 居喪한 기간까지 아울러 11년이라 칭하였고, 商나라를 멸하여 天下를 얻음에 이르러는 그 일이 訟事를 다스린 것보다 重大함이 월등한데도 또 改元하지 않았으니, 이로 말미암아 말한다면 文王이 天命을 받아 改元했다는 것과 武王이 文王의 元年을 무릅썼다는 것은 다 망령된 것이다." 하였으니, 歐陽氏의 辨論이 지극히 분명하고 드러난다. 다만 11년이라고 말한 것은 또한 書序의 11년의 잘못에 현혹된 것이니, 序篇에 자세히 보인다.

또 살펴보건대, 漢나라 孔氏는 "봄은 建子月이다." 하였으니, 이는 三代가 正朔을 고칠 적에 반드시 月數를 고쳤을 것이요, 月數를 고쳤으면 반드시 그 正月을 四時의 머리로 삼았을 것이라 여긴 것이다. 序에 '1月 戊午'라 하였으니, 이미 1월을 建子月이라고 여겼으며, 經文에 또 봄이라고 달았으므로 마침내 建子月을 봄이라고 여긴 것이다. 正朔만 고치고 月數를 고치지 않은 것은 〈太甲〉에서 변론하기를 자세히 하였으며, 四時를 改易함은 더더욱 의리가 없으니, 겨울을 봄이라고 할 수 없고 추운 것을 따뜻하다고 할 수 없음은 진실로 변론하기를 기다리지 않아도 自明한 것이다.

혹자는 말하기를 "鄭氏가 詩를 해석함에 '維暮之春'은 또한 周나라의 季春을 말한 것이라고 하였으니, 이는 夏나라에 있어서는 孟春이 된다."라고 한다. 그러나 이는 漢儒들이 잘못 이어온 오류일 뿐이다. 또 〈臣工〉詩에 "늦은 봄이 되었으니, 또한 무엇을 챙겨야 하나. 새로 개간한 밭을 어찌할까. 아! 훌륭한 보리 장차 밝게 주심을 받겠다." 하였으니, 이는 暮春이 되면 마땅히 새로 개간한 밭을 다스려야 할 것이니, 지금 어찌할까? 그러나 牟麥이 장차 성숙하면 上帝가 밝게 주시는 것을 받을 수 있다고 말한 것이다. 牟麥이 장차 성숙하였다면 建辰月이니, 夏正의 季春임이 분명하다. 鄭

氏는 詩에서도 그 뜻을 얻지 못했으니, 고찰함이 진실로 자세하지 못하다. 그렇지 않다면 商나라는 季冬을 봄이라 하고 周나라는 仲冬을 봄이라 하여, 四時가 뒤집어지고 거슬려 모두 그 바름을 얻지 못할 것이니, 어찌 三代의 聖人들이 하늘을 받드는 政事이겠는가.

2. 王曰 嗟我友邦冢君과 越我御事庶士아 明聽誓하라

王이 말씀하였다. "아! 우리 友邦의 冢君과 나의 御事와 庶士들아. 분명히 맹세하는 말을 들어라.

王曰者는 史臣追稱之也라 友邦은 親之也요 冢君은 尊之也라 越은 及也라 御事는 治事者요 庶士는 衆士也니 告以伐商之意하고 且欲其聽之審也라

王曰은 史臣이 追後에 칭한 것이다. 友邦은 친하게 여김이요, 冢君은 높임이다. 越은 및이다. 御事는 일을 다스리는 자이고, 庶士는 여러 軍士들이니, 商나라를 정벌하는 뜻을 告하고 또 듣기를 자세히 하고자 한 것이다.

3. 惟天地는 萬物父母요 惟人은 萬物之靈이니 亶聰明이 作元后요 元后作民父母니라

天地는 萬物의 父母이고, 사람은 萬物의 靈長이니, 진실로 聰明한 자가 元后가 되고 元后가 백성의 부모가 된다.

亶은 誠實無妄之謂니 言聰明出於天性然也라 大哉라 乾元이여 萬物資始하고 至哉라 坤元이여 萬物資生하니 天地者는 萬物之父母也라 萬物之生에 惟人이 得其秀而靈하여 具四端하고 備萬善하여 知覺이 獨異於物이요 而聖人은 又得其最秀而最靈者라 天性聰明하여 無待勉强하여 其知先知하고 其覺先覺하여 首出庶物이라 故로 能爲大君於天下니 而天下之疲癃殘疾이 得其生하고 鰥寡孤獨이 得其養하여 擧萬民之衆이 無一而不得其所焉하니

冢 : 클 총 越 : 및 월 亶 : 진실로 단 癃 : 병들 륭 鰥 : 홀아비 환

則元后者는 又所以爲民之父母也라 夫天地生物而厚於人하고 天地生人而厚於聖人하니 其所以厚於聖人者는 亦惟欲其君長乎民하여 而推天地父母斯民之心而已라 天之爲民이 如此하니 則任元后之責者 可不知所以作民父母之義乎아 商紂失君民之道라 故로 武王發此하시니 是雖一時誓師之言이나 而實萬世人君之所當體念也니라

亶은 성실하여 망령됨이 없음을 이르니, 聰明이 天性에서 나옴을 말한 것이다. 위대하다. 乾元이여! 萬物이 資賴하여 시작하고, 지극하다. 坤元이여! 萬物이 依賴하여 태어나니, 天地는 萬物의 父母인 것이다. 萬物이 생겨날 적에 오직 사람만이 그 빼어남을 얻어 영특해서 四端을 구비하고 萬善을 갖추어 知覺이 유독 물건과 다르며 聖人은 또 가장 빼어남을 얻어 가장 영특하다. 天性이 聰明하여 勉强함을 기다리지 아니하여 그 앎이 먼저 알고 그 깨달음이 먼저 깨달아 庶物 중에 으뜸으로 나온다. 그러므로 天下에 大君이 되는 것이니, 天下의 疲弊하고 殘疾한 자가 그 삶을 얻고 鰥·寡·孤·獨이 그 길러줌을 얻어서 온 萬民의 무리가 한 사람이라도 살 곳을 얻지 못함이 없다. 그렇다면 元后는 또 백성의 부모가 되는 것이다.

天地가 萬物을 낼 적에 사람에게 후하게 하고, 天地가 사람을 낼 적에 聖人에게 후하게 하였으니, 聖人에게 후하게 한 까닭은 또한 백성들에게 君長이 되어서 天地가 이 백성을 부모처럼 사랑하는 마음을 미루게 하고자 할 뿐이다. 하늘이 백성을 위함이 이와 같으니, 元后의 책임을 맡은 자가 백성의 부모가 된 意義를 알지 않을 수 있겠는가. 商王 紂가 백성들에게 君主가 된 도리를 잃었으므로 武王이 이것을 말씀하였으니, 이는 비록 한때 군사들에게 맹세한 말씀이나 실로 萬世의 人君이 마땅히 體念해야 할 것이다.

4. 今商王受 弗敬上天하며 降災下民하나니다

지금 商王 受가 上天을 공경하지 않고 下民들에게 재앙을 내리고 있다.

受는 紂名也라 言紂慢天虐民하여 不知所以作民父母也라 慢天虐民之實은 卽下文所云也라

受는 紂王의 이름이다. 紂王이 하늘에 不敬하고 백성들을 학대하여 백성의 부모가 된 것을 알지 못함을 말한 것이다. 하늘에 不敬하고 백성을 학대한 실제는 곧 下文에 말한 것이다.

5. 沈湎冒色하여 敢行暴虐하여 罪人以族하고 官人以世하며 惟宮室臺榭陂池侈服으로 以殘害于爾萬姓하며 焚炙忠良하며 刳剔孕婦한대 皇天이 震怒하사 命我文考하사 肅將天威하시니 大勳을 未集하시니라

술에 빠지고 女色에 혼란해서 감히 포학함을 행하여, 사람을 죄주되 親族에까지 미치고 사람을 벼슬시키되 대대로 하며, 宮室과 臺榭와 陂池와 사치한 의복으로 너희 萬姓들을 殘害하며, 忠良을 불태워 죽이고, 아이밴 부인의 배를 갈라 보니, 皇天이 震怒하여 우리 文考에게 命하시어 엄숙히 하늘의 위엄을 받들어 행하게 하셨는데, 大勳을 이루지 못하셨다.

沈湎은 溺於酒也요 冒色은 冒亂女色也라 族은 親族也니 一人有罪면 刑及親族也라 世는 子弟也니 官使를 不擇賢才하고 惟因父兄而寵任子弟也라 土高曰臺요 有木曰榭라 澤障曰陂요 停水曰池라 侈는 奢也라 焚炙은 炮烙刑之類요 刳剔은 割剝也라 皇甫謐云 紂剖比干妻하여 以視其胎라하니 未知何據라 紂虐害無道如此라 故로 皇天震怒하여 命我文王하사 敬將天威하여 以除邪虐이어시늘 大功未集에 而文王崩이라 愚謂 大勳은 在文王時에 未嘗有意요 至紂惡貫盈하여 武王伐之시나 敍文王之辭에 不得不爾니 學者當言外得之니라

沈湎은 술에 빠짐이요, 冒色은 女色에 혼란함이다. 族은 親族이니, 한 사람이 罪가 있으면 刑罰이 親族에까지 미치는 것이다. 世는 子弟이니 벼슬

湎：빠질 면　榭：누대 사　陂：제방 피　炙：구울 적　刳：쪼갤 고
剔：뼈발라낼 척　炮：구울 포　烙：지질 락　謐：편안할 밀

을 시키고 부림에 賢才를 가리지 않고 오직 父兄으로 인하여 子弟들을 寵任하는 것이다. 흙이 높은 것을 臺라 하고, 나무가 있는 것을 榭라 한다. 못을 막은 것을 陂라 하고, 물이 고여 있는 것을 池라 한다. 侈는 사치함이다. 焚炙은 炮烙의 형벌 따위이며, 刳剔은 배를 가르는 것이다. 皇甫謐이 이르기를 "紂王이 比干의 아내를 해부하여 그 胎를 보았다." 하였으니, 무엇을 근거했는지 알 수 없다. 紂王의 虐害하고 無道함이 이와 같았으므로 皇天이 震怒하여 우리 文王을 命하시어 공경히 하늘의 위엄을 받들어 사악한 자를 제거하게 하셨는데, 大功을 이루기 전에 文王이 崩하였다. 내가 생각하건대 大勳은 文王의 때에는 일찍이 뜻이 있지 않았고, 紂王의 죄악이 관통하여 가득 차서 武王이 정벌한 것이다. 그러나 文王을 서술하는 말에는 이렇게 하지 않을 수 없는 것이니, 배우는 자가 마땅히 말 밖에서 얻어야 할 것이다.

6. 肆予小子發이 **以爾友邦冢君**으로 **觀政于商**하니 **惟受罔有悛心**하여 **乃夷居**하여 **弗事上帝神祇**하며 **遺厥先宗廟**하여 **弗祀**하여 **犧牲粢盛**이 **旣于凶盜**어늘 **乃曰吾有民有命**이라하여 **罔懲其侮**하나다

이러므로 나 小子 發이 너희 友邦의 冢君들을 데리고 商나라의 政事를 살펴보니, 受(紂王)가 改悛할 마음이 없어서 걸터앉아 거하여 上帝와 神祇를 섬기지 않고, 先祖의 宗廟를 버려 祭祀하지 아니하여 犧牲과 粢盛을 흉악한 도적에게 이미 모두 빼앗겼는데도 말하기를 '내 백성을 소유하고 天命을 소유했다' 하여, 업신여김을 징계하지 않는구나.

肆는 故也라 觀政은 猶伊尹所謂萬夫之長에 可以觀政이라 八百諸侯 背商歸周면 則商政可知라 先儒以觀政爲觀兵하니 誤矣라 悛은 改也라 夷는 蹲踞也라 武王言 故我小子 以爾諸侯之向背로 觀政之失得於商이러니

肆 : 그러므로 사 悛 : 고칠 전 夷 : 걸터앉을 이 粢 : 곡식 자 蹲 : 걸터앉을 준

今諸侯背叛이 旣已如此어늘 而紂無有悔悟改過之心하고 夷踞而居하여 廢上帝百神宗廟之祀하여 犧牲粢盛以爲祭祀之備者 皆盡于凶惡盜賊之人하니 卽箕子所謂攘竊神祇之犧牷牲者也라 受之慢神이 如此어늘 乃謂我有民社하고 我有天命이라하여 而無有懲戒其侮慢之意라

肆는 故(이러므로)이다. 觀政은 伊尹이 말한 "萬夫의 우두머리에 政事를 관찰한다."는 것과 같다. 8백 諸侯가 商나라를 배반하고 周나라로 돌아왔다면 商나라의 政事를 알 만하다. 先儒가 觀政을 觀兵이라 하였으니, 잘못이다. 悛은 고침이다. 夷는 걸터앉음이다. 武王이 말씀하기를 "이러므로 나 소자가 너희 諸侯들의 向背로써 政事의 得失을 商나라에 관찰하였더니, 이제 諸侯들의 배반함이 이미 이와 같은데도 紂王이 뉘우쳐 깨닫고 改過하려는 마음이 없고, 걸터앉아 거하여 上帝와 百神과 宗廟의 祭祀를 폐하여, 犧牲과 粢盛으로서 祭祀에 갖추어야 하는 것들을 흉악한 도적들에게 모두 빼앗기니, 이는 곧 箕子가 말한 '神祇의 犧牷한 牲을 훔쳐갔다.'는 것이다. 受가 神을 不敬함이 이와 같은데도 '내가 백성과 社稷을 소유하고 내가 天命을 소유했다.'고 말하여, 그 업신여기고 오만한 뜻을 懲戒함이 없다."고 한 것이다.

7. 天佑下民하사 作之君, 作之師하심은 惟其克相上帝하여 寵綏四方이시니 有罪無罪에 予는 曷敢有越厥志호리오

하늘이 下民들을 도우시어 君主를 만들고 스승을 만드심은 능히 上帝를 도와 四方을 사랑하고 편안하게 하신 것이니, 罪가 있는 자를 토벌하고 罪가 없는 자를 용서함에 내 어찌 감히 그 마음을 잘못함이 있겠는가.

佑는 助요 寵은 愛也라 天助下民하여 爲之君以長之하고 爲之師以敎之하시니 君師者는 惟其能左右上帝하여 以寵安天下니 則夫有罪之當討와 無罪之當赦에 我何敢有過用其心乎아 言一聽於天而已라

佑는 도움이요, 寵은 사랑함이다. 하늘이 下民들을 도우시어 君主를 만들어 長이 되게 하고 스승을 만들어 가르치게 하셨으니, 君主와 스승은 능히

上帝를 左右(보필)하여 天下를 사랑하고 편안하게 하여야 할 것이니, 죄가 있는 자를 마땅히 토벌하고 죄가 없는 자를 마땅히 사면함에 내 어찌 감히 그 마음을 잘못 씀이 있겠는가. 이는 한결같이 하늘을 따를 뿐임을 말씀한 것이다.

8. 同力커든 度(탁)德하고 同德커든 度義[1]하리니 受有臣億萬하나 惟億萬心이어니와 予有臣三千하니 惟一心이니라

힘이 같을 경우에는 德을 헤아리고, 德이 같을 경우에는 義를 헤아리니, 受는 臣下 億萬이 있으나 마음이 億萬으로 다르거니와 나는 臣下 3천 명이 있는데 한 마음이다.

譯註 1. 同力度德 同德度義 : 德은 평소 행실의 善惡을 말하고 義는 일의 是非와 曲直을 말한 것으로, 힘이 같을 경우에는 평소 행실의 善惡을 살펴보고, 평소의 행실 역시 비슷할 경우에는 현재 하는 일의 是非와 曲直을 살펴봄을 이른다.

度은 量度也라 德은 得也니 行道有得於身也라 義는 宜也니 制事達時之宜也라 同力度德, 同德度義는 意古者兵志之詞니 武王이 擧以明伐商之必克也라 林氏曰 左氏襄三十一年에 魯穆叔曰 年鈞擇賢하고 義鈞以卜이라하고 昭二十六年에 王子朝曰 年鈞以德하고 德鈞以卜이라하니 蓋亦擧古人之語니 文勢正與此同이라 百萬曰億[1]이라 紂雖有億萬臣이나 而有億萬心하니 衆叛親離하여 寡助之至에 力且不同하니 況德與義乎아

度은 헤아림이다. 德은 얻음이니, 道를 행하여 몸에 얻음이 있는 것이다. 義는 마땅함이니, 일을 함에 때의 마땅함에 통달하는 것이다. 힘이 같을 경우에는 德을 헤아리고 德이 같을 경우에는 義를 헤아리라는 것은 짐작컨대 옛날 兵志(兵書)의 말인데 武王이 군대를 동원하여 商나라를 정벌함에 반드시 이길 수 있음을 밝힌 것인 듯하다.

林氏가 말하였다. "《左氏傳》 襄公 31년에 魯나라 穆叔이 말하기를 '나이가 똑같을 경우에는 어진이를 가리고, 義가 똑같을 경우에는 占卦로 가린다.' 하였고, 昭公 26년에 王子 朝가 말하기를 '나이가 똑같을 경우에는 德

으로 선발하고, 德이 똑같을 경우에는 占卦로 선발한다.' 하였으니, 이 또한 옛사람의 말을 든 것이니, 文勢가 바로 이와 같다."

百萬을 億이라 한다. 紂王이 비록 億萬 명의 臣下가 있으나 마음이 억만으로 다르니, 무리가 배반하고 친척이 떠나서 돕는 이가 적음이 지극함에 힘도 같지 않으니, 하물며 德과 義에 있어서랴.

譯註 1. 百萬曰億 : 古代에는 十萬을 億이라 하다가 秦나라 이후 현재의 億 單位인 萬萬을 지칭하게 되었으며 百萬을 億이라 한 경우는 찾아보기 어려우므로 이 역시 十萬을 가리킨 것으로 보인다. 그러나 후세에는 十萬·百萬·千萬·萬萬을 모두 가리키기도 하였다.

9. 商罪貫盈이라 天命誅之하시나니 予弗順天하면 厥罪惟鈞하리라

商나라의 죄가 貫通하여 가득하기에 하늘이 命하여 誅伐하게 하시니, 내가 하늘의 뜻을 순종하지 않으면 그 罪가 紂王과 같을 것이다.

貫은 通이요 盈은 滿也니 言紂積惡如此라 天命誅之하시니 今不誅紂면 是長惡也니 其罪豈不與紂鈞乎아 如律에 故縱者도 與同罪也라

貫은 관통함이요 盈은 가득함이니, "紂王이 惡을 쌓은 것이 이와 같다. 그리하여 하늘이 命하여 誅伐하게 하시니, 이제 紂王을 誅伐하지 않으면 이는 惡을 助長함이니, 그 罪가 어찌 紂王과 같지 않겠는가." 라고 말한 것이다. 이는 刑律에 고의로 罪人을 놓아준 자도 그 罪人과 똑같이 처벌하는 것과 같다.

10. 予小子는 夙夜祗懼하여 受命文考하여 類于上帝하며 宜于冢土하여 以爾有衆으로 底(지)天之罰하노라

나 小子는 밤낮으로 공경하고 두려워하여 文考에게 명령을 받아 上

鈞 : 고를 균　祗 : 공경할 지　底 : 이를 지

帝에게 類祭祀를 지내고 冢土에 宜祭祀를 지내고서 너희 무리를 데리고 하늘의 벌을 이루려 하노라.

底는 致也라 冢土는 大社也니 祭社曰宜라 上文에 言縱紂不誅면 則罪與紂鈞이라 故로 此言予小子 畏天之威하여 早夜敬懼하여 不敢自寧하여 受命于文王之廟하여 告于天神地祇하여 以爾有衆으로 致天之罰於商也라 王制曰 天子將出에 類乎上帝하고 宜乎社하고 造乎禰라하니 受命文考는 卽造乎禰也라 王制는 以神尊卑爲序어늘 此先言受命文考者는 以伐紂之擧가 天本命之文王이니 武王이 特稟文王之命하여 以卒其成功而已니라

底는 이룸이다. 冢土는 大社이니, 社에 祭祀함을 宜라 한다. 上文에는 紂王을 놓아주고 誅伐하지 않으면 罪가 紂王과 같음을 말하였다. 그러므로 여기서는 "나 小子가 하늘의 위엄을 두려워하여 밤낮으로 공경하고 두려워해서 감히 스스로 편안하지 못하여 文王의 祠堂에서 命을 받아 天地神明에게 告由하고서 너희 무리들을 데리고 하늘의 벌을 商나라에 이루려 한다." 고 말한 것이다. 〈王制〉에 "天子가 장차 出動할 때는 上帝에게 類祭祀를 지내고 社에 宜祭祀를 지내고 아버지 사당에 나간다." 하였으니, 文考에게 命을 받음은 곧 아버지 사당에 나간 것이다. 〈王制〉는 神의 尊卑로 차례를 삼았는데 여기서는 먼저 文考에게 명령을 받았다고 말한 것은 紂王을 정벌하는 일을 하늘이 본래 文王에게 命했으니, 武王은 단지 文王의 命을 받아서 그 성공을 마쳤을 뿐이기 때문이다.

11. 天矜于民이라 民之所欲을 天必從之하시나니 爾尙弼予一人하여 永淸四海하라 時哉라 弗可失이니라

하늘이 백성들을 가엾게 여기시어 백성들이 하고자 하는 바를 하늘이 반드시 따르시니, 너희들은 부디 나 한 사람을 보필하여 四海를 길이 맑게 하라. 이 때를 놓쳐서는 안된다."

禰 : 아버지사당 녜

天矜憐於民하여 民有所欲을 天必從之하시나니 今民欲亡紂如此하면 則天意可知라 爾庶幾輔我一人하여 除其邪穢하여 永淸四海하라 是乃天人合應之時니 不可失也니라

하늘이 백성들을 불쌍히 여겨 백성들이 하고자 하는 바가 있으면 하늘이 반드시 따르니, 이제 백성들이 紂王을 멸망하고자 함이 이와 같다면 하늘의 뜻을 알 수 있다. 너희들은 부디 나 한 사람을 보필하여 사악하고 더러움을 제거해서 四海를 길이 맑게 하라. 이는 바로 하늘과 인간이 합하여 응하는 때이니, 이 때를 잃어서는 안된다.

泰誓 中

1. 惟戊午에 王이 次于河朔커시늘 群后以師畢會한대 王이 乃徇師而誓하시다

戊午日에 王이 河北에 머물러 계시니, 여러 諸侯들이 군대를 거느리고 다 모였다. 이에 王은 군대를 徇行하며 다음과 같이 맹세하였다.

次는 止요 徇은 循也라 河朔은 河北也라 戊午는 以武成考之하면 是一月二十八日[1]이라

次는 머무름이요, 徇은 순행함이다. 河朔은 河北이다. 戊午는 〈武成〉으로 상고해 보면 1월 28일이다.

譯註 1. 戊午 … 一月二十八日 : 아래 〈武成〉에 '惟一月壬辰旁死魄'이라 하였는바, 旁死魄은 初二日이니 초하루는 辛卯日이 되며 辛卯日로부터 戊午日까지는 28일이 되므로 말한 것이다.

2. 曰 嗚呼라 西土有衆아 咸聽朕言하라

"아! 西土(서쪽 지방)의 무리들아. 모두 내 말을 들어라.

周都豊鎬하여 其地在西하니 從武王渡河者 皆西方諸侯라 故曰 西土有衆이라하니라

周나라는 豊·鎬에 도읍하여 그 땅이 서쪽에 있으니, 武王을 따라 黃河를 건너온 자가 모두 西方의 諸侯였다. 그러므로 西土有衆이라 한 것이다.

3. 我聞吉人은 爲善호되 惟日不足이어든 凶人은 爲不善호되 亦惟日不足이라하니 今商王受 力行無度하여 播棄犂老하고 昵比罪人하며 淫酗肆虐한대 臣下化之하여 朋家作仇하여 脅權相滅한대 無辜籲天하여 穢德이 彰聞하니라

내 들으니, '吉한 사람은 善行을 하되 날마다 부족하게 여기거늘 凶한 사람은 날마다 不善을 하되 또한 날마다 부족하게 여긴다.' 하였다. 지금 商王 受가 法度가 없는 일을 힘써 행하여 노인들을 버리고 罪人들을 가까이하며, 음탕하고 술주정하여 사나움을 부리니, 臣下들이 이에 化하여 집집마다 朋黨을 지어 원수가 되어서 권세를 빌어 위협하여 서로 멸하니, 죄 없는 자들이 하늘에 부르짖어 더러운 德이 위에 드러나 알려졌다.

惟日不足者는 言終日爲之而猶爲不足也라 將言紂力行無度라 故로 以古人語發之라 無度者는 無法度之事라 播는 放也라 犂는 黧通이니 黑而黃也니 微子所謂耄遜于荒이 是也라 老成之臣은 所當親近者어늘 紂乃放棄之하고 罪惡之人은 所當斥逐者어늘 紂乃親比之라 酗는 醉怒也라 肆는 縱也라 臣下亦化紂惡하여 各立朋黨하여 相爲仇讐하여 脅上權命하여 以相誅滅하여 流毒天下한대 無辜之人이 呼天告寃하여 腥穢之德이 顯聞于上하니라 呂氏曰 爲善至極이면 則至治馨香하고 爲惡至極이면 則穢德彰聞이니라

惟日不足은 종일토록 하고도 오히려 부족하게 여기는 것이다. 紂王이 法

犂 : 검을 리　昵 : 친할 닐　酗 : 술주정할 후　籲 : 부르짖을 유　腥 : 비릴 성

度가 없는 일을 힘써 행함을 장차 말하려 하였으므로 옛사람의 말로 꺼낸 것이다. 無度는 法度가 없는 일이다. 播는 추방함이다. 犂는 黧와 통하니, 머리가 검으면서 누런 것이니, 微子가 이른바 '노성한 사람들이 황야로 도망했다'는 것이 이것이다. 老成한 신하는 마땅히 친근히 하여야 할 자인데 紂王은 마침내 이들을 放棄하였으며, 罪惡을 저지른 사람은 마땅히 배척하고 축출하여야 할 자인데 紂王이 이들을 친근히 하였다. 酗는 취하여 노함이다. 肆는 부림이다. 신하들 또한 紂王의 惡에 化하여 각각 朋黨을 세워서 서로 원수가 되어 君上의 권세와 명령을 빌어 위협하여 서로 誅滅해서 天下에 해독을 퍼뜨리니, 죄 없는 사람들이 하늘을 부르며 원통함을 하소연하여 비린내나고 더러운 德이 위에 드러나 알려졌다.

呂氏가 말하였다. "善行을 함이 지극하면 지극한 정치가 향기롭고, 惡行을 함이 지극하면 더러운 德이 드러나 알려진다."

4. 惟天이 惠民이어시든 惟辟은 奉天하나니 惟夏桀이 弗克若天하여 流毒下國한대 天乃佑命成湯하사 降黜夏命하시니라

하늘이 백성을 사랑하시거든 君主는 하늘의 뜻을 받들어야 하니, 夏나라 桀王이 능히 하늘에 순종하지 못하여 下國에 害毒을 퍼뜨리자, 하늘이 마침내 成湯을 도와 命하시어 夏나라의 命을 내치셨다.

言天惠愛斯民하니 君當奉承天意라 昔에 桀不能順天하여 流毒下國이라 故로 天命成湯하여 降黜夏命하시니라

하늘이 이 백성들을 사랑하시니, 君主는 마땅히 하늘의 뜻을 받들어야 한다. 옛날에 桀王이 하늘에 순종하지 못하여 下國에 해독을 퍼뜨렸으므로 하늘이 成湯을 命하여 夏나라의 命을 내친 것이다.

5. 惟受는 罪浮于桀하니 剝喪元良하며 賊虐諫輔하며 謂己有天命이라하며 謂敬不足行이라하며 謂祭無益이라하며 謂暴無

馨 : 향기 형 剝 : 해칠 박

傷이라하나니 **厥鑑**이 **惟不遠**하여 **在彼夏王**하니라 **天其以予**로 **乂民**이라 **朕夢協朕卜**하여 **襲于休祥**하니 **戎商必克**하리라

受는 죄악이 桀王보다 더하니, 元良을 박해하여 지위를 잃게 하고 諫하는 輔弼들을 賊害하며, 자기가 天命을 소유했다 하고 공경을 굳이 행할 것이 없다 하며, 祭祀를 지내는 것이 無益하다 하고 포악한 행동이 해로울 것이 없다고 하니, 그 볼 것이 멀리 있지 않아 저 夏王에게 있다. 하늘이 나로 하여금 백성을 다스리게 하셨다. 그리하여 朕의 꿈이 朕의 점괘와 합하여 아름다운 상서가 거듭되니, 商나라를 정벌하면 반드시 이길 것이다.

浮는 過요 剝은 落이라 喪은 去也니 古者에 去國爲喪이라 元良은 微子也요 諫輔는 比干也라 謂己有天命은 如答祖伊我生不有命在天之類니 下三句도 亦紂所嘗言者라 鑑은 視也니 其所鑑視가 初不在遠이라 有夏多罪어늘 天旣命湯하여 黜其命矣시니 今紂多罪하니 天其以我乂民乎인저 襲은 重也라 言我之夢이 協我之卜하여 重有休祥之應하니 知伐商而必勝之也라 此는 言天意有必克之理라

浮는 過(더함)함이요, 剝은 떨어짐이다. 喪은 떠남이니, 옛날에 나라를 떠남을 喪이라 하였다. 元良은 微子이고, 諫輔는 比干이다. 자기가 天命을 소유했다고 말한 것은 祖伊에게 답하기를 "나의 태어남(삶)은 命이 하늘에 달려 있지 않은가."라고 한 것과 같은 따위이니, 아래의 세 句도 또한 紂王이 일찍이 말한 것이다. 鑑은 봄이니, 그 볼 것이 애당초 먼데 있지 않다. 夏나라가 罪가 많으므로 하늘이 이미 成湯에게 命하여 그 命을 내쳤으니, 이제 紂王이 罪가 많으니 하늘이 나로써 백성을 다스리게 하실 것이다. 襲은 거듭함이다. 나의 꿈이 나의 점괘와 합하여 거듭 아름다운 상서가 응함이 있으니, 商나라를 정벌하면 반드시 이길 것을 알 수 있다. 이는 하늘의 뜻에 반드시 이길 이치가 있음을 말한 것이다.

乂 : 다스릴 예　襲 : 거듭할 습

6. 受有億兆夷人이나 離心離德이어니와 予有亂臣十人하니 同心同德하니 雖有周親하나 不如仁人하니라

受는 億兆의 보통사람이 있으나 마음이 이반되고 德이 이반되지만, 나는 亂을 다스리는 臣下 10인이 있는데 마음이 같고 德이 같으니, 〈受가〉 비록 지극히 친한 친척들이 있으나 나의 仁人만 못하다.

夷는 平也니 夷人은 言其智識이 不相上下也라 治亂曰亂이라 十人은 周公旦, 召公奭, 太公望, 畢公, 榮公, 太顚, 閎夭, 散宜生, 南宮括이요 其一은 文母라 孔子曰 有婦人焉하니 九人而已라하시니 劉侍讀以爲子無臣母之義하니 蓋邑姜也라 九臣은 治外하고 邑姜은 治內라하니라 言紂雖有夷人之多나 不如周治臣之少而盡忠也라 周는 至也라 紂雖有至親之臣이나 不如周仁人之賢而可恃也라 此는 言人事有必克之理라

夷는 평평함이니, 夷人은 지식이 서로 비슷하여 크게 뛰어나지 못함을 말한 것이다. 亂을 다스림을 亂이라 한다. 10인은 周公旦·召公奭·太公望·畢公·榮公·太顚·閎夭·散宜生·南宮括이요, 그 하나는 文母(文王의 妃인 太姒)이다. 孔子가 말씀하기를 "婦人이 있으니, 9명뿐이다." 하였는데, 劉侍讀이 이르기를 "자식이 어머니를 신하로 삼는 義가 없으니, 武王의 妃인 邑姜이다. 아홉 신하는 밖을 다스리고 邑姜은 안을 다스린 것이다." 하였다. 紂王이 비록 보통사람들이 많이 있으나 周나라에 다스리는 臣下가 적으면서 충성을 다함만 못함을 말한 것이다. 周는 지극함이다. 紂王이 비록 至親의 신하가 있으나 周나라에 仁人이 어질어서 믿을 수 있음만 못하다. 이는 人事에 반드시 이길 이치가 있음을 말한 것이다.

7. 天視 自我民視하시며 天聽이 自我民聽하시나니 百姓有過 在予一人하니 今朕은 必往하리라

하늘의 봄이 우리 백성의 봄으로부터 하시며 하늘의 들음이 우리

亂 : 다스릴 란 奭 : 클 석 閎 : 클 굉

백성의 들음으로부터 하시니, 백성들의 책함이 나 한 사람에게 있으니, 이제 朕은 반드시 정벌하러 가리라.

過는 廣韻에 責也라 武王言 天之視聽이 皆自乎民하나니 今民이 皆有責於我하여 謂我不正商罪라하니 以民心而察天意컨대 則我之伐商이 斷必往矣라 蓋百姓이 畏紂之虐하고 望周之深하여 而責武王不卽拯己於水火也하니 如湯東面而征에 西夷怨하고 南面而征에 北狄怨之意라

過는 《廣韻》에 "책함이다." 하였다. 武王이 말씀하기를 "하늘의 보고 들음은 모두 우리 백성으로부터 하니, 이제 백성들이 모두 나에게 책함이 있어 나에게 이르기를 '商나라의 罪를 바로잡지 않는다.'고 하니, 民心을 가지고 天意를 살펴보면 내가 商나라를 征伐하러 결단코 반드시 갈 것이다." 라고 한 것이다. 백성들이 紂王의 虐政을 두려워하고 周나라에 바라기를 깊이 하여 武王이 즉시 자기들을 水火에서 구제해 주지 않음을 책하였으니, 이는 湯王이 東面하여 정벌함에 西夷가 원망하고 南面하여 정벌함에 北狄이 원망함과 같은 뜻이다.

8. 我武를 惟揚하여 侵于之疆하여 取彼凶殘하여 我伐이 用張하면 于湯에 有光하리라

우리의 武勇을 들어 저 國境을 침입해서 저 凶殘한 자를 취하여 우리의 정벌이 張大되면 成湯에게 빛이 있을 것이다.

揚은 擧요 侵은 入也라 凶殘은 紂也니 猶孟子謂之殘賊이라 武王이 弔民伐罪하시니 於湯之心에 爲益明白於天下也라 自世俗觀之면 武王이 伐湯之子孫하고 覆湯之宗社하니 謂之湯讐可也라 然湯放桀과 武王伐紂는 皆公天下爲心이요 非有私於己者니 武之事를 質之湯而無愧하고 湯之心을 驗之武而益顯하니 是則伐商之擧가 豈不於湯에 爲有光也哉리오

揚은 듦이요, 侵은 들어감이다. 凶殘은 紂王이니, 孟子가 殘賊이라고 말

拯 : 구원할 증 殘 : 해칠 잔 賊 : 해칠 적

씀한 것과 같다. 武王이 백성들을 위로하고 죄 있는 자를 정벌하니, 湯王의 마음에 징험하면 더욱 天下에 명백해진다. 세속의 입장에서 보면 武王이 成湯의 자손을 정벌하고 成湯의 종묘사직을 顚覆하였으니 成湯의 원수라고 해도 될 것이다. 그러나 成湯이 桀王을 추방한 것과 武王이 紂王을 정벌한 것은 다 天下를 공변되게 함을 마음으로 삼은 것이요, 자기에게 사사로움이 있는 것이 아니다. 武王의 일을 成湯에게 質正하면 부끄러움이 없고, 成湯의 마음을 武王에게 징험하면 더욱 드러나니, 이는 商나라를 정벌하는 일이 어찌 成湯에게 빛이 있음이 되지 않겠는가.

9. 勖哉夫子는 罔或無畏하여 寧執非敵이라하라 百姓이 懔懔하여 若崩厥角하나니 嗚呼라 乃一德一心하여 立定厥功하여 惟克永世하라

힘쓸지어다. 將士들은 혹시라도 두려워하지 않지 말아서 차라리 대적할 바가 아니라는 마음을 가져라. 백성들이 두려워하고 두려워하여 그 뿔을 무너뜨리듯이 하니, 아! 너희들은 德을 한결같이 하고 마음을 한결같이 하여 공을 세워 능히 세상을 영원토록 하라.”

勖은 勉也라 夫子는 將士也라 勉哉將士는 無或以紂爲不足畏하여 寧執心以爲非我所敵也라하라 商民이 畏紂之虐하여 懔懔若崩摧其頭角然이라 言人心危懼如此하니 汝當一德一心하여 立定厥功하여 以克永世也라

勖은 힘씀이다. 夫子는 將士(將兵)들이다. 힘쓸지어다. 將士들은 혹시라도 紂王을 두려워할 것이 없다고 여기지 말아서 차라리 마음을 갖기를 우리가 대적할 바가 아니라고 여기라고 한 것이다. 商나라 백성들은 紂王의 虐政을 두려워하여 凜凜해서 마치 頭角을 무너뜨리듯이 하고 있다. 人心이 위태롭게 여기고 두려워함이 이와 같으니, 너희들은 마땅히 德을 한결같이 하고 마음을 한결같이 하여 功을 세워서 능히 세상을 영원토록 하라고 말한 것이다.

勖 : 힘쓸 욱 懔 : 두려울 름 摧 : 꺾을 최

泰誓 下

1. 時厥明에 王이 乃大巡六師하사 明誓衆士하시다

그 다음날에 王이 六師를 크게 巡行하여 여러 軍士들에게 분명히 맹세하였다.

厥明은 戊午之明日也라 古者에 天子는 六軍이요 大國은 三軍이라 是時에 武王이 未備六軍하니 牧誓敍三卿에 可見이라 此曰六師者는 史臣之詞也라

厥明은 戊午日의 다음날이다. 옛날에 天子는 六軍이고, 大國은 三軍이었다. 이때 武王은 六軍을 구비하지 못하였으니, 〈牧誓〉에 三卿을 서술함에서 이것을 볼 수 있다. 그런데도 여기서 六師라고 말한 것은 史臣의 말이다.

2. 王曰 嗚呼라 我西土君子아 天有顯道하여 厥類惟彰하니 今商王受 狎侮五常하며 荒怠弗敬하여 自絶于天하며 結怨于民하나다

王이 다음과 같이 말씀하였다. “아! 우리 西土의 君子들아. 하늘은 드러난 道가 있어 그 類가 밝으니, 이제 商王 受가 五常을 설만히 하여 업신여기며 荒廢하고 태만하여 공경하지 않아서 스스로 하늘을 끊으며 백성들에게 원망을 맺고 있다.

天有至顯之理하여 其義類甚明하니 至顯之理는 卽典常之理也라 紂於君臣父子兄弟夫婦典常之道에 褻狎侮慢하며 荒棄怠惰하여 無所敬畏하여 上自絶于天하고 下結怨于民하니 結怨者는 非一之謂라 下文은 自絶結怨之實也라

狎 : 친압할 압　褻 : 함부로할 설

하늘은 지극히 드러난 이치가 있어 그 義類가 지극히 밝으니, 지극히 드러난 이치는 곧 떳떳한 도리이다. 紂王은 君臣·父子·兄弟·夫婦의 떳떳한 道에 있어 褻狎하여 업신여기며 荒棄하고 怠惰하여 공경하고 두려워하는 바가 없어 위로는 하늘을 끊고 아래로는 백성들에게 원망을 맺고 있으니, 원망을 맺고 있다는 것은 한 가지가 아님을 말한 것이다. 下文은 스스로 끊고 원망을 맺은 실제이다.

3. 斮朝涉之脛하며 剖賢人之心하며 作威殺戮으로 毒痡四海하며 崇信姦回하고 放黜師保하며 屛棄典刑하고 囚奴正士하며 郊社를 不修하고 宗廟를 不享하며 作奇技淫巧하여 以悅婦人한대 上帝弗順하사 祝降時喪하시나니 爾其孜孜하여 奉予一人하여 恭行天罰하라

아침에 물을 건너가는 자의 정강이를 찍고, 어진 사람의 배를 갈라 심장을 도려내며, 위엄을 세워 殺戮함으로 天下에 해독을 끼치며, 奸邪한 사람을 높이고 믿으며 師保들을 추방하고 내치며, 典刑을 버리고 바른 선비들을 가두어 노예로 삼으며, 郊·社를 닦지 않고 宗廟를 祭享하지 않으며, 기이한 재주와 도에 지나친 솜씨를 만들어 婦人을 기쁘게 하였다. 이에 上帝가 순하게 여기지 않으시어 단연코 이 망함을 내리시니, 너희들은 부지런히 힘써서 나 한 사람을 받들어 공손히 天罰을 행하라.

斮은 斫也라 孔氏曰 冬月에 見朝涉水者하고 謂其脛耐寒이라하여 斫而視之하니라 史記云 比干强諫하니 紂怒曰 吾聞聖人은 心有七竅라하고 遂剖比干하여 觀其心하니라 痡는 病也라 作刑威하여 以殺戮爲事하여 毒病四海之人하니 言其禍之所及者遠也라 回는 邪也라 正士는 箕子也라 郊는 所以祭天이요 社는 所以祭地라 奇技는 謂奇異技能이요 淫巧는 爲過度之巧라 列女傳에 紂膏銅柱하고 下加炭하여 令有罪者行하여 輒墮炭中이어든 妲

斮 : 쪼갤 작　脛 : 정갱이 경　痡 : 병들 보(부)　屛 : 물리칠 병　斫 : 쪼갤 작

己乃笑라하니 夫欲妲己之笑하여 至爲炮烙之刑이면 則其奇技淫巧以悅之者 宜無所不至矣라 祝은 斷也라 言紂於姦邪則尊信之하고 師保則放逐之하며 屛棄先王之法하고 囚奴中正之士하며 輕廢奉祀之禮하고 專意汚褻之行하여 悖亂天常이라 故로 天弗順而斷然降是喪亡也하시니 爾衆士는 其勉力不怠하여 奉我一人而敬行天罰乎인저

斮은 찍음이다. 孔氏가 말하기를 "겨울철에 아침에 물을 건너가는 사람을 보고는 그 정강이가 추위를 견딘다고 하여 찍어서 보았다." 하였다. 《史記》에 "比干이 굳이 諫하니, 紂王이 노하여 말하기를 '내 들으니, 聖人은 심장에 일곱 구멍이 있다.' 하고는 마침내 比干의 배를 갈라 그 심장을 보았다." 하였다. 痡는 병듦이다. 형벌과 위엄을 세워 殺戮을 일삼아서 四海의 사람들에게 해독을 끼치고 병들게 하니, 그 禍의 미침이 멂을 말한 것이다. 回는 간사함이다. 正士는 箕子이다. 郊는 하늘에 祭祀하는 것이요, 社는 땅에 祭祀하는 것이다. 奇技는 기이한 기능을 이르고, 淫巧는 도에 지나친 솜씨를 이른다. 《列女傳》에 "紂王이 구리기둥에 기름을 칠하고 아래에 숯불을 피워놓은 다음 죄가 있는 자로 하여금 걸어가게 하여 곧 숯불 속으로 떨어져 죽으면 妲己가 이것을 보고 웃었다." 하였다. 妲己가 웃기를 바라서 炮烙의 형벌까지 했다면 그 기이한 재주와 지나친 솜씨로써 기쁘게 한 것이 마땅히 이르지 않는 바가 없었을 것이다. 祝은 결단함이다. 紂王이 奸邪한 자를 높이고 믿고, 師保를 추방하고 내치며, 先王의 法을 버리고 中正한 선비를 가두어 노예로 삼으며, 祭祀를 받드는 禮를 가벼이 폐하고, 더럽고 褻慢한 행실에 전념하여 하늘의 떳떳한 道를 悖亂하였다. 그러므로 하늘이 순하게 여기지 않아 단연코 이 喪亡을 내린 것이니, 너희 여러 군사들은 힘써 게을리하지 말아 나 한 사람을 받들어서 공경히 天罰을 행해야 할 것이다.

4. 古人이 有言曰 撫我則后요 虐我則讐라하니 獨夫受 洪惟作威하나니 乃汝世讐니라 樹德엔 務滋요 除惡엔 務本이니 肆予小子 誕以爾衆士로 殄殲乃讐하노니 爾衆士는 其尙迪

炮：구울 포　烙：지질 락　殄：끊을 진　殲：죽일 섬　迪：행할 적

果毅하여 以登乃辟이어다 功多하면 有厚賞하고 不迪하면 有顯戮하리라

옛사람이 말하기를 '나를 어루만져주면 임금이고, 나를 학대하면 원수이다.' 하였으니, 獨夫인 受가 크게 위엄을 세우니, 바로 너희들 대대로의 원수이다. 德을 세움에는 불어나게 함을 힘써야 하고, 惡을 제거함에는 근본을 힘써야 한다. 이러므로 나 小子가 크게 너희 여러 軍士들을 데리고 너희들의 원수를 끊고 섬멸하려 하노니, 너희 여러 軍士들은 부디 果毅를 행하여 너희 君主를 成功시키도록 하라. 功이 많으면 후한 賞이 있고, 果毅를 행하지 않으면 드러난 죽임이 있을 것이다.

洪은 大也라 獨夫는 言天命已絶하고 人心已去하여 但一獨夫耳라 孟子曰 殘賊之人을 謂之一夫라하시니라 武王이 引古人之言하여 謂撫我則我之君也요 虐我則我之讐也니 今獨夫受 大作威虐하여 以殘害于爾百姓하니 是乃爾之世讐也라 務는 專力也라 植德則務其滋長이요 去惡則務絶根本이니 兩句意亦古語니 喩紂爲衆惡之本이니 在所當去라 故로 我小子大以爾衆士而殄絶殲滅汝之世讐也라 迪은 蹈요 登은 成也라 殺敵爲果요 致果爲毅[1]라 爾衆士는 其庶幾蹈行果毅하여 以成汝君하라 若功多면 則有厚賞이니 非特一爵一級而已요 不迪果毅면 則有顯戮이라 謂之顯戮인댄 則必肆諸市朝하여 以示衆庶리라

洪은 큼이다. 獨夫는 天命이 이미 끊기고 人心이 이미 떠나서 단지 한 獨夫일 뿐임을 말한 것이다. 孟子는 "殘賊한 사람을 一夫라 한다." 하였다. 武王이 옛사람의 말을 인용하여 이르기를 "나를 어루만져주면 나의 君主이고 나를 학대하면 나의 원수이니, 이제 獨夫인 受가 크게 위엄과 사나움을 일으켜 너희 백성들을 殘害하니, 이는 너희 백성들 대대로의 원수이다." 한 것이다. 務는 오로지 힘씀이다. 德을 세움에는 불어나고 자라나게 함을 힘써야 하고, 惡을 제거함에는 근본을 끊음을 힘써야 하니, 이 두 句는 짐작건대 또한 옛말이니, 紂王이 여러 惡의 근본이 되므로 마땅히 제거할 바에 있음을 비유한 것이다. 그러므로 나 小子가 크게 너희 여러 軍士들을 데리

고 너희들 代代로의 원수를 殄絶하고 殲滅하는 것이다. 迪은 밟음이요, 登은 이룸이다. 敵을 죽임을 果라 하고, 果(결행함)를 지극히 함을 毅라 한다. 너희 여러 軍士들은 부디 果毅를 蹈行하여 너희 君主를 성공시키도록 하라. 만약 功이 많으면 후한 賞이 있을 것이니, 단지 한 爵位와 한 계급일 뿐만이 아니요, 果毅를 행하지 않으면 드러난 죽임이 있을 것이다. 드러난 죽임이라고 일렀으면 반드시 屍身을 市朝에 진열하여 여러 사람들에게 보일 것이다.

譯註 1. 殺敵爲果 致果爲毅:《左傳》〈宣公二年條〉에 보인다.

5. 嗚呼라 惟我文考 若日月之照臨하사 光于四方하시며 顯于西土하시니 惟我有周는 誕受多方이리라

아! 우리 文考께서 日月이 비추고 임하듯이 하여 四方에 빛나시며 西土에 드러나셨으니, 우리 周나라는 크게 多方(여러 지방)을 받을 것이다.

若日月照臨은 言其德之輝光也요 光于四方은 言其德之遠被也요 顯于西土는 言其德尤著於所發之地也라 文王之地는 止於百里로되 文王之德은 達于天下하니 多方之受는 非周면 其誰受之리오 文王之德은 實天命人心之所歸라 故로 武王이 於誓師之末에 歎息而言之하시니라

日月이 照臨함과 같음은 그 德이 빛남을 말한 것이요, 四方에 빛남은 德이 멀리까지 입혀짐을 말한 것이요, 西土에 드러남은 德이 특히 발상지에 드러남을 말한 것이다. 文王의 땅은 百里에 그쳤으나 文王의 德은 天下에 도달하였으니, 多方을 받는 것은 周나라가 아니면 그 누가 받겠는가. 文王의 德은 실로 天命과 人心이 돌아온 바였다. 그러므로 武王이 군사들에게 맹세한 끝에 탄식하고 이것을 말씀한 것이다.

6. 予克受라도 非予武라 惟朕文考無罪시며 受克予라도 非朕文考有罪라 惟予小子無良이니라

내가 受를 이기더라도 내가 武勇이 있어서가 아니라 朕의 文考께서 罪가 없으시기 때문이며, 受가 나를 이기더라도 朕의 文考께서 罪가 있어서가 아니라 나 小子가 훌륭하지 못하기 때문이다.”

無罪는 猶言無過也요 無良은 猶言無善也라 商周之不敵이 久矣로되 武王이 猶有勝負之慮하여 恐爲文王羞者는 聖人臨事而懼也如此니라

無罪는 허물이 없다는 말과 같고, 無良은 善이 없다는 말과 같다. 商나라와 周나라가 對敵할 수 없음이 오래되었는데도 武王이 오히려 勝負에 대한 우려가 있어 文王에게 수치가 될까 두려워한 것은 聖人이 일에 임하여 두려워함이 이와 같은 것이다.

牧誓

牧은 地名이니 在朝歌南하니 卽今衛州治之南也라 武王이 軍於牧野하여 臨戰誓衆하시니 前旣有泰誓三篇일새 因以地名別之라 今文古文皆有하니라

牧은 地名으로 朝歌의 남쪽에 있었으니, 바로 지금의 衛州의 治所 남쪽이다. 武王이 牧野에 軍을 주둔하였는데 싸움에 임하여 군사들에게 맹세하니, 앞에 이미 〈泰誓〉 세 篇이 있으므로 인하여 地名으로 구별한 것이다. 今文과 古文에 모두 있다.

1. 時甲子昧爽에 王이 朝至于商郊牧野하사 乃誓하시니 王이 左杖黃鉞하시고 右秉白旄하사 以麾曰 逖矣라 西土之人아

甲子日 昧爽에 王이 아침에 商나라의 郊인 牧野에 이르시어 군사들에게 맹세하니, 王이 왼손에는 黃鉞(황금으로 꾸민 도끼)을 잡고 오

爽 : 밝을 상 鉞 : 도끼 월 旄 : 깃발 모 麾 : 두를 휘 逖 : 멀 적

른손에는 흰 깃발을 잡고서 깃발을 휘두르며 말씀하기를 "멀리 왔다. 西土의 사람들아!" 하였다.

甲子는 二月四日也[1]라 昧는 冥이요 爽은 明也니 昧爽은 將明未明之時也라 鉞은 斧也니 以黃金爲飾이라 王은 無自用鉞之理하니 左杖以爲儀耳라 旄는 軍中指麾니 白則見遠이라 麾非右手면 不能이라 故로 右秉白旄也라 按武成에 言癸亥陳于商郊라하니 則癸亥之日에 周師已陳牧野矣요 甲子昧爽에 武王始至而誓師焉이라 曰者는 武王之言也라 逖은 遠也니 以其行役之遠而慰勞之也라

甲子는 2월 4일이다. 昧는 어둠이요 爽은 밝음이니, 昧爽은 날이 장차 밝으려 하나 아직 밝지 않았을 때이다. 鉞은 도끼이니, 황금으로 꾸몄다. 王이 직접 도끼를 쓸 이치가 없으니, 왼손에 짚고서 儀裝으로 삼을 뿐이다. 旄는 軍中에서 지휘하는 깃발이니, 깃발의 색깔이 희면 멀리까지 보인다. 깃발을 휘젓는 것은 오른손이 아니면 불가능하므로 오른손에 흰 깃발을 잡은 것이다. 〈武成〉에 "癸亥日에 商나라 郊에 陣을 쳤다."고 하였으니, 그렇다면 癸亥日에 周나라 군대가 이미 牧野에 陣을 쳤고, 甲子日 昧爽에 武王이 비로소 이르러 군사들에게 맹세한 것이다. 曰은 武王의 말씀이다. 逖은 멂이니, 그 부역을 옴이 멀다고 하여 위로한 것이다.

譯註 1. 甲子 二月四日也 : 〈武成〉의 '惟一月壬辰旁死魄'이란 말로 미루어볼 때 초하루는 辛卯朔이며 1월이 30일일 경우 2월 초하루는 辛酉朔이고 2일은 壬戌, 3일은 癸亥, 4일은 甲子이므로 말한 것이다.

2. 王曰 嗟我友邦冢君과 御事인 司徒와 司馬와 司空과 亞旅와 師氏와 千夫長과 百夫長과

王이 말씀하였다. "아! 우리 友邦의 冢君과 일을 다스리는 司徒·司馬·司空과 亞와 旅와 師氏와 千夫의 우두머리와 百夫의 우두머리

司徒, 司馬, 司空은 三卿也라 武王是時에 尙爲諸侯라 故로 未備六卿이라

唐孔氏曰 司徒는 主民하여 治徒庶之政令하고 司馬는 主兵하여 治軍旅之誓戒하고 司空은 主土하여 治壘壁以營軍이라 亞는 次요 旅는 衆也라 大國은 三卿이요 下大夫五人이요 士二十七人이니 亞者는 卿之貳니 大夫 是也요 旅者는 卿之屬이니 士 是也라 師氏는 以兵守門者니 猶周禮師氏王擧則從者也라 千夫長은 統千人之帥요 百夫長은 統百人之帥也라

司徒·司馬·司空은 三卿이다. 武王이 이때 아직 諸侯였으므로 六卿을 갖추지 않은 것이다. 唐나라 孔氏가 말하기를 "司徒는 백성을 주관하여 백성들의 政令을 다스리고, 司馬는 兵을 주관하여 軍旅의 맹세와 경계를 다스리고, 司空은 土(토목)를 주관하여 堡壘와 城壁을 다스려 軍營을 만든다." 하였다. 亞는 다음이고, 旅는 무리이다. 大國은 卿이 3명이고 下大夫가 5명이고 士가 27명이니, 亞는 卿의 貳(副)이니 大夫가 이것이고, 旅는 卿의 屬官이니 士가 이것이다. 師氏는 병사를 거느리고 문을 지키는 자이니, 《周禮》 〈師氏〉에 "王이 거동하면 수행하는 자"라는 것과 같다. 千夫長은 천 명을 거느리는 장수이고, 百夫長은 백 명을 거느리는 장수이다.

3. 及庸蜀羌髳微盧彭濮人아

및 庸·蜀·羌·髳·微·盧·彭·濮의 사람들아.

左傳에 庸與百濮伐楚라하니 庸濮은 在江漢之南이라 羌은 在西蜀이요 髳微는 在巴蜀이요 盧彭은 在西北이라 武王伐紂에 不期會者八百國이어늘 今誓師에 獨稱八國者는 蓋八國이 近周西都하여 素所服役일새 乃受約束以戰者요 若上文所言友邦冢君은 則泛指諸侯而誓者也라

《左傳》에 "庸이 百濮과 함께 楚나라를 정벌했다." 하였으니, 庸과 濮은 江·漢의 남쪽에 있었다. 羌은 西蜀에 있었고, 髳·微는 巴蜀에 있었고, 盧·彭은 서북쪽에 있었다. 武王이 紂王을 정벌할 때에 날짜를 약속하지 않고도 모인 것이 8백개 국이었는데, 이제 군사들에게 맹세함에 유독 8개 국을 칭한 것은 이들 8개 국은 周나라의 西都(鎬京)와 가까워서 평소에 服從하

壘 : 토성 루　髳 : 오랑캐 무(모)　濮 : 물이름 복

고 使役하였으므로 마침내 군령을 받고 싸운 것이며, 上文에 말한 바 友邦의 家君은 諸侯들을 널리 가리켜 맹세한 것이다.

4. 稱爾戈하며 比爾干하며 立爾矛하라 予其誓하리라

너희 창을 들고 너희 방패를 나란히 하고 너희 창을 세워라. 내 맹세를 하겠다."

稱은 擧요 戈는 戟이요 干은 楯이라 矛亦戟之屬이니 長二丈이라 唐孔氏曰 戈는 短하여 人執以擧之라 故로 言稱이요 楯則竝以扞敵이라 故로 言比요 矛는 長하여 立之於地라 故로 言立이라 器械嚴整이면 則士氣精明하니 然後에 能聽誓命이라

稱은 듦이요, 戈는 戟이요, 干은 방패이다. 矛 또한 戟의 등속이니, 길이가 2丈이다. 唐나라 孔氏는 말하기를 "戈는 짧아서 사람들이 잡고 들기 때문에 稱이라 말하였고, 楯은 나란히 들고서 적을 막으므로 比라 말하였고, 矛는 길어서 땅에 세우므로 立이라고 말하였다." 하였다. 器械가 엄정하면 士氣가 精하고 밝아지니, 그런 뒤에야 맹세하는 命令을 들을 수 있는 것이다.

5. 王曰 古人有言曰 牝鷄는 無晨이니 牝鷄之晨은 惟家之索(삭)이라하도다

王이 말씀하였다. "옛사람의 말에 '암탉은 새벽에 울지 말아야 하니, 암탉이 새벽에 울면 집안이 蕭索해진다.' 하였다.

索은 蕭索也라 牝鷄而晨이면 則陰陽反常이니 是爲妖孼而家道索矣라 將言紂惟婦言是用이라 故로 先發此하니라

索은 蕭索(쓸쓸함)함이다. 암탉이 새벽에 울면 陰陽이 常道에 위반되니, 이는 妖孼이어서 家道가 否索해진다. 紂王이 오직 婦人의 말을 따름을 말

楯 : 방패 순　戟 : 창 극　扞 : 막을 한　牝 : 암컷 빈　索 : 쓸쓸할 삭　孼 : 재앙 얼

하려 하였으므로 먼저 이 말을 한 것이다.

6. 今商王受 惟婦言을 是用하여 昏棄厥肆祀하여 弗答하며 昏棄厥遺王父母弟하여 不迪하고 乃惟四方之多罪逋逃를 是崇是長하며 是信是使하여 是以爲大夫卿士하여 俾暴虐于百姓하며 以姦宄于商邑하나니다

지금 商王 受가 婦人의 말을 따라, 혼란함으로써 지내야 할 祭祀를 버려 보답하지 않으며, 혼란함으로써 남기신 王父母의 아우들을 버려 도리로 대우하지 않고, 四方에 罪가 많아 도망해온 자들을 높이고 우두머리로 삼으며 믿고 부려서 이들로 大夫와 卿士를 삼아 백성들에게 暴虐하게 하고 商나라 邑에 姦宄하게 한다.

肆는 陳이요 答은 報也라 婦는 妲己也라 列女傳云 紂好酒淫樂하고 不離妲己하여 妲己所擧者를 貴之하고 所憎者를 誅之하니라 惟妲己之言是用이라 故로 顚倒昏亂이라 祭는 所以報本也어늘 紂以昏亂으로 棄其所當陳之祭祀而不報하며 昆弟는 先王之胤也어늘 紂以昏亂으로 棄其王父母弟而不以道遇之하여 廢宗廟之禮하고 無宗族之義하며 乃惟四方多罪逃亡之人을 尊崇而信使之하여 以爲大夫卿士하여 使暴虐于百姓하고 姦宄于商邑하니라 蓋紂惑於妲己之嬖하여 背常亂理하여 遂至流毒이 如此也라

肆는 베풂이요 答은 보답함이다. 婦는 妲己이다. 《列女傳》에 "紂王이 술을 좋아하고 음악에 빠지며, 妲己의 곁을 떠나지 않아서 妲己가 薦擧하는 자는 귀하게 해주고, 미워하는 자는 주벌했다." 하였다. 오직 妲己의 말을 따랐다. 이 때문에 顚倒하고 혼란했다. 祭는 뿌리(조상)에 보답하는 것인데 紂王은 혼란함으로써 마땅히 지내야 할 祭祀를 버리고 보답하지 않았으며, 昆弟들은 先王의 아들인데 紂王은 혼란함으로써 王父母의 아우를 버리고 도리로 대우하지 아니하였다. 그리하여 宗廟의 禮를 폐하고 宗族의 義理를 없애며, 四方에 죄가 많아 도망해온 사람들을 尊崇하고 믿고 부려서 이들

逋 : 도망갈 포 宄 : 바깥도적 궤 妲 : 계집이름 달 胤 : 맏 윤 嬖 : 총애할 폐

로써 大夫와 卿士를 삼아 백성들에게 暴虐하게 하고 商나라 邑에 姦宄하게 하였다. 紂王이 妲己의 사랑에 혹하여 떳떳한 도리를 배반하고 어지럽혀 마침내 해독을 퍼뜨림이 이와 같음에 이른 것이다.

7. 今予發은 惟恭行天之罰하노니 今日之事는 不愆于六步七步하여 乃止齊焉하리니 夫子는 勖哉하라

이제 나 發은 공손히 하늘의 罰을 행하노니, 今日의 싸움은 6步와 7步를 넘지 말아서 멈추어 整齊할 것이니, 將士들은 힘쓸지어다.

愆은 過요 勖은 勉也라 步는 進趨也요 齊는 齊整也니 今日之戰은 不過六步七步하여 乃止而齊라 此는 告之以坐作進退之法이니 所以戒其輕進也라

愆은 지남이요, 勖은 힘씀이다. 步는 걸어감이요, 齊는 整齊함이니, 今日의 싸움은 6步와 7步를 넘지 말아서 멈추어 整齊하라고 한 것이다. 이는 坐作과 進退의 법도를 告한 것이니, 가볍게 전진함을 경계한 것이다.

8. 不愆于四伐五伐六伐七伐하여 乃止齊焉하리니 勖哉하라 夫子아

4伐·5伐·6伐·7伐을 넘지 말아서 멈추어 整齊할 것이니, 힘쓸지어다. 將士들아!

伐은 擊刺也라 少不下四五하고 多不過六七而齊라 此는 告之以攻殺擊刺之法이니 所以戒其貪殺也라 上言夫子勖哉하고 此言勖哉夫子者는 反覆成文하여 以致其丁寧勸勉之意니 下倣此하니라

伐은 치고 찌름이다. 적어도 4~5번 이하로 내려가지 말고 많아도 6~7번을 넘지 말아서 整齊하라고 한 것이다. 이는 쳐죽이고 찌르는 방법을 가르쳐 준 것이니, 죽임을 탐함을 경계한 것이다. 위에서는 '夫子勖哉'라 말하고 여기서는 '勖哉夫子'라고 말한 것은 반복하여 글을 이루어서 丁寧하고 勸勉하는 뜻을 지극히 한 것이니, 下文도 이와 같다.

9. 尙桓桓如虎如貔하며 如熊如羆于商郊하여 弗迓克奔하여 以役西土하라 勖哉하라 夫子아

부디 굳세고 굳세어 범과 같고 비휴와 같으며 곰과 같고 큰곰과 같이 商나라 郊에서 싸워 도망하는 자들을 맞아 공격하여 西土 사람들을 勞役하게 하지 말라. 힘쓸지어다. 將士들아!

桓桓은 威武貌라 貔는 執夷也니 虎屬이라 欲將士如四獸之猛하여 而奮擊于商郊也라 迓는 迎也라 能奔來降者를 勿迎擊之하여 以勞役我西土之人이니 此는 勉其武勇而戒其殺降也라

桓桓은 위엄있고 武勇스러운 모양이다. 貔는 執夷이니, 범의 등속이다. 將兵들이 네 가지 짐승처럼 용맹하여 商나라 郊에서 奮擊하기를 바란 것이다. 迓는 맞이함이다. 달려와 항복하는 자를 맞아 공격하여 우리 西土 사람들을 勞役하게 하지 말 것이니, 이는 武勇을 권면하고 항복하는 자를 죽임을 경계한 것이다.

10. 爾所弗勖이면 其于爾躬에 有戮하리라

너희들이 힘쓰지 않으면 너희들 몸에 죽임이 있을 것이다."

弗勖은 謂不勉於前三者라 愚謂 此篇은 嚴肅而溫厚하여 與湯誓誥로 相表裏하니 眞聖人之言也라 泰誓, 武成은 一篇之中에 似非盡出於一人之口하니 豈獨此爲全書乎아 讀者其味之니라

힘쓰지 않는다는 것은 앞의 세 가지에 힘쓰지 않음을 이른다. 내가 생각건대 이 篇은 嚴肅하면서도 溫厚하여 〈湯誓〉·〈湯誥〉와 서로 表裏가 되니, 참으로 聖人의 말씀이다. 〈泰誓〉·〈武成〉은 한 篇 가운데에 한 사람의 입에서 다 나오지 않은 듯하니, 아마도 유독 이것만이 완전한 글이 되는가보다.

貔 : 비휴 비　羆 : 큰곰 비　迓 : 맞이할 아

읽는 자들은 이것을 잘 음미하여야 한다.

武成

史氏記武王往伐, 歸獸, 祀群神, 告群后와 與其政事하여 共爲一書하니 篇中에 有武成二字일새 遂以名篇하니라 今文無, 古文有하니라

史氏가 武王이 가서 정벌하고 軍馬를 돌려보내며, 여러 神에게 祭祀하고 諸侯들에게 고한 것과 政事를 기록하여 함께 한 책을 만들었다. 篇 가운데 武成이란 두 글자가 있으므로 마침내 이것으로 篇名을 삼았다. 今文에는 없고 古文에는 있다.

1. 惟一月壬辰旁死魄越翼日癸巳에 王이 朝步自周[1)]하사 于征伐商하시다

1월 壬辰日 旁死魄 翼日(다음날)인 癸巳日에 王이 아침에 周(鎬京)로부터 행하여 가서 商나라를 정벌하였다.

譯註 1. 朝步自周 : 步는 반드시 徒步로 걸어서 간 것이 아니요 行의 뜻과 같이 쓴 것이라 한다.

一月은 建寅之月이니 不曰正而曰一者는 商建丑하여 以十二月爲正朔이라 故로 曰一月也니 詳見太甲泰誓篇하니라 壬辰은 以泰誓戊午推之컨대 當是一月二日이라 死魄은 朔也니 二日故로 曰旁死魄이라 翼은 明也라 先記壬辰旁死魄하고 然後言癸巳伐商者는 猶後世言某日에 必先言某朔也라 周는 鎬京也니 在京兆鄠縣上林하니 卽今長安縣昆明池北鎬陂 是也라

1월은 建寅月이니, 正月이라고 말하지 않고 1월이라고 말한 것은 商나라

魄 : 어둘 백　翼 : 내일 익　鄠 : 땅이름 호　陂 : 제방 피

는 建丑月을 정월로 하여 12월을 正朔으로 삼았으므로 1월이라고 말한 것이니, 〈太甲〉과 〈泰誓〉에 자세히 보인다. 壬辰은 〈泰誓〉의 戊午日로 미루어 보면 마땅히 1월 2일이 된다. 死魄은 초하루이니, 2일이기 때문에 旁死魄이라고 말하였다. 翼은 明日이니, 먼저 壬辰 旁死魄이라 기록하고 그런 뒤에 癸巳日에 商나라를 정벌했다고 말한 것은 후세에 아무 날을 말할 적에 반드시 먼저 아무 朔을 말함과 같다. 周는 鎬京이니, 京兆의 鄠縣 上林에 있었으니, 바로 지금의 長安縣 昆明池 북쪽 鎬陂가 이곳이다.

2. 厥四月哉生明에 王이 來自商하사 至于豊하사 乃偃武修文하사 歸馬于華山之陽하시며 放牛于桃林之野하사 示天下弗服하시다

4월 哉生明에 王이 商나라로부터 오시어 豊에 이르러 武를 쉬고 文을 닦으시어 군마를 華山의 남쪽에 돌려보내고 소를 桃林의 들에 풀어놓아 天下에 〈武力을〉 쓰지 않을 것임을 보였다.

哉는 始也니 始生明은 月三日也라 豊은 文王舊都也니 在京兆鄠縣하니 卽今長安縣西北靈臺豊水之上이니 周先王廟在焉이라 山南曰陽이라 桃林은 今華陰縣潼關也라 樂記曰 武王勝商하고 渡河而西하사 馬를 散之華山之陽而弗復乘하고 牛를 放之桃林之野而弗復服하며 車甲을 衅而藏之府庫하고 倒載干戈하여 包以虎皮하시니 天下知武王之不復用兵也라하니라
○ 此는 當在萬姓悅服之下니라

哉는 비로소이니, 始生明은 月3일이다. 豊은 文王의 옛 도읍이니, 京兆의 鄠縣에 있었으니, 지금의 長安縣 서북쪽 靈臺 豊水의 가이니, 周나라 先王의 祠堂이 이 곳에 있었다. 산의 남쪽을 陽이라 한다. 桃林은 지금의 華陰縣 潼關이다. 〈樂記〉에 다음과 같이 말하였다. "武王이 商나라를 이기고 黃河를 건너 서쪽으로 와서 말을 華山의 남쪽에 풀어놓아 다시 타지 않고 소를 桃林의 들에 풀어놓아 다시 일을 시키지 않았으며, 수레와 갑옷에 피를

潼 : 물이름 동　衅 : 피칠할 흔

발라 府庫에 보관하고 창과 방패를 거꾸로 실어 虎皮로 포장하였으니, 天下에서는 武王이 다시 병력을 쓰지 않을 것임을 알았다."
○ 이는 마땅히 '萬姓悅服'의 아래에 있어야 할 것이다.

3. 丁未에 祀于周廟하실새 邦甸侯衛駿奔走하여 執豆籩하더니 越三日庚戌에 柴望하사 大告武成하시다

丁未日에 周나라 祠堂에 祭祀할 적에 邦·甸과 侯·衛의 제후들이 크게 분주하여 豆와 籩을 잡더니, 3일이 지난 庚戌日에 柴·望하여 크게 武成을 告由하였다.

駿은 爾雅曰 速也라 周廟는 周祖廟也라 武王이 以克商之事로 祭告祖廟하실새 近而邦甸과 遠而侯衛가 皆駿奔走執事하여 以助祭祀라 豆는 木豆요 籩은 竹豆니 祭器也라 既告祖廟하고 燔柴祭天하고 望祀山川하여 以告武功之成하니 由近而遠이요 由親而尊也라
○ 此는 當在百工受命于周之下니라

駿은 《爾雅》에 "신속함이다." 하였다. 周廟는 周나라 先祖의 祠堂이다. 武王이 商나라를 이긴 일을 先祖의 祠堂에 祭祀하여 告由할 적에 이때 가까이는 邦·甸과 멀리는 侯·衛의 제후들이 모두 크게 분주하여 일을 잡아서 祭祀를 도왔다. 豆는 나무로 만든 그릇이고, 籩은 대나무로 만든 그릇이니, 祭器이다. 이미 先祖의 祠堂에 告由하고, 불을 태워 하늘에 祭祀하며 山川을 바라보고 제사하여 武功이 이루어짐을 告由하였으니, 가까운 곳으로부터 먼데 이르고 친함으로부터 높은 데에 이른 것이다.
○ 이는 마땅히 '百工受命于周'의 아래에 있어야 한다.

4. 既生魄에 庶邦冢君과 暨百工이 受命于周하니라

既生魄에 여러 나라의 冢君과 百工들이 周나라에서 命을 받았다.

駿：준마 준 籩：그릇 변 柴：나무 시 燔：태울 번 暨：및 기

生魄은 望後也라 四方諸侯及百官이 皆於周受命이라 蓋武王新卽位에 諸侯百官이 皆朝見新君이니 所以正始也라
○ 此는 當在示天下弗服之下니라

生魄(어둠이 나옴)은 보름 뒤이다. 四方의 諸侯와 百官들이 모두 周나라에서 命을 받았다. 武王이 새로 즉위함에 諸侯와 百官들이 모두 새 君主를 뵈온 것이니, 시작을 바로잡은 것이다.
○ 이는 마땅히 '示天下弗服'의 아래에 있어야 한다.

5. 王若曰 嗚呼群后아 惟先王이 建邦啓土하여시늘 公劉克篤前烈이어시늘 至于大(太)王하여 肇基王迹하여시늘 王季其勤王家어시늘 我文考文王이 克成厥勳하사 誕膺天命하사 以撫方夏하신대 大邦은 畏其力하고 小邦은 懷其德이 惟九年이러니 大統을 未集이어시늘 予小子其承厥志호라

王이 다음과 같이 말씀하였다. "아! 여러 諸侯들아. 先王(后稷)이 나라를 세워 토지를 열어 놓으셨는데, 公劉가 前人의 功烈을 돈독히 하고 太王에 이르러 처음으로 王者의 자취를 터닦았으며, 王季가 王家에 근로하셨다. 그리고 우리 文考이신 文王께서 능히 功을 이룩하시어 크게 天命에 응하여 四方의 中夏를 어루만지시니, 큰 나라는 그 힘을 두려워하고 작은 나라는 그 德을 그리워한 지가 9년이었는데, 大統을 이루지 못하시고 별세하셨으므로 나 小子가 그 뜻을 이었노라."

群后는 諸侯也라 先王은 后稷이니 武王追尊之也라 后稷이 始封於邰라 故로 曰建邦啓土라 公劉는 后稷之曾孫이니 史記云 能修后稷之業이라하니라 太王은 古公亶父也니 避狄하여 去邠居岐한대 邠人仁之하여 從之者如

肇 : 비로소 조 膺 : 받을 응 邰 : 나라이름 태 邠 : 땅이름 빈

歸市하니라 詩曰 居岐之陽하여 實始翦商이라하니 太王이 雖未始有翦商之志나 然太王이 始得民心하여 王業之成이 實基於此라 王季能勤以繼其業하고 至於文王하여는 克成厥功하여 大受天命하여 以撫安方夏하시니 大邦은 畏其威而不敢肆하고 小邦은 懷其德而得自立이라 自爲西伯專征으로 而威德이 益著於天下러니 凡九年에 崩하시니라 大統未集者는 非文王之德이 不足以受天下요 是時에 紂之惡이 未至於亡天下也라 文王이 以安天下爲心이라 故로 予小子亦以安天下爲心이라

○ 此는 當在大告武成之下니라

群后는 諸侯이다. 先王은 后稷이니, 武王이 追尊한 것이다. 后稷이 처음 邰나라에 봉해졌으므로 나라를 세우고 토지를 열었다고 말한 것이다. 公劉는 后稷의 曾孫이니, 《史記》에 "后稷의 業을 닦았다." 하였다. 太王은 古公亶父이니, 오랑캐를 피하여 邠을 떠나 岐山에 거주하자, 邠땅 사람들이 어질게 여겨 따라온 자가 市場에 돌아가는 것과 같았다. 《詩經》에 "岐山의 남쪽에 거하여 실로 처음으로 商나라를 정벌했다." 하였으니, 太王이 비록 일찍이 商나라를 정벌할 뜻이 있지는 않았으나 太王이 처음으로 民心을 얻어 王業의 이루어짐이 실로 이때에 터전한 것이다. 王季는 능히 근로하여 그 業을 계승하고, 文王에 이르러서는 능히 그 功을 이루어 크게 天命을 받아서 四方의 中夏를 어루만져 편안히 하니, 큰 나라는 그 위엄을 두려워하여 함부로 하지 못하고, 작은 나라는 그 德을 그리워하여 自立할 수 있었다. 文王이 西伯이 되어 정벌을 마음대로 한 뒤로부터 위엄과 德이 더욱 天下에 드러났는데 9년 만에 崩하였다. 大統을 이루지 못했다는 것은 文王의 德이 天下를 받을 수 없어서가 아니요, 이때 紂王의 惡이 아직 天下를 잃는데는 이르지 않았기 때문이었다. 文王이 天下를 편안히 함을 마음으로 삼았으므로 나 小子 또한 天下를 편안히 하는 것을 마음으로 삼은 것이다.

○ 이는 마땅히 '大告武成'의 아래에 있어야 한다.

6. 底(지)商之罪하사 告于皇天后土와 所過名山大川하사 曰 惟有道曾孫周王發은 將有大正于商하노니 今商王受無道하여 暴殄天物하며 害虐烝民하며 爲天下逋逃主라 萃淵

藪어늘 **予小子旣獲仁人**하여 **敢祗承上帝**하여 **以遏亂略**하니 **華夏蠻貊**이 **罔不率俾**하나다

商나라의 罪를 지극히 하여 皇天과 后土와 지나가는 곳의 名山·大川에 告由하여 말씀하기를 "道가 있는 사람의 曾孫인 發은 장차 商나라에 크게 바로잡음이 있을 것이니, 이제 商王 受가 無道하여 하늘이 내린 물건을 함부로 버리며, 烝民들을 해치고 포학하게 하며, 天下에 도망한 자들의 주인이 되어 마치 못과 숲에 모이듯 합니다. 나 小子는 이미 어진 사람을 얻어 감히 上帝를 공경히 받들어서 어지러운 꾀를 막으니, 華夏와 蠻貊이 모두 따르지 않는 자가 없습니다.

底는 至也라 后土는 社也니 句龍爲后土라 周禮大祝云 王過大山川則用事焉이라하니라 孔氏曰 名山은 謂華요 大川은 謂河니 蓋自豊鎬往朝歌면 必道華涉河也라 曰者는 擧武王告神之語라 有道는 指其父祖而言이라 周王二字는 史臣追增之也라 正은 卽湯誓不敢不正之正이라 萃는 聚也라 紂殄物害民하고 爲天下逋逃罪人之主하여 如魚之聚淵하고 如獸之聚藪也라 仁人은 孔氏曰 太公周召之徒라하니라 略은 謀略也라 俾는 廣韻曰 從也라 仁人旣得이면 則可以敬承上帝하여 而遏絶亂謀니 內而華夏와 外而蠻貊이 無不率從矣라 或曰 太公歸周는 在文王之世요 周召는 周之懿親이니 不可謂之獲이니 此蓋仁人自商而來者라하니 愚謂 獲者는 得之云爾니 卽泰誓之所謂仁人이니 非必自外來也라 不然이면 經傳에 豈無傳乎아

○ 此는 當在于征伐商之下니라

底는 지극함이다. 后土는 社이니, 句龍氏가 后土가 되었다. 《周禮》 〈大祝〉에 "王이 큰 山川을 지나게 되면 祭祀한다." 하였다. 孔氏가 말하기를 "名山은 華山을 이르고 大川은 河水를 이르니, 豊과 鎬로부터 朝歌에 가려면 반드시 華山을 지나고 黃河를 건너간다." 하였다. 曰은 武王이 神에게 告由한 말씀을 든 것이다. 道가 있다는 것은 그 아버지와 할아버지를 가리켜 말한 것이다. '周王' 두 글자는 史臣이 추후에 더한 것이다. 正은 곧

萃 : 모일 췌 藪 : 수풀 수 貊 : 오랑캐 맥 俾 : 따를 비

〈湯誓〉에 "감히 바로잡지 않을 수 없다."는 正과 같다. 萃는 모임이다. 紂王이 물건을 버리고 백성을 해치며 天下에 도망한 죄인들의 주인이 되어서 마치 고기가 못에 모이듯이 하고 짐승이 숲에 모이듯이 한 것이다. 仁人은 孔氏가 말하기를 "太公·周公·召公의 무리이다." 하였다. 略은 謀略이다. 俾는 《廣韻》에 "따름이다." 하였다. 仁人을 이미 얻었으면 공경히 上帝를 받들어서 어지러운 꾀를 막고 끊을 수 있으니, 안으로 華夏와 밖으로 蠻貊들이 따르지 않는 자가 없었다. 혹자는 말하기를 "太公이 周나라로 돌아온 것은 文王의 세대에 있었고, 周公과 召公은 周나라의 가까운 친척이니, 獲이라고 이를 수 없다. 이는 仁人이 商나라로부터 온 것일 것이다." 라고 말한다. 나는 생각하건대 獲은 얻었다는 말이니, 〈泰誓〉에 이른바 仁人이니, 반드시 밖으로부터 온 것이 아니다. 그렇지 않다면 經傳에 어찌 전함이 없겠는가.

○ 이는 마땅히 '于征伐商'의 아래에 있어야 한다.

7. 恭天成命하여 肆予東征하여 綏厥士女하니 惟其士女 篚厥玄黃하여 昭我周王은 天休震動이라 用附我大邑周니라

하늘이 이룬 命을 공경히 받들어 이러므로 내가 동쪽으로 정벌하여 士女들을 편안히 하니, 士女들이 검은 비단과 누런 비단을 광주리에 담아서 우리 周王을 밝힘은 하늘의 아름다움이 진동하기 때문이었습니다. 그리하여 우리 큰 邑인 周나라에 歸附하였습니다.

成命은 黜商之定命也라 篚는 竹器요 玄黃은 色幣也라 敬奉天之定命이라 故로 我東征하여 安其士女하니 士女喜周之來하여 筐篚에 盛其玄黃之幣하여 明我周王之德者는 是蓋天休之所震動이라 故로 民用歸附我大邑周也라 或曰 玄黃은 天地之色이니 篚厥玄黃者는 明我周王有天地之德也라

○ 此는 當在其承厥志之下니라

成命은 商나라를 내치는 정해진 命이다. 篚는 대그릇이요, 玄黃은 色이

綏 : 편안할 수　篚 : 광주리 비

있는 폐백이다. 하늘이 정한 命을 공경히 받들었다. 그러므로 내가 동쪽으로 정벌하여 士女들을 편안히 하니, 士女들이 周나라가 온 것을 기뻐하여 광주리에 玄黃의 폐백을 담아서 우리 周王의 德을 밝힘은 하늘의 아름다움이 진동하기 때문이었다. 그러므로 백성들이 우리 큰 邑인 周나라에 歸附한 것이다. 혹자는 말하기를 "玄黃은 天地의 색깔이니, 玄黃의 비단을 광주리에 담은 것은 우리 周王이 天地의 德이 있음을 밝힌 것이다."라고 한다.
○ 이는 마땅히 '其承厥志'의 아래에 있어야 한다.

8. 惟爾有神은 尙克相予하여 以濟兆民하여 無作神羞하라 旣戊午에 師渡孟津하여 癸亥에 陳于商郊하여 俟天休命하더시니 甲子昧爽에 受率其旅하되 若林하여 會于牧野하니 罔有敵于我師요 前徒倒戈하여 攻于後以北(배)하여 血流漂杵하여 一戎衣에 天下大定이어늘 乃反商政하여 政由舊하시고 釋箕子囚하시며 封比干墓하시며 式商容閭하시며 散鹿臺之財하시며 發鉅橋之粟하사 大賚于四海하신대 而萬姓이 悅服하니라

너희 神들은 부디 나를 도와서 億兆의 백성을 구제하여 神의 부끄러움이 되게 하지 마소서." 이미 戊午日에 군대가 孟津을 건너가 癸亥日에 商나라 郊에 진을 치고서 하늘의 아름다운 命을 기다리더니, 甲子日 昧爽에 受가 그 군대를 거느리되 숲처럼 많이 하여 牧野에 모이니, 그들은 우리 군대에게 대적하는 자가 없고, 앞에 있는 무리들이 창을 거꾸로 들어 뒤에서 공격하여 패해서 피가 흘러 방패가 떠다녀 한 번 戎衣(戰服)을 입음에 天下가 크게 안정되었다. 이에 商나라의 政事를 되돌려서 政事는 옛날을 따르고, 箕子를 가둔 것을 풀어주고 比干의 묘를 封墳하고 商容의 마을에 경례하며, 鹿臺의 재물을 흩어주고 鉅橋의 곡식을 풀어서 크게 四海에 주니, 萬百姓들이 기뻐하여 복종하였다.

漂 : 흐를 표　杵 : 절구공이 저　戎 : 군사 융　鉅 : 클 거　賚 : 줄 뢰

休命은 勝商之命也라 武王이 頓(屯)兵商郊하고 雍容不迫하여 以待紂師之至而克之어시늘 史臣이 謂之俟天休命이라하니 可謂善形容者矣라 若林은 卽詩所謂其會如林者니 紂衆이 雖有如林之盛이나 然皆無有肯敵我師之志요 紂之前徒倒戈하여 反攻其在後之衆以走하여 自相屠戮하여 遂至血流漂杵하니 史臣이 指其實而言之라 蓋紂衆이 離心離德이로되 特劫於勢而未敢動耳러니 一旦에 因武王弔伐之師하여 始乘機投隙하여 奮其怨怒하여 反戈相戮하여 其酷烈이 遂至如此하니 亦足以見紂積怨于民이 若是其甚이요 而武王之兵則蓋不待血刃也라 此所以一被兵甲而天下遂大定乎인저 乃者는 繼事之辭니 反紂之虐政하여 由商先王之舊政也라 式은 車前橫木이니 有所敬則俯而憑之라 商容은 商之賢人이라 閭는 族居里門也라 賚는 予也라 武王이 除殘去暴하시고 顯忠遂良하며 賑窮賙乏하사 澤及天下하시니 天下之人이 皆心悅而誠服之라 帝王世紀云 殷民言 王之於仁人也에 死者도 猶封其墓어든 況生者乎아 王之於賢人也에 亡者도 猶表其閭어든 況存者乎아 王之於財也에 聚者도 猶散之어든 況其復籍之乎아하니라 唐孔氏曰 是爲悅服之事라
○ 此는 當在罔不率俾之下니라

休命은 商나라를 이기는 命이다. 武王이 군대를 商나라 郊에 주둔하고 雍容하여 핍박하지 않아 紂王의 군대가 오기를 기다려 이겼는데 史臣이 하늘의 아름다운 命을 기다렸다고 말하였으니, 형용을 잘한 자라고 이를 만하다. 숲과 같다는 것은 《詩經》에 이른바 "그 모임이 숲과 같다."는 것이니, 紂王의 무리가 비록 숲과 같이 많았으나 모두 우리 군대에게 대적하려는 뜻을 가진 자가 없고, 紂王의 앞에 있던 무리들이 창을 거꾸로 들고서 도리어 뒤에 있는 무리를 공격하여 敗走시켰다. 그리하여 자기들끼리 屠戮하여 마침내 피가 흘러 방패가 표류함에 이르렀으니, 史臣이 그 실제를 가리켜 말한 것이다. 紂王의 무리가 마음이 떠나고 德이 떠났으나 다만 형세에 눌려서 감히 동하지 못할 뿐이었는데, 하루아침에 武王의 弔伐하는 군대로 인하여 비로소 기회를 타고 틈을 타서 원망과 노여움이 폭발하여 창

屠 : 무찌를 도 隙 : 틈 극 賙 : 구원할 주 乏 : 다할 핍

을 거꾸로 들고서 서로 도륙하여 그 酷烈함이 마침내 이와 같음에 이르렀으니, 또한 紂王이 백성들에게 원망을 쌓음이 이와 같이 심함을 볼 수 있으며, 武王의 군대는 칼날에 피를 묻힐 필요가 없었던 것이다. 이 때문에 한 번 兵甲을 입음에 天下가 마침내 크게 정해진 것이다.

乃는 일을 잇는 말이니, 紂王의 虐政을 되돌려 商나라 先王의 옛 政事를 따른 것이다. 式은 수레 앞에 가로로 댄 나무이니, 공경할 대상이 있으면 고개를 숙여 여기에 기댄다. 商容은 商나라의 賢人이다. 閭는 종족이 거주하는 里門이다. 賚는 줌이다. 武王이 殘害한 자를 제거하고 暴惡한 자를 제거하며 충성스러운 자를 드러내고 어진 자를 이루며, 곤궁한 자를 구휼하고 궁핍한 자를 도와 은택이 天下에 미치니, 天下 사람들이 모두 마음으로 기뻐하여 정성으로 복종하였다. 《帝王世紀》에 "殷나라 백성들이 말하기를 '王이 仁人에 대해 죽은 자도 오히려 그 墓를 봉분해 주니, 하물며 산 자이겠는가. 王이 賢人에 대해 亡者도 오히려 그 마을에 정표를 하니, 하물며 생존한 자이겠는가. 王이 재물에 있어 모은 것도 오히려 흩어주니, 하물며 다시 거두겠는가.'라고 말했다." 하였다. 唐나라 孔氏가 말하였다. "이것이 기뻐하여 복종한 일이다."

○ 이는 마땅히 '罔不率俾'의 아래에 있어야 한다.

9. 列爵惟五에 分土惟三이며 建官惟賢하시고 位事惟能하시며 重民五教하사되 惟食喪祭하시며 惇信明義하시며 崇德報功하시니 垂拱而天下治하니라

官爵을 나열함은 다섯 가지로 하되 땅을 나누어줌은 세 가지로 하며, 벼슬을 세우되 賢者로 하고 일을 맡기되 능력이 있는 자로 하며, 백성의 다섯 가지 가르침을 소중히 하되 음식과 喪禮와 祭禮에 특히 留念하며, 信을 돈독히 하고 의리를 밝히며, 德을 높이고 功에 보답하니, 의상을 드리우고 손을 꽂고서 天下가 다스려졌다.

列爵惟五는 公侯伯子男也요 分土惟三은 公侯百里, 伯七十里, 子男五十里之三等也라 建官惟賢이면 不肖者不得進이요 位事惟能이면 不才者不得任이라 五教는 君臣父子夫婦兄弟長幼五典之教也요 食以養生하고 喪

以送死하고 祭以追遠하니 五教, 三事는 所以立人紀而厚風俗이니 聖人之所甚重焉者라 惇은 厚也라 厚其信하고 明其義하여 信義立에 而天下無不勵之俗이요 有德者를 尊之以官하고 有功者를 報之以賞하여 官賞行에 而天下無不勸之善이라 夫分封有法하고 官使有要하며 五教修而三事擧하고 信義立而官賞行하니 武王於此에 復何爲哉아 垂衣拱手而天下自治矣라 史臣이 述武王政治之本末에 言約而事博也 如此哉인저

○ 此는 當在大邑周之下로되 而上에 猶有缺文이라 按此篇이 編簡錯亂하여 先後失序일새 今考正其文于後하노라

爵位를 나열함을 다섯 가지로 했다는 것은 公·侯·伯·子·男이며, 땅을 나누어줌을 세 가지로 했다는 것은 公은 百里이고, 伯은 70리이고, 子는 50리의 세 等級이다. 벼슬을 세우되 賢者로 하면 不肖한 자가 進用될 수 없고, 일을 맡기되 능력이 있는 자로 하면 재주 없는 자가 임용될 수 없는 것이다. 五教는 君臣·父子·夫婦·兄弟·長幼의 다섯 가지 떳떳한 가르침이며, 음식으로 산 사람을 봉양하고 喪禮로 죽은 사람을 葬送하고 제사로 멀리 가신 先祖를 追慕하니, 五教와 三事는 人紀(인륜)를 세워 풍속을 후하게 하는 것이니, 聖人이 매우 중요시하는 것이다. 惇은 敦厚함이다. 信을 돈후하게 하고 義를 밝혀서 信과 義가 섬에 天下에 힘쓰지 않는 풍속이 없으며, 德이 있는 자를 官職으로 높여주고, 功이 있는 자를 賞으로 보답하여 官職과 賞이 행해짐에 天下에 권면되지 않는 善이 없었다. 分封함에 法이 있고 벼슬을 시키고 부림에 요체가 있으며, 五教가 닦여지고 三事가 거행되며 信과 義가 확립되고 官과 賞이 행해지니, 武王이 이에 다시 무엇을 하겠는가. 의상을 드리우고 손을 꽂고서도 天下가 저절로 다스려졌다. 史臣이 武王의 정치에 대한 本末을 서술함에 말이 간략하면서도 일이 넓음이 이와 같았다.

○ 이는 마땅히 '大邑周'의 아래에 있어야 할 터인데 위에 그래도 빠진 글이 있다. 살펴보건대 이 篇은 編簡이 錯亂되어 先後의 순서가 잘못되었으므로 이제 그 글을 詳考하여 뒤에 바로잡는 바이다.

今考定武成

1. 惟一月壬辰旁死魄越翼日癸巳에 王이 朝步自周하사 于征伐商하시다

2. 底商之罪하사 告于皇天后土와 所過名山大川하사 曰 惟有道曾孫周王發은 將有大正于商하노니 今商王受 無道하여 暴殄天物하며 害虐烝民하며 爲天下逋逃主라 萃淵藪어늘 予小子旣獲仁人하여 敢祇承上帝하여 以遏亂略하니 華夏蠻貊이 罔不率俾하나다

3. 惟爾有神은 尙克相予하여 以濟兆民하여 無作神羞하라 旣戊午에 師渡孟津하여 癸亥에 陳于商郊하여 俟天休命하더시니 甲子昧爽에 受率其旅호되 若林하여 會于牧野하니 罔有敵于我師요 前徒倒戈하여 攻于後以北하여 血流漂杵하여 一戎衣에 天下大定이어늘 乃反商政하여 政由舊하시고 釋箕子囚하시며 封比干墓하시며 式商容閭하시며 散鹿臺之財하시며 發鉅橋之粟하사 大賚于四海하신대 而萬姓이 悅服하니라

4. 厥四月哉生明에 王來自商하사 至于豊하사 乃偃武修文하사 歸馬于華山之陽하시며 放牛于桃林之野하사 示天下弗服하시다

5. 旣生魄에 庶方冢君과 曁百工이 受命于周하니라

6. 丁未에 祀于周廟하실새 邦甸侯衛駿奔走하여 執豆籩하더니 越三日庚戌에 柴望하사 大告武成하시다

7. 王若曰 嗚呼群后아 惟先王이 建邦啓土하여시늘 公劉克篤前烈이어시늘 至于大王하여 肇基王迹하여시늘 王季其勤王

家어시늘 我文考文王이 克成厥勳하사 誕膺天命하사 以撫方夏하신대 大邦은 畏其力하고 小邦은 懷其德이 惟九年이러니 大統을 未集이어시늘 予小子其承厥志호라

8. 恭天成命하사 肆予東征하여 綏厥士女하시니 惟其士女 篚厥玄黃하여 昭我周王은 天休震動이라 用附我大邑周니라

9. 列爵惟五에 分土惟三이며 建官惟賢하시고 位事惟能하시며 重民五教하사되 惟食喪祭하시며 惇信明義하시며 崇德報功하시니 垂拱而天下治하니라

按 劉氏, 王氏, 程子 皆有改正次序일새 今參考定讀如此하니 大略集諸家所長이라 獨四月生魄丁未庚戌一節은 今以上文及漢志日辰推之컨대 其序當如此耳라 疑先儒以王若曰로 宜繫受命于周之下라 故로 以生魄在丁未庚戌之後라하니 蓋不知生魄之日에 諸侯百工이 雖來請命이나 而武王以未祭祖宗하고 未告天地라하여 未敢發命이라 故로 且命以助祭하여 乃以丁未庚戌로 祀于郊廟하여 大告武功之成而後에 始告諸侯하니 上下之交와 神人之序가 固如此也라 劉氏謂 予小子其承厥志之下에 當有缺文이라하니 以今考之컨대 固所宜有라 而程子는 從恭天成命以下三十四字를 屬于其下하니 則已得其一節이요 而用附我大邑周之下는 劉氏所謂缺文이니 猶當有十數語也라 蓋武王革命之初에 撫有區夏하시니 宜有退托之辭하여 以示不敢遽當天命而求助於諸侯하고 且以致其交相警勅之意하여 略如湯誥之文이니 不應但止自序其功而已也라 列爵惟五以下는 又史官之詞요 非武王之語니 讀者詳之니라

살펴보건대 劉氏(劉敞:劉侍讀)와 王氏(王安石)와 程子가 모두 改正한 次序가 있으므로 이제 이것을 참고하여 정하여 읽기를 이와 같이 하니, 대략 諸家의 所長을 모은 것이다. 다만 四月, 生魄, 丁未, 庚戌의 한 節은 이제 上文과 《漢志》의 日辰으로 미루어 보건대 그 순서가 마땅히 이와 같아야 할 것이다. 의심컨대 先儒들은 '王若曰'을 마땅히 '受命于周'의 아래에 붙여야 한다고 생각하였다. 그러므로 '生魄'이 '丁未'와 '庚戌'의 뒤에 있어야

한다고 하였으니, 이는 生魄의 날에 諸侯와 百工들이 비록 와서 명을 청하였으나 武王은 아직 祖宗에게 제사하지 않고 天地에 告由하지 않았다 하여 감히 명령을 발하지 못하였다. 그러므로 우선 命하여 祭祀를 돕게 하여, 丁未日과 庚戌日에 郊廟에 祭祀하여 크게 武功이 이루어짐을 告由한 뒤에 비로소 諸侯에게 고하였음을 알지 못한 것이니, 上·下의 사귐과 神·人의 순서가 진실로 이와 같아야 할 것이다.

劉氏는 " '予小子其承厥志'의 아래에 마땅히 빠진 글이 있다." 하였는데, 지금 살펴보건대 진실로 마땅히 빠진 글이 있다. 程子는 '恭天成命'으로부터 以下의 34字를 그 아래에 연결하였으니, 이미 그 一節을 얻은 것이며, '用附我大邑周'의 아래는 劉氏의 이른바 빠진 글이라는 것이니, 그래도 마땅히 십수 마디의 말이 있어야 한다. 武王이 革命한 초기에 區夏를 어루만져 소유하였으니, 마땅히 退托(겸양)하는 말씀이 있어, 감히 갑작스레 天命을 감당하지 못해서 諸侯들에게 도움을 요청하는 뜻을 보이고, 또 서로 경계하고 삼가는 뜻을 지극히 하여 대략 〈湯誥〉의 글과 같이 하여야 할 것이니, 단지 스스로 자기의 功을 서술함에 그쳐서는 안된다. '列爵惟五' 이하는 또 史官의 말이요, 武王의 말씀이 아니니, 읽는 자가 이것을 살펴보아야 한다.

洪範

漢志曰 禹治洪水에 錫洛書어늘 法而陳之하시니 洪範이 是也라하고 史記에 武王克殷하시고 訪問箕子以天道하신대 箕子以洪範陳之라하니라 按篇內에 曰而, 曰汝者는 箕子告武王之辭니 意洪範은 發之於禹어늘 箕子推衍增益하여 以成篇歟인저 今文古文皆有하니라

《漢志》에 "禹王이 洪水를 다스림에 하늘이 洛書를 내려주므로 이것을 본받아 진열하니, 洪範이 이것이다." 하였으며, 《史記》에 "武王이 殷나라를 이기고 箕子에게 찾아가 天道를 묻자 箕子가 洪範을 말했다." 하였다. 살펴보건대 篇 안에 '而'라 말하고 '汝'라 말한 것은 箕子가 武王에게 아뢴 말씀이니, 짐작컨대 〈洪範〉은 禹王에게서 나왔는데, 箕子가 미루어 敷衍하고 增益하여 이 篇을 이루었나보다. 今文과 古文에 모두 있다.

1. 惟十有三祀에 王이 訪于箕子하시다

13祀(年)에 王이 箕子를 방문하였다.

商曰祀요 周曰年이니 此曰祀者는 因箕子之辭也라 箕子嘗言 商其淪喪이라도 我罔爲臣僕이라하시고 史記에 亦載箕子陳洪範之後에 武王이 封于朝鮮而不臣也라하니 蓋箕子不可臣이니 武王이 亦遂其志而不臣之也라 訪은 就而問之也라 箕는 國名이요 子는 爵也라
○ 蘇氏曰 箕子之不臣周也어늘 而曷爲爲武王陳洪範也오 天以是道로 畀之禹하여 傳至於我하니 不可使自我而絶이요 以武王而不傳이면 則天下無可傳者矣라 故로 爲箕子之道者는 傳道則可어니와 仕則不可니라

商나라는 祀라 하고 周나라는 年이라 하였는데, 여기에서 祀라고 말한 것은 箕子의 말을 인한 것이다. 箕子가 일찍이 말씀하기를 "商나라가 淪喪하더라도 나는 臣僕이 되지 않겠다." 하였으며, 《史記》에 또한 "箕子가 洪範을 말한 뒤에 武王이 朝鮮에 封해주고 臣下로 삼지 않았다."고 記載되어 있으니, 箕子는 臣下가 될 수 없으니, 武王이 또한 그 뜻을 이루어 臣下로 삼지 않은 것이다. 訪은 찾아가 물은 것이다. 箕는 國名이고, 子는 爵位이다.
○ 蘇氏가 말하였다. "箕子가 周나라에 臣下노릇을 하지 않았는데 어찌하여 武王을 위해 洪範을 말하였는가. 하늘이 이 道를 禹王에게 주어서 전하여 자신에게 이르렀으니, 자신으로부터 끊어지게 할 수 없으며, 武王 같은 聖人에게 전하지 않으면 天下에 전할 만한 자가 없다. 그러므로 箕子의 도리는 道를 전하는 것은 可하나 벼슬하는 것은 不可한 것이다."

2. 王이 乃言曰 嗚呼라 箕子아 惟天이 陰騭下民하사 相協厥居하시니 我는 不知其彝倫의 攸敍하노라

淪 : 빠질 륜　畀 : 줄 비　騭 : 정할 즐　相 : 도울 상　彝 : 떳떳할 이
敍 : 펼 서

王이 이에 말씀하였다. "아! 箕子여. 하늘이 속으로 下民을 안정시켜 거처하는 것을 도와 화합하게 하시니, 나는 그 秉彛와 人倫이 펴지게 된 이유를 알지 못한다."

乃言者는 難辭니 重其問也라 箕子를 稱舊邑爵者는 方歸自商하여 未新封爵也일새라 騭은 定이요 協은 合이라 彛는 常이요 倫은 理也니 所謂秉彛人倫也라 武王之問은 蓋曰 天於冥冥之中에 默有以安定其民하여 輔相保合其居止어시늘 而我不知其彛倫之所以敍者 如何也라

乃言은 어렵게 여기는 말이니, 그 물음을 신중히 한 것이다. 箕子를 옛 邑과 爵號로 칭한 것은 막 商나라로부터 돌아와서 새로 爵位를 봉하지 않았기 때문이다. 騭은 정함이요, 協은 합함이다. 彛는 떳떳함이요, 倫은 倫理이니, 이른바 秉彛와 人倫이란 것이다. 武王의 물음은 "하늘이 어둡고 어두운 가운데에 묵묵히 백성들을 안정시켜 그 居止를 輔相하여 保合함이 있는데, 나는 彛倫이 펴지는 이유가 어떠한 것인 줄을 모른다."고 한 것이다.

3. 箕子乃言曰 我聞하니 在昔鯀이 陻洪水하여 汩陳其五行한대 帝乃震怒하사 不畀洪範九疇하시니 彛倫의 攸斁(두)니라 鯀則殛死어늘 禹乃嗣興하신대 天乃錫禹洪範九疇하시니 彛倫의 攸敍니라

箕子가 다음과 같이 말씀하였다. "내가 들으니, 옛날 鯀이 洪水를 막아 五行을 어지럽게 진열하자 上帝가 震怒하여 洪範九疇를 내려주지 않으시니, 彛倫이 무너지게 되었다. 鯀이 귀양가 죽고 禹王이 뒤이어 일어나자 하늘이 禹王에게 洪範九疇를 내려 주시니, 彛倫이 펴지게 되었다.

乃言者는 重其答也라 陻은 塞이요 汩은 亂이요 陳은 列이요 畀는 與요 洪은

陻 : 막을 인 汩 : 어지러울 골 斁 : 무너질 두 殛 : 귀양갈 극 疇 : 무리 주

大요 範은 法이요 疇는 類요 斁는 敗요 錫은 賜也라 帝는 以主宰言이요 天은 以理言也라 洪範九疇는 治天下之大法으로 其類有九하니 卽下文初一至次九者라 箕子之答은 蓋曰 洪範九疇는 原出於天이어늘 鯀逆水性하여 汨陳五行이라 故로 帝震怒하사 不以與之하니 此彛倫之所以敗也요 禹順水之性하사 地平天成이라 故로 天出書于洛이어늘 禹別之하여 以爲洪範九疇하시니 此彛倫之所以敍也라 彛倫之敍는 卽九疇之所敍者也라
○ 按孔氏曰 天與禹神龜하여 負文而出에 列於背하니 有數至九어늘 禹遂因而第之하여 以成九類라 易言河出圖, 洛出書[1)]어늘 聖人則之라하니 蓋治水功成에 洛龜呈瑞니 如簫韶奏而鳳儀하고 春秋作而麟至[2)]니 亦其理也라 世傳戴九履一, 左三右七, 二四爲肩, 六八爲足이 卽洛書之數也라

乃言은 그 답을 신중히 한 것이다. 陻은 막음이요, 汨은 어지럽힘이요, 陳은 진열함이요, 畀는 줌이요, 洪은 큼이요, 範은 法이요, 疇는 무리요, 斁는 무너짐이요, 錫은 줌이다. 帝는 主宰로 말한 것이요, 天은 理致로 말한 것이다. 洪範九疇는 天下를 다스리는 大法으로 그 종류가 아홉 가지가 있으니, 곧 下文의 初一부터 次九까지이다. 箕子의 대답은 "洪範九疇는 원래 하늘에서 나왔는데 鯀이 물의 성질을 거슬려 五行을 어지럽게 진열하였다. 그러므로 上帝가 震怒하여 이것을 주지 않으니, 이는 彛倫이 무너지게 된 所以이며, 禹王이 물의 성질을 순히 하여 땅이 平하고 하늘이 이루어졌다. 그러므로 하늘이 洛水에 글을 내놓자, 禹王이 이것을 區別하여 洪範九疇를 만드니, 이는 彛倫이 펴지게 된 所以이다."라고 한 것이다. 彛倫이 펴진다는 것은 곧 九疇가 펴지는 것이다.
○ 살펴보건대 孔氏가 말하기를 "하늘이 禹王에게 神龜를 주어 무늬를 지고 나와 등에 나열되었는데 數가 9까지 있으므로 禹王이 마침내 이것을 인하여 차례로 나열해서 九類를 이루었다." 하였다. 《周易》에 "河水에서 圖가 나오고 洛水에서 書가 나오므로 聖人이 이것을 본받았다." 하였으니, 洪水를 다스려 功이 이루어짐에 洛水의 거북이 祥瑞를 올린 것이니, 簫韶를 연주함에 봉황이 와서 춤을 추고, 《春秋》를 지음에 기린이 이른 것과 같으니, 또한 그 이치이다. 세상에 전하기를 九를 이고 一을 밟으며, 左는 三이고 右는 七이며, 二와 四는 어깨가 되고, 六과 八은 발이 되는 것이 곧 洛書의 數라 한다.

譯註 1. 易言河出圖 洛出書:《周易》〈繫辭上〉에 보이는바, 伏羲氏 때에 등에 1에서부터 10까지의 그림(문양)이 그려진 龍馬가 나오니, 이것이 곧 河圖로 伏羲氏가 이것을 보고 卦를 그었다 하며, 夏나라 禹王 때에 등에 1에서부터 9까지의 점이 박혀 있는 거북이가 나오니, 이것이 곧 洛書로 洪範의 근원이 되었다 한다.

2. 簫韶奏而鳳儀 春秋作而麟至: 위의 〈益稷〉에 "簫韶九成 鳳凰來儀"라고 보이며, 《春秋》〈哀公十四年條〉에 "봄에 서쪽으로 사냥을 가서 기린을 잡았다.〔春西狩獲麟〕" 하였는바, 기린은 聖王의 상서로운 짐승으로 孔子가 이당시 《春秋》를 지었기 때문에 나온 것이라 한다.

4. 初一은 曰五行이요 次二는 曰敬用五事요 次三은 曰農用八政이요 次四는 曰協用五紀요 次五는 曰建用皇極이요 次六은 曰乂用三德이요 次七은 曰明用稽疑요 次八은 曰念用庶徵이요 次九는 曰嚮用五福이요 威用六極이니라

첫번째는 五行이고, 다음 두번째는 공경하되 五事로써 함이요, 다음 세번째는 農事에 八政을 씀이요, 다음 네번째는 합함을 五紀로써 함이요, 다음 다섯번째는 세움을 皇極로써 함이요, 다음 여섯번째는 다스림을 三德으로써 함이요, 다음 일곱번째는 밝힘을 稽疑로써 함이요, 다음 여덟번째는 상고함을 庶徵으로써 함이요, 다음 아홉번째는 향함을 五福으로써 하고 위엄을 보임을 六極으로써 하는 것이다.

此는 九疇之綱也라 在天에 惟五行이요 在人에 惟五事니 以五事로 參五行이면 天人合矣라 八政者는 人之所以因乎天이요 五紀者는 天之所以示乎人이라 皇極者는 君之所以建極也요 三德者는 治之所以應變也라 稽疑者는 以人而聽於天也요 庶徵者는 推天而徵之人也요 福極者는 人感而天應也라 五事曰敬은 所以誠身也요 八政曰農은 所以厚生也요 五紀曰協은 所以合天也요 皇極曰建은 所以立極也요 三德曰乂는 所以治民也요 稽疑曰明은 所以辨惑也요 庶徵曰念은 所以省驗也요 五福曰嚮은 所以

勸也요 六極曰威는 所以懲也라 五行에 不言用은 無適而非用也요 皇極에 不言數는 非可以數明也일새라 本之以五行하고 敬之以五事하고 厚之以八政하고 協之以五紀는 皇極之所以建也요 乂之以三德하고 明之以稽疑하고 驗之以庶徵하고 勸懲之以福極은 皇極之所以行也라 人君治天下之法이 是孰有加於此哉리오

이는 九疇의 綱領이다. 하늘에 있으면 五行이고 사람에 있으면 五事이니, 五事를 가지고 五行을 참고하면 하늘과 인간이 합한다. 八政은 사람이 하늘에 인하는 것이요, 五紀는 하늘이 사람에게 보여주는 것이다. 皇極은 君主가 極을 세우는 것이요, 三德은 다스림에 變에 응하는 것이다. 稽疑는 사람으로 하늘에 들음이요, 庶徵은 하늘을 미루어 사람에게 징험함이요, 福과 極은 사람이 감동함에 하늘이 응하는 것이다. 五事를 敬이라 한 것은 몸을 성실히 하기 때문이요, 八政을 農이라 한 것은 생활을 후하게 하기 때문이요, 五紀를 協이라 한 것은 하늘에 합하기 때문이요, 皇極을 建이라 한 것은 極을 세우기 때문이요, 三德을 乂라 한 것은 백성을 다스리기 때문이요, 稽疑를 明이라 한 것은 의혹을 분변하기 때문이요, 庶徵을 念이라 한 것은 살펴서 징험하기 때문이요, 五福을 嚮이라 한 것은 권면하기 위한 것이요, 六極을 威라 한 것은 懲戒하기 위한 것이다.

五行에 用을 말하지 않은 것은 가는 곳마다 用이 아님이 없기 때문이며, 皇極에 數를 말하지 않은 것은 數로써 밝힐 수가 없기 때문이다. 五行으로써 根本을 삼고, 恭敬함을 五事로써 하고 厚하게 함을 八政으로써 하고 합함을 五紀로써 함은 皇極이 세워지는 所以이며, 다스림을 三德으로써 하고 밝힘을 稽疑로써 하고 징험을 庶徵으로써 하고 권면과 징계를 五福과 六極으로써 함은 皇極이 행해지는 所以이다. 人君이 天下를 다스리는 방법이 무엇이 이보다 더한 것이 있겠는가.

5. 一五行은 一曰水요 二曰火요 三曰木이요 四曰金이요 五曰土니라 水曰潤下요 火曰炎上이요 木曰曲直이요 金曰從革이요 土爰稼穡이니라 潤下는 作鹹하고 炎上은 作苦하고 曲

爰 : 이에 원 稼 : 심을 가 穡 : 거둘 색 鹹 : 짤 함

直은 作酸하고 從革은 作辛하고 稼穡은 作甘이니라

첫번째 五行은 첫번째는 水이고, 두번째는 火이고, 세번째는 木이고, 네번째는 金이고, 다섯번째는 土이다. 水는 潤下이고, 火는 炎上이고, 木은 曲直이고, 金은 從革이고, 土는 이에 稼穡을 한다. 潤下는 짠 것이 되고, 炎上은 쓴 것이 되고, 曲直은 신 것이 되고, 從革은 매운 것이 되고, 稼穡은 단 것이 된다.

此下는 九疇之目也라 水火木金土者는 五行之生序也니 天一生水하고 地二生火하고 天三生木하고 地四生金하고 天五生土[1)]니라 唐孔氏曰 萬物成形에 以微著爲漸하니 五行先後 亦以微著爲次라 五行之體에 水最微하니 爲一하고 火漸著하니 爲二하고 木形實하니 爲三하고 金體固하니 爲四하고 土質大하니 爲五라 潤下, 炎上, 曲直, 從革은 以性言也요 稼穡은 以德言也라 潤下者는 潤而又下也요 炎上者는 炎而又上也요 曲直者는 曲而又直也요 從革者는 從而又革也요 稼穡者는 稼而又穡也니 稼穡에 獨以德言者는 土兼五行하여 無正位하고 無成性이요 而其生之德이 莫盛於稼穡이라 故로 以稼穡言也라 稼穡은 不可以爲性也라 故로 不曰曰而曰爰이라 爰은 於也니 於是稼穡而已요 非所以名也라 作은 爲也라 鹹苦酸辛甘者는 五行之味也라 五行이 有聲色氣味[2)]로되 而獨言味者는 以其切於民用也라

이 이하는 九疇의 條目이다. 水·火·木·金·土는 五行이 태어난 순서이니, 하늘이 一로 水를 내고, 땅이 二로 火를 내고, 하늘이 三으로 나무를 내고, 땅이 四로 金을 내고, 하늘이 五로 土를 낸다. 唐나라 孔氏는 말하기를 "萬物이 형체를 이룸에 작고 드러남으로 점점 나아갔으니, 五行의 先後도 또한 작고 드러남으로 차례를 삼았다. 五行의 體에 水가 가장 작으니 첫번째가 되고, 火가 점점 드러나니 두번째가 되고, 木은 형체가 실하니 세번째가 되고, 金은 體가 견고하니 네번째가 되고, 土는 形質이 크니 다섯번째가 된다." 하였다.

潤下·炎上·曲直·從革은 성질로 말한 것이고, 稼穡은 德으로 말한 것이다. 潤下는 潤澤하고 아래로 내려감이요, 炎上은 불타고 또 올라감이요, 曲直은 굽고 또 곧음이요, 從革은 그대로 따르고 또 변함이요, 稼穡은 심고

또 거두는 것이니, 稼穡에 유독 德으로 말한 것은 土는 五行을 겸하여 바른 위치가 없고 이루어진 성질이 없으며, 그 낳는 德이 稼穡(농사)보다 더 큼이 없다. 그러므로 稼穡으로 말한 것이다. 稼穡은 性이라 할 수 없으므로 '曰'이라 말하지 않고 '爰'이라고 말한 것이다. 爰은 이에이니, 이에 심고 거둘 뿐이요, 명칭할 수 있는 것이 아니다. 作은 爲(만듦, 또는 됨)이다. 鹹·苦·酸·辛·甘은 五行의 맛이다. 五行은 聲과 色과 氣味가 있는데 유독 맛을 말한 것은 백성들이 사용함에 간절하기 때문이다.

譯註 1. 天一生水 … 天五生土 : 河圖의 數는 1에서 10까지가 있는데 이중 1에서 5까지를 生數(낳는 수), 6에서 10까지를 成數(완성하는 수)라 한다. 그리하여 天이 1로 水를 내면 地가 6으로 완성하고, 地가 2로 火를 내면 天이 7로 완성하고, 天이 3으로 木을 내면 地가 8로 완성하고, 地가 4로 金을 내면 天이 9로 완성하고, 天이 5로 土를 내면 地가 10으로 완성한다. 그리하여 1·6은 水, 2·7은 火, 3·8은 木, 4·9는 金, 5·10은 土가 된다.

2. 五行有聲色氣味 : 宮(土)·商(金)·角(木)·徵(火)·羽(水)를 五聲이라 하고 青(木)·黃(土)·赤(火)·白(金)·黑(水)을 五色이라 하며, 氣는 냄새로 五氣는 썩은내(朽·水)·탄내(焦·火)·누린내(羶·木)·비린내(腥·金)·향내(香·土)이고 五味는 酸(木)·鹹(水)·辛(金)·甘(土)·苦(火)이다.

6. 二五事는 一曰貌요 二曰言이요 三曰視요 四曰聽이요 五曰思니라 貌曰恭이요 言曰從이요 視曰明이요 聽曰聰이요 思曰睿니라 恭은 作肅하며 從은 作乂하며 明은 作哲하며 聰은 作謀하며 睿는 作聖이니라

두번째 五事는 첫번째는 모습이고, 두번째는 말이고, 세번째는 봄이고, 네번째는 들음이고, 다섯번째는 생각함이다. 모습은 공손하고, 말은 순종하고, 봄은 밝고, 들음은 귀밝고, 생각함은 지혜롭다. 공손함은 엄숙함을 만들고, 순종함은 다스림을 만들고, 밝음은 지혜를 만들고, 귀밝음은 헤아림을 만들고, 지혜로움은 성스러움을 만든다.

貌言視聽思者는 五事之敍也라 貌는 澤하니 水也요 言은 揚하니 火也요 視는 散하니 木也요 聽은 收하니 金也[1]요 思는 通하니 土也라 亦人事發見先後之敍니 人始生則形色具矣요 旣生則聲音發矣니 旣乂而後能視하고 而後能聽하고 而後能思也라 恭從明聰睿者는 五事之德也니 恭者는 敬也요 從者는 順也요 明者는 無不見也요 聰者는 無不聞也요 睿者는 通乎微也라 肅乂哲謀聖者는 五德之用也니 肅者는 嚴正也요 乂者는 條理也요 哲者는 智也요 謀者는 度(탁)也요 聖者는 無不通也라

貌·言·視·聽·思는 五事의 순서이다. 모습은 윤택하니 水이고, 말은 드러나니 火이고, 봄은 흩어지니 木이고, 들음은 거두니 金이고, 생각함은 통하니 土이다. 이는 또한 人事가 發現하는 先後의 순서이니, 사람이 처음 태어나면 形色이 갖추어지고, 이미 태어나면 音聲이 발하니, 이미 다스려 條理가 있은 뒤에 보고, 그런 뒤에 듣고, 그런 뒤에 생각할 수 있는 것이다. 恭·從·明·聰·睿는 五事의 德이니, 恭은 공경함이요, 從은 순종함이요, 明은 보지 못함이 없는 것이요, 聰은 듣지 못함이 없는 것이요, 睿는 은미한 것에 통하는 것이다. 肅·乂·哲·謀·聖은 五德의 用이니, 肅은 嚴正함이요, 乂는 條理요, 哲은 智慧요, 謀는 헤아림이요, 聖은 통하지 않음이 없는 것이다.

譯註 1. 視散木也 聽收金也:《經書辨疑》에 "봄은 안으로부터 밖에 베풀어지므로 흩어진다고 말하였고, 들음은 밖으로부터 안으로 들어오므로 거둔다고 말한 것이다.〔視自內而施於外 故曰散 聽自外而入於內 故曰收〕" 하였다.

7. 三八政은 一曰食이요 二曰貨요 三曰祀요 四曰司空이요 五曰司徒요 六曰司寇요 七曰賓이요 八曰師니라

세번째 八政은 첫번째는 먹는 것(食糧)이요, 두번째는 재물이요, 세번째는 祭祀요, 네번째는 司空이요, 다섯번째는 司徒요, 여섯번째는 司寇요, 일곱번째는 賓(外交官)이요, 여덟 번째는 군사이다.

食者는 民之所急이요 貨者는 民之所資라 故로 食爲首而貨次之라 食貨는 所以養生也요 祭祀는 所以報本也라 司空은 掌土하니 所以安其居也요 司徒는 掌敎하니 所以成其性也요 司寇는 掌禁하니 所以治其姦也요 賓者는 禮諸侯遠人이니 所以往來交際也라 師者는 除殘禁暴也니 兵은 非聖人之得已라 故로 居末也라

먹는 것은 백성들이 제일 급하게 여기는 것이고, 재물은 백성들이 자뢰하는 것이므로 먹는 것이 첫번째가 되고 재물이 그 다음이 된 것이다. 食糧과 財貨는 산 사람을 봉양하는 것이고, 祭祀는 근본에 보답하는 것이다. 司空은 土木을 관장하니 居住를 편안하게 하는 것이고, 司徒는 敎育을 관장하니 性을 이루는 것이고, 司寇는 禁止함을 관장하니 간사함을 다스리는 것이고, 賓은 諸侯와 먼 지방 사람에게 禮遇하는 것이니 往來하고 交際하는 것이다. 師는 殘虐한 자를 제거하고 포악한 자를 금지하는 것이니, 兵은 聖人이 마지못하여 쓰는 것이므로 맨 끝에 있는 것이다.

8. 四五紀는 一曰歲요 二曰月이요 三曰日이요 四曰星辰이요 五曰曆數니라

네번째 五紀는 첫번째는 歲(해)이고, 두번째는 月(달)이고, 세번째는 日(날)이고, 네번째는 星辰이고, 다섯번째는 曆數이다.

歲者는 序四時也요 月者는 定晦朔也요 日者는 正躔度也요 星은 經星緯星也요 辰은 日月所會十二次也라 曆數者는 占步之法이니 所以紀歲月日星辰也라

歲는 四時를 차례함이요, 月은 그믐과 초하루를 정함이요, 日은 하늘의 運行하는 度數를 바로잡음이요, 星은 經星과 緯星이요, 辰은 해와 달이 만나는 열두 방위이다. 曆數는 占步(하늘의 운행을 점침)의 방법이니, 歲·月·日·星辰을 기록하는 것이다.

躔 : 해질 전, 밟을 전　緯 : 씨줄 위

9. 五皇極은 皇建其有極이니 斂是五福하여 用敷錫厥庶民하면 惟時厥庶民이 于汝極에 錫汝保極[1)]하리라

다섯번째 皇極은 임금이 極을 세움이니, 이 五福을 거두어서 여러 백성들에게 福을 펴서 주면 이 여러 백성들이 너의 極에 대하여 너에게 極을 보존함을 줄 것이다.

譯註 1. 錫汝保極 : 諺解를 따라 위와 같이 해석하였으나 艮齋 李德弘은 "汝를 錫하야 極을 保케 하니라"로 해석하고 "백성들이 또 福으로써 다시 그 군주에게 줌을 말한 것이다.〔言民又以福還錫其君也〕"라고 설명하였다.

皇은 君이요 建은 立也라 極은 猶北極之極이니 至極之義요 標準之名이니 中立而四方之所取正焉者也라 言人君이 當盡人倫之至니 語父子則極其親하여 而天下之爲父子者 於此取則焉하고 語夫婦則極其別하여 而天下之爲夫婦者 於此取則焉하고 語兄弟則極其愛하여 而天下之爲兄弟者 於此取則焉하여 以至一事一物之接과 一言一動之發에 無不極其義理之當然하여 而無一毫過不及之差면 則極建矣라 極者는 福之本이요 福者는 極之效니 極之所建은 福之所集也라 人君이 集福於上은 非厚其身而已라 用敷其福하여 以與庶民하여 使人人觀感而化니 所謂敷錫也요 當時之民이 亦皆於君之極에 與之保守하여 不敢失墜하니 所謂錫保也라 言皇極君民所以相與者 如此也라

皇은 임금이요, 建은 세움이다. 極은 北極의 極과 같으니, 지극하다는 뜻이고 標準의 이름이니, 가운데 서있으면 四方에서 취하여 바로잡는 것이다. 人君은 마땅히 人倫의 지극함을 다하여야 하니, 父子를 말하면 친함을 지극히 하여 天下의 父子된 자들이 여기에서 法을 취하고, 夫婦를 말하면 分別을 지극히 하여 天下의 夫婦된 자들이 여기에서 法을 취하고, 兄弟를 말하면 사랑을 지극히 하여 天下의 兄弟된 자들이 여기에서 法을 취하여 一事一物을 接함과 一言一動을 發함에 이르기까지 의리의 당연함을 지극히

斂 : 거둘 렴　敷 : 펼 부　錫 : 줄 석

하지 않음이 없어서 一毫라도 過하거나 不及한 차이가 없게 하면 極이 세워지는 것이다.

極은 福의 근본이며, 福은 極의 효험이니, 極을 세우는 것은 福이 모여지는 것이다. 人君이 위에서 福을 모음은 자기 몸을 厚하게 할 뿐만 아니라 그 福을 펴서 庶民들에게 주어 사람마다 보고 감동하여 化하게 하니 이른바 펴서 준다는 것이요, 당시의 백성들 또한 모두 君主의 極에 대하여 더불어 保守해서 감히 실추하지 않으니 이른바 보존함을 준다는 것이다. 皇極을 君主와 百姓이 서로 줌이 이와 같음을 말한 것이다.

10. 凡厥庶民이 無有淫朋하며 人無有比德은 惟皇이 作極일새니라

무릇 서민들이 淫朋(邪黨)함이 없고 지위에 있는 사람들이 阿比함이 없는 것은 임금이 極이 되기 때문이다.

淫朋은 邪黨也라 人은 有位之人이라 比德은 私相比附也라 言庶民與有位之人이 而無淫朋比德者는 惟君이 爲之極하여 而使之有所取正耳니 重言君不可以不建極也라

淫朋은 邪黨이다. 人은 지위에 있는 사람이다. 比德은 사사로이 서로 比附하는 것이다. 庶民과 地位에 있는 사람들이 淫朋하고 阿比함이 없는 것은 오직 君主가 極이 되어서 이들로 하여금 취하여 바로잡는 바가 있게 하기 때문이니, 君主가 極을 세우지 않으면 안됨을 거듭 말한 것이다.

11. 凡厥庶民이 有猷, 有爲, 有守를 汝則念之하며 不協于極이라도 不罹于咎어든 皇則受之하라 而康而色하여 曰予攸好德이라커든 汝則錫之福하면 時人이 斯其惟皇之極하리라

무릇 庶民들이 꾀함이 있고 施爲함이 있고 지킴이 있는 것을 네가

猷 : 꾀 유　罹 : 걸릴 리　攸 : 바 유

생각하며, 極에 합하지 않더라도 허물에 걸리지 않거든 임금은 받아 주어라. 얼굴빛을 편안히 하여 말하기를 '내가 좋아하는 바가 德이다.'라고 하거든 네가 그에게 福을 주면 이 사람이 이에 임금의 極에 맞게 할 것이다.

此는 言庶民也라 有猷는 有謀慮者요 有爲는 有施設者요 有守는 有操守者니 是三者는 君之所當念也라 念之者는 不忘之也니 帝念哉之念이라 不協于極은 未合於善也요 不罹于咎는 不陷於惡也라 未合於善이나 不陷於惡은 所謂中人也니 進之則可與爲善이요 棄之則流於惡이니 君之所當受也라 受之者는 不拒之也니 歸斯受之之受라 念之受之를 隨其才而輕重하여 以成就之也라 見於外而有安和之色하고 發於中而有好德之言이면 汝於是則錫之以福이면 而是人이 斯其惟皇之極矣라 福者는 爵祿之謂라 或曰 錫福은 卽上文斂福錫民之福이니 非自外來也라하니 曰 祿亦福也라 上文은 指福之全體而言이요 此則爲福之一端而發이니 苟謂非祿之福인댄 則於下文于其無好德에 汝雖錫之福이라도 其作汝用咎에 爲不通矣니라

이는 庶民을 말한 것이다. 有猷는 謀慮가 있는 자이고, 有爲는 施設함이 있는 자이고, 有守는 志操를 지킴이 있는 자이니, 이 세 가지는 君主가 마땅히 생각해야 할 바이다. 생각한다는 것은 잊지 않는 것이니, '帝念哉〔임금은 생각하소서〕'의 念이다. 極에 합하지 않는다는 것은 善에 합하지 않는 것이고, 허물에 걸리지 않는다는 것은 惡에 빠지지 않는 것이다. 善에 합하지는 못하나 惡에는 빠지지 않음이 이른바 中人이라는 것이니, 나아가면 더불어 善을 할 수 있고 버리면 惡에 흐르니, 君主가 마땅히 받아주어야 할 바이다. 받아준다는 것은 거절하지 않는 것이니, '歸斯受之〔돌아오면 받아준다〕'의 受이다. 생각하고 받아줌을 그 재주에 따라 가볍게 하고 무겁게 하여 성취시키는 것이다.

外貌에 나타남에 安和한 빛이 있고, 中心에서 발함에 德을 좋아하는 말이 있거든 네가 이 사람에게 福을 내려주면 이 사람이 이에 임금의 極에 맞게 할 것이다. 福은 爵祿을 이른다. 혹자는 "福을 준다는 것은 곧 上文에 福을 거두어 백성에게 준다는 복이니, 밖에서부터 오는 것이 아니다." 라고 한다. 그러나 祿 또한 福이다. 上文은 福의 전체를 가리켜 말한 것이고, 이

것은 福의 일단을 위하여 말한 것이니, 만일 祿이 아닌 福을 말한다면 下文에 "德을 좋아하지 않는 이에게 네가 비록 福을 주더라도 이는 네가 허물을 씀이 된다."는 말과 통하지 않는다.

12. 無虐煢獨하고 而畏高明하라

煢獨을 학대하지 말고 高明을 두려워하지 말라.

煢獨은 庶民之至微者也요 高明은 有位之尊顯者也니 各指其甚者而言이라 庶民之至微者라도 有善則當勸勉之요 有位之尊顯者라도 有不善則當懲戒之라 此는 結上章而起下章之義라

煢獨은 庶民 중에 지극히 미천한 자이고, 高明은 지위가 있는 자 중에 높고 드러난 자이니, 각각 그 심한 자를 지적하여 말한 것이다. 庶民 중에 지극히 미천한 자라도 善이 있으면 마땅히 권면해야 하고, 지위가 있는 자 중에 높고 드러난 자라도 不善이 있으면 마땅히 징계해야 한다. 이는 上章을 맺어 下章의 뜻을 일으킨 것이다.

13. 人之有能有爲를 使羞其行하면 而邦이 其昌하리라 凡厥正人은 旣富오사 方穀이니 汝弗能使有好于而家하면 時人이 斯其辜리라 于其無好德에 汝雖錫之福이라도 其作汝用咎리라

사람 중에 재능이 있고 施爲함이 있는 자를 그 행함에 나아가게 하면 나라가 번창할 것이다. 무릇 正人(벼슬아치)들은 부유하게 한 뒤에야 비로소 선하니, 네가 하여금 집에서 좋아함이 있게 하지 못하면 이 사람이 죄에 빠질 것이다. 그리고 德을 좋아하지 않는 이에게 네가 비록 福을 주더라도 이는 네가 허물이 있는 사람을 씀이 될 것이다.

此는 言有位者也라 有能은 有才智者요 羞는 進也니 使進其行이면 則官

煢：외로울 경　羞：나아갈 수　穀：착할 곡　而：너 이　辜：죄 고

使者皆賢才而邦國昌盛矣라 正人者는 在官之人이니 如康誥所謂惟厥正人者라 富는 祿之也요 穀은 善也라 在官之人이 有祿可仰然後에 可責其爲善이니 廩祿不繼하고 衣食不給하여 不能使其和好于而家면 則是人이 將陷於罪戾矣라 於其不好德之人에 而與之以祿이면 則爲汝用咎惡之人也라 此는 言祿以與賢이요 不可及惡德也라 必富之而後責其善者는 聖人設敎에 欲中人以上皆可能也라

이는 지위에 있는 자를 말한 것이다. 有能은 재주와 지혜가 있는 자이고, 羞는 나아감이니, 그 행함에 나아가게 하면 官職을 맡겨 부리는 자가 모두 賢才여서 나라가 昌盛할 것이다. 正人은 官職에 있는 사람이니, 〈康誥〉에 이른바 '惟厥正人'이라는 것과 같다. 富는 祿을 줌이요, 穀은 善이다. 官職에 있는 사람은 우러러볼 만한 祿이 있은 뒤에야 善을 함을 책할 수 있으니, 廩祿이 이어지지 못하고 衣食이 풍족하지 못하여 네가 너의 집에서 和好하게 하지 못하면 이 사람이 장차 罪戾에 빠질 것이다. 그리고 德을 좋아하지 않는 사람에게 祿을 주면 이는 네가 허물과 惡한 사람을 씀이 되는 것이다. 이는 祿은 賢者에게 주어야 하고 惡德에게 미쳐서는 안된다. 반드시 부유하게 한 뒤에야 善을 책하는 것은 聖人이 가르침을 베풂에 中人 이상은 모두 가능하게 하고자 함을 말한 것이다.

14. 無偏無陂하여 遵王之義하며 無有作好하여 遵王之道하며 無有作惡(오)하여 遵王之路하라 無偏無黨하면 王道蕩蕩하며 無黨無偏하면 王道平平하며 無反無側하면 王道正直하리니 會其有極하여 歸其有極하리라

偏僻됨이 없고 기욺이 없어 王의 義를 따르며, 뜻에 사사로이 좋아함을 일으키지 말아 王의 道를 따르며, 뜻에 사사로이 미워함을 일으키지 말아 王의 길을 따르라. 편벽됨이 없고 편당함이 없으면 王의 道가 蕩蕩하며, 편당함이 없고 편벽됨이 없으면 王의 道가 平平하며, 常道에 위배됨이 없고 기욺이 없으면 王의 道가 正直할 것이니, 그

廩 : 창고 름 戾 : 죄 려 陂 : 기울어질 피 蕩 : 방탕할 탕 側 : 기울 측

極에 모여 그 極에 돌아올 것이다.

偏은 不中也요 陂는 不平也라 作好, 作惡는 好惡를 加之意也라 黨은 不公也라 反은 倍(背)常也요 側은 不正也라 偏陂好惡는 己私之生於心也요 偏黨反側은 己私之見於事也라 王之義, 王之道, 王之路는 皇極之所由行也라 蕩蕩은 廣遠也요 平平은 平易也요 正直은 不偏邪也라 皇極은 正大之體也라 遵義, 遵道, 遵路는 會其極也요 蕩蕩, 平平, 正直은 歸其極也라 會者는 合而來也요 歸者는 來而至也라 此章은 蓋詩之體니 所以使人吟詠而得其情性者也라 夫歌詠以協其音하고 反復以致其意하며 戒之以私而懲創其邪思하고 訓之以極而感發其善性하여 諷詠之間에 恍然而悟하고 悠然而得하여 忘其傾斜狹小之念하고 達乎公平廣大之理하여 人欲消熄하고 天理流行하여 會極歸極이 有不知其所以然而然者라 其功用深切하니 與周禮大師에 敎以六詩[1]者로 同一機而尤要者也라 後世此意不傳하니 皇極之道 其不明於天下也 宜哉인저

偏은 中하지 못한 것이요, 陂는 平平하지 못한 것이다. 作好·作惡는 좋아하고 미워함을 뜻에 더하는 것이다. 黨은 公正하지 못한 것이다. 反은 常道에 위배됨이요, 側은 바르지 못한 것이다. 偏·陂·好·惡는 己私(자신의 私慾)가 마음에서 생기는 것이요, 偏·黨·反·側은 己私가 일에 나타나는 것이다. 王之義·王之道·王之路는 皇極이 이로 말미암아 행해지는 것이다. 蕩蕩은 廣遠함이요, 平平은 平易함이요, 正直은 偏邪하지 않음이다. 皇極은 正大한 體이다. 遵義·遵道·遵路는 그 極에 모임이요, 蕩蕩·平平·正直은 그 極에 돌아옴이다. 會는 합하여 옴이요, 歸는 와서 이름이다.

이 章은 詩의 體이니, 사람들로 하여금 읊어서 그 性情을 얻게 한 것이다. 노래하고 읊어서 그 音을 맞추고 반복하여 그 뜻을 지극히 하며, 사사로움을 경계하여 간사한 생각을 징계하고 極을 가르쳐 善한 性을 感發시켜서 읊는 사이에 恍然히 깨닫고 悠然히 얻게 하여 기울고 狹小한 생각을 잊고 公平廣大한 이치를 통달하여 人慾이 사라져 終熄되고 天理가 유행하여 極에 모이고 極에 돌아옴이 그렇게 됨을 알지 못하면서 그렇게 되는 것이

創 : 징계할 창　恍 : 황홀할 황　熄 : 불꺼질 식

다. 그 功用이 깊고 간절하니, 《周禮》의 〈大師〉에 六詩를 가르침과 똑같은 機軸인데, 더욱 중요하다. 후세에 이 뜻이 전해지지 못했으니, 皇極의 道가 天下에 밝혀지지 못함이 당연하다.

譯註 1. 教以六詩 : 六詩는 《詩經》의 六義(여섯 가지 뜻)로 風·雅·頌과 興·賦·比를 가리키는바, 風·雅·頌은 詩의 內容과 性質을 말하고 興·賦·比는 詩의 體裁와 敍述方式을 말한다.

15. 曰 皇極之敷言이 是彝是訓이니 于帝其訓이시니라

임금이 極으로 敷衍한 말이 이것이 바로 떳떳한 이치이고 가르침이니, 이는 上帝가 가르쳐주신 것이다.

曰은 起語辭라 敷言은 上文敷衍之言也라 言人君以極之理로 而反復推衍爲言者는 是天下之常理요 是天下之大訓이니 非君之訓也요 天之訓也라 蓋理出乎天하니 言純乎天이면 則天之言矣라 此는 贊敷言之妙如此라

曰은 말을 일으키는 말이다. 敷言은 上文을 敷衍한 말이다. 임금이 極의 理致로써 반복하여 미루어 敷衍해서 말한 것은 天下의 떳떳한 이치이고 天下의 큰 가르침이니, 이는 君主의 가르침이 아니요 바로 하늘의 가르침인 것이다. 이치는 하늘에서 나왔으니, 말이 天理에 순수하면 하늘의 말인 것이다. 이는 敷言의 묘함이 이와 같음을 칭찬한 것이다.

16. 凡厥庶民이 極之敷言을 是訓是行하면 以近天子之光하여 曰 天子作民父母하사 以爲天下王이라하리라

무릇 庶民들이 極으로 부연한 말을 教訓으로 삼고 행하면 天子의 빛을 가까이하여 말하기를 '天子가 우리들의 부모가 되시어 天下의 王이 된다.'고 할 것이다.

光者는 道德之光華也라 天子之於庶民에 性一而已니 庶民이 於極之敷言에 是訓是行이면 則可以近天子道德之光華也라 曰者는 民之辭也라 謂

之父母者는 指其恩育而言이니 親之之意요 謂之王者는 指其君長而言이니 尊之之意라 言天子恩育君長乎我者 如此其至也라 言民而不言人者는 擧小以見大也라

光은 道德의 光華이다. 天子는 庶民에 있어 性이 똑같을 뿐이니, 庶民이 皇極으로 敷衍한 말에 대하여 이것을 교훈으로 삼고 이것을 행하면 天子의 道德의 光華를 가까이 할 수 있다. 曰은 백성들이 한 말이다. 부모라고 이른 것은 은혜로 기름을 가리켜 말한 것이니 친애하는 뜻이요, 王이라고 이른 것은 君長노릇함을 가리켜 말한 것이니 높이는 뜻이다. 천자가 우리를 은혜로 기르고 君長노릇함이 이와 같이 지극함을 말한 것이다. 民을 말하고 人(在位之人)을 말하지 않은 것은 작은 것을 들어 큰 것을 나타낸 것이다.

17. 六三德은 一曰正直이요 二曰剛克이요 三曰柔克이니 平康은 正直이요 彊弗友는 剛克하고 燮友는 柔克하며 沈潛은 剛克하고 高明은 柔克이니라

여섯번째 三德은 첫번째는 정직함이요, 두번째는 剛으로 다스림이요, 세번째는 柔로 다스림이니, 平康은 正直이고, 彊하여 순하지 않은 자는 剛으로 다스리고, 和하여 순한 자는 柔로 다스리며, 沈潛한 자는 剛으로 다스리고, 高明한 자는 柔로 다스린다.

克은 治요 友는 順이요 燮은 和也라 正直, 剛, 柔는 三德也라 正者는 無邪요 直者는 無曲이요 剛克, 柔克者는 威福予奪抑揚進退之用也라 彊弗友者는 彊梗弗順者也요 燮友者는 和柔委順者也라 沈潛者는 沈深潛退하여 不及中者也요 高明者는 高亢明爽하여 過乎中者也니 蓋習俗之偏, 氣稟之過者也라 故로 平康正直은 無所事乎矯拂이니 無爲而治是也라 彊弗友剛克은 以剛克剛也요 燮友柔克은 以柔克柔也며 沈潛剛克은 以剛克柔也요 高明柔克은 以柔克剛也니 正直之用은 一이로되 而剛柔之用은 四也라 聖人撫世酬物에 因時制宜하여 三德乂用하여 陽以舒之하고 陰以斂之[1]

燮 : 화할 섭 梗 : 막힐 경 亢 : 높을 항 矯 : 바로잡을 교 拂 : 어길 불

하여 執其兩端하여 用其中于民하시니 所以納天下民俗於皇極者 蓋如此니라

克은 다스림이요, 友는 순함이요, 燮은 화함이다. 正直과 剛·柔는 세 德이다. 正은 邪가 없는 것이고, 直은 曲이 없는 것이다. 剛克과 柔克은 위엄을 보이고 복을 주며, 주고 빼앗으며, 억제하고 드날리며, 올리고 물리치는 쓰임이다. 彊弗友는 彊梗하여 순하지 않은 자이며, 燮友는 和柔하여 순한 자이다. 沈潛은 沈深하고 潛退하여 中에 미치지 못하는 자이며, 高明은 高亢하고 明爽하여 中을 넘는 자이니, 習俗이 편벽되고 氣稟이 過한 자이다. 그러므로 平康正直은 矯拂(바로잡음)을 일삼을 것이 없으니, 함이 없이 다스림이 이것이다. 彊弗友剛克은 剛으로 剛을 다스림이요, 燮友柔克은 柔로 柔를 다스림이며, 沈潛剛克은 剛으로 柔를 다스림이요, 高明柔克은 柔로 剛을 다스림이니, 正直의 쓰임은 하나인데 剛·柔의 쓰임은 넷이다. 聖人이 세상을 어루만지고 사물을 수응함에 때에 따라 마땅하게 하여 三德으로 다스려 써서 陽으로 펴주고 陰으로 거두어 양 끝을 잡아 백성에게 그 中을 쓰시니, 이는 天下에 民俗을 皇極에 들임이 이와 같은 것이다.

譯註 1. 三德乂用 … 陰以斂之 : 三德은 군주의 입장에서는 모두 백성을 다스림을 위주로 하고 백성의 입장에서는 각기 군주의 다스림을 따르는 것인바, 백성들의 習俗이 剛하거나 타고난 기품이 柔하면 군주가 모두 剛으로 다스리고, 백성들의 습속이 柔하거나 기품이 剛하면 군주가 모두 柔로 다스리는 것이다. 陽으로 펴준다는 것은 燮友柔克과 沈潛剛克은 모두 군주가 허여하여 주고, 彊弗友剛克과 高明柔克은 모두 군주가 억제함을 말한 것이다.

18. 惟辟이사 作福하며 惟辟이사 作威하며 惟辟이사 玉食하나니 臣無有作福作威玉食이니라

오직 君主만이 福을 짓고 오직 君主만이 威嚴을 짓고 오직 君主만이 玉食을 할 수 있으니, 臣下는 福을 짓고 威嚴을 짓고 玉食함이 있어서는 안된다.

福威者는 上之所以御下요 玉食者는 下之所以奉上也라 曰惟辟者는 戒

其權不可下移요 曰無有者는 戒其臣不可上僭也라

福과 威嚴은 윗사람이 아랫사람을 어거하는 것이고, 玉食은 아랫사람이 윗사람을 받드는 것이다. 惟辟이라고 말한 것은 그 권한을 아래로 옮겨서는 안됨을 경계한 것이고, 無有라고 말한 것은 臣下가 윗사람을 僭濫히 해서는 안됨을 경계한 것이다.

19. 臣之有作福作威玉食하면 其害于而家하며 凶于而國하여 人用側頗僻하며 民用僭忒하리라

臣下가 福을 짓고 威嚴을 짓고 玉食함이 있으면 네 집에 해롭고 네 나라에 凶하여 사람들이 바르지 못하고 기울고 편벽되며, 백성들이 참람하고 지나치게 될 것이다.

頗는 不平也요 僻은 不公也라 僭은 踰요 忒은 過也라 臣而僭上之權이면 則大夫必害于而家하고 諸侯必凶于而國하여 有位者固側頗僻而不安其分하고 小民者亦僭忒而踰越其常이니 甚言人臣僭上之患如此라

頗는 平하지 못한 것이고, 僻은 공정하지 못한 것이다. 僭은 넘음이요, 忒은 지나침이다. 臣下가 임금의 권한을 참람히 하면 大夫가 반드시 네 집에 해롭고 諸侯가 반드시 네 나라에 흉하여 地位에 있는 자들이 진실로 바르지 못하고 기울고 편벽되어 그 분수를 편안히 하지 못하고, 小民들도 또한 僭濫하고 지나쳐서 그 떳떳함을 넘을 것이니, 이는 신하가 윗사람을 참람히 하는 禍가 이와 같음을 심하게 말한 것이다.

20. 七稽疑는 擇建立卜筮人하고서 乃命卜筮니라

일곱번째 稽疑는 卜筮할 사람을 가려 세우고서야 이에 命하여 卜筮한다.

頗 : 기울 피　僭 : 어그러질 참　忒 : 어그러질 특　踰 : 넘을 유　筮 : 점칠 서

稽는 考也니 有所疑則卜筮以考之라 龜曰卜이요 蓍曰筮라 蓍龜者는 至公無私라 故로 能紹天之明이니 卜筮者도 亦必至公無私而後에 能傳蓍龜之意니 必擇是人而建立之然後에 使之卜筮也라

稽는 詳考함이니, 의심스러운 일이 있으면 卜筮하여 詳考하는 것이다. 거북점을 卜이라 하고, 蓍草占을 筮라 한다. 蓍龜는 지극히 公正하고 私가 없으므로 하늘의 밝은 命을 이을 수 있는 것이니, 卜筮하는 자 또한 至公無私한 뒤에야 蓍草와 거북의 뜻을 전달할 수 있는 것이다. 반드시 이러한 사람을 가려서 세운 뒤에야 卜筮하게 하는 것이다.

21. 曰雨와 曰霽와 曰蒙과 曰驛과 曰克이며

비오듯함과 개임과 몽매함과 끊어짐과 이김이며,

此는 卜兆也라 雨者는 如雨니 其兆爲水요 霽者는 開霽니 其兆爲火요 蒙者는 蒙昧니 其兆爲木이요 驛者는 絡驛不屬이니 其兆爲金이요 克者는 交錯有相勝之意니 其兆爲土라

이는 거북점의 조짐이다. 雨는 비가 오는 듯한 것이니 그 조짐이 水가 되고, 霽는 개임이니 그 조짐이 火가 되고, 蒙은 蒙昧함이니 그 조짐이 木이 되고, 驛은 絡驛하여 이어지지 않음이니 그 조짐이 金이 되고, 克은 번갈아 서로 이기는 뜻이 있으니 그 조짐이 土가 된다.

22. 曰貞과 曰悔니라

貞과 悔이다.

此는 占卦也라 內卦爲貞이요 外卦爲悔라 左傳에 蠱之貞은 風이요 其悔는 山이 是也[1]라 又有以遇卦爲貞, 之卦爲悔하니 國語에 貞屯悔豫皆八이 是也[2]라

蓍 : 시초 시　霽 : 갤 제　驛 : 끊어질 역

이는 占卦이다. 內卦를 貞이라 하고, 外卦를 悔라 한다. 《左傳》에 "蠱의 貞은 風이고 그 悔는 山이다." 한 것이 이것이다. 또 만난 卦를 貞이라 하고, 변하여 간 卦를 悔라 하니, 《國語》에 "貞은 屯이고 悔는 豫인 것이 모두 八이다." 한 것이 이것이다.

譯註 1. 內卦爲貞 … 其悔山是也 : 三畫卦인 八卦가 上·下로 겹쳐 六畫卦인 六十四卦가 되었는바, 아래에 있는 八卦를 內卦라 하고 위에 있는 八卦를 外卦라 하는데, 蠱卦는 아래에는 風인 巽이 있고 위에는 山인 艮이 있으므로 말한 것이다.

2. 遇卦爲貞 … 貞屯悔豫皆八是也 : 遇卦는 卦를 처음 뽑아 얻은 卦를 이르고 之卦는 變한 卦를 이르는바, 卦를 뽑을 적에 老陽인 九와 老陰인 六은 變하고 少陽인 七과 少陰인 八은 變하지 않는다. 이 경우는 屯卦의 初九爻와 九五爻가 老陽인 九이고 六四爻가 老陰인 六이어서 豫卦로 변한 것인데, 本卦인 屯은 遇卦가 되고 之卦는 豫가 된다. 이중에 二爻·三爻·上六 세 爻는 屯과 豫 모두 변하지 않는 少陰의 八이므로 말한 것이다.

23. 凡七은 卜五요 占用二니 衍忒하나니라

무릇 일곱 가지는 거북점에는 다섯 가지를 쓰고 시초점에는 두 가지를 쓰니, 잘못됨을 추측하여 아는 것이다.

凡七은 雨霽蒙驛克貞悔也요 卜五는 雨霽蒙驛克也요 占二는 貞悔也라 衍은 推요 忒은 過也니 所以推人事之過差也라

무릇 일곱 가지란 雨·霽·蒙·驛·克·貞·悔이며, 거북점에 다섯 가지를 쓴다는 것은 雨·霽·蒙·驛·克이고, 시초점에 두 가지를 쓴다는 것은 貞과 悔이다. 衍은 추측함이요, 忒은 잘못됨이니, 人事의 잘못됨을 추측하는 것이다.

24. 立時人하여 作卜筮하되 三人이 占이어든 則從二人之言이니라

이 사람을 세워 卜筮를 하되 세 사람이 占을 치면 두 사람의 말을 따른다.

凡卜筮에 必立三人하여 以相參考하니 舊說에 卜有玉兆, 瓦兆, 原兆하고 筮有連山, 歸藏, 周易[1]者는 非是라 謂之三人은 非三卜筮也라

무릇 卜筮함에 반드시 세 사람을 세워 서로 참고하니, 舊說에 거북점에는 玉兆·瓦兆·原兆가 있고, 시초점에는 連山·歸藏·周易이 있다고 말한 것은 옳지 않다. 三人이라고 이른 것은 세 가지 卜筮함이 아니다.

譯註 1. 卜有玉兆 … 周易 : 兆는 거북의 등껍질을 불로 지져 갈라진 틈을 보고 점치는 조짐인데 여기에는 玉이나 瓦(기와), 原(밭)과 같은 세 가지 유형이 있는바, 玉兆는 顓頊의 兆이고 瓦兆는 堯帝의 兆이고 原兆는 周나라의 兆라 한다. 連山과 歸藏은 古代의 易術로 連山은 伏羲의 易이고 歸藏은 黃帝의 易이라 하며, 連山은 夏나라의 易이고 歸藏은 商나라의 易이란 說도 있다.

25. 汝則有大疑어든 謀及乃心하며 謀及卿士하며 謀及庶人하며 謀及卜筮하라

너는 큰 의심이 있거든 꾀함을 너의 마음에 미치고 卿士에 미치고 庶人에 미치고 卜筮에 미쳐라.

26. 汝則從하며 龜從하며 筮從하며 卿士從하며 庶民從이면 是之謂大同이니 身其康彊하며 子孫이 其逢吉하리라

네가 따르고 거북점이 따르고 시초점이 따르고 卿士가 따르고 庶民이 따르면 이것을 大同이라 하니, 몸이 康彊하고 자손이 吉함을 만날 것이다.

27. 汝則從하며 龜從하며 筮從이요 卿士逆하며 庶民이 逆하여

도 吉하리라

네가 따르고 거북점이 따르고 시초점이 따르며, 卿士가 거스르고 庶民이 거슬러도 吉할 것이다.

28. 卿士從하며 龜從하며 筮從이요 汝則逆하며 庶民이 逆하여도 吉하리라

卿士가 따르고 거북점이 따르고 시초점이 따르며, 네가 거스르고 庶民이 거슬러도 吉할 것이다.

29. 庶民이 從하며 龜從하며 筮從이요 汝則逆하며 卿士逆하여도 吉하리라

庶民이 따르고 거북점이 따르며, 시초점이 따르고 네가 거스르고 卿士가 거슬러도 吉할 것이다.

30. 汝則從하며 龜從이요 筮逆하며 卿士逆하며 庶民이 逆하면 作內는 吉하고 作外는 凶하리라

네가 따르고 거북점이 따르며, 시초점이 거스르고 卿士가 거스르고 庶民이 거스르면 안의 일을 하는 것은 吉하고 밖의 일을 하는 것은 凶할 것이다.

31. 龜筮共違于人하면 用靜은 吉하고 用作은 凶하리라

거북점과 시초점이 모두 사람과 위배되면 靜함에 사용함은 吉하고, 動함에 사용함은 凶할 것이다.

稽疑는 以龜筮爲重하니 人與龜筮皆從이면 是之謂大同이니 固吉也요 人

一從而龜筮不違者도 亦吉이라 龜從筮逆이면 則可作內요 不可作外니 內는 謂祭祀等事요 外는 謂征伐等事라 龜筮共違면 則可靜이요 不可作이니 靜은 謂守常이요 作은 謂動作也라 然有龜從筮逆而無筮從龜逆者는 龜尤聖人所重也일새라 故로 禮記에 大事卜, 小事筮라하고 左傳에 謂筮短龜長是也라 自夫子贊易하여 極著蓍卦之德으로 蓍重而龜書不傳云이라

稽疑는 거북점과 시초점을 중시하니, 사람과 거북점과 시초점이 다 따르면 이것을 大同이라 하니 진실로 吉하며, 사람이 하나만 따르고 거북점과 시초점이 어기지 않는 것도 또한 吉하다. 거북점은 따르고 시초점은 거스르면 안의 일을 하는 것은 可하고 밖의 일을 하는 것은 不可하니, 안이란 祭祀 등의 일이고 밖이란 征伐 등의 일을 이른다. 거북점과 시초점이 모두 위배되면 靜함은 可하고 동작함은 不可하니, 靜은 떳떳함을 지키는 것이고, 作은 동작함을 이른다. 그러나 거북점은 따르고 시초점이 거스르는 경우는 있어도 시초점은 따르고 거북점이 거스르는 경우는 없는 것은 거북점을 聖人이 더욱 중시하기 때문이다. 그러므로 《禮記》에 "큰 일에는 거북점을 치고, 작은 일에는 시초점을 친다." 하였고, 《左傳》에 "시초점은 짧고 거북점은 길다."고 한 것이 이것이다. 夫子가 《周易》을 찬양하여 蓍卦의 德을 지극히 드러냄으로부터 蓍草占이 중해지고 거북점의 책이 전해지지 않게 되었다.

32. 八庶徵은 曰雨와 曰暘과 曰燠과 曰寒과 曰風과 曰時니 五者來備하되 各以其敍하면 庶草도 蕃廡하리라

여덟번째 庶徵은 비옴과 볕남과 더움과 추움과 바람과 때로 함이니, 다섯 가지가 와서 갖춰지되 각기 그 節敍에 맞으면 여러 풀들도 번성할 것이다.

徵은 驗也라 廡는 豊茂라 所驗者非一이라 故로 謂之庶徵이요 雨暘燠寒風이 各以時至라 故로 曰時也라 備者는 無缺少也요 敍者는 應節候也라 五

暘 : 햇볕날 양　燠 : 더울 욱　廡 : 무성할 무

者備而不失其敍하면 庶草且蕃廡矣니 則其他를 可知也라 雨屬水하고 暘屬火하고 燠屬木하고 寒屬金하고 風屬土라 吳仁傑曰 易에 以坎爲水하니 北方之卦也요 又曰 雨以潤之라하니 則雨爲水矣라 離爲火하니 南方之卦也요 又曰 日以烜之라하니 則暘爲火矣라 小明之詩首章云 我征徂西 二月初吉이라하고 三章云 昔我往矣엔 日月方燠이라하니 夫以二月爲燠이면 則燠之爲春爲木이 明矣라 漢志에 引狐突金寒之言이어늘 顏師古謂金行在西라 故로 謂之寒이라하니 則寒之爲秋爲金이 明矣라 又按稽疑에 以雨屬水하고 以霽屬火하니 霽는 暘也니 則庶徵에 雨之爲水와 暘之爲火는 類例抑又甚明이라 蓋五行은 乃生數自然之敍요 五事則本於五行하고 庶徵則本於五事하니 其條理次第 相爲貫通하여 有秩然而不可紊亂者也라

徵은 징험이다. 廡는 豊茂함이다. 징험하는 방법이 한 가지가 아니므로 庶徵이라 하였고, 雨·暘·燠·寒·風이 각각 때에 따라 이르므로 때라고 말한 것이다. 備는 부족함이 없는 것이요 敍는 節候에 응하는 것이다. 다섯 가지가 갖춰져 節敍를 잃지 않으면 여러 풀들도 번성할 것이니 기타를 알 수 있다. 雨는 水에 속하고, 暘은 火에 속하고, 燠은 木에 속하고, 寒은 金에 속하고, 風은 土에 속한다.

吳仁傑이 말하였다. "《周易》에 坎을 水라 하니 北方의 卦이며, 또 '비로 윤택하게 한다.' 하였으니, 雨는 水가 되는 것이다. 離를 火라 하니 南方의 卦이며, 또 '해로써 볕을 쪼인다.' 하였으니 暘은 火가 되는 것이다. 〈小明〉詩 首章에 '내가 정벌하러 서쪽으로 갈 때는 2월 초하루였다.' 하였고, 3章에 '옛날 내가 정벌하러 갈 때에는 日月이 막 따뜻했다.' 하였으니, 2월을 따뜻하다고 했다면 燠이 봄이 되고 木이 됨이 분명하다. 《漢志》에 '狐突의 金은 차다'는 말을 인용하였는데, 顏師古는 '金의 運行이 서쪽에 있으므로 寒이라 한다.' 하였으니, 그렇다면 寒이 가을이 되고 金이 됨이 분명하다. 또 살펴보건대 稽疑에서 雨를 水에 속하고 霽를 火에 속하게 하였으니, 霽는 볕이 나는 것이니, 庶徵에서 雨가 水가 되고 暘이 火가 됨은 類例가 또 매우 분명하다."

五行은 生數에 자연의 순서이고, 五事는 五行에 근본하였으며, 庶徵은 五事에 근본하였으니, 그 條理와 次第가 서로 貫通하여 질서정연해서 紊亂하

坎 : 구덩이 감　烜 : 밝을 훤

게 할 수 없는 것이다.

33. 一이 極備하여도 凶하며 一이 極無하여도 凶하니라

한 가지가 지극히 구비되어도 凶하며, 한 가지가 지극히 없어도 凶하다.

極備는 過多也요 極無는 過少也라 唐孔氏曰 雨多則澇하고 雨少則旱이라 하니 是極備亦凶이요 極無亦凶이니 餘準是니라

極備는 지나치게 많은 것이요, 極無는 지나치게 적은 것이다. 唐나라 孔氏는 말하기를 “비가 많으면 장마가 지고 비가 적으면 가물다.” 하였으니, 이는 지극히 구비되어도 또한 凶하고 지극히 없어도 凶한 것이다. 나머지는 이에 준한다.

34. 曰休徵은 曰肅에 時雨若하며 曰乂에 時暘이 若하며 曰哲에 時燠이 若하며 曰謀에 時寒이 若하며 曰聖에 時風이 若이니라 曰咎徵은 曰狂에 恒雨若하며 曰僭에 恒暘이 若하며 曰豫에 恒燠이 若하며 曰急에 恒寒이 若하며 曰蒙에 恒風이 若이니라

아름다운 徵兆는 엄숙함에 제때에 비가 내리며, 條理가 있음에 제때에 날이 개이며, 지혜로움에 제때에 날이 따뜻하며, 헤아림에 제때에 날이 추우며, 성스러움에 제때에 바람이 부는 것이다. 나쁜 징조는 미친 짓을 함에 항상 비가 내리며, 참람한 짓을 함에 항상 볕이 나며, 게으름에 항상 날씨가 더우며, 급박함에 항상 날씨가 추우며, 몽매함에 항상 바람이 부는 것이다.

狂은 妄이요 僭은 差요 豫는 怠요 急은 迫이요 蒙은 昧也라 在天에 爲五行이

澇 : 큰물결 로 豫 : 게으를 예

요 在人에 爲五事니 五事備면 則休徵이 各以類應之요 五事失이면 則咎徵이 各以類應之니 自然之理也라 然必曰某事得則某休徵應하고 某事失則某咎徵應이라하면 則亦膠固不通而不足與語造化之妙矣라 天人之際는 未易言也니 失得之機와 應感之微를 非知道者면 孰能識之哉리오

狂은 망녕됨이요, 僭은 어그러짐이요, 豫는 게으름이요, 急은 급박함이요, 蒙은 몽매함이다. 하늘에 있으면 五行이 되고, 사람에 있으면 五事가 되니, 五事가 갖추어지면 아름다운 징조가 각기 類에 따라 응하고, 五事가 잘못되면 나쁜 징조가 각기 類에 따라 응하니, 이는 自然의 이치이다. 그러나 반드시 아무 일이 잘되면 아무 아름다운 징조가 응하고, 아무 일이 잘못되면 아무 나쁜 징조가 응한다고 말한다면 이는 固着하여 통하지 못해서 함께 조화의 묘를 더불어 말할 수 없을 것이다. 하늘과 인간의 즈음은 쉽게 말할 수 없으니, 得失의 機微와 感應의 은미한 이치를 道를 아는 자가 아니면 누가 알겠는가.

35. 曰王省은 惟歲요 卿士는 惟月이요 師尹은 惟日이니라

王이 살필 것은 해이고 卿士는 달이고 師尹은 날이다.

歲月日은 以尊卑爲徵也라 王者之失得은 其徵以歲요 卿士之失得은 其徵以月이요 師尹之失得은 其徵以日이라 蓋雨暘燠寒風五者之休咎는 有係一歲之利害하고 有係一月之利害하고 有係一日之利害하니 各以其大小言也라

歲·月·日은 尊卑로 징험을 삼은 것이다. 王者의 得失은 해로써 징험하고 卿士의 得失은 달로써 징험하고 師尹의 得失은 날로써 징험한다. 雨·暘·燠·寒·風 다섯 가지의 좋고 나쁨은 한 해의 利害에 관계됨이 있고 한 달의 이해에 관계됨이 있고 하루의 이해에 관계됨이 있으니, 각기 그 크고 작은 것으로 말한 것이다.

36. 歲月日에 時無易하면 百穀用成하며 乂用明하며 俊民이

用章하며 家用平康하리라

歲·月·日에 때가 바뀜이 없으면 百穀이 풍성하고 다스려짐이 밝아지고 준걸스런 백성들이 드러나고 집이 편안해질 것이다.

歲月日三者에 雨暘燠寒風이 不失其時하면 則其效如此하니 休徵所感也라

歲·月·日 세 가지에 雨·暘·燠·寒·風이 제때를 잃지 않으면 그 효험이 이와 같으니, 아름다운 징조가 응한 것이다.

37. 日月歲에 時旣易하면 百穀用不成하며 乂用昏不明하며 俊民이 用微하며 家用不寧하리라

日·月·歲에 제때를 잃어 때가 바뀌어지면 百穀이 이루어지지 못하고 다스려짐이 어두워 밝지 못하고 준걸스런 백성들이 미천해지고 집이 편안하지 못할 것이다.

日月歲三者에 雨暘燠寒風이 旣失其時하면 則其害如此하니 咎徵所致也라 休徵에 言歲月日者는 總於大也요 咎徵에 言日月歲者는 著其小也라

日·月·歲 세 가지에 雨·暘·燠·寒·風이 이미 제때를 잃으면 그 해로움이 이와 같으니, 이는 나쁜 징조의 所致이다. 아름다운 징조에 歲·月·日이라고 말한 것은 큰 것에 총괄되기 때문이요, 나쁜 징조에 日·月·歲라 말한 것은 그 작음을 드러낸 것이다.

38. 庶民은 惟星이니 星有好風하며 星有好雨니라 日月之行은 則有冬有夏하니 月之從星으로 則以風雨니라

庶民은 별이니, 별은 바람을 좋아하는 것이 있고 비를 좋아하는 것이 있다. 해와 달의 운행에는 겨울이 있고 여름이 있으니, 달이 별을 따름으로 비바람을 알 수 있다.

民之麗(리)乎土는 猶星之麗乎天也라 好風者는 箕星이요 好雨者는 畢星이라 漢志言 軫星亦好雨라하니 意者컨대 星宿皆有所好也라 日有中道하고 月有九行이라 中道者는 黃道也니 北至東井하면 去極近하고 南至牽牛하면 去極遠하고 東至角하고 西至婁하면 去極中이 是也라 九行者는 黑道二는 出黃道北하고 赤道二는 出黃道南하고 白道二는 出黃道西하고 靑道二는 出黃道東하니 幷黃道하여 爲九行也라 日極南하여 至于牽牛면 則爲冬至하고 極北하여 至於東井이면 則爲夏至하고 南北中하여 東至角하고 西至婁면 則爲春秋分이라 月은 立春春分엔 從靑道하고 立秋秋分엔 從白道하고 立冬冬至엔 從黑道하고 立夏夏至엔 從赤道하니 所謂日月之行則有冬有夏也라 月行東北하여 入于箕則多風하고 月行西南하여 入于畢則多雨하니 所謂月之從星則以風雨也라 民不言省者는 庶民之休咎는 係乎上人之得失이라 故로 但以月之從星으로 以見所以從民之欲者如何爾라 夫民生之衆은 寒者欲衣하고 飢者欲食하고 鰥寡孤獨者之欲得其所하니 此는 王政之所先而卿士師尹近民者之責也라 然星雖有好風好雨之異나 而日月之行則有冬有夏之常하니 以月之常行으로 而從星之異好하고 以卿士師尹之常職으로 而從民之異欲이면 則其從民者는 非所以徇民矣라 言日月而不言歲者는 有冬有夏는 所以成歲功也요 言月而不言日者는 從星은 惟月이라야 爲可見耳일새라

백성이 땅에 붙어 있음은 별이 하늘에 붙어 있는 것과 같다. 바람을 좋아하는 것은 箕星이고, 비를 좋아하는 것은 畢星이다. 《漢志》에 "軫星 또한 비를 좋아한다." 하였으니, 짐작하건대 별은 모두 좋아하는 것이 있는 듯하다.

해는 中道가 있고, 달은 九行(아홉 길)이 있다. 中道는 黃道이니, 北으로 東井에 이르면 北極과의 거리가 가까워지고, 南으로 牽牛에 이르면 北極과의 거리가 멀어지고, 東으로 角에 이르고 西로 婁에 이르면 北極과의 거리가 中央인 것이 이것이다. 九行은 黑道 둘은 黃道의 北으로 나오고, 赤道 둘은 黃道의 南으로 나오고, 白道 둘은 黃道의 西로 나오고, 靑道 둘은 黃道의 東으로 나오니, 黃道까지 아울러 아홉 길이 된다.

麗 : 걸릴 리 軫 : 진중할 진 婁 : 별이름 루

해가 지극히 남쪽으로 가서 牽牛에 이르면 冬至가 되고, 지극히 북쪽으로 가서 東井에 이르면 夏至가 되며, 南北이 중앙이어서 동쪽으로 角에 이르고 서쪽으로 婁에 이르면 春分과 秋分이 된다. 달은 立春과 春分에는 靑道를 따르고, 立秋와 秋分에는 白道를 따르고, 立冬과 冬至에는 黑道를 따르고, 立夏와 夏至에는 赤道를 따르니, 이른바 '해와 달의 운행이 겨울이 있고 여름이 있다.'는 것이다. 달이 동북쪽으로 가서 箕星에 들어가면 바람이 많고, 달이 서남쪽으로 가서 畢星에 들어가면 비가 많으니, 이른바 '달이 별을 따름으로 비바람을 안다.'는 것이다.

백성을 살핌을 말하지 않은 것은 庶民의 좋고 나쁨은 윗사람의 잘잘못에 달려 있기 때문이다. 그러므로 다만 달이 별을 따름으로 백성의 하고자 함을 따르는 것이 어떠한가를 나타냈을 뿐이다. 民生의 무리는 추운 자는 입고자 하고, 굶주린 자는 먹고자 하고, 鰥·寡·孤·獨은 자기 살 곳을 얻고자 하니, 이는 王政에 제일 먼저 하여야 할 바이고, 백성을 가까이 하는 卿士와 師尹의 책임이다. 그러나 별은 비록 바람을 좋아하고 비를 좋아하는 차이가 있으나 해와 달의 운행은 겨울과 여름의 떳떳함이 있으니, 달의 떳떳한 운행으로 별의 다른 좋아함을 따르고, 卿士와 師尹의 떳떳한 직책으로 백성들의 다른 욕망을 따른다면 백성을 따르는 것은 백성을 따르기 위한 것이 아니다.

해와 달을 말하고 歲를 말하지 않은 것은 겨울이 있고 여름이 있는 것은 歲功을 이루기 때문이며, 달을 말하고 해를 말하지 않은 것은 별을 따름은 오직 달만이 볼 수 있기 때문이다.

39. 九五福은 一曰壽요 二曰富요 三曰康寧이요 四曰攸好德이요 五曰考終命[1)]이니라

아홉번째 五福은 첫번째는 壽이고, 두번째는 富이고, 세번째는 康寧이고, 네번째는 攸好德(德을 좋아함)이고, 다섯번째는 考終命이다.

譯註 1. 考終命：諺解에는 '終命을 考홈이니라'로 해석하였으나《三經釋義》에는 '命을 考終함' 또는 '考하야 命을 終함'으로 해석하였으며, 艮齋 李德弘은 "考는 이룸이니 正命을 이루는 것이다.〔考成也 成其正命也〕" 하여 '올바른 命으로 죽음을 이루는 것'으로 풀이하였다.

人은 有壽而後에 能享諸福이라 故로 壽先之라 富者는 有廩祿也요 康寧者는 無患難也요 攸好德者는 樂其道也요 考終命者는 順受其正也니 以福之急緩으로 爲先後라

사람은 壽가 있은 뒤에 여러 福을 누릴 수 있으므로 壽가 맨 먼저인 것이다. 富는 廩祿이 있는 것이요, 康寧은 患難이 없는 것이요, 攸好德은 道를 즐김이요, 考終命은 순히 바른 命을 받는 것이니, 福의 緩急으로 先後를 삼은 것이다.

40. 六極은 一曰凶短折이요 二曰疾이요 三曰憂요 四曰貧이요 五曰惡이요 六曰弱이니라

六極은 첫번째는 凶함과 短折이요, 두번째는 疾病이요, 세번째는 憂患이요, 네번째는 가난이요, 다섯번째는 惡함이요, 여섯번째는 나약함이다.”

凶者는 不得其死也요 短折者는 橫夭也니 禍莫大於凶短折이라 故로 先言之라 疾者는 身不安也요 憂者는 心不寧也요 貧者는 用不足也요 惡者는 剛之過也요 弱者는 柔之過也니 以極之重輕으로 爲先後라 五福, 六極은 在君則係於極之建不建하고 在民人則由於訓之行不行하니 感應之理 微矣라

凶은 제대로 죽음을 얻지 못하는 것이고 短折은 夭折이니, 화는 凶함과 短折보다 더 큰 것이 없으므로 먼저 말한 것이다. 疾은 몸이 편안하지 못한 것이요, 憂는 마음이 편안하지 못한 것이요, 貧은 財用이 부족한 것이요, 惡은 剛함이 과한 것이요, 弱은 柔順함이 과한 것이니, 極의 輕重으로 先後를 삼은 것이다. 五福과 六極은 君主에 있어서는 皇極을 세우고 세우지 못함에 관계되고, 人民에 있어서는 敎訓을 행하고 행하지 않음에 달려 있으니, 感應의 이치가 미묘하다.

書經集傳 卷七

旅獒

西旅貢獒어늘 召公이 以爲非所當受라하여 作書以戒武王하니 亦訓體也라 因以旅獒名篇하니 今文無, 古文有하니라

西旅에서 큰 개를 바치자, 召公이 받아서는 안된다고 하여 이 글을 지어 武王을 경계하였으니, 또한 訓體이다. 인하여 旅獒라고 篇名을 하였으니, 今文에는 없고 古文에는 있다.

1. 惟克商하시니 遂通道于九夷八蠻이어늘 西旅厎(지)貢厥獒한대 太保乃作旅獒하여 用訓于王하니라

商나라를 이기니 마침내 九夷·八蠻에 길을 통하였다. 西旅에서 큰 개를 貢物로 바치자, 太保가 마침내 〈旅獒〉를 지어서 王을 경계하였다.

九夷八蠻은 多之稱也라 職方에 言四夷八蠻이라하고 爾雅에 言九夷八蠻이라하니 但言其非一而已라 武王克商之後에 威德이 廣被하여 九州之外에 蠻夷戎狄이 莫不梯山航海而至라 曰通道云者는 蓋蠻夷來王이면 則道路自通하니 非武王有意於開四夷而斥大境土也라 西旅는 西方蠻夷國名이라 犬高四尺曰獒라 按說文曰 犬知人心可使者라하고 公羊傳曰 晉靈公이 欲殺趙盾이어늘 盾躇階而走한대 靈公이 呼獒而屬之하니 獒亦躇階而從之라하니 則獒能曉解人意하여 猛而善搏人者니 異於常犬이요 非特以其高大

獒 : 큰개 오 梯 : 사다리 제 航 : 배 항 盾 : 방패 순 躇 : 건너뛸 착 搏 : 칠 박

也라 太保는 召公奭也니 史記云 與周同姓姬氏라 此는 旅獒之本序라

九夷·八蠻은 많음을 칭한 것이다. 〈職方〉에 四夷·八蠻이라 하였고, 《爾雅》에 九夷·八蠻이라 하였으니, 이는 단지 그 하나가 아닐 뿐임을 말한 것이다. 武王이 商나라를 이긴 뒤에 위엄과 德이 널리 입혀져 九州의 밖에 있는 蠻夷와 戎狄이 산에 사다리를 놓고 바다를 항해하여 오지 않는 이가 없었다. 길을 통했다고 말한 것은 蠻夷가 와서 王으로 삼으면 도로가 스스로 통한 것이니, 武王이 四夷를 개척하여 境土를 키우려는 데 뜻이 있었던 것은 아니다. 西旅는 西方의 蠻夷의 나라 이름이다. 개가 키가 4尺인 것을 獒라 한다. 《說文》에 "개가 사람의 마음을 알아 부릴 만한 것이다." 하였으며, 《公羊傳》에 "晉나라 靈公이 趙盾을 죽이고자 하므로 趙盾이 뜰을 건너뛰어 도망하자 靈公이 獒를 불러 부탁하니, 獒 또한 뜰을 건너뛰어 따라갔다." 하였으니, 그렇다면 獒는 사람의 뜻을 잘 알아서 사납고 사람을 잘 잡는 것이니, 보통 개와 다르고, 단지 그 높고 클 뿐만이 아닌 것이다. 太保는 召公 奭이니, 《史記》에 "周나라와 同姓인 姬氏이다." 하였다. 이는 〈旅獒〉의 본래 序이다.

2. 曰 嗚呼라 明王이 愼德이어시든 四夷咸賓하여 無有遠邇히 畢獻方物하나니 惟服食器用이니이다

다음과 같이 말하였다. "아! 明王이 德을 삼가시면 四夷가 모두 손님이 되어 遠近에 관계없이 모두 지방에서 나오는 물건을 바치는데, 의복과 음식과 그릇과 사용하는 물건뿐이었습니다.

謹德은 蓋一篇之綱領也라 方物은 方土所生之物이라 明王謹德이어든 四夷咸賓하여 其所貢獻이 惟服食器用而已니 言無異物也라

德을 삼감은 이 한 편의 綱領이다. 方物은 方土(地方)에서 나오는 바의 물건이다. 明王이 德을 삼가면 四夷가 모두 손님이 되어 貢獻하는 물건이 오직 의복과 음식과 그릇과 사용하는 물건뿐이었으니, 이는 다른 물건이

邇 : 가까울 이　畢 : 다할 필

없음을 말한 것이다.

3. 王이 乃昭德之致于異姓之邦하사 無替厥服하시며 分寶玉于伯叔之國하사 時庸展親하시면 人不易(이)物하여 惟德其物하리이다

王이 德으로 이룬 것을 異姓의 나라에 보여주시어 그 일을 폐함이 없게 하시며, 寶玉을 伯叔(同姓)의 나라에 나눠주시어 친함을 펴게 하시면 사람들이 물건을 가볍게 여기지 아니하여 그 물건을 德으로 생각할 것입니다.

昭는 示也라 德之致는 謂上文所貢方物也라 昭示方物于異姓之諸侯하여 使之無廢其職하고 分寶玉于同姓之諸侯하여 使之益厚其親하니 如分陳以肅愼氏之矢하고 分魯以夏后氏之璜[1]之類라 王者以其德所致方物로 分賜諸侯라 故로 諸侯亦不敢輕易其物하여 而以德視其物也라

昭는 보여줌이다. 德으로 이루었다는 것은 上文에 바친 바의 方物이다. 方物을 異姓의 諸侯들에게 보여주어 그 職責을 폐함이 없게 하고, 寶玉을 同姓의 諸侯들에게 나눠주어 그 친함을 더욱 후하게 하니, 陳나라에는 肅愼氏의 화살을 나누어주고 魯나라에는 夏后氏의 璜玉을 나누어준 것과 같은 따위이다. 王者는 德으로 이룬 方物을 諸侯들에게 나누어준다. 이 때문에 諸侯 또한 감히 그 물건을 가볍게 여기지 아니하여 그 물건을 德으로 여기는 것이다.

譯註 1. 分陳以 … 夏后氏之璜:《國語》〈魯語〉와 《左傳》〈定公四年條〉에 각각 보이는바, 陳나라는 異姓의 제후국이고 魯나라는 同姓의 제후국이므로 말한 것이다.

4. 德盛은 不狎侮하나니 狎侮君子하면 罔以盡人心하고 狎侮

替:폐할 체 展:펼 전 璜:반달옥 황 狎:친압할 압 侮:업신여길 모

小人하면 罔以盡其力하리이다

德이 盛하면 狎侮(하찮게 여기고 업신여김)하지 않나니, 君子를 狎侮하면 사람의 마음을 다하게 할 수 없고, 小人을 狎侮하면 그 힘을 다하게 할 수 없을 것입니다.

德盛則動容周旋이 皆中禮然後에 能無狎侮之心이니 言謹德을 不可不極其至也라 德而未至면 則未免有狎侮之心이라 狎侮君子하면 則色斯擧矣니 彼必高蹈遠引하여 望望然而去하리니 安能盡其心이며 狎侮小人하면 雖其微賤하여 畏威易役이나 然至愚而神하니 亦安能盡其力哉리오

德이 盛하면 動容과 周旋이 모두 禮에 맞은 뒤에 狎侮하는 마음이 없을 수 있으니, 德을 삼감을 지극히 하지 않을 수 없음을 말한 것이다. 德이 지극하지 못하면 狎侮하는 마음이 있음을 면치 못한다. 君子를 狎侮하면 얼굴빛을 보고 떠날 것이니, 저가 반드시 고상하게 행하고 멀리 引退하여 望望然히 떠날 것이니, 어찌 그 마음을 다하게 할 수 있겠는가. 小人을 狎侮하면 비록 미천해서 위엄을 두려워하여 부리기가 쉬우나 지극히 어리석으면서도 神明하니, 어찌 그 힘을 다하게 할 수 있겠는가.

5. 不役耳目하사 百度를 惟貞하소서

귀와 눈에 使役당하지 말아 온갖 법도를 바르게 하소서.

貞은 正也라 不役於耳目之所好하여 百爲之度를 惟其正而已라

貞은 바름이다. 귀와 눈의 좋아하는 바에 使役당하지 말아서 온갖 행위의 법도를 오직 바르게 할 뿐이다.

6. 玩人하면 喪德하고 玩物하면 喪志하리이다

旋 : 돌 선 蹈 : 밟을 도 役 : 부릴 역 玩 : 장난할 완, 익힐 완

사람을 하찮게 여기면 德을 잃고 물건을 구경하면 뜻을 잃을 것입니다.

玩人은 則上文狎侮君子之事요 玩物은 卽上文不役耳目之事라 德者는 己之所得이요 志者는 心之所之라

玩人은 곧 上文에 군자를 狎侮하는 일이며, 玩物은 곧 上文에 耳目에 使役 당하지 않는 일이다. 德은 자기가 얻은 것이요, 志는 마음이 가는 곳이다.

7. 志以道寧하시며 言以道接하소서

뜻을 道로써 편안하게 하시며, 말을 道로써 대하소서.

道者는 所當由之理也라 己之志를 以道而寧이면 則不至於妄發이요 人之言을 以道而接이면 則不至於妄受라 存乎中者는 所以應乎外요 制乎外者는 所以養其中이니 古昔聖賢의 相授心法也라

道는 마땅히 행해야 할 이치이다. 자기의 뜻을 道로써 편안하게 하면 망녕되이 발함에 이르지 않고, 남의 말을 道로써 대하면 망녕되이 받음에 이르지 않는다. 中心에 보존함은 밖에 응하는 것이요, 밖에 制裁함은 中心을 기르는 것이니, 이는 옛날 聖賢이 서로 傳受한 心法이다.

8. 不作無益하여 害有益하면 功乃成하며 不貴異物하고 賤用物하면 民乃足하며 犬馬를 非其土性이어든 不畜(휵)하시며 珍禽奇獸를 不育于國하소서 不寶遠物하면 則遠人이 格하고 所寶惟賢이면 則邇人이 安하리이다

無益한 일을 하여 有益한 일을 해치지 않으면 功이 이에 이루어지며, 이상한 물건을 귀히 여기고 사용하는 물건을 천히 여기지 않으면

畜 : 기를 휵　格 : 이를 격

백성들이 이에 풍족하며, 개와 말을 土性(그 지방에서 생산된 것)이 아니거든 기르지 말며, 진기한 새와 짐승을 나라에 기르지 마소서. 먼 지방의 물건을 보배로 여기지 않으면 멀리 있는 사람이 오고, 보배로 여김이 오직 賢者이면 가까운 사람이 편안할 것입니다.

孔氏曰 遊觀爲無益이요 奇巧爲異物이라 蘇氏曰 周穆王이 得白狼白鹿에 而荒服이 因以不至하니라 此章은 凡三節이니 至所寶惟賢이면 則益切至矣라

孔氏가 말하기를 "놀고 유람함이 無益함이 되고, 기이하고 교묘한 것이 異物이 된다." 하였다. 蘇氏는 말하기를 "周나라 穆王이 흰 이리와 흰 사슴을 얻자, 荒服의 제후가 인하여 오지 않았다." 하였다.

이 章은 모두 세 節인데 보배로 여김이 賢者라 한데 이르면 더욱 간절하고 지극하다.

9. 嗚呼라 夙夜에 罔或不勤하소서 不矜細行하시면 終累大德하여 爲山九仞에 功虧一簣하리이다

아! 이른 새벽부터 밤늦도록 만에 하나라도 부지런하지 않음이 없게 하소서. 작은 행실에 矜持하지 않으면 마침내 큰 德에 누를 끼쳐 아홉 길의 산을 만드는데 功이 한 삼태기 때문에 무너질 것입니다.

或은 猶言萬一也라 呂氏曰 此는 卽謹德工夫라 或之一字가 最有意味하니 一暫止息이면 則非謹德矣라 矜은 矜持之矜이라 八尺曰仞이라 細行, 一簣는 指受獒而言也라

或은 萬一이란 말과 같다. 呂氏가 말하기를 "이는 곧 德을 삼가는 공부이다." 하였다. 或이라는 한 글자가 가장 의미가 있으니, 한 번이라도 잠시 멈추고 쉬면 德을 삼가는 것이 아니다. 矜은 矜持의 矜이다. 8尺을 仞이라 한다. 작은 행실과 한 삼태기는 獒를 받음을 가리켜 말한 것이다.

狼 : 이리 랑　矜 : 씩씩할 긍　仞 : 길 인　虧 : 이지러질 휴　簣 : 삼태기 궤

10. 允迪茲하시면 生民이 保厥居하여 惟乃世王하시리이다

진실로 이를 행하시면 生民들이 거처할 곳을 보전하여 대대로 王노릇하실 수 있을 것입니다."

信能行此면 則生民이 保其居하여 而王業可永也라 蓋人主一身은 實萬化之原이니 苟於理에 有毫髮之不盡이면 卽遺生民無窮之害하여 而非創業垂統可繼之道矣라 以武王之聖으로도 召公所以警戒之者如此하니 後之人君이 可不深思而加念之哉아

진실로 이를 행하면 生民들이 거처할 곳을 보전하여 王業을 영원히 할 수 있을 것이다. 人主의 한 몸은 진실로 萬化의 근원이니, 만일 이치에 털끝 만큼이라도 다하지 못함이 있으면 곧 生民들에게 무궁한 해를 끼쳐서 王業을 創建하고 전통을 드리워 계승할 수 있는 방도가 아니다. 武王의 聖으로도 召公의 경계함이 이와 같았으니, 후세의 人君이 깊이 생각하고 더 생각하지 않을 수 있겠는가.

金縢

武王有疾하시니 周公以王室未安하고 殷民未服하여 根本易搖라 故로 請命三王하여 欲以身代武王之死어시늘 史錄其冊祝之文하고 幷敍其事之始末하여 合爲一篇이라 以其藏於金縢之匱일새 編書者因以金縢名篇하니 今文古文皆有하니라

○ 唐孔氏曰 發首로 至王季文王은 史敍將告神之事也요 史乃冊祝으로 至屛璧與珪는 記告神之辭也요 自乃卜으로 至乃瘳는 記卜吉及王病瘳之事也요 自武王旣喪已下는 記周公流言居東及成王迎歸之事也라

武王이 질병이 있자, 周公은 王室이 아직 편안하지 못하고 殷나라 백성

迪 : 행할 적　縢 : 봉할 등　屛 : 물리칠 병　珪 : 옥홀 규　瘳 : 병나을 추

들이 복종하지 아니하여 근본이 흔들리기 쉽다고 여겼다. 그러므로 세 王에게 命을 청하여 자신으로써 武王의 죽음을 대신하고자 하였는데, 史官이 그 冊祝의 글을 기록하고 아울러 그 일의 始末을 서술하여 합하여 한 篇을 만들었다. 金縢(쇠사슬로 묶어 봉함함)한 궤에 보관하였기 때문에 책을 엮는 자가 인하여 金縢이라고 篇을 이름한 것이니, 今文과 古文에 모두 있다. ○ 唐나라 孔氏는 다음과 같이 말하였다. "처음부터 王季와 文王에 이르기까지는 史官이 장차 神에게 고하려는 일을 서술한 것이며, '史乃冊祝'으로부터 '屛璧與珪'까지는 神에게 고한 말을 기록한 것이며, '乃卜'으로부터 '乃瘳'까지는 점괘의 길함과 武王의 병이 쾌유된 일을 기록한 것이며, '武王旣喪'으로부터 이하는 周公이 流言 때문에 동쪽에 거하다가 成王이 맞이해 돌아온 일을 기록한 것이다."

1. 旣克商二年에 王有疾하사 弗豫하시다

商나라를 이긴 지 2年에 王이 병이 있어 즐겁지 못하였다.

記年은 見其克商之未久也라 弗豫는 不悅豫也라

年數를 기록한 것은 商나라를 이긴 지가 오래지 않았음을 나타낸 것이다. 弗豫는 悅豫하지 못한 것이다.

2. 二公曰 我其爲王하여 穆卜하리라

두 公(太公과 召公)이 말하였다. "내 王을 위하여 穆卜을 하겠다."

二公은 太公召公也라 李氏曰 穆者는 敬而有和意니 穆卜은 猶言共(恭)卜也라 愚謂 古者에 國有大事하여 卜이면 則公卿百執事皆在하여 誠一而和同하여 以聽卜筮라 故로 名其卜曰穆卜이니 下文에 成王이 因風雷之變하여 王與大夫盡弁하고 啓金縢之書以卜者 是也라 先儒專以穆爲敬이라하

豫 : 기쁠 예　弁 : 관 변

니 而於所謂其勿穆卜[1)]에 則義不通矣라

두 公은 太公과 召公이다. 李氏가 말하기를 "穆은 공경하고 화한 뜻이 있으니, 穆卜은 恭卜이란 말과 같다." 하였다. 내가 생각하건대 옛날에 國家에 大事가 있어 점을 치게 되면 公卿과 百執事가 모두 그 자리에 있어 誠一하고 和同하여 卜筮의 명령을 들었다. 그러므로 그 占을 이름하여 穆卜이라 한 것이니, 下文에 成王이 風雷의 변고로 인하여 王과 大夫가 모두 冠을 쓰고 金縢을 열어 글을 보고서 점친 것이 이것이다. 先儒는 오직 穆을 敬이라 하였으니, 이른바 '穆卜하지 말라'는 뜻에 통하지 않는다.

譯註 1. 其勿穆卜 : 뒤에 '王執書以泣曰 其勿穆卜'이라고 보인다.

3. 周公曰 未可以戚我先王이라하시고

周公이 말씀하기를 "우리 先王을 근심하게 할 수 없다." 하시고,

戚은 憂惱之意라 未可以武王之疾而憂惱我先王也니 蓋卻二公之卜이라

戚은 근심하고 번뇌하는 뜻이다. 武王의 병 때문에 우리 先王을 근심하고 번뇌하게 할 수 없다는 것이니, 두 公의 占을 물리친 것이다.

4. 公이 乃自以爲功하사 爲三壇호되 同墠하고 爲壇於南方호되 北面하고 周公立焉하사 植(置)璧秉珪하사 乃告太王王季文王하시다

周公이 스스로 자신의 일로 삼으시어 세 壇을 만들되 터를 똑같이 하고, 〈세 壇의〉 南方에 壇을 만들되 北向을 하고 周公이 여기에 서시어 璧을 놓고 珪를 잡고는 太王·王季·文王에게 告由하였다.

功은 事也라 築土曰壇이요 除地曰墠이라 三壇은 三王之位니 皆南向하고

戚 : 근심할 척　惱 : 근심할 뇌　壇 : 단 단　墠 : 터닦을 선　璧 : 구슬 벽

三壇之南에 別爲一壇호되 北向하니 周公所立之地也라 植는 置也라 圭璧은 所以禮神이니 詩言圭璧既卒이라하고 周禮에 祼圭以祀先王이라하니라 周公이 卻二公之卜하고 而乃自以爲功者는 蓋二公은 不過卜武王之安否爾니 而周公愛兄之切하고 危國之至하여 忠誠懇懇於祖父之前하여 如下文所云者를 有不得盡焉하니 此其所以自以爲功也라 又二公穆卜이면 則必禱於宗廟하여 用朝廷卜筮之禮하리니 如此則上下喧騰하여 而人心搖動이라 故로 周公이 不於宗廟하고 而特爲壇墠以自禱也라

功은 일이다. 흙을 쌓음을 壇이라 하고 땅을 깨끗이 닦아 놓은 것을 墠이라 한다. 세 壇은 세 王의 자리이니 모두 南向을 하고, 세 壇의 남쪽에 별도로 한 壇을 만들되 北向을 하였으니, 周公이 설 자리이다. 植는 둠이다. 圭璧은 神을 禮遇하는 물건이니, 《詩經》에 "圭璧을 이미 다하였다." 하였고, 《周禮》에 "圭로 降神하여 先王에게 제사한다." 하였다. 周公이 두 公의 점을 물리치고 스스로 자신의 일로 삼은 것은 두 公이 武王의 안부를 점침에 불과하니, 周公이 兄을 사랑함이 간절하고 나라를 위태롭게 여김이 지극하여, 祖·父의 앞에 충성스럽고 간절하여 下文에 말한 바와 같은 것을 다할 수 없음이 있었으니, 이 때문에 스스로 자신의 일로 삼은 것이다. 또 두 公이 穆卜을 하게 되면 반드시 宗廟에 祈禱하여 朝廷에서 卜筮하는 禮를 사용할 것이니, 이와 같이 하면 上下가 떠들어서 人心이 동요된다. 그러므로 周公이 宗廟에서 하지 않고 특별히 壇과 墠을 만들어 스스로 기도한 것이다.

5. 史乃冊祝曰 惟爾元孫某 遘厲虐疾하니 若爾三王은 是有丕子之責于天하시니 以旦으로 代某之身하소서

太史가 다음과 같이 冊祝(冊에 祝文을 씀)을 하였다. "당신의 元孫 아무가 모질고 급한 병을 만났으니, 당신 세 王은 丕子(元子)의 책임이 하늘에 있으니, 저로써 아무의 몸을 대신하소서.

祼 : 강신제 관 喧 : 떠들 훤 騰 : 날 등 遘 : 만날 구 厲 : 사나울 려

史는 太史也라 冊祝은 如今祝版之類라 元孫某는 武王也라 遘는 遇요 厲는 惡이요 虐은 暴也라 丕子는 元子也라 旦은 周公名也라 言武王遇惡暴之疾하니 若爾三王은 是有元子之責于天이라 蓋武王이 爲天元子하니 三王이 當任其保護之責于天[1)]이니 不可令其死也요 如欲其死인댄 則請以旦代武王之身이라 于天之下에 疑有缺文이라 舊說에 謂天責取武王者는 非是라 詳下文予仁若考, 能事鬼神等語하면 皆主祖父人鬼爲言이요 至於乃命帝庭, 無墜天之降寶命하여는 則言天命武王이 如此之大하시니 而三王이 不可墜天之寶命이니 文意可見이라 又按 死生有命이어늘 周公이 乃欲以身으로 代武王之死하시니 或者疑之라 蓋方是時하여 天下未安하고 王業未固하니 使武王死면 則宗社傾危하고 生民塗炭하여 變故를 有不可勝言者라 周公이 忠誠切至하사 欲代其死하여 以紓危急하여 其精神感動故로 卒得命於三王이라 今世之匹夫匹婦도 一念誠孝하면 猶足以感格鬼神하여 顯有應驗이어든 而況於周公之元聖乎아 是固不可謂無此理也니라

史는 太史이다. 冊祝은 지금의 祝版과 같은 따위이다. 元孫某는 武王이다. 遘는 만남이요, 厲는 모짊이요, 虐은 사나움(급함)이다. 丕子는 元子이다. 旦은 周公의 이름이다. 武王이 모질고 급한 병을 만났으니, 당신 세 王은 元子의 책임이 하늘에 있다. 武王이 하늘의 元子가 되었으니, 세 王은 마땅히 그 보호할 책임을 하늘에게서 맡았으니 죽게 해서는 안되며, 만일 죽게 하고자 할진댄 자신으로써 武王의 몸을 대신할 것을 청한 것이다. '于天'의 아래에 의심컨대 빠진 글이 있는 듯하다. 舊說에 "하늘이 武王을 데려간다."고 한 것은 옳지 않다. 下文에 "나는 아버지에게 어질어 순하며 귀신을 섬길 수 있다."는 등의 말을 살펴보면 모두 祖·父의 人鬼를 주장하여 말한 것이며, "上帝의 뜰에서 명하였다." 하고, "하늘의 보배로운 命을 내림을 失墜하지 말라."고 한 것은 하늘이 武王을 명함이 이와 같이 크시니, 세 王이 하늘의 보배로운 명을 失墜해서는 안됨을 말한 것이니, 글 뜻을 볼 수 있다.

또 살펴보건대 죽고 삶은 天命에 있는데 周公이 자신으로 武王의 죽음을 대신하고자 하였으니, 혹자는 이를 의심한다. 이때를 당하여 天下가 아직

丕 : 클 비 紓 : 펼 서

편안하지 못하고 王業이 견고하지 못하니, 만일 武王이 죽으면 宗社가 기울고 위태로우며, 生民이 도탄에 빠져 그 변고를 이루 다 말할 수 없었다. 周公은 忠誠이 간절하고 지극하여 그 죽음을 대신하여 위급함을 풀고자 해서 그 정신이 감동되었기 때문에 마침내 三王에게 명령을 받은 것이다. 지금 세상에 匹夫·匹婦들도 한(온) 생각이 정성스럽고 효성스러우면 오히려 귀신을 감동시켜 드러나게 응험이 있는데, 하물며 周公의 元聖에 있어서랴. 이는 진실로 이러한 이치가 없다고 말할 수 없는 것이다.

譯註 1. 當任其保護之責于天：新安陳氏는 《集傳》의 해석이 옳지 않음을 지적하고 朱子의 《語錄》에 "'是有丕子之責于天' 이 한 구절을 先儒들이 모두 잘못 해석하였다. 오직 晁以道만이 옳게 해석하였다. 그는 '丕子之責은 史書의 侍子之責이란 말과 같으며 侍子는 武王을 가리키는바, 上帝가 三王에게 자신을 모실 아들을 보내달라고 責(요구)한 것이다.' 했다." 한 것을 들었다. 이 경우 經文은 '若爾三王이 是有丕子之責于天인댄〔만일 당신 세 왕께서 하늘로부터 丕子를 보내라는 요구가 있을진댄〕'으로 풀이하여야 할 듯하다. 아래에 '舊說謂天責取武王者非是'라 한 것은 바로 위의 晁以道의 해석을 비판한 것이다.

6. 予仁若考라 能多材多藝하여 能事鬼神이어니와 乃元孫은 不若旦의 多材多藝하여 不能事鬼神하리이다

나는 아버지에게 어질어 순해서 材藝가 많아 귀신을 섬길 수 있으나 元孫은 나처럼 材藝가 많이 못하여 귀신을 잘 섬기지 못할 것입니다.

周公言 我仁順祖考라 多材幹하고 多藝能하여 可任役使하여 能事鬼神이어니와 武王은 不如旦의 多材多藝하여 不任役使하여 不能事鬼神이라 材藝는 但指服事役使而言이라

周公이 말씀하기를 "나는 祖考에게 仁順해서 材幹이 많고 技藝가 많아

若：순할 약　幹：재주있을 간

役使를 맡길 만하여 귀신을 섬길 수 있으나 武王은 나처럼 材藝가 많지 못하여 役使를 맡기지 못하여 귀신을 섬길 수 없다."고 한 것이다. 材藝는 단지 일하고 使役함을 가리켜 말한 것이다.

7. 乃命于帝庭하사 敷佑四方하사 用能定爾子孫于下地하신대 四方之民이 罔不祗畏하나니 嗚呼라 無墜天之降寶命이라사(하시사) 我先王도 亦永有依歸하시리이다

上帝의 뜰에서 命하여 펴서 四方을 도와 너희 자손들을 下地에 안정하게 하여 四方의 백성들이 두려워하지 않음이 없게 하니, 아! 하늘이 내린 보배로운 명을 실추하지 마셔야 우리 先王들도 또한 길이 의지하여 돌아갈 곳이 있으실 것입니다.

言武王이 乃受命於上帝之庭하여 布文德하여 以佑助四方하사 用能定爾子孫於下地하여 使四方之民으로 無不敬畏하니 其任大하고 其責重하여 未可以死라 故로 又歎息申言호되 三王은 不可墜失天降之寶命이니 庶先王之祀도 亦永有所賴以存也라 寶命은 卽帝庭之命也니 謂之寶者는 重其事也라

武王이 上帝의 뜰에서 명을 받아 文德을 펴 四方을 도와 너희 자손들을 下地에 안정시켜 四方의 백성으로 하여금 敬畏하지 않음이 없게 하니, 임무가 크고 책임이 무거워 죽을 수 없다. 그러므로 탄식하고 거듭 말씀하기를 "세 王은 하늘이 내린 보배로운 命을 失墜하지 말아야 하니, 이렇게 하면 거의 先王의 祭祀도 길이 의뢰하여 보존될 바가 있다."고 한 것이다. 寶命은 곧 上帝의 뜰에서 내린 명이니, 寶라고 이른 것은 그 일을 중히 여긴 것이다.

8. 今我卽命于元龜호리니 爾之許我인댄 我其以璧與珪로

敷 : 펼 부　卽 : 나아갈 즉

歸俟爾命이어니와 爾不許我인댄 我乃屛璧與珪호리라

지금 나는 元龜가 命한 것을 나아가 살펴볼 것이니, 당신이 나의 말을 허락한다면 나는 璧과 珪를 가지고 돌아가 당신의 命을 기다리겠지만 당신이 나의 말을 허락하지 않는다면 나는 璧과 珪를 감출 것입니다."

卽은 就也라 歸俟爾命은 俟武王之安也라 屛은 藏也니 屛璧與珪는 言不得事神也라 蓋武王喪이면 則周之基業必墜하리니 雖欲事神이나 不可得也라 其稱爾稱我하여 無異人子之在膝下하여 以語其親者하니 此亦終身慕父母와 與不死其親之意니 以見公之達孝也라

卽은 나아감이다. 돌아가 당신의 命을 기다린다는 것은 武王이 편안해지기를 기다린다는 것이다. 屛은 감춤이니, 璧과 珪를 감춘다는 것은 神을 섬길 수 없음을 말한 것이다. 武王이 죽으면 周나라의 基業이 반드시 실추될 것이니, 비록 神을 섬기려고 하더라도 될 수가 없는 것이다. 爾라 칭하고 我라 칭하여 人子가 膝下에 있으면서 그 어버이에게 말하는 것과 다름이 없으니, 이 또한 종신토록 부모를 사모함과 그 어버이를 죽었다고 여기지 않는 뜻이니, 周公의 達孝(누구나 공통적으로 칭찬하는 효도)를 볼 수 있다.

9. 乃卜三龜하니 一習吉이어늘 啓籥(鑰)見書하니 乃幷是吉하더라

세 거북을 점치니, 한결같이 吉함이 거듭하므로 열쇠를 열어 점친 글을 보니, 모두 길하였다.

卜筮는 必立三人하여 以相參考하니 三龜者는 三人所卜之龜也라 習은 重也니 謂三龜之兆一同이라 開籥하여 見卜兆之書하니 乃幷是吉이라

卜筮는 반드시 세 사람을 세워 서로 참고하니, 세 거북이란 세 사람이

俟 : 기다릴 사　膝 : 무릎 슬　習 : 거듭 습　啓 : 열 계　籥 : 자물쇠 약

점친 바의 거북이다. 習은 거듭이니, 세 거북의 조짐이 똑같음을 이른다. 열쇠를 열어 卜兆의 글을 보니, 모두 吉하였다.

10. 公曰 體는 王其罔害로소니 予小子新命于三王하여(이란대) 惟永終을 是圖호리니 茲攸俟니 能念予一人이샷다

周公이 말씀하였다. "占의 體는 王이 害가 없을 것이니, 나 小子가 새로 세 王에게 命을 받아 영원히 마침을 도모할 것이다. 이 기다리던 것이니, 予一人(武王)을 생각해 주셨다."

體는 兆之體也라 言視其卜兆之吉하니 王疾이 其無所害하니 我新受三王之命하여 而永終을 是圖矣라 茲攸俟者는 卽上文所謂歸俟也라 一人은 武王也니 言三王이 能念我武王하여 使之安也라 詳此言新命于三王하고 不言新命于天하면 以見果非謂天責取武王也라

體는 卜兆의 체이다. 卜兆의 吉함을 보니, 王의 질병이 해가 없을 것이니, 내가 세 王의 命을 새로 받아 영원히 마침을 도모한다고 한 것이다. 茲攸俟는 곧 上文에 이른바 '돌아가 기다린다'는 것이다. 一人은 武王이니, 세 王이 우리 武王을 생각하여 편안하게 함을 말한 것이다. 여기에 세 王에게 새로 命을 받았다고 말하고, 하늘에게 새로 命을 받았다고 말하지 않은 것을 보면 과연 하늘이 武王을 데려 가려고 함을 말한 것이 아님을 볼 수 있다.

11. 公歸하사 乃納冊于金縢之匱中하시니 王이 翼(翌)日에 乃瘳하시다

周公이 돌아가 祝冊을 金縢의 궤 안에 넣으시니, 王이 다음날에 병이 나으셨다.

翼 : 내일 익　瘳 : 병나을 추

冊은 祝冊也라 匱는 藏卜書之匱요 金縢은 以金緘之也라 翼日은 公歸之明日也라 瘳는 愈也라 按金縢之匱는 乃周家藏卜筮書之物이니 每卜則以告神之辭로 書於冊하고 旣卜則納冊於匱而藏之하니 前後卜이 皆如此라 故로 前周公이 乃卜三龜하니 一習吉이어늘 啓籥見書者는 啓此匱也요 後成王이 遇風雷之變하여 欲卜하여 啓金縢者도 亦啓此匱也라 蓋卜筮之物은 先王不敢褻이라 故로 金縢其匱而藏之요 非周公始爲此匱하여 藏此冊祝하여 爲後來自解計也라

冊은 祝冊이다. 匱는 卜書를 보관해 두는 궤이고, 金縢은 쇠사슬로 묶은 것이다. 翼日은 公이 돌아간 다음날이다. 瘳는 나음이다. 살펴보건대 金縢의 궤는 바로 周나라 王家에서 卜筮書를 보관해두는 물건이니, 언제나 점을 치면 神에게 고한 말을 冊에 쓰고, 점이 끝나면 冊을 궤에 넣어 보관하였으니, 前後에 점친 것이 모두 이와 같았다. 그러므로 전에 周公이 세 거북을 점치니 한결같이 거듭 吉하므로 열쇠를 열어 글을 보았다는 것도 이 궤를 연 것이며, 뒤에 成王이 風雷의 변고를 만나 점을 치려고 하여 金縢을 연 것도 또한 이 궤를 연 것이다. 卜筮하는 물건은 先王이 감히 함부로 하지 않으므로 그 궤를 쇠사슬로 묶어 보관한 것이며, 周公이 처음으로 이 궤를 만들어 이 冊祝을 보관해서 後來에 자신을 해명할 계책으로 삼은 것이 아니다.

12. 武王이 旣喪이어시늘 管叔이 及其群弟로 乃流言於國曰 公將不利於孺子하리라

武王이 별세하시자, 管叔은 여러 아우들과 함께 나라에 流言을 퍼뜨리기를 "公이 장차 孺子(成王)에게 이롭지 못하다." 하였다.

管叔은 名鮮이니 武王弟요 周公兄也라 群弟는 蔡叔度, 霍叔處也라 流言은 無根之言이니 如水之流 自彼而至此也라 孺子는 成王也라 商人은 兄死弟立者多라 武王崩하고 成王幼하여 周公攝政하니 商人이 固已疑之요

緘 : 봉할 함 愈 : 병나을 유 孺 : 어릴 유 霍 : 빠를 곽(확)

又管叔은 於周公에 爲兄하니 尤所覬覦라 故로 武庚管蔡 流言於國하여 以危懼成王하여 而動搖周公也라 史氏言管叔及其群弟而不及武庚者는 所以深著三叔之罪也라

管叔은 이름이 鮮이니, 武王의 동생이고 周公의 兄이다. 여러 아우는 蔡叔 度와 霍叔 處이다. 流言은 근거가 없는 말이니, 물의 흐름이 저쪽으로부터 여기에 이름과 같은 것이다. 孺子는 成王이다. 商나라 사람들은 兄이 죽으면 아우가 卽位한 자가 많았다. 武王이 崩하고 成王이 어려 周公이 攝政하자, 商나라 사람들이 진실로 이미 이것을 의심하였으며, 또 管叔은 周公에게 형이 되므로 더더욱 〈王位를〉 넘보았다. 그러므로 武庚과 管叔·蔡叔이 나라에 流言을 퍼뜨려 成王을 위태롭게 만들고 두렵게 하여 周公을 동요시킨 것이다. 史官이 管叔이 여러 아우들과 함께 했다고 말하고 武庚을 언급하지 않은 것은 三叔(세 아우인 管叔·蔡叔·霍叔)의 罪를 깊이 나타내려 한 것이다.

13. 周公이 乃告二公曰 我之弗辟(避)면 我無以告我先王이라하시고

周公이 두 公에게 고하기를 “내가 피하지 않으면 나는 우리 先王에게 고할 수 없다.” 하셨다.

辟는 讀爲避라 鄭氏詩傳[1]에 言周公이 以管蔡流言으로 辟居東都 是也라 漢孔氏는 以爲致辟於管叔之辟이라하니 謂誅殺之也라 夫三叔流言호되 以公將不利於成王이라하니 周公이 豈容遽興兵以誅之耶아 且是時에 王方疑公하니 公將請王而誅之耶아 將自誅之也아 請之면 固未必從이요 不請自誅之면 亦非所以爲周公矣라 我之弗辟면 我無以告我先王은 言我不避면 則於義에 有所不盡하여 無以告先王於地下也라 公豈自爲身計哉리오 亦盡其忠誠而已矣라

辟는 避로 읽는다. 鄭氏의 詩傳(詩箋)에 “周公이 管叔과 蔡叔의 流言 때

覬 : 바랄 기 覦 : 넘볼 유 遽 : 갑자기 거

문에 東都(洛陽)에 피하여 거하였다.”는 것이 이것이다. 漢나라 孔氏는 “管叔에게 致辟(주륙)하였다는 辟이다.” 하였으니, 誅殺함을 이른다. 三叔이 流言을 퍼뜨리기를 “公이 장차 成王에게 이롭지 못하다.” 하였으니, 周公이 어찌 대번에 군대를 일으켜 誅罰할 수 있었겠는가. 또 이때에 王이 막 公을 의심하고 있었으니, 公이 장차 王에게 청하여 誅罰할 수 있었겠는가. 장차 스스로 誅罰할 수 있었겠는가. 청하였다면 王이 반드시 따르지 않았을 것이요, 청하지 않고 스스로 誅罰하였다면 또한 〈훌륭한〉 周公이 될 수 있는 것이 아니다. “내가 피하지 않으면 나는 우리 先王에게 고할 수 없다.”는 것은 내가 피하지 않으면 의리에 다하지 못한 바가 있어 地下에서 先王에게 고할 수 없음을 말한 것이다. 公이 어찌 스스로 자신을 위한 계책을 하였겠는가. 또한 그 충성을 다할 뿐이다.

譯註 1. 鄭氏詩傳：鄭氏는 鄭玄인바, 《毛詩》〈豳風 七月〉 小序의 ‘周公遭變’을 해석하면서 ‘周公遭變者 管蔡流言 辟居東都’라 한 것을 인용한 것이다.

14. 周公이 居東二年에 則罪人을 斯得하시다

周公이 동쪽에 거한 지 2년에 罪人을 이에 얻었다.

居東은 居國之東也라 鄭氏謂 避居東都는 未知何據라 孔氏以居東爲東征은 非也라 方流言之起하여는 成王이 未知罪人爲誰러니 二年之後에 王始知流言之爲管蔡라 斯得者는 遲之之辭也라

동쪽에 거함은 나라의 동쪽에 거한 것이다. 鄭氏가 “東都에 피하여 거했다.” 한 것은 무엇을 근거하였는지 알 수 없다. 孔氏는 동쪽에 거한 것을 東征이라 하였는데 이는 잘못이다. 流言이 일어날 때를 당해서는 成王이 죄인이 누구인지를 알지 못하였는데 2년 뒤에 王이 비로소 流言을 퍼뜨린 것이 管叔과 蔡叔임을 안 것이다. 이에 얻었다는 것은 더디게 여긴 말이다.

豳：나라이름 빈　遲：더딜 지

15. 于後에 公이 乃爲詩하여 以貽王하시고 名之曰 鴟鴞라하시니 王亦未敢誚公하시다

뒤에 周公이 詩를 지어 王에게 드리고 이름하기를 '鴟鴞'라 하니, 王이 또한 周公을 꾸짖지 못하였다.

鴟鴞는 惡鳥也니 以其破巢取卵으로 比武庚之敗管蔡及王室也라 誚는 讓也라 上文에 言罪人斯得하니 則是時에 成王之疑 十已去其四五矣라

鴟鴞(올빼미)는 나쁜 새이니, 딴 새의 둥지를 부수고 알을 가져감으로써 武庚이 管叔·蔡叔과 王室을 무너뜨림을 비유한 것이다. 誚는 꾸짖음이다. 上文에 죄인을 이에 얻었다고 말하였으니, 이때에 成王의 의심이 이미 10에 4~5가 제거된 것이다.

16. 秋大熟하여 未穫이어늘 天이 大雷電以風하니 禾盡偃하며 大木이 斯拔이어늘 邦人이 大恐하더니 王이 與大夫盡弁하사 以啓金縢之書하사 乃得周公所自以爲功하여 代武王之說하시다

가을에 곡식이 크게 성숙하여 아직 수확하지 않았는데 하늘이 크게 천둥번개를 치고 바람이 부니, 벼가 모두 쓰러지고 큰 나무가 뽑히므로 나라 사람들이 크게 두려워하였다. 王이 大夫들과 모두 弁을 쓰고서 金縢의 글을 열어 마침내 周公이 스스로 자신의 일로 삼아 武王을 대신하려던 말씀을 얻게 되었다.

王이 與大夫盡弁하여 以發金縢之書하여 將卜天變이라가 而偶得周公冊祝請命之說也라 孔氏謂 二公倡王啓之者는 非是라 按秋大熟이 係于二年之後하니 則成王迎周公之歸 蓋二年秋也라 東山之詩에 言自我不見이

貽 : 줄 이 鴟 : 솔개 치 鴞 : 올빼미 효 誚 : 꾸짖을 초 讓 : 꾸짖을 양
偃 : 누울 언 拔 : 뽑을 발 弁 : 갓 변 倡 : 인도할 창

于今三年이라하니 則居東之非東征이 明矣라 蓋周公이 居東二年에 成王이 因風雷之變하여 旣親迎以歸하니 三叔이 懷流言之罪하고 遂脅武庚以叛이어늘 成王이 命周公征之하니 其東征往反首尾 又自三年也라

王이 大夫들과 모두 弁을 쓰고서 金縢의 글을 열어 장차 하늘의 변고를 점치려 하다가 우연히 周公이 冊祝에 命을 청한 말씀을 얻은 것이다. 孔氏는 "두 公(太公과 召公)이 王을 창도하여 열게 하였다."고 하였는데, 이는 옳지 않다. 살펴보건대 '秋大熟'이 '二年'의 뒤에 연결되어 있으니, 成王이 周公을 맞이하여 돌아옴이 2년 가을인 것이다. 〈東山〉의 詩에 "내가 보지 못한 지가 지금 3년이 되었다."고 하였으니, 동쪽에 거한 것이 東征이 아님이 분명하다. 周公이 동쪽에 거한 지 2년에 成王이 風雷의 변고로 인하여 친히 맞이해 돌아오자, 三叔이 流言을 퍼뜨린 죄를 품고 마침내 武庚을 위협하여 배반하므로 成王이 周公에게 명하여 정벌하였으니, 東征하기 위하여 가고 온 首尾가 또 따로 3년인 것이다.

17. 二公及王이 乃問諸史與百執事하신대 對曰 信하니이다 噫라 公命이어시늘 我勿敢言이로소이다

두 公과 王이 여러 史官과 百執事에게 물으니, 대답하기를 "사실입니다. 아! 周公의 명령이시므로 저희들이 감히 말하지 못했습니다." 하였다.

周公卜武王之疾을 二公이 未必不知之로되 周公冊祝之文은 二公이 蓋不知也라 諸史百執事는 蓋卜筮執事之人이라 成王이 使卜天變者는 卽前日周公使卜武王疾之人也라 二公及成王이 得周公自以爲功之說하고 因以問之라 故로 皆謂信有此事라하고 已而歎息言 此實周公之命이어시늘 而我勿敢言爾라하니 孔氏謂 周公使之勿道者는 非是라

周公이 武王의 질병을 점친 것을 두 公이 반드시 모른 것은 아니나 周公의 冊祝의 글은 두 公이 아마도 알지 못한 듯하다. 諸史와 百執事는 卜筮

懷 : 품을 회 噫 : 한숨지을 희

하는 일을 집행하는 사람들이다. 成王이 하늘의 변고를 점치게 한 자들은 바로 前日에 周公이 武王의 병을 점치게 했던 자들이었다. 두 公과 成王이 周公이 스스로 자신의 일로 삼은 말씀을 얻고는 인하여 물었다. 그러므로 모두 이르기를 "진실로 이러한 일이 있었습니다." 하고는 이윽고 탄식하여 말하기를 "이는 실로 周公의 명령이신데 저희들이 감히 말하지 못했습니다." 라고 하였으니, 孔氏가 "周公이 말하지 못하게 하였다."고 말한 것은 옳지 않다.

18. 王이 執書以泣曰 其勿穆卜이로다 昔에 公이 勤勞王家어시늘 惟予沖人이 弗及知러니 今天이 動威하사 以彰周公之德하시니 惟朕小子其新(親)逆이(홈이) 我國家禮에 亦宜之라 하시고

王이 冊祝한 글을 잡고 울며 말씀하기를 "穆卜을 할 것이 없다. 옛날에 公이 우리 王家에 勤勞하셨으나 나 沖人(어린 사람)이 미처 알지 못하였는데, 이제 하늘이 위엄을 동하여 周公의 德을 밝히시니, 나 小子가 친히 公을 맞이함이 우리 國家의 禮에 또한 마땅하다." 하시고

新은 當作親이라 成王이 啓金縢之書하여 欲卜天變이라가 旣得公冊祝之文하고 遂感悟하여 執書以泣하고 言不必更卜이라 昔에 周公이 勤勞王室이어시늘 我幼不及知러니 今天이 動威하여 以明周公之德하시니 我小子其親迎公以歸가 於國家禮에 亦宜也라하시니라 按鄭氏詩傳에 成王이 旣得金縢之書하고 親迎周公이라하니 鄭氏學出於伏生이요 而此篇則伏生所傳이니 當以親爲正이라 親誤作新은 正猶大學의 新誤作親也라

新은 마땅히 親이 되어야 한다. 成王이 金縢의 글을 열어 하늘의 변고를 점치려고 하다가 周公이 冊祝한 글을 얻고는 마침내 感悟하여 글을 잡고 울며 말씀하기를 "굳이 다시 점칠 것이 없다. 옛날에 周公이 王室에 勤勞하셨으나 내 어려서 미처 알지 못하였는데, 이제 하늘이 위엄을 동하여 周

泣 : 울 읍　沖 : 어릴 충　彰 : 밝힐 창　逆 : 맞이할 역　悟 : 깨달을 오

公의 德을 밝히시니, 나 小子가 친히 公을 맞이하여 돌아옴이 國家의 禮에 또한 마땅하다." 하였다. 鄭氏의 《詩傳》에 "成王이 이미 金縢의 글을 얻고는 周公을 친히 맞이하였다." 하였다. 살펴보건대 鄭氏의 학문은 伏生에게서 나왔고 이 篇은 伏生이 전한 것이니, 마땅히 親을 바른 것으로 삼아야 할 것이다. 親을 잘못 新으로 쓴 것은 바로 《大學》에 新을 잘못 親으로 쓴 것과 같다.

19. 王이 出郊하신대 天乃雨하여 反風하니 禾則盡起어늘 二公이 命邦人하여 凡大木所偃[1]을 盡起而築之하니 歲則大熟하니라

王이 郊外로 나가자, 하늘이 비를 내려 바람을 반대로 불게 하니, 쓰러졌던 벼가 모두 일어났다. 두 公이 나라 사람들에게 명하여 큰 나무가 쓰러진 것을 모두 일으켜 단단히 다지니, 歲(곡식)가 크게 성숙하였다.

譯註 1. 大木所偃 : 退溪는 "所偃은 벼이다."라고 해석하여 大木과 所偃을 두 가지로 보았으나, 諺解를 따라 '큰 나무가 쓰러진 것'으로 풀이하였다.

國外曰郊라 王出郊者는 成王이 自往迎公이니 卽上文所謂親逆者也라 天乃反風하여 感應이 如此之速하니 洪範庶徵을 孰謂其不可信哉아 又按 武王疾瘳四年而崩하고 群叔流言하여 周公居東二年에 罪人旣得하고 成王이 迎周公以歸하니 凡六年事也라 編書者附于金縢之末하여 以見請命事之首末과 金縢書之顯晦也라

國外를 郊라 한다. 王이 郊外를 나간 것은 成王이 직접 가서 周公을 맞이한 것이니, 곧 上文에 이른바 '친히 맞이한다'는 것이다. 하늘이 바람을 반대로 불게 하여 감응함이 이와 같이 신속하니, 〈洪範〉의 庶徵을 누가 믿을 수 없다고 말하겠는가.

郊 : 들 교 築 : 쌓을 축 晦 : 어둘 회

또 살펴보건대 武王이 병이 나은 지 4년에 崩하였고, 여러 叔들이 流言을 퍼뜨려 周公이 동쪽에 거한 지 2년에 罪人을 얻었고, 成王이 周公을 맞이하여 돌아왔으니, 모두 6년의 일이다. 책을 엮는 자가 〈金縢〉의 끝에 이것을 붙여 命을 청한 일의 首末과 金縢의 글이 드러나고 감춰짐을 나타낸 것이다.

大誥

武王克殷하시고 以殷餘民으로 封受子武庚하고 命三叔監殷이러시니 武王崩하고 成王立하여 周公相之하시니 三叔이 流言호되 公將不利於孺子라한대 周公이 避位居東하시니라 後에 成王悟하여 迎周公歸하니 三叔懼하여 遂與武庚叛이어늘 成王이 命周公하여 東征以討之하실새 大誥天下하시니라 書言武庚而不言管叔者는 爲親者諱也라 篇首에 有大誥二字일새 編書者因以名篇하니 今文古文皆有하니라

○ 按此篇誥語는 多主卜言하니 如曰寧王遺我大寶龜, 曰朕卜幷吉, 曰予得吉卜, 曰王害(할)不違卜, 曰寧王惟卜用, 曰矧亦惟卜用, 曰予曷其極卜, 曰矧今卜幷吉이라하고 至於篇終하여는 又曰卜陳惟若玆라하니 意邦君御事에 有曰艱大不可征이라하여 欲王違卜이라 故로 周公以討叛卜吉之義와 與天命人事之不可違者로 反復誥諭之也시니라

武王이 殷나라를 이긴 다음 殷나라의 남은 백성으로 受(紂王)의 아들 武庚을 封하고 三叔에게 命하여 殷나라를 감시하게 하였는데, 武王이 崩하고 成王이 卽位하여 周公이 돕자, 三叔이 流言을 퍼뜨리기를 "公이 장차 孺子에게 이롭지 못할 것이다."라고 하니, 周公이 자리를 피하여 동쪽에 거하였다. 뒤에 成王이 깨닫고서 周公을 맞이하여 돌아오니, 三叔이 두려워하여 마침내 武庚과 함께 반란을 일으키므로 成王이 周公에게 명하여 東征하여 토벌할 적에 天下에 크게 고한 것이다. 글에 武庚만 말하고 管叔을 말하지 않은 것은 친척을 위하여 숨긴 것이다. 篇首에 大誥라는 두 글자가 있으므

誥 : 가르칠 고 諱 : 숨길 휘 矧 : 하물며 신 諭 : 고할 유

로 책을 엮는 자가 인하여 篇名으로 삼았으니, 今文과 古文에 모두 있다.
○ 살펴보건대 이 篇의 誥語는 占을 주장하여 말한 것이 많으니, 예를 들면 "寧王이 나에게 큰 보배인 거북을 물려주었다." 하였고, "朕의 占이 모두 吉하다." 하였으며, "내가 길한 점을 얻었다." 하였고, "王은 어찌하여 占을 어기지 않습니까." 하였으며, "寧王이 占을 사용했다." 하였고, "하물며 또한 占을 씀에 있어서랴." 하였으며, "내 어찌 占을 지극히 하겠는가." 하였고, "하물며 지금 占이 모두 吉함에 있어서랴." 하였다. 그리고 篇 끝에 이르러는 또 "占의 진열함이 이와 같다." 하였으니, 생각하건대 邦君과 御事 중에 "어렵고 커서 정벌할 수 없다."고 말하여, 王이 占을 어기게 하고자 하는 자가 있었다. 그러므로 周公이 叛逆을 토벌함에 占이 吉한 뜻과 天命과 人事에 어길 수 없는 것을 가지고 반복하여 誥諭한 것이다.

1. 王若曰 猷라 大誥爾多邦과 越爾御事하노라 弗弔라 天이 降割于我家하사 不少延이어시늘 洪惟我幼沖人이 嗣無疆大歷(曆)服하여 弗造哲하여 迪民康이온 矧曰其有能格知天命가

王이 대략 다음과 같이 말씀하였다. "아! 너희 많은 나라와 너희 御事들에게 크게 고하노라. 하늘로부터 구휼을 받지 못하였다. 그리하여 하늘이 우리 나라에 해를 내려 조금도 기다려 주지 않으시므로 크게 생각하건대 나 幼沖한 사람이 無疆한 큰 歷服을 이어서 明哲함에 나아가 백성들을 편안한 곳으로 引導하지 못하였는데, 하물며 天命을 연구하여 안다고 말할 수 있겠는가.

猷는 發語辭也니 猶虞書咨嗟之例라 按爾雅에 猷訓最多하여 曰謀, 曰言, 曰已, 曰圖라하니 未知此何訓也라 弔는 恤也니 猶詩言不弔昊天之弔라 言我不爲天所恤하여 降害於我周家하여 武王遂喪而不少待也라 沖人은

猷 : 어조사 유 弔 : 불쌍할 조 割 : 벨 할 嗣 : 이을 사 迪 : 인도할 적

成王也라 歷은 歷數也요 服은 五服也라 哲은 明哲也라 格은 格物之格이라 言大思我幼沖之君이 嗣守無疆之大業하여 弗能造明哲하여 以導民於安康하니 是는 人事도 且有所未至니 而況言其能格知天命乎아

猷는 발어사이니, 〈虞書〉에 咨·嗟의 例와 같다. 살펴보건대 《爾雅》에 猷의 訓이 가장 많아, 謀(꾀)라 하고 言(말)이라 하고 已(그만둠)라 하고 圖(도모함)라 하였으니, 여기서는 무슨 뜻인지 알 수 없다. 弔는 구휼함이니, 《詩經》에 "하늘에게 구휼함을 받지 못한다."는 弔와 같다. 내가 하늘에게 구휼을 받지 못하여, 하늘이 우리 周나라에 해를 내려서 武王이 마침내 죽고 조금도 기다려 주지 않았다'는 것이다. 沖人은 成王이다. 歷은 歷數이고, 服은 五服이다. 哲은 明哲함이다. 格은 格物의 格이다. 크게 생각하건대 나 幼沖한 君主가 無疆한 大業을 이어 지켜서 明哲함에 나아가 백성을 安康함으로 인도하지 못하니, 이는 人事도 지극하지 못한 바가 있는 것이니, 하물며 天命을 연구하여 안다고 말하겠는가.

2. 已아 予惟小子 若涉淵水호니 予惟往은 求朕攸濟니라 敷賁[1](비)하며 敷前人受命은 茲不忘大功이니 予不敢閉于天降威用이니라

그만두겠는가. 나 小子는 깊은 못의 물을 건넘과 같으니, 내가 가는 것은 짐의 이룰 바를 구하려고 해서이다. 펴서 꾸미며 前人이 받은 命을 폄은 큰 功을 잊지 않고자 해서이니, 내 감히 하늘이 내린 위엄을 막을 수 없다.

譯註 1. 敷賁 : 諺解를 따라 위와 같이 풀이하였으나 退溪는 《集傳》의 '修明其典章法度'란 내용에 의거하여 "修明은 敷를 해석한 것이고 典章法度는 賁를 해석한 것이니, 마땅히 '賁를 敷하며'로 해석하여야 한다." 하였다.

已는 承上語詞니 已而有不能已之意라 若涉淵水者는 喩其心之憂懼요

涉 : 건널 섭 濟 : 이룰 제 敷 : 펼 부 賁 : 꾸밀 비

求朕攸濟者는 冀其事之必成이라 敷는 布요 賁는 飾也라 敷賁者는 修明其典章法度요 敷前人受命者는 增益開大前王之基業이니 若此者는 所以不忘武王安天下之大功也라 今武庚不靖하여 天固誅之하시니 予豈敢閉抑天之威用而不行討乎아

已는 위를 잇는 어조사이니, 그만두려 하여도 그만둘 수 없는 뜻이다. 못의 물을 건넘과 같다는 것은 마음의 근심과 두려움을 비유한 것이요, 짐의 이룰 바를 구한다는 것은 이 일이 반드시 이루어지기를 바라는 것이다. 敷는 폄이요 賁는 꾸밈이다. 敷賁는 典章과 法度를 닦고 밝힘이요, 前人이 받은 命을 편다는 것은 前王의 基業을 增益하고 開大함이니, 이와 같이 하는 것은 武王이 天下를 편안히 한 大功을 잊지 않기 위해서이다. 지금 武庚이 안정하지 못하여 하늘이 진실로 주벌하시니, 내 어찌 감히 하늘의 위엄을 막고 억제하여 토벌을 행하지 않겠는가.

3. 寧王이 遺我大寶龜하심은 紹天明이시니 卽命한대 曰 有大艱于西土라 西土人이 亦不靜이라하더니 越玆蠢이로다

寧王이 나에게 큰 보배인 거북을 물려주심은 天明(하늘의 밝은 命)을 紹介하신 것이니, 거북의 命에 나아가 살펴보건대 '큰 어려움이 西土에 있다. 西土 사람들 또한 안정하지 못할 것이다' 하였는데, 이에 미처 蠢動하는구나.

寧王은 武王也니 下文에 又曰寧考라 蘇氏曰 當時에 謂武王爲寧王은 以其克殷而安天下也라 蠢은 動而無知之貌라 寧王이 遺我大寶龜者는 以其可以紹介天明하여 以定吉凶이라 曩嘗卽龜所命하니 而其兆에 謂將有大艱難之事于西土하여 西土之人이 亦不安靜이라하니 是武庚未叛之時에 而龜之兆 蓋已預告矣라 及此하여 果蠢蠢然而動하니 其卜可驗이 如此라 將言下文伐殷卜吉之事라 故로 先發此하여 以見卜之不可違也라

寧王은 武王이니, 下文에는 또 寧考라고 하였다. 蘇氏는 말하기를 "당시

冀 : 바랄 기　紹 : 이을 소　蠢 : 무지할 준　曩 : 지난번 낭

에 武王을 일러 寧王이라 하였으니, 이는 殷나라를 이기고 天下를 편안히 하였기 때문이다." 하였다. 蠢은 움직이되 無知한 모양이다. 寧王이 나에게 큰 보배인 거북을 물려주신 것은 天明을 紹介하여 吉凶을 정하게 하신 것이다. 내 지난번에 일찍이 거북의 命한 바에 나아가 보니, 그 兆朕에 "장차 크게 어려운 일이 西土에 있어 西土 사람들이 또한 안정하지 못할 것이다." 하였으니, 이는 武庚이 반란하지 않았을 때에 거북의 조짐이 이미 예고한 것이다. 지금에 미쳐 과연 蠢蠢然히 동하니, 그 점이 징험할 만함이 이와 같다. 장차 下文에 殷나라를 정벌하는 占이 吉함을 말하려 하였으므로 먼저 이것을 말하여 占을 어길 수 없음을 나타낸 것이다.

4. 殷小腆이 誕敢紀其敍하여 天降威나 知我國有疵하여 民不康하고 曰予復이라하여(하여) 反鄙我周邦하나다(이라하나다)

조금 厚한 殷나라가 크게 감히 그 실마리(전통)를 세워서 하늘이 위엄을 내렸으나 우리 나라에 병이 있어 백성들이 편안하지 못함을 알고는 말하기를 '내 基業을 회복하겠다.' 하여, 도리어 우리 周나라를 고을로 삼으려 하는구나.

腆은 厚요 誕은 大요 敍는 緖요 疵는 病也라 言武庚이 以小厚之國으로 乃敢大紀其旣亡之緖하여 是雖天降威于殷이나 然亦武庚이 知我國有三叔疵隙하여 民心不安이라 故로 敢言我將復殷業이라하여 而欲反鄙邑我周邦也라

腆은 후함이요, 誕은 큼이요, 敍는 실마리요, 疵는 병이다. 武庚이 조금 후한 나라를 가지고 감히 이미 망한 전통을 크게 세워 비록 하늘이 殷나라에 위엄을 내렸으나 또한 武庚이 우리 나라에 三叔의 병과 틈이 있어 민심이 불안함을 알았다. 그러므로 감히 말하기를 "내 장차 殷나라의 基業을 회복하겠다." 하여, 도리어 우리 周나라를 鄙邑으로 삼고자 한 것이다.

腆 : 두터울 전　誕 : 클 탄　疵 : 병들 자　鄙 : 고을 비　隙 : 틈 극

5. 今蠢이어늘 今翼日에 民獻有十夫 予翼以于하여 敉寧武圖功하나니 我有大事休는 朕卜이 幷吉이니라

이제 武庚이 蠢動하는데 다음날에 백성 중에 10명의 어진 지아비가 나를 보필하고 가서 어루만져 편안히 하여 先王께서 도모하신 功을 잇게 하니, 내 大事(兵事)가 아름다움이 있을 것임은 朕의 占이 모두 吉하기 때문이다.

于는 往이요 敉는 撫요 武는 繼也라 謂今武庚이 蠢動이어늘 今之明日[1]에 民之賢者十夫 輔我以往하여 撫定商邦하여 而繼嗣武王所圖之功也라 大事는 戎事니 左傳云 國之大事는 在祀與戎이라하니라 休는 美也라 言知我有戎事休美者는 以朕卜三龜而幷吉也라 按上文에 卽命曰有大艱于西土는 蓋卜於武王方崩之時요 此云朕卜幷吉은 乃卜於將伐武庚之日이니 先儒合以爲一은 誤矣라

于는 감이요, 敉는 어루만짐이요, 武는 계승함이다. 이제 武庚이 蠢動하는데 이제 明日에 백성 중에 어진 자 10명이 나를 보필하고 가서 商나라를 어루만지고 안정하게 하여 武王이 도모하신 功을 잇게 한 것이다. 大事는 戎事(兵事)이니, 《左傳》에 "국가의 大事는 祭祀와 戎事에 있다." 하였다. 休는 아름다움이다. "내 戎事가 아름다움이 있을 것임을 아는 것은 朕이 세 거북으로 점을 침에 모두 길하기 때문이다." 한 것이다. 살펴보건대 上文에 "거북의 명한 바에 나아가 보니, 큰 어려움이 西土에 있다."고 말한 것은 武王이 막 昇遐하려 할 때에 점친 것이며, 여기에 "짐의 점이 모두 길하다."고 말한 것은 장차 武庚을 정벌하려던 날에 점친 것이니, 先儒가 합하여 하나로 한 것은 잘못이다.

譯註 1. 今之明日：經文의 今翼日을 해석한 것으로 退溪는 "이제로 翼日에"로 풀이하였는바, 이는 이제로부터 明日이란 뜻으로 보인다.

6. 肆予告我友邦君과 越尹氏, 庶士, 御事하여 曰 予得

獻：어질 헌　敉：어루만질 미　武：발걸음 무　休 아름다울 휴　戎：군사 융

吉卜이라 予惟以爾庶邦으로 于伐殷의 逋播臣하노라

이러므로 내가 友邦의 君主와 尹氏·庶士·御事에게 고하여 말하기를 '내 吉한 점을 얻었다. 내 너희 여러 나라를 데리고 가서 殷나라의 도망하고 播遷한 신하들을 정벌하겠다.' 하였노라.

此는 擧嘗以卜吉之故하여 告邦君御事往伐武庚之詞也라 肆는 故也라 尹氏는 庶官之正也라 殷逋播臣者는 謂武庚及其群臣이 本逋亡播遷之臣也라

이것은 일찍이 점이 吉한 연고를 들어 邦君과 御事에게 武庚을 가서 정벌할 것을 고한 말이다. 肆는 故(그러므로)이다. 尹氏는 庶官의 우두머리이다. 殷逋播臣은 武庚과 그 여러 臣下들이 본래 도망하고 播遷한 臣下임을 말한 것이다.

7. 爾庶邦君과 越庶士御事 罔不反하여 曰 艱大하며 民不靜이 亦惟在王宮과 邦君室이라하며 越予小子考翼[1)]도 不可征이라하여 王은 害(할)不違卜고하나다

너희 여러 나라의 君主와 庶士와 御事들이 반대하지 않는 이가 없어 말하기를 '이 일은 어렵고 중대하며, 백성들이 안정하지 못함이 또한 王의 宮과 邦君의 집에 있다.' 하며, 나 小子와 父老가 공경히 섬기는 자들도 정벌할 수 없다고 하여 '王은 어찌 占을 어기지 않습니까.' 하였다.

譯註 1. 越予小子考翼：《集傳》과 退溪의 해설을 따라 '나 小子와 父老가 공경히 섬기는 자'로 해석하였으나 考翼은 '父老로 우대하여 존경하는 자'로 보는 것이 타당할 듯하다. 뒤의 '厥考翼'도 이와 같다.

此는 擧邦君御事不欲征하여 欲王違卜之言也라 邦君御事無不反하여 曰

肆：그러므로 사　逋：도망할 포　播：달아날 파　翼：공경할 익

艱難重大하니 不可輕擧요 且民不靜이 雖由武庚이나 然亦在於王之宮과 邦君之室이라하니 謂三叔不睦之故가 實兆釁端하니 不可不自反이라 害은 曷也라 越我小子與父老敬事者 皆謂不可征이라하여 王은 曷不違卜而勿征乎아하니라

이는 邦君과 御事가 정벌하는 것을 싫어하여 王이 점괘를 어기기를 바란 말을 든 것이다. 邦君과 御事가 반대하지 않는 이가 없어 말하기를 "艱難하고 重大하니 輕擧妄動할 수 없으며, 또 백성들이 안정하지 못함이 비록 武庚 때문이나 또한 王의 宮과 邦君의 집에 있다." 하였으니, 三叔이 화목하지 못한 연고가 실로 禍의 단서를 조짐하였으니, 스스로 반성하지 않을 수 없다고 말한 것이다. 害은 어찌이다. 나 小子와 父老들이 공경히 섬기는 자들도 모두 정벌할 수 없다고 말하여 "王은 어찌 점을 어겨 정벌하지 말지 않습니까." 라고 한 것이다.

8. 肆予沖人이 永思艱호니 曰 嗚呼라 允蠢이면 鰥寡哀哉나 予造는 天役이라 遺大投艱于朕身이시니 越予沖人은 不卬自恤이니라 義엔 爾邦君과 越爾多士와 尹氏와 御事綏予하여 曰 無毖于恤이어다 不可不成乃寧考의 圖功이니라

이러므로 나 沖人이 길이 어려움을 생각하니, 아! 진실로 蠢動하면 鰥寡가 가엾지만 내가 하는 일은 하늘이 시키신 것이다. 내 몸에 큰 일을 물려주고 어려운 일을 던져 주시니, 나 沖人은 스스로 구휼할 겨를이 없다. 의리에 있어서는 너희 邦君과 多士와 尹氏와 御事들이 나를 위안하여 말하기를 '너무 근심에 수고롭지 말지어다. 당신의 寧考께서 도모하신 功을 이룩하지 않을 수 없다.' 고 말하여야 할 것이다.

造는 爲요 卬은 我也라 故로 我沖人이 亦永思其事之艱大라 歎息言 信四國[1]蠢動이면 害及鰥寡하니 深可哀也라 然我之所爲는 皆天之所役使라 今

睦 : 화목할 목 釁 : 틈 흔 卬 : 나 앙 綏 : 편안할 수 毖 : 수고로울 비

日之事는 天實以其甚大者로 遺於我之身하고 以其甚艱者로 投於我之身이니 於我沖人에 固不暇自恤矣라 然以義言之하면 於爾邦君과 於爾多士及官正治事之臣은 當安我曰 無勞於憂어다 誠不可不成武王所圖之功이라하여 相與戮力致討可也라 此章은 深責邦君御事之避事하니라

造는 함이요, 卬은 나이다. 그러므로 나 沖人이 또한 이 일의 어렵고 중대함을 깊이 생각하였다. 탄식하여 말하기를 "진실로 四國이 蠢動하면 폐해가 鰥寡에게 미치니, 깊이 애처로울 만하다. 그러나 내가 하는 일은 다 하늘이 시키신 것이다. 今日의 일은 하늘이 실제로 심히 큰 일을 나의 몸에 끼쳐주고 심히 어려운 일을 나의 몸에 던져주신 것이니, 나 沖人에 있어서는 진실로 스스로 구휼할 겨를이 없다. 그러나 의리로 말한다면 너희 邦君과 너희 多士와 官正으로서 일을 다스리는 臣下들은 마땅히 나를 위안하여 말하기를 '너무 근심에 수고롭지 말지어다. 진실로 武王이 도모하신 功을 이룩하지 않을 수 없다'고 하여, 서로 더불어 힘을 합하여 토벌함이 가할 것이다." 한 것이다. 이 章은 邦君과 御事들이 일을 회피함을 깊이 책한 것이다.

譯註 1. 四國：四方의 나라로 보기도 하나 武庚의 封地인 殷과 管叔·蔡叔·霍叔의 封地인 管·蔡·霍 네 나라로 보기도 한다.

9. 已아 予惟小子 不敢替上帝命이로니 天休于寧王하사 興我小邦周하실새 寧王이 惟卜을 用하사 克綏受茲命하시며 今天이 其相民하심에도 矧亦惟卜을 用이온여 嗚呼라 天明畏는 弼我丕丕基시니라

그만두겠는가. 나 小子는 감히 上帝의 命을 폐할 수 없으니, 하늘이 寧王을 아름답게 여기시어 우리 작은 나라인 周나라를 흥하게 하실 적에 寧王이 점을 사용하여 이 天命을 편안히 받으셨으며, 이제 하늘이 백성을 도우실 적에도 하물며 또한 점괘를 씀에 있어서랴. 아! 하

恤：근심 휼 戮：힘쓸 륙

늘의 明命이 두려움은 우리의 크고 큰 기업을 돕기 때문이다."

卜伐武庚而吉하니 是는 上帝命伐之也니 上帝之命을 其敢廢乎아 昔에 天眷武王하여 由百里而有天下에도 亦惟卜用하니 所謂朕夢協朕卜하여 襲于休祥이 是也라 今天이 相佑斯民하여 避凶趨吉에도 況亦惟卜을 是用하니 是는 上而先王과 下而小民이 莫不用卜이니 而我獨可廢卜乎아 故로 又歎息言 天之明命이 可畏如此하니 是蓋輔成我丕丕基業이니 其可違也리오 天明은 卽上文所謂紹天明者라

武庚을 정벌하는 것을 점침에 吉하였으니, 이는 上帝가 命하여 정벌하게 한 것이니, 上帝의 命을 감히 폐할 수 있겠는가. 옛날에 하늘이 武王을 돌아보아 百里로 말미암아 天下를 소유할 적에도 또한 점을 사용하였으니, 이른바 '朕의 꿈이 朕의 점과 합하여 아름다운 祥瑞가 거듭되었다'는 것이 이것이다. 이제 하늘이 이 백성을 도와 흉함을 피하고 길함에 나가게 할 적에도 하물며 또한 점을 쓰고 있으니, 이는 위로 先王과 아래로 小民들이 점을 쓰지 않는 이가 없는 것이니, 나 홀로 점을 폐하겠는가. 그러므로 또 탄식하고 말하기를 "하늘의 밝은 命이 두려울 만함이 이와 같으니, 이는 우리의 크고 큰 기업을 도우신 것이니, 이를 어길 수 있겠는가." 하였다. 天明은 곧 上文의 이른바 '하늘의 밝은 명을 紹介한다'는 것이다.

10. 王曰 爾惟舊人이라 爾丕克遠省하나니 爾知寧王若勤哉인저 天閟毖는 我成功所니 予不敢不極卒寧王圖事니라 肆予大化誘我友邦君하노니 天棐忱辭는 其考我民이니 予曷其不于前寧人에 圖功攸終이리오 天亦惟用勤毖我民이라 若有疾하시나니 予는 曷敢不于前寧人攸受休에 畢호리오

王이 말씀하였다. "너희들은 옛(오래된) 사람들이다. 너희들은 크게 멀리 살필 수 있으니, 너희들은 寧王이 이와 같이 근로함을 알 것이

眷 : 돌아볼 권 襲 : 거듭할 습 閟 : 막을 비 棐 : 도울 비 忱 : 정성 침

다. 하늘이 막고 어렵게 함은 우리가 功을 이룰 수 있는 기회이니, 내 감히 寧王이 도모하신 일을 지극히 마치지 않을 수 없다. 그러므로 내 크게 우리 友邦의 君主들을 교화하고 달래노니, 하늘이 돕되 정성스런 말씀으로 함은 우리 백성을 살펴보면 알 수 있으니, 내 어찌 前寧人의 功을 마칠 것을 도모하지 않겠는가. 하늘이 또한 우리 백성들을 수고롭게 하고 어렵게 하여 마치 병이 있을 때에 치료하듯이 하시니, 내 어찌 前寧人이 받으신 아름다운 命을 끝마치지 않겠는가."

當時邦君御事有武王之舊臣者 亦憚征役하니 上文考翼不可征이 是也라 故로 周公이 專呼舊臣而告之曰 爾惟武王之舊人이라 爾大能遠省前日之事하니 爾豈不知武王若此之勤勞哉아 閟者는 否(비)閉而不通이요 毖者는 艱難而不易라 言天之所以否閉艱難하여 國家多難者는 乃我成功之所在니 我不敢不極卒武王所圖之事也라 化者는 化其固滯요 誘者는 誘其順從이라 棐는 輔也라 寧人은 武王之大臣이니 當時에 謂武王爲寧王하고 因謂武王之大臣爲寧人也라 民獻十夫以爲可伐이라하니 是는 天輔以誠信之辭니 考之民而可見矣라 我曷其不於前寧人에 而圖功所終乎아 勤毖我民若有疾者는 四國勤毖我民이 如人有疾하니 必速攻治之니 我曷其不於前寧人所受休美而畢之乎아 按此三節은 謂不可不卒終畢寧王寧人事功休美之意니 言寧人이면 則舊人之不欲征者 亦可愧矣리라

當時의 邦君과 御事 中에 武王의 옛 臣下들 또한 征役을 꺼린 자가 있었으니, 上文에 '考翼들도 정벌할 수 없다고 한다'는 것이 이것이다 그러므로 周公이 오로지 옛 臣下들을 불러 고하기를 "너희들은 武王의 옛 사람이다. 너희들은 크게 前日의 일을 멀리 살필 수 있으니, 너희들이 어찌 武王이 이와 같이 勤勞하심을 모르겠는가."라고 한 것이다. 閟는 닫혀서 통하지 못함이요, 毖는 어려워서 쉽지 않은 것이다. 하늘이 否閉하고 艱難하여 國家가 어려움이 많은 까닭은 바로 우리가 성공할 수 있는 所在이니, 내 감히 武王이 도모하신 일을 지극히 마치지 않을 수 없는 것이다. 化는 固滯함을 화하게 함이요, 誘는 순종하도록 달래는 것이다. 棐는 도움이다. 寧人은 武

憚：꺼릴 탄　否：막힐 비　滯：막힐 체　愧：부끄러울 괴

王의 大臣이니, 당시에 武王을 일러 寧王이라 하고, 인하여 武王의 大臣을 寧人이라 하였다. 백성 중에 어진 자 10명이 정벌하여야 한다고 말하였으니, 이는 하늘이 성실한 말로 도운 것이니, 백성에게 살펴보면 볼 수 있다. 내 어찌 前寧人에 대하여 功의 마칠 바를 도모하지 않겠는가. 우리 백성들을 수고롭게 하고 어렵게 하여 병이 있는 것처럼 한다는 것은 四國이 우리 백성들을 수고롭게 하고 어렵게 함이 마치 사람에게 질병이 있는 것과 같으니, 반드시 속히 다스려야 한다. 내 어찌 前寧人이 받은 바의 아름다운 명을 끝마치지 않겠는가.

살펴보건대 이 세 節은 寧王과 寧人의 事功의 아름다움을 끝마치지 않을 수 없다는 뜻이니, 寧人을 말하면 옛사람으로서 征伐하려고 하지 않았던 자들 또한 부끄러울 것이다.

11. 王曰 若昔에 朕其逝할새 朕言艱하여 日思호니 若考作室하여 旣底法이어든 厥子乃弗肯堂이온 矧肯構아 厥父菑어든 厥子乃弗肯播온 矧肯穫가 厥考翼은 其肯曰 予有後호니 弗棄基아 肆予는 曷敢不越卬하여 敉寧王大命호리오

王이 말씀하였다. "옛날에 짐이 武庚을 정벌하러 갈 적에 짐도 어렵다고 말하여 날로 생각하였으니, 만일 아버지가 집을 지어 이미 法을 이루었거늘 그 자식이 기꺼이 堂의 터도 만들려고 하지 않는데 하물며 기꺼이 構築하겠는가. 그 아버지가 밭을 일구었거늘 그 자식이 기꺼이 播種도 하려고 하지 않는데 하물며 기꺼이 收穫하려 하겠는가. 父老가 공경히 섬기는 자들이 기꺼이 '내 後孫이 있으니 基業을 버리지 않을 것이다'고 말하겠는가. 이러므로 내 어찌 감히 내 몸에 미처 寧王의 큰 命을 어루만지지 않겠는가.

昔은 前日也니 猶孟子昔者之昔이라 若昔我之欲往에 我亦謂其事之難하여 而日思之矣니 非輕擧也라 以作室喩之하면 父旣底定廣狹高下어든 其子

底 : 이룰 지　菑 : 밭일굴 치

不肯爲之堂基은 況肯爲之造屋乎아 以耕田喩之하면 父旣反土而菑矣어든 其子乃不肯爲之播種이온 況肯俟其成而刈穫之乎아 考翼은 父敬事者也라 爲其子者如此면 則考翼이 其肯曰 我有後嗣하니 弗棄我之基業乎아 蓋武王이 定天下하여 立經陳紀하시니 如作室之底法이요 如治田之旣菑라 今三監이 叛亂이어늘 不能討平以終武王之業이면 則是不肯堂, 不肯播니 況望其肯構肯穫하여 而延綿國祚於無窮乎아 武王在天之靈이 亦必不肯自謂其有後嗣하여 而不棄墜其基業矣라 故로 我何敢不及我身之存하여 以撫存武王之大命乎아 按此三節은 申喩不可不終武功之意라

昔은 前日이니, 《孟子》의 '昔者'의 昔과 같다. 옛날에 내가 정벌하러 가고자 할 적에 나 또한 이 일이 어렵다 하여 날로 생각하였으니, 輕擧妄動한 것이 아니다. 집을 짓는 것으로 비유하면 아버지가 이미 넓고 좁음과 높고 낮음을 정해 놓았거늘 그 자식이 위하여 堂의 터도 만들려고 하지 않는데 하물며 기꺼이 집을 지으려 하겠는가. 밭을 가는 것으로 비유하면 아버지가 이미 땅을 갈아엎어 밭을 일구어 놓았거늘 그 자식이 위하여 播種도 하려고 하지 않는데 하물며 기꺼이 수확하려 하겠는가. 考翼은 父老가 공경히 섬기는 자들이다. 그 자식된 자가 이와 같으면 考翼들이 기꺼이 "나는 後嗣가 있으니 나의 基業을 버리지 않을 것이다."라고 말하겠는가.

武王이 天下를 평정하여 큰 법을 세우고 기강을 베푸니, 마치 집을 지음에 법을 이룬 것과 같고 밭을 다스림에 이미 1년된 밭을 만든 것과 같다. 이제 三監이 반란을 일으켰는데 토벌하고 평정하여 武王의 기업을 끝마치지 못한다면 이는 기꺼이 堂의 터를 만들려 하지 않고 기꺼이 파종하려 하지 않는 것이니, 하물며 기꺼이 집을 構築하고 기꺼이 수확하여 國祚(國運)를 무궁함에 이어가기를 바라겠는가. 하늘에 계신 武王의 신령이 또한 반드시 스스로 後嗣가 있어 기업을 버리고 실추하지 않을 것이라고 말씀하지 않을 것이다. 그러므로 내 어찌 감히 내 몸이 생존해 있을 때에 미쳐 武王의 큰 命을 어루만져 보존하지 않겠는가. 살펴보건대 이 세 節은 武王의 功을 끝마치지 않을 수 없는 뜻을 거듭 말한 것이다.

12. 若兄考의 乃有友 伐厥子어든 民養은 其勸하고 弗救아

刈 : 벨 예　祚 : 복 조

만약 兄考(父兄)의 벗이 그 아들을 치거든 民養은 이것을 권면하고 구원하지 않겠는가."

民養은 未詳이라 蘇氏曰 養은 廝養也니 謂人之臣僕이라 大意言 若父兄有友 攻伐其子어든 爲之臣僕者 其可勸其攻伐而不救乎아 父兄은 以喩武王이요 友는 以喩四國이요 子는 以喩百姓이요 民養은 以喩邦君御事라 今王之四國이 毒害百姓이어늘 而邦君臣僕이 乃憚於征役하니 是는 長其患而不救니 其可哉아 此는 言民被四國之害하니 不可不救援之意라

民養은 未詳이다. 蘇氏가 말하기를 "養은 廝養(장작을 패고 짐승을 기르는 자)이니, 사람의 臣僕을 이른다." 하였다. 大意는 "만약 父兄의 벗이 그 아들을 치거든 臣僕이 된 자가 攻伐하는 것을 권면하고 구원하지 않겠느냐."라고 말한 것이다. 父兄은 武王을 비유하고, 벗은 四國을 비유하고, 아들은 백성을 비유하고, 民養은 邦君과 御事를 비유한 것이다. 이제 王의 四國이 백성들에게 해독을 끼치는데 邦君과 臣僕들이 마침내 정벌하는 일을 꺼리니, 이는 禍를 助長하고 救援하지 않는 것이니 可하겠는가. 이는 백성들이 四國의 폐해를 입고 있으니 구원하지 않을 수 없는 뜻을 말한 것이다.

13. 王曰 嗚呼라 肆哉어다 爾庶邦君과 越爾御事아 爽邦은 由哲이며 亦惟十人이 迪知上帝命하며 越天이 棐忱이시니 爾時에 罔敢易(역)法하니 矧今에 天이 降戾于周邦하사 惟大艱人이 誕隣하여 胥伐于厥室이온여 爾亦不知天命不易이로다

王이 말씀하였다. "아! 마음을 풀어놓을지어다. 너희 여러 나라의 君主와 너희 御事들아. 나라를 밝힘은 명철한 사람 때문이며, 또한 10인이 上帝의 命을 실천하여 알며, 하늘이 정성을 도와주시기 때문이니, 너희들이 이때에도 감히 法을 어기지 못하였으니, 하물며 지금 하늘이 周나라에 禍를 내려서 큰 어려움을 일으키는 사람이 매우 가까

廝：마구간 시 僕：마부 복 喩：비유할 유 肆：펼 사 爽：밝힐 상
迪：행할 적 戾：재화 려

이 있어 서로 그 집을 공격함에 있어서라. 너희들이 또한 天命을 어길 수 없음을 알지 못하는구나.

肆는 放也니 欲其舒放而不畏縮也라 爽은 明也니 爽厥師之爽이라 桀昏德에 湯伐之라 故로 言爽師요 受昏德에 武王伐之라 故로 言爽邦이라 言昔武王之明大命於邦은 皆由明智之士요 亦惟亂臣十人이 蹈知天命하며 及天輔武王之誠하여 以克商受하니 爾於是時에 不敢違越武王法制하여 憚於征役이온 矧今武王死하여 天降禍於周하고 首大難之四國이 大近하여 相攻於其室하니 事危勢迫이 如此어늘 爾乃以爲不可征이라하니 爾亦不知天命之不可違越矣라 此는 以今昔互言하여 責邦君御事之不知天命이라 按先儒皆以十人爲十夫라 然十夫는 民之賢者爾니 恐未可以爲迪知帝命이요 未可以爲越天棐忱이라 所謂迪知者는 蹈行眞知之詞也요 越天棐忱은 天命已歸之詞也니 非亂臣昭武王以受天命者면 不足以當之라 況君奭之書에 周公이 歷擧虢叔閎夭之徒에도 亦曰迪知天威라하고 於受殷命에도 亦曰若天棐忱이라하니 詳周公前後所言하면 則十人之爲亂臣을 又何疑哉아

肆는 놓음이니, 〈마음을〉 풀고 놓아서 두려워하고 위축되지 않게 하고자 한 것이다. 爽은 밝음이니, 그 무리를 밝힌다는 爽이다. 桀王이 德에 어두움에 湯王이 정벌하였으므로 무리를 밝혔다고 말하였고, 受가 德에 어두움에 武王이 정벌하였으므로 나라를 밝혔다고 말한 것이다. 옛날 武王이 大命을 나라에 밝힌 것은 모두 밝고 지혜로운 선비들 때문이었으며, 또한 亂臣 10명이 天命을 실천하여 알고, 하늘이 武王의 정성을 도와 商나라의 受를 이겼던 것이니, 너희들이 이때에도 감히 武王의 法制를 어겨 정벌하는 일을 꺼리지 않았거든 하물며 지금 武王이 죽어서 하늘이 周나라에 禍를 내리고, 앞장서서 大難을 일으키는 四國이 매우 가까이 있어 서로 그 집을 공격하니, 일이 위태롭고 형세가 급박함이 이와 같은데도 너희들이 정벌해서는 안된다고 말하니, 너희들이 또한 天命을 어길 수 없음을 알지 못하는 것이다. 이는 지금과 옛날을 가지고 서로 말하여 邦君과 御事들이 天命을 알지 못함을 책한 것이다.

縮 : 위축될 축　虢 : 나라 괵　閎 : 클 굉

살펴보건대, 先儒들은 모두 10人을 10夫라 하였으나 10夫는 백성 중에 어진 자일 뿐이니, 上帝의 命을 실천하여 알았다고 말할 수 없고 하늘이 정성을 도와 주었다고 말할 수 없을 듯하다. 이른바 실천하여 알았다는 것은 蹈行하여 참으로 알았다는 말이며, 하늘이 정성을 도와 주었다는 것은 天命이 이미 돌아왔다는 말이니, 亂臣으로서 武王을 밝혀 天命을 받은 자가 아니면 이에 해당할 수 없을 것이다. 더구나 〈君奭〉의 글에 周公이 虢叔과 閎夭의 무리를 열거할 때에도 또한 '하늘의 위엄을 실천하여 알았다'고 말하였고, 殷나라의 命을 받음을 말함에 있어서도 또한 '하늘을 순히 하여 정성을 도왔다'고 말하였으니, 周公이 전후에 말씀한 것을 살펴보면 10人이 亂臣이 됨을 또 어찌 의심하겠는가.

14. 予永念하여 曰 天惟喪殷이 若穡夫시니 予는 曷敢不終朕畝호리오 天亦惟休于前寧人이시니라

내 길이 생각하여 이르기를 '하늘이 殷나라를 망하게 함은 〈잡초를 제거하는〉 농부와 같으니, 내 어찌 감히 나의 田畝의 일을 끝마치지 않겠는가. 하늘이 또한 前寧人에게 아름답게 하고자 하시는 것이다.' 하노라.

天之喪殷이 若農夫之去草하여 必絶其根本하니 我何敢不終我之田畝乎아 我之所以終畝者는 是天亦惟欲休美於前寧人也라

하늘이 殷나라를 망하게 함은 농부가 잡초를 제거함과 같아 반드시 그 뿌리를 끊으니, 내 어찌 감히 나의 田畝의 일을 끝마치지 않겠는가. 내가 田畝의 일을 끝마치는 것은 하늘이 또한 前寧人에게 아름답게 하고자 하는 것이다.

15. 予는 曷其極卜이며 敢弗于從호리오 率寧人한대 有指疆土어시늘 矧今에 卜幷吉이온여 肆朕이 誕以爾로 東征하노니 天

穡 : 거둘 색　畝 : 이랑 무(묘)

命이 不僭이라 卜陳이 惟若茲하니라

내 어찌 占을 다 쓰려 하며, 감히 너희들의 말을 따르지 않겠는가. 寧人을 따를진댄 疆土를 지정할 도리가 있는데, 하물며 지금에 占이 함께 吉함에 있어서랴. 이러므로 짐은 크게 너희들을 데리고 동쪽으로 정벌하는 것이니, 天命은 어그러지지 않는다. 점에 진열함이 이와 같으니라."

我何敢盡欲用卜이며 敢不從爾勿征이리오 蓋率循寧人之功인댄 當有指定先王疆土之理니 卜而不吉이라도 固將伐之어든 況今卜而竝吉乎아 故로 我大以爾東征하니 天命이 斷不僭差라 卜之所陳이 蓋如此라 按此篇은 專主卜言이나 然其上原天命하고 下述得人하며 往推寧王寧人不可不成之功하고 近指成王邦君御事不可不終之責하여 諄諄乎民生之休戚과 家國之興喪하여 懇惻切至하여 不能自已하고 而反復終始乎卜之一說하여 以通天下之志하고 以斷天下之疑하고 以定天下之業하니 非聰明睿知(智)神武而不殺者면 孰能與於此哉리오

내 어찌 감히 占을 모두 쓰고자 하며, 감히 너희들의 정벌하지 말자는 말을 따르지 않겠는가. 寧人의 功을 따르려 할진댄 마땅히 先王의 疆土를 지정할 도리가 있을 것이니, 점을 쳐서 불길하더라도 진실로 장차 정벌하여야 하는데, 하물며 지금 점을 쳐서 모두 길함에 있어서랴. 그러므로 내 크게 너희들을 데리고 동쪽으로 정벌하는 것이니, 천명은 결단코 어그러지지 않는다. 점에 진열한 바가 이와 같다.

살펴보건대 이 편은 오로지 점을 주장하여 말했으나 위로는 天命에 근원하고 아래로는 인물을 얻음을 기술하였으며, 지난날에 寧王과 寧人이 이룩하지 않을 수 없는 功을 미루어 말하고 가까이는 成王과 邦君·御事가 끝마치지 않을 수 없는 책임을 가리켜, 民生의 좋고 나쁨과 國家의 흥하고 망함을 간곡히 말하였다. 그리하여 간절하고 지극하여 스스로 그만두지 않았으며, 占이라는 한 마디 말을 반복하고 始終하여, 天下의 뜻을 통하고 天

僭 : 어긋날 참　差 : 어긋날 차　諄 : 지극할 순　惻 : 슬플 측

下의 의심을 결단하고 天下의 大業을 정하였으니, 聰明 睿智하고 神武하여 죽이지 않는 자가 아니면 누가 여기에 참여하겠는가.

微子之命

微는 國名이요 子는 爵也라 成王이 旣殺武庚하고 封微子於宋하여 以奉湯祀하신대 史錄其誥命하여 以爲此篇하니 今文無, 古文有하니라

微는 國名이요, 子는 爵位이다. 成王이 이미 武庚을 죽이고 微子를 宋나라에 封하여 湯王의 祭祀를 받들게 하였는데, 史官이 그 誥命을 기록하여 이 篇을 만들었으니, 今文에는 없고 古文에는 있다.

1. 王若曰 猷라 殷王元子아 惟稽古하여 崇德하며 象賢하여[1] (할새) 統承先王하여 修其禮物하여 作賓于王家하노니 與國咸休하여 永世無窮하라

王이 대략 다음과 같이 말씀하였다. "殷王의 元子야. 옛날을 상고하여 德이 있는 이를 높이고 어짊을 닮은 자에게 제사를 받들게 하여 先王을 계승해서 禮物을 닦아 王家에 손님이 되게 하노니, 나라와 함께 아름다워 永世토록 無窮하게 하라.

譯註 1. 象賢하여 : 退溪의 說을 따라 吐를 修訂하였다.

元子는 長子也니 微子는 帝乙之長子요 紂之庶兄也라 崇德은 謂先聖王之有德者를 則尊崇而奉祀之也요 象賢은 謂其後嗣子孫에 有象先聖王之賢者면 則命之以主祀也라 言考古制하여 尊崇成湯之德하고 以微子象賢而奉其祀也라 禮는 典禮요 物은 文物也니 修其典禮文物하여 不使廢壞하

象 : 본받을 상　休 : 아름다울 휴

여 以備一王之法也라 孔子曰 夏禮를 吾能言之나 杞不足徵也요 殷禮를 吾能言之나 宋不足徵也는 文獻不足故也라하시니 殷之典禮를 微子修之로되 至孔子時하여 已不足徵矣라 故로 夫子惜之하시니라 賓은 以客禮遇之也라 振鷺에 言我客戾止라하고 左氏에 謂宋은 先代之後라 天子有事에 膰焉하고 有喪에 拜焉者也라 呂氏曰 先王之心은 公平廣大하여 非若後世滅人之國에 惟恐苗裔之存하여 爲子孫害라 成王이 命微子하고 方且撫助愛養하여 欲其與國咸休하여 永世無窮하시니 公平廣大氣象을 於此可見이니라

元子는 長子이니, 微子는 帝乙의 長子이고 紂의 庶兄이다. 崇德은 先聖王 중에 德이 있는 자를 높이고 숭상하여 祭祀를 받듦을 이르고, 象賢은 後嗣의 자손 중에 先聖王을 닮은 어진 자가 있으면 命하여 祭祀를 주관하게 함을 이른다. 이는 옛날 제도를 상고하여 成湯의 德을 존숭하고 微子가 어짊을 닮았다고 하여 그 제사를 받들게 함을 말한 것이다. 禮는 典禮이고 物은 文物이니, 典禮와 文物을 닦아서 폐지되고 파괴되지 않게 하여 한 王(王朝)의 法을 갖추게 한 것이다. 孔子가 말씀하기를 "夏나라 禮를 내 말할 수 있으나 杞나라가 충분히 증명해주지 못하고, 殷나라 禮를 내 말할 수 있으나 宋나라가 충분히 증명해주지 못함은 文獻(기록과 賢者)이 부족하기 때문이다." 하셨으니, 殷나라의 典禮를 微子가 닦았으나 孔子 때에 이르러 이미 충분히 증명할 수 없었다. 그러므로 夫子가 이를 애석히 여긴 것이다. 賓은 손님의 禮로 대우하는 것이다. 《詩經》〈振鷺〉에 "우리 손님이 이르렀다." 하였고, 《左氏傳》에 "宋나라는 先代의 後裔라서 天子가 祭祀가 있으면 제사고기를 돌리고, 喪事가 있으면 절한다." 하였다.

呂氏가 말하였다. "先王의 마음은 公平하고 廣大하여 후세에 남의 나라를 멸망함에 행여 苗裔(後孫)가 남아 있어 자손에게 해가 될까 두려워하는 것과는 같지 않다. 成王이 微子를 命하여 장차 어루만지고 도우며 愛養하여 나라와 함께 아름다워서 永世토록 無窮하고자 하였으니, 公平하고 廣大한 氣象을 여기에서 볼 수 있다."

2. 嗚呼라 乃祖成湯이 克齊聖廣淵하신대 皇天이 眷佑어시늘

杞 : 구기자나무 기 鷺 : 백로 로 戾 : 이를 려 膰 : 제사고기 번
齊 : 공경할 제 淵 : 깊을 연 眷 : 돌아볼 권

誕受厥命하사 **撫民以寬**하시며 **除其邪虐**하시니 **功加于時**하시며 **德垂後裔**하시니라

아! 너의 先祖이신 成湯이 능히 공경하고 聖스러우며 넓고 깊으시니, 皇天이 돌아보고 도우셨으므로 크게 天命을 받으시어 백성을 어루만지되 너그러움으로 하시며 邪虐함을 제거하시니, 功이 당시에 가해졌으며 德이 後裔에게 드리워졌다.

齊는 肅也니 齊則無不敬이요 聖則無不通이라 廣은 言其大요 淵은 言其深也라 誕은 大也라 皇天眷佑, 誕受厥命은 卽伊尹所謂天監厥德하사 用集大命者요 撫民以寬, 除其邪虐은 卽伊尹所謂代虐以寬하신대 兆民允懷者라 功加于時는 言其所及者衆이요 德垂後裔는 言其所傳者遠也라 後裔는 卽微子也라 此는 崇德之意라

齊는 엄숙함이니, 엄숙하면 공경하지 않음이 없고, 聖스러우면 통하지 않음이 없다. 廣은 그 큼을 말하고 淵은 그 깊음을 말한다. 誕은 큼이다. 皇天이 돌아보고 도우시므로 크게 天命을 받았다는 것은 곧 伊尹이 말한 "하늘이 그 德을 살펴보아 大命을 모으게 했다."는 것이며, 백성을 어루만지되 너그러움으로 하시며 邪虐함을 제거했다는 것은 곧 伊尹이 말한 "포악함을 대신하되 너그러움으로 하시니, 억조의 백성들이 크게 그리워했다."는 것이다. 功이 당시에 가해졌다는 것은 그 미친 바가 많음을 말한 것이요, 德이 後裔에 드리워졌다는 것은 그 전한 바가 멂을 말한 것이다. 後裔는 곧 微子이다. 이는 崇德의 뜻이다.

3. 爾惟踐修厥猷하여 **舊有令聞**하니 **恪愼克孝**하며 **肅恭神人**일새 **予嘉乃德**하여 **曰篤不忘**하노라 **上帝時歆**하시며 **下民祗協**할새 **庸建爾于上公**하여 **尹玆東夏**하노라

네가 그 道를 실천하고 닦아서 옛부터 훌륭한 名聲이 있었으니 공

誕 : 클 탄　裔 : 후손 예　令 : 좋을 령　恪 : 삼갈 각　歆 : 흠향할 흠

경하고 삼가 능히 효도하며 神과 사람에게 肅恭하기에 내 너의 德을 가상히 여겨 후하게 여겨 잊지 않노라. 上帝가 이에 흠향하며 下民들이 화합하기에 너를 上公으로 세워 이 東夏를 다스리게 하노라.

猷는 道요 令은 善이요 聞은 譽也라 微子踐履修擧成湯之道하여 舊有善譽하니 非一日也라 恪은 敬也라 恪謹克孝, 肅恭神人은 指微子實德而言이니 抱祭器歸周 亦其一也라 篤은 厚也라 我善汝德하여 曰厚而不忘也라 歆은 饗이요 庸은 用也라 王者之後를 稱公이라 故로 曰上公이라 尹은 治也라 宋亳在東이라 故로 曰東夏라 此는 象賢之意라

猷는 道이고, 令은 훌륭함이고, 聞은 명예이다. 微子가 成湯의 道를 踐履하고 修擧하여 옛부터 훌륭한 명성이 있었으니, 하루이틀이 아니었다. 恪은 공경함이다. 공경하고 삼가 능히 효도하고 神과 사람에게 肅恭하였다는 것은 微子의 실제 德을 가리켜 말한 것이니, 祭器를 안고 周나라로 돌아온 것이 또한 그 한 가지이다. 篤은 후함이다. 나는 너의 德을 훌륭하게 여겨 후하게 여겨 잊지 않는다고 말한 것이다. 歆은 흠향이요, 庸은 써이다. 王者의 後孫을 公이라고 칭하므로 上公이라 한 것이다. 尹은 다스림이다. 宋나라의 亳邑이 동쪽에 있으므로 東夏라고 말한 것이다. 이는 象賢의 뜻이다.

4. 欽哉하여 往敷乃訓하여 愼乃服命하여 率由典常하여 以蕃王室하며 弘乃烈祖하며 律乃有民하여 永綏厥位하여 毗予一人하여 世世享德하여 萬邦作式하여 俾我有周로 無斁케하라

공경하여 가서 너의 가르침을 펴 너의 服命(服飾과 爵命)을 삼가서 떳떳한 법을 따라 王室에 울타리가 되며, 네 烈祖의 공덕을 넓히고 네 百姓들을 다스려 길이 그 지위를 편안히 하여 나 한 사람을 도와서 대대로 德을 누려 萬邦이 法으로 삼아 우리 周나라로 하여금 싫어함이 없게 하라.

尹 : 다스릴 윤　饗 : 흠향할 향　毗 : 도울 비　斁 : 싫을 역

此는 因戒勉之也라 服命은 上公服命也라 宋은 王者之後라 成湯之廟에 當有天子禮樂하니 慮有僭擬之失이라 故로 曰謹其服命하여 率由典常이라하여 以戒之也라 弘은 大요 律은 範이요 毗는 輔요 式은 法이라 斁은 厭也니 卽詩言在此無斁之意라

○ 林氏曰 偪生於僭하고 僭生於疑(擬)니 非疑면 無僭이요 非僭이면 無偪이니 謹其服命하여 遵守典常이면 安有偪僭之過哉리오 魯實侯爵이어늘 乃以天子禮樂으로 祀周公하니 亦旣不謹矣라 其後에 遂用於群公之廟하고 甚至季氏僭八佾하며 三家僭雍徹하니 其原一開에 末流無所不至라 成王이 於宋에 謹愼如此하니 必無賜周公以天子禮樂之事리니 豈周室旣衰에 魯竊僭用하고 託爲成王之賜, 伯禽之受乎아

이는 인하여 경계하고 권면한 것이다. 服命은 上公의 章服과 命數이다. 宋나라는 王者의 後裔라서 成湯의 祠堂에 마땅히 天子의 禮樂이 있었을 것이니, 僭擬(참람하고 王者에 비견함)하게 하는 잘못이 있을까 우려되었다. 그러므로 服命을 삼가 떳떳한 法을 따르라고 경계한 것이다. 弘은 큼이요, 律은 法이요, 毗는 도움이요, 式은 法이다. 斁은 싫어함이니, 《詩經》에 "여기에 있음에 싫어함이 없다."는 뜻이다.

○ 林氏(林之奇)가 말하였다. "핍박함은 참람함에서 생기고, 참람함은 擬似함에서 생기니, 의사함이 없으면 참람함이 없고, 참람함이 없으면 핍박함이 없으니, 服命을 삼가 떳떳한 法을 遵守하면 어찌 핍박하고 참람하는 잘못이 있겠는가. 魯나라는 실로 侯爵이었는데 天子의 禮樂으로 周公을 祭祀하였으니, 또한 이미 삼가지 못한 것이다. 그 뒤에 마침내 群公의 祠堂에 〈天子의 禮樂을〉 사용하며 심지어는 季氏가 참람하게 八佾舞를 추게 하고 三家가 참람하게 雍章을 노래하면서 徹床하였으니 그 근원이 한 번 열림에 末流가 이르지 않음이 없는 것이다. 成王이 宋나라에 대하여 謹愼함이 이와 같았으니, 반드시 周公에게 天子의 禮樂을 下賜하는 일이 없었을 것이니, 아마도 周나라 王室이 이미 쇠약해짐에 魯나라가 몰래 참람하게 쓰고는 成王이 주고 伯禽이 받은 것이라고 칭탁하였는가 보다.

5. 嗚呼라 往哉惟休하여 無替朕命하라

僭 : 참람할 참　擬 : 비길 의　偪 : 핍박할 핍　佾 : 춤출 일　替 : 폐할 체

아! 가서 아름답게 하여 朕의 命을 폐하지 말라."

歎息言 汝往之國하여 當休美其政하여 而無廢棄我所命汝之言也라

탄식하고 말씀하기를 너는 네 나라로 가서 마땅히 정사를 아름답게 하여 내가 너에게 명한 말을 폐기하지 말라고 한 것이다.

康誥

康叔은 文王之子요 武王之弟라 武王誥命爲衛侯하니 今文古文皆有하니라 ○ 按書序에 以康誥爲成王之書라하나 今詳本篇컨대 康叔은 於成王爲叔父니 成王이 不應以弟稱之라 說者謂周公以成王命誥라 故曰弟나 然旣謂之王若曰이면 則爲成王之言이니 周公이 何遽自以弟稱之也아 且康誥, 酒誥, 梓材三篇에 言文王者非一이로되 而略無一語以及武王은 何耶아 說者又謂 寡兄勖이 爲稱武王이라하니 尤爲非義라 寡兄云者는 自謙之辭로 寡德之稱이니 苟語他人인댄 猶之可也어니와 武王은 康叔之兄이니 家人相語에 周公이 安得以武王爲寡兄而告其弟乎아 或又謂 康叔在武王時에 尙幼故로 不得封이나 然康叔은 武王同母弟로 武王分封之時에 年已九十[1]이니 安有九十之兄同母弟尙幼하여 不可封乎아 且康叔은 文王之子요 叔虞는 成王之弟니 周公東征에 叔虞已封於唐하니 豈有康叔得封이 反在叔虞之後리오 必無是理也라 又按汲冢周書克殷篇에 言王卽位於社南에 群臣畢從하여 毛叔鄭은 奉明水하고 衛叔封은 傳禮하고 召公奭은 贊采하고 師尙父는 牽牲이라하고 史記에 亦言衛康叔封이 布茲[2]라하여 與汲書로 大同小異하니 康叔이 在武王時에 非幼亦明矣라 特序書者 不知康誥篇首四十八字 爲洛誥脫簡하여 遂因誤爲成王之書하니 是知書序果非孔子所作也라 康誥, 酒誥, 梓材는 篇次當在金縢之前이니라

康叔은 文王의 아들이고 武王의 아우이다. 武王이 誥命하여 衛侯를 삼았

梓 : 가래나무 재　勖 : 힘쓸 욱　汲 : 물길을 급　冢 : 무덤 총　采 : 일 채

으니, 今文과 古文에 모두 있다.

○ 살펴보건대 書序에 〈康誥〉를 成王의 글이라 하였으나 이제 本篇을 상고해 보면 康叔은 成王에게 叔父가 되니, 成王이 그를 아우라고 칭할 수가 없다. 해설하는 자가 이르기를 "周公이 成王의 命으로 誥하였기 때문에 아우라고 했다."라고 하나, 이미 '王若曰'이라고 일렀으면 成王의 말씀이니, 周公이 어찌 대번에 아우라고 칭할 수 있겠는가. 또 〈康誥〉·〈酒誥〉·〈梓材〉 세 篇에 文王을 말한 것이 한두 군데가 아닌데, 한 마디 말도 武王을 언급함이 없는 것은 어째서인가? 해설하는 자가 또 이르기를 "寡兄 勖이 武王을 칭한 것이다."라고 하였는데, 더더욱 옳지 않다. 寡兄이란 말은 스스로 겸손해하는 말로 德이 적다는 칭호이니, 만일 他人에게 말한다면 그래도 괜찮지만 武王은 康叔의 형이니, 집안 식구들이 서로 말할 적에 周公이 어찌 武王을 寡兄이라 하여 아우에게 告할 수 있겠는가.

혹자는 또 이르기를 "康叔이 武王 때에 아직 어렸기 때문에 봉함을 얻지 못했다."고 하나, 康叔은 武王의 同母弟인 바, 武王이 分封해 줄 때에 무왕의 나이가 이미 90세였으니, 어찌 나이가 90세 된 兄의 同母弟가 아직 어려서 봉할 수 없는 경우가 있겠는가. 또 康叔은 文王의 아들이고 叔虞는 成王의 아우이다. 周公이 東征할 때에 叔虞가 이미 唐나라에 봉해졌으니, 어찌 康叔의 봉해짐이 叔虞의 뒤에 있었겠는가. 반드시 이러할 이치가 없다.

또 살펴보건대 汲冢의 《周書》〈克殷篇〉에 "王이 社 남쪽에서 卽位할 적에 群臣들이 모두 수행하여 毛叔 鄭은 明水를 받들어 올리고, 衛叔 封은 禮를 전하고, 召公 奭은 일을 돕고, 師尙父는 犧牲을 끌고 갔다." 하였으며, 《史記》에도 또한 "衛나라 康叔 封이 깔자리를 폈다."하여 汲冢의 글과 大同小異하니, 康叔이 武王 때에 있어 어리지 않았음이 또한 분명하다. 다만 書에 序하는 자가 〈康誥〉의 篇 머리에 있는 48字가 〈洛誥〉의 脫簡임을 알지 못하여, 마침내 인하여 成王의 글이라고 잘못 말하였으니, 이는 書序가 과연 孔子가 지은 것이 아님을 알 수 있다. 〈康誥〉·〈酒誥〉·〈梓材〉는 篇次가 마땅히 〈金縢〉의 앞에 있어야 한다.

譯註 1. 武王分封之時 年已九十 : 《蔡傳旁通》에 "武王이 93세에 별세하였는데 商나라를 이긴 지 7년 뒤였다. 그렇다면 商나라를 이겼을 때에 나이가 이미 86세인 것이니, 諸侯들을 分封할 때에 이르면 90세에 가까울 것이다." 하였다.

2. 布茲 : 茲는 풀 이름인데 이 풀로 짠 자리를 폄을 말한 것이다.

1. 惟三月哉生魄에 周公이 初基하사 作新大邑于東國洛하시니 四方民이 大和會어늘 侯甸男邦采衛百工이 播民和하여 見士(事)于周하더니 周公이 咸勤하사 乃洪大誥治하시다

3월 哉生魄(16일)에 周公이 처음 터전을 잡아 새로운 大邑을 東國인 洛에 만드시니, 四方의 백성들이 크게 화합하여 모이자, 侯·甸·男·邦·采·衛와 百工(百官)들이 人和를 전파하여 周나라에 와서 뵙고 일하더니, 周公이 모두 수고한다 하여 크게 다스림을 고하셨다.

三月은 周公攝政七年之三月也요 始生魄은 十六日也라 百工은 百官也라 士는 說文曰 事也니 詩曰 勿士行枚라하니라 呂氏曰 斧斤版築之事는 亦甚勞矣어늘 而民大和會하여 悉來赴役하니 卽文王作靈臺에 庶民子來之意라 蘇氏曰 此는 洛誥之文이니 當在周公拜手稽首之上이니라

3월은 周公이 攝政한 7년의 3월이며, 始生魄은 16일이다. 百工은 百官이다. 士는 《說文》에 "일이니, 《詩經》에 '行枚를 일삼지 말라' 했다." 하였다.

呂氏가 말하였다. "도끼와 자귀, 版築하는 일이 또한 매우 수고로운데 백성들이 크게 화합하고 모여 모두 와서 賦役에 달려왔으니, 이는 곧 文王이 靈臺를 만들 적에 庶民들이 자식처럼 왔다는 뜻이다."

蘇氏가 말하였다. "이는 〈洛誥〉의 글이니, 마땅히 '周公拜手稽首'의 위에 있어야 한다."

2. 王若曰 孟侯朕其弟小子封아

王이 대략 다음과 같이 말씀하였다. "孟侯인 朕의 아우 小子 封아!

魄 : 어둘 백　播 : 뿌릴 파　斧 : 도끼 부　斤 : 자귀 근

王은 武王也라 孟은 長也니 言爲諸侯之長也라 封은 康叔名이라 舊說에 周公以成王命으로 誥康叔者는 非是라

王은 武王이다. 孟은 으뜸이니, 諸侯의 으뜸이 됨을 말한 것이다. 封은 康叔의 이름이다. 舊說에 周公이 成王의 命으로 康叔에게 고했다고 한 것은 옳지 않다.

3. 惟乃丕顯考文王이 克明德愼罰하시니라

너의 크게 드러나신 아버지 文王께서 능히 德을 밝히고 형벌을 삼가셨다.

左氏曰 明德謹罰은 文王所以造周也라 明德은 務崇之之謂요 謹罰은 務去之之謂라 明德謹罰은 一篇之綱領이니 不敢侮鰥寡以下는 文王明德謹罰也라 汝念哉以下는 欲康叔明德也요 敬明乃罰以下는 欲康叔謹罰也요 爽惟民以下는 欲其以德行罰也요 封敬哉以下는 欲其不用罰而用德也라 終則以天命殷民으로 結之하니라

左氏가 말하기를 "德을 밝히고 형벌을 삼감은 文王이 周나라를 창조한 것이다." 하였다. 德을 밝힘은 높임을 힘씀을 이르고, 형벌을 삼감은 제거함을 힘씀을 이른다. 明德·謹罰은 이 한 篇의 綱領이니, '不敢侮鰥寡' 이하는 文王의 明德·謹罰이다. '汝念哉' 이하는 康叔이 明德하고자 한 것이고, '敬明乃罰' 이하는 康叔이 謹罰하고자 한 것이며, '爽惟民' 이하는 德으로 형벌을 행하고자 한 것이고, '封敬哉' 이하는 형벌을 쓰지 않고 德을 쓰고자 한 것이다. 맨끝에는 하늘의 命과 殷나라의 백성으로 끝맺었다.

4. 不敢侮鰥寡하시며 庸庸하시며 祗祗하시며 威威하사 顯民하사 用肇造我區夏어시늘 越我一二邦이 以修하며 我西土惟時怙冒하여 聞于上帝하신대 帝休하사 天乃大命文王하사 殪戎

丕：클 비 爽：밝을 상 殪：죽일 에 戎：군사 융

殷이어시늘 誕受厥命하시니 越厥邦厥民이 惟時敍어늘 乃寡兄이 勖하니 肆汝小子封이 在茲東土하니라

감히 홀아비와 과부를 업신여기지 않으시며, 등용하여야 할 사람을 등용하고 공경하여야 할 사람을 공경하고 위엄을 보여야 할 사람에게 위엄을 보이시어 덕이 백성들에게 드러나시어 우리 區夏(中國)를 肇造(創造)하시자, 우리 한두 나라가 닦여지며 우리 西土가 이에 믿고 무릅써서 上帝에게 알려지시니, 上帝가 아름답게 여기셨다. 하늘이 마침내 文王을 크게 명하여 殷나라를 쳐서 멸하게 하시므로 그 명을 크게 받으시니, 그 나라와 백성들이 이에 펴지므로 네 寡兄이 힘썼다. 그러므로 너 小子 封이 이 東土에 있게 되었다."

鰥寡는 人所易忽也어늘 於人易忽者에 而不忽焉하니 以見聖人無所不敬畏也니 卽堯不虐無告之意라 論文王之德에 而首發此하니 非聖人이면 不能也라 庸은 用也라 用其所當用하고 敬其所當敬하고 威其所當威라 言文王이 用能, 敬賢, 討罪를 一聽於理而己無與焉이라 故로 德著於民하여 用始造我區夏어시늘 及我一二友邦이 漸以修治하며 至罄西土之人하여는 怙之如父하고 冒之如天하여 明德昭升하여 聞于上帝하니 帝用休美하사 乃大命文王하여 殪滅大殷이어시늘 大受其命하니 萬邦萬民이 各得其理하여 莫不時敍라 汝寡德之兄이 亦勉力不怠라 故로 爾小子封이 得以在此東土也라 吳氏曰 殪戎殷은 武王之事也어늘 此稱文王者는 武王이 不敢以爲己之功也일새라

○ 又按東土云者는 武王이 克商하시고 分紂城朝歌하여 以北爲邶하고 南爲鄘하고 東爲衛니 意邶鄘은 爲武庚之封이요 而衛는 卽康叔也라 漢書에 言周公이 善康叔不從管蔡之亂이라하니 似地相比近之辭나 然不可攷矣니라

홀아비와 과부는 사람들이 소홀히 하기 쉬운데, 사람들이 소홀히 하기 쉬운 것에 소홀히 하지 않았으니, 聖人은 공경하고 조심하지 않는 바가 없

罄 : 다할 경　怙 : 믿을 호　冒 : 무릅쓸 모　邶 : 나라이름 패　鄘 : 나라이름 용

음을 나타낸 것이니, 바로 堯帝가 하소연할 데가 없는 자들을 포학하게 하지 않았다는 뜻이다. 文王의 德을 논하면서 첫번째로 이것을 말하였으니, 聖人이 아니면 이렇게 하지 못한다. 庸은 등용함이다. 마땅히 등용하여야 할 사람을 등용하고 공경하여야 할 사람을 공경하고 위엄을 보여야 할 사람에게 위엄을 보였다. 文王이 능한 이를 등용하고 어진이를 공경하고 죄악이 있는 자를 토벌함에 한결같이 이치를 따르고 자신이 관여하지 않았다. 그러므로 德이 백성들에게 드러나 처음으로 우리 區夏를 만들었는데, 우리의 한두 友邦이 점점 닦여지고 다스려졌으며, 西土의 사람을 다함에 이르러는 文王을 믿기를 부모처럼 하고 무릅쓰기를 하늘처럼 하여 밝은 德이 밝게 올라가 上帝에게 알려지니, 上帝가 아름답게 여기시고는 마침내 文王을 크게 명하여 큰 殷나라를 멸하게 하였다. 그리하여 그 명을 크게 받으니, 萬邦과 萬民이 각기 그 이치를 얻어 이에 펴지지 않음이 없었다. 너의 덕이 적은 兄이 또한 힘쓰고 게을리하지 않았으므로 너 小子 封이 이 東土에 있게 된 것이다.

吳氏가 말하였다. "殷나라를 쳐서 멸한 것은 武王의 일인데 여기에 文王이라고 칭한 것은 武王이 감히 자신의 공으로 삼을 수 없어서이다."

○ 또 살펴보건대, 東土라고 말한 것은 武王이 商나라를 이기고 紂王의 都城인 朝歌를 나누어 이북을 邶로 삼고 이남을 鄘으로 삼고 이동을 衛로 삼았으니, 짐작컨대 邶와 鄘은 武庚의 封地이고 衛는 곧 康叔의 封地이다. 《漢書》에 "周公은 康叔이 管叔·蔡叔의 亂을 따르지 않은 것을 善하게 여겼다." 하였으니, 땅이 서로 가깝기 때문에 한 말인 듯하다. 그러나 상고할 수 없다.

5. 王曰 嗚呼라 封아 汝念哉어다 今民은 將在祗遹乃文考니 紹聞하며 衣德言하라 往敷求于殷先哲王하여 用保乂民하며 汝丕遠惟商耇成人하여 宅心知訓하며 別求聞由古先哲王하여 用康保民하라 弘于天하여 若德이 裕乃身이라야 不廢在王命하리라

遹 : 따를 휼 紹 : 이을 소 乂 : 다스릴 예 耇 : 늙을 구

王이 말씀하였다. "아! 封아. 너는 생각할지어다. 지금 백성들을 다스림은 장차 네가 文考를 공경히 따름에 있으니, 너는 옛날에 들은 것을 이으며, 德言을 행하도록 하라. 가서 殷나라의 先哲王을 널리 구하여 백성들을 보호하여 다스리며, 너는 크게 商나라의 耇成(老成)한 사람들을 멀리 생각하여 마음을 편안히 하고 가르침을 알며, 별도로 구하여 옛 先哲王의 일을 들고서 행하여 백성들을 편안히 보호하라. 天理를 넓혀 네 德이 너의 몸에 넉넉하여야 王에게 있는 命을 폐하지 않을 것이다."

此下는 明德也라 遹은 述이요 衣는 服也라 今治民은 將在敬述文考之事니 繼其所聞而服行文王之德言也라 往은 之國也라 宅心은 處心也니 安汝止之意요 知訓은 知所以訓民也라 由는 行也라 曰保乂, 曰知訓, 曰康保는 經緯以成文爾라 武王이 旣欲康叔이 祗遹文考하고 又欲敷求商先哲王하며 又丕遠惟商耇成人하고 又別聞由古先哲王하여 近述諸今하고 遠稽諸古하여 不一而足하니 以見義理之無盡이라 易曰 君子多識前言往行하여 以畜其德이라하니라 弘者는 廓而大之也요 天者는 理之所從出也라 康叔이 博學以聚之하고 集義以生之하여 眞積力久에 衆理該通하면 此心之天이니 理之所從出者 始恢廓而有餘用矣라 若是면 則心廣體胖하여 動無違禮하여 斯能不廢在王之命也라

○ 呂氏曰 康叔이 歷求聖賢問學하여 至於弘于天, 德裕身하니 可謂盛矣로되 止能不廢王命하여 才(纔)可免過而已니 此見人臣職分之難盡이라 若欲爲子인댄 必須如舜與曾閔이라야 方能不廢父命이요 若欲爲臣인댄 必須如舜與周公이라야 方能不廢君命이니라

이 이하는 德을 밝힌 것이다. 遹은 따름이요, 衣는 행함이다. 지금 백성을 다스림은 장차 文考를 공경히 따르는 일에 있으니, 그 들은 바를 잇고 文王의 德言을 행하여야 한다. 往은 나라로 가는 것이다. 宅心은 마음을 편안히 함이니, 네 그침을 편안히 한다는 뜻이며, 知訓은 백성을 가르칠 바를 아는 것이다. 由는 행함이다. 保乂라 하고 知訓이라 하고 康保라 한 것은

稽 : 상고할 계　廓 : 넓을 곽　該 : 다할 해　胖 : 펴질 반　纔 : 겨우 재

經緯하여 문장을 이룬 것이다.

武王은 이미 康叔이 文考를 공경히 따르게 하고자 하였고 또 商나라의 先哲王을 널리 구하며, 또 크게 商나라의 老成한 사람을 멀리 생각하고 또 별도로 옛 先哲王의 일을 듣고 행하게 하고자 하여, 가까이는 지금을 따르고 멀리는 옛것을 상고하여 하나로 만족하지 않았으니, 의리가 다함이 없음을 나타낸 것이다. 《周易》에 "君子는 옛 말씀과 지나간 행실을 많이 알아서 그 德을 쌓는다." 하였다.

弘은 넓혀 키움이요, 天은 이치가 따라 나오는 것이다. 康叔이 배우기를 널리하여 모으고 의로운 행실을 쌓아 내어서 참을 쌓고 힘쓰기를 오래함에 모든 이치에 다 통달하면 이는 마음의 天이니, 理가 따라 나온 것이 비로소 넓어져 남은 쓰임이 있을 것이다. 이와 같으면 마음이 넓고 몸이 펴져서 동함에 禮를 어김이 없어 이에 王에게 있는 命을 폐하지 않을 것이다.

○ 呂氏가 말하였다. "康叔이 聖賢의 학문을 일일이 구하여 天理를 넓히고 德이 몸에 넉넉함에 이르렀으니, 성대하다고 이를 만하다. 그러나 다만 王命을 폐하지 않아 겨우 허물을 면할 뿐이었으니, 이는 人臣의 직분이 다하기 어려움을 나타낸 것이다. 만일 자식이 되고자 한다면 반드시 모름지기 舜과 曾子·閔子와 같아야 비로소 아버지의 命을 폐하지 않은 것이 되며, 만약 臣下가 되고자 한다면 반드시 모름지기 舜과 周公과 같아야 비로소 君主의 命을 폐하지 않음이 되는 것이다."

6. 王曰 嗚呼라 小子封아 恫瘝乃身하여 敬哉어다 天畏나 棐忱이어니와 民情은 大可見이나 小人은 難保니 往盡乃心하여 無康好逸豫라사 乃其乂民이니라 我聞호니 曰 怨은 不在大하며 亦不在小라 惠不惠하며 懋不懋니라

王이 말씀하였다. "아! 小子 封아. 네 몸에 있는 병을 앓는 것처럼 여겨 공경할지어다. 天命은 두려울 만하나 정성스러우면 돕거니와 백성의 마음은 크게 볼 수 있으나 小人들은 보전하기 어려우니, 가서 네 마음을 다하여, 편안하여 逸豫를 좋아하지 말아야 이에 백성을 다

恫 : 아플 통 瘝 : 병들 환 棐 : 도울 비 忱 : 정성 침 懋 : 힘쓸 무

스릴 것이다. 내 들으니, 백성들의 원망은 큰데 있지 않으며 또한 작은데 있지 않다. 이치를 순히 하고 순히 하지 않으며 힘쓰고 힘쓰지 않음에 달려 있다고 한다.

恫은 痛이요 瘝은 病也라 視民之不安을 如疾痛之在乃身하여 不可不敬之也라 天命이 不常하여 雖甚可畏나 然誠則輔之어니와 民情好惡는 雖大可見이나 而小民이 至爲難保하니 汝往之國하여 所以治之者 非他라 惟盡汝心하여 無自安而好逸豫라야 乃其所以治民也라 古人言 怨不在大하며 亦不在小라 惟在順不順, 勉不勉耳라하니라 順者는 順於理요 勉者는 勉於行이니 卽上文所謂往盡乃心하여 無康好逸豫者也라

恫은 아픔이요, 瘝은 병이다. 백성들의 불안함을 보기를 疾痛이 네 몸에 있는 것처럼 여겨 공경하지 않으면 안되는 것이다. 天命은 일정하지 아니하여 비록 심히 두려울 만하나 정성스러우면 도와주거니와 백성들의 마음에 좋아하고 미워함은 비록 크게 볼 수 있으나 小民들은 지극히 보전하기 어려우니, 네가 나라에 가서 백성을 다스림은 다른 방법이 없다. 오직 네 마음을 다하여, 스스로 편안하여 逸豫를 좋아하지 말아야 백성을 다스릴 수 있을 것이다. 옛 사람이 말하기를 "원망은 큰데 있지 않으며 또한 작은데 있지 않다. 오직 이치를 순히 하고 순히 하지 않으며 힘쓰고 힘쓰지 않음에 달려 있다." 하였다. 順은 이치를 순히 함이고 勉은 행실을 힘쓰는 것이니, 곧 上文에 이른바 '가서 네 마음을 다하여, 편안하여 逸豫를 좋아하지 말라.'는 것이다.

7. 已아 汝惟小子아 乃服은 惟弘王하여 應保殷民하며 亦惟助王하여 宅天命하며 作新民이니라

그만두겠는가. 너 小子야. 네가 행할 일은 오직 王의 德을 넓혀 殷나라 백성들을 화합하고 보호하며, 또한 王을 도와서 天命을 안정시키고 백성들을 진작하여 새롭게 하는 것이다."

服은 事요 應은 和也라 汝之事는 惟在廣上德意하여 和保殷民하여 使之不

失其所하며 以助王하여 安定天命而作新斯民也라 此는 言明德之終也니 大學言明德에도 亦擧新民終之하니라

服은 일이요, 應은 화합이다. 네가 할 일은 오직 上의 德意를 넓혀 殷나라 백성들을 화합하고 보호하여 그 살 곳을 잃지 않게 하며, 王을 도와서 天命을 안정시키고 이 백성을 진작하여 새롭게 함에 있다. 이는 明德의 마침을 말한 것이니, 《大學》에 德을 밝힘을 말함에 또한 백성을 새롭게 함을 들어 끝마쳤다.

8. 王曰 嗚呼라 封아 敬明乃罰하라 人有小罪라도 非眚이면 乃惟終이라 自作不典하여 式爾니 有厥罪小나 乃不可不殺이니라 乃有大罪라도 非終이면 乃惟眚災라 適爾니 旣道極厥辜어든 時乃不可殺이니라

王이 말씀하였다. "아! 封아. 너의 형벌을 공경히 밝혀라. 사람들이 작은 罪가 있더라도 모르고 지은 罪가 아니면 바로 끝까지 저지른 것으로, 스스로 떳떳하지 않은 일을 하여 이와 같이 된 것이니, 그 죄가 작더라도 죽이지 않을 수 없다. 큰 죄가 있더라도 끝까지 저지름이 아니면 바로 모르고 지은 죄이거나 재앙으로 마침 이와 같이 된 것이니, 이미 그 죄를 말하여 다하였거든 이에 죽이지 말아야 한다."

此下는 謹罰也라 式은 用이요 適은 偶也라 人有小罪라도 非過誤면 乃其固爲亂常之事니 用意如此면 其罪雖小나 乃不可不殺이니 卽舜典所謂刑故無小也라 人有大罪라도 非是故犯이면 乃其過誤요 出於不幸하여 偶爾如此니 旣自稱道하여 盡輸其情하여 不敢隱匿이면 罪雖大나 時乃不可殺이니 卽舜典所謂宥過無大也라 諸葛孔明이 治蜀에 服罪輸情者는 雖重이라도 必釋하니 其旣道極厥辜어든 時乃不可殺之意歟인저

이 이하는 형벌을 삼간 것이다. 式은 씀이요, 適은 우연이다. 사람이 작

眚 : 모르고지은죄 생 辜 : 허물 고 輸 : 바칠 수

은 罪가 있더라도 과오가 아니면 진실로 떳떳함을 어지럽히는 일을 하는 것이니, 뜻을 씀이 이와 같으면 그 罪가 비록 작더라도 죽이지 않을 수 없으니, 이는 곧 〈舜典〉에 이른바 '故意犯을 형벌함에 작게 하지 말라.'는 것이다. 사람이 큰 罪가 있더라도 故意犯이 아니면 바로 과오이거나 불행에서 나와 우연히 이와 같이 된 것이니, 이미 스스로 罪를 말하여 그 실정을 모두 바쳐 감히 은닉하지 않는다면 죄가 비록 크더라도 죽이지 말아야 하니, 이는 곧 〈舜典〉에 이른바 '과오를 용서하여 크게 하지 말라.'는 것이다. 諸葛孔明이 蜀을 다스릴 적에 죄에 自服하고 실정을 바치는 자는 비록 죄가 무겁더라도 반드시 풀어 주었으니, 이는 "이미 그 죄를 말하여 다하였거든 이 죽이지 말라."는 뜻일 것이다.

9. 王曰 嗚呼라 封아 有敍라사 時乃大明服하여 惟民이 其勅懋和하리라 若有疾하면 惟民이 其畢棄咎하며 若保赤子하면 惟民이 其康乂하리라

王이 말씀하였다. "아! 封아. 형벌에 次序(질서)가 있어야 이에 크게 밝혀 굴복시켜서 백성들이 서로 경계하여 和를 힘쓸 것이다. 마치 몸에 병이 있는 것처럼 여기면 백성들이 모두 허물을 버릴 것이며, 마치 赤子를 보호하듯이 하면 백성들이 편안히 다스려질 것이다.

有敍者는 刑罰이 有次序也라 明者는 明其罰이요 服者는 服其民也라 左氏曰 乃大明服이어늘 己則不明하고 而殺人以逞하니 不亦難乎아하니라 勅은 戒勅也니 民其戒勅而勉於和順也라 若有疾者는 以去疾之心으로 去惡也라 故로 民皆棄咎요 若保赤子者는 以保子之心으로 保善也라 故로 民其安治니라

有敍는 刑罰에 次序가 있는 것이다. 明은 그 罰을 밝힘이요, 服은 그 백성을 服從시키는 것이다. 左氏가 말하기를 "크게 밝혀 굴복시켜야 하는데 자기가 밝지 못하면서 남을 죽여 욕심을 부리니, 어렵지 않겠는가?" 하였

咎 : 허물 구　逞 : 쾌할 령(정)

다. 勅은 경계하고 삼감이니, 백성들이 경계하고 삼가 和順에 힘쓰는 것이다. 병이 있는 것처럼 여긴다는 것은 병을 제거하는 마음으로 惡을 버리는 것이다. 그러므로 백성들이 모두 허물을 버리며, 赤子를 보호하듯이 한다는 것은 자식을 보호하는 마음으로 善한 사람을 보호하는 것이다. 그러므로 백성들이 편안히 다스려지는 것이다.

10. 非汝封이 刑人殺人이니 無或刑人殺人하라 〔又曰〕非汝封이 (又曰)劓刵人이니 無或劓刵人하라

너 封이 사사로운 감정으로 사람을 형벌하거나 사람을 죽이라는 것이 아니니, 혹시라도 사사로운 감정으로 사람을 형벌하거나 사람을 죽이지 말라. 또 너 封이 사람을 코베거나 귀베라는 것이 아니니, 혹시라도 사사로운 감정으로 사람을 코베거나 귀베지 말라."

刑殺者는 天之所以討有罪요 非汝封이 得以刑之殺之也니 汝無或以己而刑殺之하라 刵는 截耳也라 刑殺은 刑之大者요 劓刵는 刑之小者니 兼擧小大하여 以申戒之也라 又曰은 當在無或刑人殺人之下라 又按刵는 周官五刑所無니 呂刑에 以爲苗民所制라하니라

형벌과 죽임은 하늘이 죄가 있는 자를 토벌하는 것이요, 너 封이 마음대로 형벌하거나 죽이라는 것이 아니니, 너는 혹시라도 사사로운 감정으로 사람을 형벌하거나 죽이지 말라. 刵는 귀를 벰이다. 형벌과 죽임은 형벌의 큰 것이요, 코베고 귀베는 것은 형벌의 작은 것이니, 작은 형벌과 큰 형벌을 겸하여 들어서 거듭 경계한 것이다. '又曰'은 마땅히 '無或刑人殺人'의 아래에 있어야 한다. 또 살펴보건대 刵는 《周官》의 五刑에 없는 것이니, 〈呂刑〉에 "苗民들을 통제하기 위한 것이다." 하였다.

11. 王曰 外事에 汝陳時臬하여 司師茲殷罰有倫케하라

王이 말씀하였다. "外事에 너는 이 法을 진열하여 有司들이 이 殷

劓 : 코벨 의 刵 : 귀벨 이 截 : 끊을 절 臬 : 법 얼

나라의 형벌 중에 조리가 있는 것을 본받게 하라.”

外事는 未詳이라 陳氏曰 外事는 有司之事也라 臬은 法也니 爲準限之義[1]라 言汝於外事에 但陳列是法하여 使有司師此殷罰之有倫者하여 用之爾라 ○ 呂氏曰 外事는 衛國事也라 史記에 言康叔이 爲周司寇라하니 司寇는 王朝之官으로 職任內事라 故로 以衛國對言爲外事라하니라 今按篇中에 言往敷求, 往盡乃心이라하고 篇終曰 往哉封이라하니 皆令其之國之辭요 而未見其留王朝之意라 但詳此篇컨대 康叔은 蓋深於法者니 異時에 成王이 或擧以任司寇之職이나 而此則未必然也니라

外事는 未詳이다. 陳氏는 말하기를 “外事는 有司의 일이다.” 하였다. 臬은 法이니, 準限의 뜻이다. 너는 外事에 대하여 다만 이 法을 진열하여 有司들로 하여금 殷나라의 형벌 중에 조리가 있는 것을 본받아 쓰게 하라 한 것이다.

○ 呂氏가 말하기를 “外事는 衛나라의 일이다. 《史記》에 ‘康叔이 周나라의 司寇가 되었다.’ 하였으니, 司寇는 王朝의 官員으로 직책이 內事를 맡았다. 그러므로 衛나라를 상대해 말하여 外事라고 한 것이다.” 하였다.

이제 살펴보건대 篇 가운데에 “가서 널리 찾아라.” 하고, “가서 네 마음을 다하라.” 하였으며, 篇의 마지막에는 “가거라. 封아.” 하였으니, 모두 나라로 가게 한 말이며, 王朝에 머물게 한 뜻을 볼 수 없다. 다만 이 편을 자세히 살펴보면 康叔은 아마도 法에 조예가 깊은 자인 듯하니, 후일에 成王이 혹 들어 司寇의 직책을 맡겼던 듯하나 여기서는 반드시 그렇지는 않다.

譯註 1. 臬法也 爲準限之義 : 準限은 기준이나 한계인바, 臬은 원래 문지방이므로 기준이나 한계가 되어 法으로 풀이한 것이다.

12. 又曰 要囚를 服念五六日하며 至于旬時하여서 丕蔽要囚하라

또 말씀하였다. “要囚를 5~6일 동안 가슴속에 두고 생각하며, 열

寇 : 도적 구　旬 : 열흘 순　蔽 : 결단할 폐

홀이나 한 철에 이르러서 要囚를 크게 결단하라."

要囚는 獄辭之要者[1]也라 服念은 服膺而念之라 旬은 十日이요 時는 三月이니 爲囚求生道也라 蔽는 斷也라

要囚는 獄辭의 要結이다. 服念은 가슴속에 두고 생각하는 것이다. 旬은 열흘이고 時는 3개 월이니, 죄수를 위하여 살릴 방도를 찾는 것이다. 蔽는 결단함이다.

譯註 1. 要囚獄辭之要者：要는 罪를 따져 決定하는 말로 要囚는 큰 죄를 진 죄수의 죄를 결정하는 것이며, 아래의 蔽要囚는 죄를 결정한 뒤에 覆審하여 다시 결단함을 이른다. 그러나 要囚는 단지 '중요한 죄수'로 보기도 한다.

13. 王曰 汝陳時臬事하여 罰蔽殷彝호되 用其義刑義殺이요 勿庸以次汝封하라 乃汝盡遜하여 曰時敍라도 惟曰未有遜事라하라

王이 말씀하였다. "너는 이 法과 일을 펴서 형벌함에 殷나라의 떳떳한 法으로 결단하되 마땅한 형벌과 마땅한 죽임을 쓸 것이요, 너 封의 뜻에 나아가지 말도록 하라. 네가 모두 의리에 순하여 이 次序가 있다 하더라도 너는 의리에 순한 일이 있지 못하다고 말하라.

義는 宜也라 次는 次舍之次요 遜은 順也라 申言敷陳是法與事하여 罰斷以殷之常法矣요 又慮其泥古而不通하여 又謂其刑其殺을 必察其宜於時者而後用之라하고 旣又慮其趨時而徇己하여 又謂刑殺을 不可以就汝封之意라하고 旣又慮其刑殺이 雖已當罪나 而矜喜之心乘之하여 又謂使汝刑殺이 盡順於義하여 雖曰是有次敍라도 汝當惟謂未有順義之事라하니라 蓋矜喜之心生이면 乃怠惰之心起하니 刑殺之所由不中也니 可不戒哉아

膺：가슴 응　遜：순할 손　泥：막힐 니

義는 마땅함이다. 次는 次舍(머묾)의 次이고, 遜은 순함이다. 거듭 말하기를 "이 법과 일을 펴서 형벌함에 殷나라의 떳떳한 법으로 결단하라," 하였고, 또 옛법에 집착하여 통하지 못할까 염려해서 또 "그 형벌과 죽임을 반드시 때에 마땅한가 살핀 뒤에 쓰라." 하였으며, 또 때에 따라 사사로운 감정을 따를까 염려하여 또 "형벌과 죽임을 너 封의 뜻에 나아가지 말라." 하였고, 또 형벌과 죽임이 비록 이미 죄에 합당하더라도 자랑하고 기뻐하는 마음이 틈탈까 염려하여 또 "가령 네 형벌과 죽임이 모두 義에 순하여 비록 次序가 있다 하더라도 너는 마땅히 義에 순한 일이 있지 못하다고 하라." 한 것이다. 자랑하고 기뻐하는 마음이 생기면 태만한 마음이 일어나니, 이는 형벌과 죽임이 맞지 않게 되는 이유이니, 경계하지 않겠는가.

14. 已아 汝惟小子나 未其有若汝封之心하니 朕心朕德은 惟乃知니라

그만두겠는가. 네가 小子이나 너 封의 마음과 같은 이가 없으니, 朕의 마음과 朕의 德은 오직 네가 알고 있다.

已者는 語辭之不能已也라 小子는 幼小之稱이니 言年雖少나 而心獨善也라 爾心之善을 固朕知之요 朕心朕德을 亦惟爾知之라 將言用罰之事라 故로 先發其良心焉하니라

已는 어조사로서 능히 그만둘 수 없는 것이다. 小子는 어림을 칭하니, 나이는 비록 어리나 마음이 홀로 善함을 말한 것이다. 네 마음의 善함을 진실로 朕이 알고 있으며, 朕의 마음과 朕의 德을 또한 오직 너만이 알고 있다. 장차 형벌을 쓰는 일을 말하려 하였으므로 먼저 그 양심을 발하게 한 것이다.

15. 凡民이 自得罪하여 寇攘姦宄하며 殺越人于貨하여 暋不畏死를 罔弗憝니라

攘 : 훔칠 양　宄 : 바깥도적 궤　越 : 넘어질 월　暋 : 강할 민　憝 : 원망할 대

무릇 백성들이 스스로 罪를 지어 寇攘하고 姦宄하며 사람을 재물 때문에 죽이거나 쓰러뜨려 완강하여 죽음을 두려워하지 않는 자를 미워하지 않는 이가 없다.”

越은 顚越也니 盤庚云 顚越不恭이라하니라 暋은 强이요 憝는 惡(오)也라 自得罪는 非爲人誘陷以得罪也라 凡民이 自犯罪하여 爲盜賊姦宄하며 殺人顚越人[1]하여 以取財貨하여 强狠亡命者를 人無不憎惡之也라 用罰而加是人이면 則人無不服하나니 以其出乎人之同惡(오)요 而非即乎吾之私心也일새라 特擧此하여 以明用罰之當罪하니라

越은 顚越함이니, 〈盤庚〉에 “顚越하여 不恭하다.” 하였다. 暋은 강함이요, 憝는 미워함이다. 스스로 죄를 지었다는 것은 남의 꾐에 빠져 죄를 지은 것이 아니다. 무릇 백성들이 스스로 죄를 범하여 盜賊과 姦宄를 하며, 사람을 죽이거나 사람을 쓰러뜨려 재화를 취해서 강하고 사나워 생명을 무시하는 자를 사람들이 증오하지 않음이 없는 것이다. 형벌을 쓰되 이러한 사람에게 가하면 사람들이 복종하지 않는 이가 없으니, 이는 사람들이 똑같이 미워함에서 나오고, 나의 私心에 나아가지 않았기 때문이다. 특별히 이것을 들어 형벌을 씀이 죄에 마땅함을 밝힌 것이다.

譯註 1. 顚越人：疏에는 “사람을 죽이지는 않고 傷害를 입히는 것이다.” 하였다.

16. 王曰 封아 元惡은 大憝니 矧惟不孝不友온여 子弗祗服厥父事하여 大傷厥考心하면 于父不能字厥子하여 乃疾厥子하리며 于弟弗念天顯하여 乃弗克恭厥兄하면 兄亦不念鞠子哀하여 大不友于弟하리니 惟弔(적)茲요 不于我政人에 得罪하면 天惟與我民彝 大泯亂하리니 曰 乃其速由文王作罰하여 刑茲無赦하라

狠：사나울 한 字：사랑할 자 鞠：기를 국 弔：나아갈 적 赦：용서할 사

王이 말씀하였다. "封아! 큰 罪惡은 크게 미워하니, 하물며 不孝하고 不友(우애하지 않음)함에 있어서랴. 자식이 그 아버지의 일을 공경히 하지 아니하여 아버지의 마음을 크게 상하면 아버지는 그 자식을 사랑하지 아니하여 자식을 미워할 것이다. 그리고 아우가 하늘의 드러난 이치를 생각하지 아니하여 능히 그 형을 공경하지 않으면 형 또한 부모가 자식을 기른 수고로움을 생각하지 아니하여 크게 아우에게 우애하지 않을 것이다. 이런 지경에 이르고도 우리 정사하는 사람들에게 죄를 얻지 않으면 하늘이 우리 백성(인간)에게 주신 떳떳함이 크게 없어져 혼란할 것이니, 이러하거든 文王이 만든 형벌을 빨리 행하여 이들을 형벌하고 용서하지 말라.

大憝는 卽上文之罔弗憝라 言寇攘姦宄 固爲大惡而大可惡(오)矣어든 況不孝不友之人으로 而尤爲可惡者아 當商之季하여 禮義不明하고 人紀廢壞하니 子不敬事其父하여 大傷父心하면 父不能愛子하여 乃疾惡其子하리니 是父子相夷也라 天顯은 猶孝經所謂天明이니 尊卑顯然之序也라 弟不念尊卑之序하여 而不能敬其兄이면 兄亦不念父母鞠養之勞하여 而大不友其弟하리니 是兄弟相賊也라 父子兄弟至於如此로되 苟不於我爲政之人에 以(而)得罪焉이면 則天之與我民彛 必大泯滅而紊亂矣라 曰者는 言如此則汝其速由文王作罰하여 刑此無赦而懲戒之하여 不可緩也라

大憝는 곧 上文에 '미워하지 않는 이가 없다'는 것이다. 寇攘과 姦宄는 진실로 큰 罪惡이어서 크게 증오할 만한데 하물며 不孝하고 不友한 사람으로 더욱 미워할 만한 자에 있어서랴. 商나라의 末世를 당하여 禮義가 밝지 못하고 人紀(人倫)가 무너졌으니, 자식이 그 아버지를 공경히 섬기지 아니하여 크게 아버지의 마음을 상하면 아버지는 자식을 사랑하지 아니하여 그 자식을 미워할 것이니, 이는 부자간에 서로 傷하는 것이다. 天顯은《孝經》에 이른바 '天明'과 같으니, 尊卑의 드러난 질서이다. 아우가 尊卑의 질서를 생각하지 아니하여 그 형을 공경하지 않으면 형 또한 부모가 자식을 기른 수고로움을 생각하지 아니하여 크게 아우에게 우애하지 않을 것이니,

---

夷：상할 이 賊：해칠 적

이는 형제가 서로 해치는 것이다. 부자와 형제가 이와 같음에 이르렀으되 만일 우리 정사하는 사람에게 죄를 얻지 않는다면 하늘이 우리 인간에게 주신 떳떳한 도리가 크게 泯滅되어 紊亂해질 것이다. 曰은 이와 같으면 너는 속히 文王이 만든 법을 행하여 이들을 형벌하고 용서하지 말아서 징계하여 늦추지 말라고 한 것이다.

17. 不率은 大戛이니 矧惟外庶子訓人과 惟厥正人과 越小臣諸節이 乃別播敷하여 造民大譽하여 弗念弗庸하여 瘝厥君이온여 時乃引惡이라 惟朕의 憝니 已아 汝乃其速由茲義하여 率殺하라

따르지 않는 자들은 크게 法으로 다스려야 하니, 하물며 外庶子로서 사람을 가르치는 자와 正人(벼슬아치)과 小臣으로서 여러 符節을 잡은 자들이 별도로 가르침을 펴서 백성들에게 큰 명예를 구하여, 君主를 생각하지 않고 법을 쓰지 않아 그 君主를 해침에 있어서랴. 이는 바로 惡을 조장하는 것으로 朕이 미워하는 바이니, 그만둘 수 있겠는가. 너는 빨리 이 義를 따라 모두 죽이도록 하라.

戛은 法也라 言民之不率教者는 固可大置之法矣어든 況外庶子以訓人爲職과 與庶官之長, 及小臣之有符節者 乃別布條教하여 違道干譽하여 弗念其君하고 弗用其法하여 以病君上이리오 是乃長惡於下니 我之所深惡也라 臣之不忠이 如此면 刑其可已乎아 汝其速由此義하여 而率以誅戮之可也라

○ 按上言民不孝不友면 則速由文王作罰하여 刑茲無赦라하고 此言外庶子正人小臣이 背上立私면 則速由茲義하여 率殺이라하니 其曰刑曰殺하여 若用法峻急者는 蓋殷之臣民이 化紂之惡하여 父子兄弟之無其親하고 君臣上下之無其義하니 非繩之以法, 示之以威면 殷民이 孰知不孝不義之不可干哉아 周禮所謂刑亂國에 用重典者 是也라 然이나 曰速由文王이라

戛 : 법 알 瘝 : 병들 환 繩 : 다스릴 승

하고 曰速由玆義라하니 則其刑其罰이 亦仁厚而已矣니라

戛은 法이다. 백성 중에 가르침을 따르지 않는 자들은 진실로 크게 法에 두어야 하는데, 하물며 外庶子로서 사람을 가르침을 직책으로 삼는 자와 庶官의 우두머리와 小臣으로서 符節을 잡은 자들이 별도로 條教를 펴서 道를 어기고 명예를 요구하여, 君主를 생각하지 않고 法을 따르지 않아 君上을 해침에 있어서랴. 이는 바로 아래에서 惡을 조장함이니, 내가 깊이 미워하는 바이다. 臣下의 不忠함이 이와 같으면 형벌을 그만둘 수 있겠는가. 너는 속히 이 義를 따라 모두 誅戮하는 것이 可하다.
○ 살펴보건대, 위에서는 "백성들이 不孝하고 不友하면 속히 文王이 만든 벌을 행하여 이들을 형벌하고 용서하지 말라." 하였으며, 여기서는 "外庶子와 正人과 小臣들이 上을 배반하고 私를 세우면 속히 이 義를 따라 모두 죽이라." 하였으니, 刑罰하라 하고 죽이라 하여, 法을 씀이 준엄하고 급박한 듯한 것은 殷나라의 신하와 백성들이 紂의 惡에 교화되어 부자간과 형제간에 친함이 없고 君臣간과 上下간에 의로움이 없으니, 法으로써 다스리고 위엄으로 보이지 않는다면 殷나라 백성들이 不孝와 不義를 범할 수 없음을 어찌 알겠는가. 《周禮》에 이른바 "어지러운 나라를 형벌할 때에는 중한 법을 쓴다."는 것이 이것이다. 그러나 "속히 文王을 따르라." 하고, "속히 이 義를 따르라." 하였으니, 그 형벌과 그 벌이 또한 仁厚할 뿐이다.

18. 亦惟君惟長이 不能厥家人과 越厥小臣外正이요 惟威惟虐으로 大放王命하면 乃非德用乂니라

또한 君主와 長이 그 집안식구와 小臣과 外正들을 다스리지 못하고 오직 위엄과 사나움으로 크게 王命을 버리면 이는 바로 德이 아닌 것으로 다스리는 것이다.

君長은 指康叔而言也라 康叔而不能齊其家하고 不能訓其臣이요 惟威惟虐으로 大廢棄天子之命이면 乃欲以非德用治라 是는 康叔도 且不能用上命矣니 亦何以責其臣之癏厥君也哉아

君主와 長은 康叔을 가리켜 말한 것이다. 康叔이 자기 집안을 가지런히

하지 못하고 그 신하를 가르치지 못하고서 오직 위엄과 사나움으로 크게 天子의 命을 폐기한다면 이는 바로 德이 아닌 것으로 다스리고자 하는 것이다. 이는 康叔 자신도 上의 命을 따르지 않는 것이니, 또한 어떻게 臣下들이 君主를 해침을 꾸짖겠는가.

19. 汝亦罔不克敬典하여 乃由裕民호되 惟文王之敬忌로하여 乃裕民이요 曰我惟有及이라하면 則予一人이 以懌호리라

너는 또한 법을 공경하지 않음이 없어 이로 말미암아 백성들을 편안히 하되, 오직 文王의 백성을 공경하고 조심함으로 하여 이 백성들을 편안히 하고, 말하기를 '내 文王에게 미침이 있다' 하면 나 한 사람이 기뻐할 것이다."

汝罔不能敬守國之常法하여 由是而求裕民之道호되 惟文王之敬忌니 敬則有所不忽이요 忌則有所不敢이라 期裕其民하고 曰我惟有及於文王이라하면 則予一人이 以悅懌矣라 此는 言謹罰之終也니 穆王訓刑에 亦曰敬忌云이라

너는 나라의 떳떳한 법을 공경히 지키지 않음이 없어 이로 말미암아 백성을 편안히 하는 道를 구하되 오직 文王의 공경하고 조심함으로 할 것이니, 공경하면 소홀히 하지 않는 바가 있고, 조심하면 감히 하지 않는 바가 있다. 이 백성들을 편안히 하기를 기약하고 말하기를 "내 文王에게 미침이 있다."고 하면 나 한 사람이 기뻐할 것이다. 이는 謹罰의 마침을 말한 것이니, 穆王이 형벌을 가르침에도 또한 공경하고 조심하라고 하였다.

20. 王曰 封아 爽惟民은 迪吉康이니 我는 時其惟殷先哲王德으로 用康乂民하여 作求(逑)니 矧今民이 罔迪不適이온여 不迪하면 則罔政在厥邦하리라

裕 : 넉넉할 유 懌 : 기쁠 예 爽 : 밝을 상 逑 : 짝 구

王이 말씀하였다. "封아! 밝게 생각하건대 백성들은 吉康함으로 인도해야 하니, 나는 이 殷나라 先哲王의 德으로써 백성들을 편안히 다스려 짝이 될 것이니, 하물며 지금 백성들이 인도함에 따르지 않는 자가 없음에랴. 그런데도 인도하지 않는다면 이는 政事가 그 나라에 없는 것이 된다."

此下는 欲其以德用罰也라 求는 等也니 詩曰 世德作求라하니라 言明思夫民은 當開導之以吉康이니 我亦時其惟殷先哲王之德으로 用以安治其民하여 爲等匹於商先王也라 迪은 卽迪吉康之迪이라 況今民이 無導之而不從者하니 苟不有以導之면 則爲無政於國矣라 迪은 言德이요 而政은 言刑也라 前旣嚴之民하고 又嚴之臣하고 又嚴之康叔하고 此則武王之自嚴畏也라

이 이하는 德으로써 刑罰을 쓰고자 한 것이다. 求는 同等함이니, 《詩經》에 "대대로 德을 쌓아 짝이 된다." 하였다. 밝게 생각하건대 백성들은 마땅히 吉康함으로 開導하여야 하니, 나 또한 이 殷나라 先哲王의 德으로써 백성들을 편안히 다스려 商나라 先王에게 짝이 되어야 한다. 迪은 吉康으로 인도한다는 迪이다. 하물며 지금 백성들이 인도함에 따르지 않는 자가 없으니, 만약 인도하지 않는다면 나라에 政事가 없는 것이 된다. 迪은 德을 말하고 政은 형벌을 말한 것이다. 앞에서는 이미 백성들을 두렵게 하고 또 臣下들을 두렵게 하고 또 康叔을 두렵게 하였으며, 여기서는 武王이 스스로 두려워한 것이다.

21. 王曰 封아 予惟不可不監이라 告汝德之說于罰之行하노니 今惟民이 不靜하여 未戾厥心하여 迪屢未同하니 爽惟天이 其罰殛我하시리니 我其不怨호리라 惟厥罪는 無在大하며 亦無在多하니 矧曰其尙顯聞于天이온여

王이 말씀하였다. "封아! 나는 살펴보지 않을 수 없다. 너에게 德의 말로 형벌을 행함을 고하노니, 지금 백성들이 안정하지 아니하여 나

迪 : 인도할 적　屢 : 여러 루　殛 : 죽일 극

쁜 마음을 그치지 아니하여 인도하기를 여러번 하였으나 똑같게 다스려지지 않으니, 밝게 생각하건대 하늘이 우리들을 형벌하여 죽이실 것이니, 우리는 원망하지 못할 것이다. 그 죄는 큰데 있지 않고 또한 많은데 있지 않으니, 하물며 나쁜 소문이 드러나 하늘에 알려짐에 있어서랴."

戾는 止也라 又言 民不安靜하여 未能止其心之狠疾하여 迪之者雖屢나 而未能使之上同乎治하니 明思天其罰殛我하시리니 我何敢怨乎아 惟民之罪는 不在大하며 亦不在多하니 苟爲有罪면 卽在朕躬이온 況曰 今庶群腥穢之德이 其尙顯聞于天乎아

戾는 그침이다. 또 말씀하기를 "백성들이 안정하지 아니하여 그 마음의 사나움과 미워함을 그치지 아니하여 引導하기를 여러번 하였으나 그로 하여금 위로 다스림을 함께 하지 못하게 하니, 밝게 생각하건대 하늘이 우리를 형벌하여 죽이실 것이니, 우리가 어찌 감히 원망하겠는가. 백성의 罪는 큰데 있지 않고 또한 많은데 있지 않으니, 만일 罪가 있으면 곧 朕의 몸에 있는 것이다. 더구나 지금 여러 비린내나고 더러운 德이 오히려 드러나 하늘에 알려짐에 있어서랴."라고 한 것이다.

22. 王曰 嗚呼라 封아 敬哉어다 無作怨하며 勿用非謀非彛하고 蔽時忱하여 丕則(칙)敏德하여 用康乃心하며 顧乃德하며 遠乃猷하며 裕乃以民寧하면 不汝瑕殄하리라

王이 말씀하였다. "아! 封아. 공경할지어다. 원망스러운 일을 만들지 말며 나쁜 꾀와 떳떳하지 않은 법을 쓰지 말고 결단하되 이 정성으로 하여, 德에 힘쓴 자를 크게 본받아 네 마음을 편안히 하며 네 德을 돌아보며 네 꾀를 원대히 하며 너그럽게 하여 백성들을 편안히 하면 너를 잘못한다고 하여 끊지 않을 것이다."

腥 : 비릴 성 穢 : 더러울 예 忱 : 정성 침 瑕 : 옥티 하, 하자 하 殄 : 끊을 진

此는 欲其不用罰而用德也라 歎息言 汝敬哉어다 毋作可怨之事하며 勿用非善之謀와 非常之法하고 惟斷以是誠하여 大法古人之敏德하여 用以安汝之心하며 省汝之德하며 遠汝之謀하며 寬裕不迫하여 以待民之自安이니 若是면 則不汝瑕疵而棄絶矣리라

이는 刑罰을 쓰지 말고 德을 쓰고자 한 것이다. 탄식하여 말씀하기를 "너는 공경할지어다. 원망할 만한 일을 하지 말며 좋지 않은 꾀와 떳떳하지 않은 법을 쓰지 말고 오직 결단하기를 이 정성으로 하여, 옛사람 중에 德에 힘쓴 자를 크게 본받아 네 마음을 편안히 하며 네 德을 살피며 네 꾀를 원대히 하며 寬裕하고 급박하지 아니하여 백성들이 스스로 편안하기를 기다려야 할 것이니, 이와 같이 하면 너를 잘못한다 하여 끊어 버리지 않을 것이다." 한 것이다.

23. 王曰 嗚呼라 肆汝小子封아 惟命은 不于常이니 汝念哉하여 無我殄享하여 明乃服命하며 高乃聽하여 用康乂民하라

王이 말씀하였다. "아! 너 소자 封아! 天命은 일정하지 않으니, 너는 생각하여 내가 나라를 누리게 해준 것을 끊지 말아서 너의 服命을 밝히고 너의 들음을 높여 백성들을 편안히 다스려라."

肆는 未詳이라 惟命은 不于常하여 善則得之하고 不善則失之하니 汝其念哉하여 無我殄絶所享之國也라 明汝侯國服命하고 高其聽이요 不可卑忽我言하여 用安治爾民也라

肆는 未詳이다. 天命은 일정하지 아니하여 善하면 얻고 善하지 못하면 잃으니, 너는 이것을 생각하여 내가 누리게 해준 바의 나라를 끊지 말아라. 너는 侯國의 服命(服飾과 爵命)을 밝히고 너의 들음을 높여 내 말을 낮게 여기고 소홀히 하지 말아서 이 백성을 편안히 다스려라.

24. 王若曰 往哉封아 勿替敬典하여 聽朕의 告汝라사 乃以殷民으로 世享하리라

王이 대략 다음과 같이 말씀하였다. "가거라 封아! 공경해야 할 法을 폐하지 말아서 朕이 너에게 고한 말을 들어야 마침내 殷나라 백성들을 데리고 대대로 누릴 것이다."

勿廢其所敬之常法하여 聽我所命而服行之라야 乃能以殷民而世享其國也라 世享은 對上文殄享而言이라

공경해야 할 떳떳한 법을 폐하지 말아서 내가 명한 말을 들어 服行하여야 殷나라 백성들을 데리고 대대로 그 나라를 누릴 것이다. 대대로 누린다는 것은 上文에 누림을 끊어지게 한다는 말을 상대하여 말한 것이다.

酒誥

商受酗酒에 天下化之하니 妹土는 商之都邑으로 其染惡尤甚이라 武王以其地封康叔故로 作書誥教之云하니 今文古文皆有하니라

○ 按吳氏曰 酒誥一書는 本是兩書로되 以其皆爲酒而誥라 故로 誤合而爲一이라 自王若曰明大命于妹邦以下는 武王告受故都之書也요 自王曰封我西土棐徂邦君以下는 武王告康叔之書也라 書之體 爲一人而作이면 則首稱其人하고 爲衆人而作이면 則首稱其衆하고 爲一方而作이면 則首稱一方하고 爲天下而作이면 則首稱天下하니 君奭書엔 首稱君奭하고 君陳書엔 首稱君陳하니 爲一人而作也요 甘誓는 首稱六事之人하고 湯誓는 首稱格汝衆하니 此爲衆人而作也요 湯誥는 首稱萬方有衆하고 大誥는 首稱大誥多邦하니 此爲天下而作也라 多方書는 爲四國而作하니 則首稱四國하고 多士書는 爲多士而作하니 則首稱多士라 今酒誥는 爲妹邦而作이라 故로 首言明大命于妹邦하니 其自爲一書無疑라하니라 按吳氏分篇引證이 固爲明甚이나 但旣謂專誥毖妹邦이면 不應有乃穆考文王之語라 意酒誥는 專爲妹邦而作이니 而妹邦이 在康叔封圻之內하니 則明大命之責을 康叔이

酗 : 술주정할 후 棐 : 도울 비 徂 : 갈 조 毖 : 경계할 비 圻 : 지경 기

實任之라 故로 篇首에 專以妹邦爲稱이요 至中篇하여 始名康叔以致誥하니 其曰尙克用文王教者는 亦申言首章文王誥毖之意라 其事則主於妹邦이나 其書則付之康叔이니 雖若二篇이나 而實爲一書요 雖若二事나 而實相首尾하니 反復參究컨대 蓋自爲書之一體也니라

商王 受가 술주정을 하자 天下가 이에 教化되니, 妹土는 商나라의 도읍으로 惡에 물듦이 더욱 심하였다. 武王이 이 땅을 康叔에게 봉하였으므로 글을 지어 가르쳤으니, 今文과 古文에 모두 있다.

○ 살펴보건대 吳氏가 말하기를 "〈酒誥〉의 한 편은 본래 두 편이었는데 모두 술 때문에 가르친 것이기 때문에 잘못 합하여 하나로 만들었다. '王若曰明大命于妹邦'으로부터 이하는 武王이 受의 故都에 고한 글이고, '王曰封我西土棐徂邦君'으로부터 이하는 武王이 康叔에게 고한 글이다. 글의 體가 한 사람을 위하여 지었으면 첫머리에 그 사람을 칭하고, 衆人을 위하여 지었으면 첫머리에 그 무리를 칭하고, 한 지방을 위하여 지었으면 첫머리에 그 지방을 칭하고, 天下를 위하여 지었으면 첫머리에 天下를 칭하니, 〈君奭〉의 글에는 첫머리에 君奭을 칭했고, 〈君陳〉의 글에는 첫머리에 君陳을 칭하였으니, 이는 한 사람을 위하여 지은 것이다. 〈甘誓〉는 첫머리에 六事의 사람을 칭하였고, 〈湯誓〉는 첫머리에 '格汝衆〔이리 오너라. 너희 대중들아〕'이라고 칭하였으니, 이는 衆人들을 위하여 지은 것이다. 〈湯誥〉는 첫머리에 '萬方有衆'이라 칭하였고, 〈大誥〉는 첫머리에 '大誥多邦'이라 칭하였으니, 이는 天下를 위하여 지은 것이다. 〈多方〉의 글은 四方을 위하여 지었으니 첫머리에 四國을 칭하였고, 〈多士〉의 글은 多士를 위하여 지었으니 첫머리에 多士를 칭하였다. 이제 〈酒誥〉는 妹邦을 위하여 지었기 때문에 첫머리에 '大命을 妹邦에 밝힌다.'고 말한 것이니, 별도로 한 편이 됨을 의심할 것이 없다." 하였다.

살펴보건대 吳氏는 篇을 나누고 引證함이 진실로 매우 분명하나 다만 오로지 妹邦을 가르치고 경계했다고 한다면 응당 "네 穆考이신 文王"이라는 말이 있을 수 없다. 짐작컨대 〈酒誥〉는 오로지 妹邦을 위하여 지은 것이니, 妹邦이 康叔의 封圻 안에 있었다. 그렇다면 大命을 밝히는 책임을 康叔이 실로 맡았던 것이다. 그러므로 篇 머리에는 오로지 妹邦을 칭하였고, 中篇(편 가운데)에 이르러서야 비로소 康叔을 이름하여 가르침을 지극히 하였으니, "부디 文王의 가르침을 따르라."고 말한 것은 또한 首章에 文王이 가

르치고 삼간 뜻을 거듭 말씀한 것이다. 그 일은 妹邦을 위주로 하였으나 그 글은 康叔에게 붙여준 것이니, 비록 두 篇인 것 같으나 실제는 한 글이며, 비록 두 일인 것 같으나 실제는 서로 머리가 되고 꼬리가 되니, 반복하여 상고해 보면 스스로 글의 한 體가 된다.

1. 王若曰 明大命于妹邦하노라

王이 대략 다음과 같이 말씀하였다. "큰 命을 妹邦에 밝히노라.

妹邦은 卽詩所謂沬鄕이라 篇首에 稱妹邦者는 誥命이 專爲妹邦發也일새라

妹邦은 곧 《詩經》에 말한 沬鄕이다. 篇 머리에 妹邦을 칭한 것은 誥命이 오로지 妹邦을 위하여 나왔기 때문이다.

2. 乃穆考文王이 肇國在西土하실새 厥誥毖庶邦庶士와 越少正御事하사 朝夕에 曰 祀茲酒니 惟天이 降命하사 肇我民하심은 惟元祀니라

네 穆考이신 文王이 처음 나라를 창건하여 西土에 계실 적에 庶邦의 여러 선비들과 少正과 御事들을 가르치고 경계하시어 아침저녁으로 당부하시기를 '祭祀에만 이 술을 쓸 것이니, 하늘이 命을 내리시어 우리 백성들에게 처음 술을 만들게 하신 것은 오직 큰 祭祀에 쓰게 하려 하신 것이다.' 하셨다.

穆은 敬也니 詩曰 穆穆文王이 是也라 上篇言文王明德에 則曰顯考라하고 此篇言文王誥毖에 則曰穆考라하니 言各有當也라 或曰 文王世次爲穆[1)]이라하니 亦通이라 毖는 戒謹也라 少正은 官之副貳也라 文王이 朝夕勅戒之하사 曰 惟祭祀則用此酒니 天始令民作酒者는 爲大祭祀而已라 西土庶邦

沬 : 희미할 매　肇 : 비로소 조　越 : 및 월

은 遠去商邑이로되 文王誥毖에 亦諄諄以酒爲戒하시니 則商邑을 可知矣라 文王이 爲西伯이라 故로 得誥毖庶邦云이라

穆은 공경함이니, 《詩經》에 "穆穆하신 文王" 이라 한 것이 이것이다. 上篇에 文王이 德을 밝힘을 말할 때에는 '顯考'라 하였고, 이 편에 文王이 가르치고 경계함을 말할 때에는 '穆考'라 하였으니, 말이 각각 마땅함이 있는 것이다. 혹자는 "文王은 世次에 있어 穆이 된다."고 하니, 또한 통한다. 毖는 경계하고 삼가함이다. 少正은 관원의 副貳이다. 文王이 朝夕으로 경계하여 말씀하기를 "오직 祭祀에만 이 술을 쓸 것이니, 하늘이 처음 백성들로 하여금 술을 만들게 한 것은 큰 祭祀를 위해서일 뿐이다." 하였다. 西土의 여러 나라는 멀리 商나라 도읍과 떨어져 있었는데도 文王이 가르치고 경계할 적에 또한 諄諄히 술로써 경계하였으니, 商나라 도읍을 알 만하다. 文王이 西伯이 되었으므로 庶邦을 가르치고 경계한 것이다.

譯註 1. 文王世次爲穆 : 원래 太廟에는 太祖의 사당에 三昭·三穆을 합하여 7廟인데, 太祖는 東向을 하여 가장 높은 자리가 되고, 그 다음은 북쪽 창문 아래에 진열하여 남향을 하고 또 그 다음은 남쪽 창문 아래에 진열하여 북향을 하는바, 남향한 곳은 밝으므로 昭라 하고 북향한 곳은 어두우므로 穆이라 한다. 그리하여 만일 1·3·5·7·9의 홀수에 해당하는 항렬의 神位가 昭라면 2·4·6·8·10의 짝수에 해당하는 항렬의 神位는 穆이 되는데, 周나라의 사당은 文王이 穆에 해당하므로 穆考라 칭하고 武王이 昭에 해당하므로 昭考라 칭한다. 《詩經》 周頌의 〈載見〉에는 '率見昭考'라 하였고 〈訪落〉에는 '率時昭考'라 하였는데, 이는 모두 武王을 가리킨 것이다.

3. 天降威하사 我民이 用大亂喪德이 亦罔非酒의 惟行이며 越小大邦用喪이 亦罔非酒의 惟辜니라

하늘이 위엄을 내리시어 우리 백성들이 크게 혼란하여 德을 잃음이 술의 행해짐 아님이 없으며, 작은 나라와 큰 나라가 망함이 또한 술

諄 : 지성스러울 순 辜 : 허물 고

의 허물 아님이 없다.

酒之禍人也로되 而以爲天降威者는 禍亂之成이 是亦天爾일새라 箕子言受酗酒에도 亦曰天毒降災라하니 正此意也라 民之喪德과 君之喪邦이 皆由於酒라 喪德故로 言行이요 喪邦故로 言辜라

술이 사람에게 화를 끼쳤는데 하늘이 위엄을 내렸다고 말한 것은 禍亂의 이루어짐이 또한 하늘이기 때문이다. 箕子가 受가 술주정함을 말할 때에도 또한 "하늘이 독하게 재앙을 내렸다."고 하였으니, 바로 이러한 뜻이다. 백성이 德을 잃음과 君主가 나라를 잃음이 모두 술에서 연유한다. 德을 잃기 때문에 行이라 말하였고, 나라를 잃기 때문에 辜라고 말한 것이다.

4. 文王이 誥敎小子와 有正有事하사되 無彝酒하라 越庶國이 飮호되 惟祀니 德將無醉하라

文王이 小子와 벼슬을 맡고 일을 맡은 사람들을 가르치시되 '술에 항상하지 말라. 여러 나라가 술을 마시되 오직 祭祀 때에만 할 것이니, 德으로 이어가 취하지 말라.' 하셨다.

小子는 少子之稱이니 以其血氣未定하여 尤易縱酒喪德이라 故로 文王이 專誥敎之라 有正은 有官守者요 有事는 有職業者라 無는 毋同이라 彝는 常也라 毋常於酒요 其飮을 惟於祭祀之時라 然亦必以德將之하여 無至於醉也라

小子는 少子의 칭호이니, 血氣가 아직 정해지지 못해서 더욱 술에 방종하여 德을 잃기 쉬우므로 文王이 오로지 가르친 것이다. 有正은 官守를 둔 자이고, 有事는 직업을 소유한 자이다. 無는 毋와 같다. 彝는 항상함이다. 술에 항상하지 말고 술을 마심을 오직 제사 때에만 하여야 한다. 그러나 또한 반드시 德으로 이어가 취함에 이르지 말아야 한다.

彝 : 떳떳할 이, 항상할 이

5. 惟曰 我民이 迪小子하되 惟土物愛하면 厥心이 臧하리니 聰聽祖考之彝訓하여 越小大德에 小子惟一하라

〈文王이〉 말씀하시기를 '우리 백성들이 小子를 인도하되 오직 土物을 사랑하게 하면 그 마음이 선해질 것이니, 祖考의 떳떳한 가르침을 잘 들어서 작은 德과 큰 德을 小子들은 한결같이 여기도록 하라.' 하셨다.

文王言 我民이 亦常訓導其子孫하되 惟土物之愛하여 勤稼穡하여 服田畝하고 無外慕하면 則心之所守者正하여 而善日生하리니 爲子孫者 亦當聰聽其祖父之常訓이요 不可以謹酒로 爲小德이니 小德大德을 小子惟一視之可也라

文王이 말씀하기를 "우리 백성들이 또한 항상 그 자손들을 훈도하되 오직 土物을 사랑하여 부지런히 농사지어 田畝에서 일하고 外物을 사모함이 없게 하면 마음에 지키는 것이 바루어져 善이 날로 생길 것이다. 자손들 또한 祖考의 떳떳한 교훈을 잘 들어야 하고, 술을 삼감을 작은 德으로 여겨서는 안되니, 작은 德과 큰 德을 小子들은 똑같이 여겨야 한다." 한 것이다.

6. 妹土아 嗣爾股肱하여 純其藝黍稷하여 奔走事厥考厥長하며 肇牽車牛하여 遠服賈(고)하여 用孝養厥父母하여 厥父母慶이어사 自洗腆하여 致用酒하라

妹土의 사람들아! 너희들의 팔다리를 계속하여 놀려서 크게 黍稷을 심어 분주히 그 부모와 어른을 섬기며, 민첩하게 수레와 소를 끌고서 멀리 장사하여 孝道로 그 부모를 봉양해서 부모가 기뻐하거든 스스로 깨끗이 하고 厚하게 하여 술을 쓰도록 하라.

臧 : 착할 장　稼 : 심을 가　穡 : 거둘 색　股 : 다리 고　肱 : 팔 굉
洗 : 깨끗할 선　腆 : 두터울 전

此는 武王이 教妹土之民也라 嗣는 續이요 純은 大요 肇는 敏이요 服은 事也라 言妹土民은 當嗣續汝四肢之力하여 無有怠惰하여 大修農功하고 服勞田畝하여 奔走以事其父兄하며 或敏於貿易하여 牽車牛하여 遠事賈하여 以孝養其父母하여 父母喜慶然後에야 可自洗腆하여 致用酒니 洗以致其潔하고 腆以致其厚也라 薛氏曰 或大修農功하고 或遠服商賈하여 以養父母하여 父母慶이면 則汝可以用酒也라

이는 武王이 妹土의 백성을 가르친 것이다. 嗣는 계속함이요, 純은 큼이요, 肇는 민첩함이요, 服은 일함이다. 妹土의 백성들은 마땅히 너희들의 四肢의 힘을 계속하여 놀려서 게을리함이 없어 농사일을 크게 닦고 田畝에서 수고롭게 일하여 분주히 그 父兄을 섬기며, 혹 무역에 민첩하여 수레와 소를 끌고서 멀리 장사하여 효도로 그 부모를 봉양해서 부모가 기뻐한 뒤에야 스스로 깨끗이 하고 후하게 하여 술을 쓸 수 있으니, 씻어서 그 깨끗함을 지극히 하고, 후하게 하여 그 후함을 지극히 하는 것이다.

薛氏가 말하였다. "혹은 크게 농사일을 닦고 혹은 멀리 장사일을 하여 부모를 봉양해서 부모가 기뻐하면 너희들이 술을 쓸 수 있는 것이다."

7. 庶士有正과 越庶伯君子아 其爾는 典聽朕教하라 爾大克羞耇(惟君)이오사 爾乃飮食醉飽하라 丕惟曰 爾克永觀省하여 作稽中德이어사 爾尙克羞饋祀니 爾乃自介用逸이니라 玆乃允惟王正事之臣이며 玆亦惟天이 若元德하사 永不忘이 在王家하리라

庶士와 벼슬아치들과 여러 우두머리 군자들아! 너희들은 떳떳이 짐의 가르침을 들어라. 너희들은 노인을 크게 봉양하고서야 너희들의 음식을 먹어 취하고 배부르도록 하라. 크게 말하기를 '너희들은 길이 보고 살펴서 행동함에 中正의 德에 상고하고서야 너희들은 거의 饋祀를 올릴 수 있으니, 너희들이 스스로 도와 宴樂할 수 있을 것이다. 이

羞 : 봉양할 수 耇 : 늙은이 구 饋 : 먹일 궤 介 : 도울 개

렇게 하면 진실로 王의 일을 바로잡는 臣下이며, 이렇게 하면 또한 하늘이 큰 德을 순히 하여 영원히 잊지 않음이 王家에 있을 것이다."

此는 武王이 教妹土之臣也라 伯은 長也라 曰君子者는 賢之也라 典은 常也라 羞는 養也니 言其大能養老也라 惟君은 未詳이라 丕惟曰者는 大言也라 介는 助也요 用逸者는 用以宴樂也라 言爾能常常反觀內省하여 使念慮之發과 營爲之際로 悉稽乎中正之德하여 而無過不及之差하면 則德全於身하여 而可以交於神明矣라 如是면 則庶幾能進饋祀니 爾亦可自副而用宴樂也라 如此면 則信爲王治事之臣이요 如此면 亦惟天順元德하여 而永不忘이 在王家矣라 按上文에 父母慶則可飮酒요 克羞耇則可飮酒요 羞饋祀則可飮酒라하니 本欲禁絶其飮이어늘 今乃反開其端者는 不禁之禁也니 聖人之教不迫而民從者 此也라 孝養, 羞耇, 饋祀는 皆因其良心之發而利導之니 人果能盡此三者면 且爲成德之士矣리니 而何憂其湎酒也哉아

이는 武王이 妹土의 臣下를 가르친 것이다. 伯은 우두머리이다. 君子라고 말한 것은 어질게 여긴 것이다. 典은 떳떳함이다. 羞는 봉양함이니, 크게 노인을 봉양함을 말한다. 惟君은 未詳이다. 丕惟曰은 크게 말한 것이다. 介는 도움이요, 用逸은 써 宴樂하는 것이다. 너희들이 항상 돌이켜보고 안으로 살펴 생각이 나옴과 경영하는 즈음에 모두 中正한 德에 상고하여 過와 不及의 잘못이 없게 하면 德이 몸에 온전하여 神明을 사귈 수 있을 것이다. 이와 같이 하면 거의 饋祀를 올릴 수 있으니, 너희들이 또한 스스로 도와서 宴樂할 수 있을 것이다. 이와 같다면 진실로 王의 일을 다스리는 臣下가 되고, 이와 같다면 또한 하늘이 큰 德을 순히 하여 영원히 잊지 않음이 王家에 있을 것이다.

살펴보건대 上文에 부모가 기뻐하면 술을 마실 수 있다 하였고, 능히 노인을 봉양하면 술을 마실 수 있다 하였고, 饋祀를 올리면 술을 마실 수 있다 하였으니, 본래는 술마시는 것을 금하고 끊고자 하였는데 이제 도리어 그 단서를 열어준 것은 금하지 않는 금함이니, 聖人의 가르침이 급박하지

副 : 도울 부　湎 : 술취할 면

않아 백성들이 따르는 것은 이 때문이다. 효도로 봉양하고 노인을 봉양하고 饋祀함은 모두 그 양심이 발함을 따라 순히 인도한 것이니, 사람이 과연 이 세 가지를 다한다면 장차 成德한 선비가 될 것이니, 어찌 술에 빠짐을 걱정하겠는가.

8. 王曰 封아 我西土棐徂邦君御事小子 尙克用文王教하여 不腆于酒일새(혼들로) 故我至于今하여 克受殷之命이니라

王이 말씀하였다. "封아. 우리 西土에서 돕던 지난날의 邦君과 御事와 小子들이 거의 능히 文王의 가르침을 따라 술에 빠지지 않았으므로 내 지금에 이르러 殷나라의 命을 받은 것이다."

徂는 往也라 輔佐文王往日之邦君御事小子也니 言文王毖酒之教 其大如此라

徂는 지나간 것이다. 文王을 보좌하던 지난날의 邦君과 御事와 小子이니, 文王이 술을 경계한 가르침이 그 큼이 이와 같음을 말한 것이다.

9. 王曰 封아 我聞하니 惟曰 在昔殷先哲王이 迪畏天顯小民하사 經德秉哲하사 自成湯으로 咸至于帝乙히 成王畏相이어시늘 惟御事厥棐有恭하여 不敢自暇自逸이온 矧曰其敢崇飮가

王이 말씀하였다. "封아. 내가 들으니 이르기를 '옛날 殷나라의 先哲王이 하늘의 밝은 命과 小民들을 두려워하여 德을 떳떳이 간직하고 밝음을 잡아서 成湯으로부터 다 帝乙에 이르기까지 王의 德을 이루고 輔相을 공경하였으므로 御事들이 도움에 공손함을 두어 감히 스스로 한가하고 스스로 안일하지 못하였으니, 하물며 감히 술마심을 숭상한다' 하겠는가.

以商君臣之不暇逸者로 告康叔也라 殷先哲王은 湯也라 迪畏者는 畏之而見(현)於行也니 畏天之明命하고 畏小民之難保라 經其德而不變은 所以處己也요 秉其哲而不惑은 所用人也라 湯之垂統이 如此라 故로 自湯至于帝乙히 賢聖之君이 六七作하니 雖世代不同이나 而皆能成就君德하고 敬畏輔相이라 故로 當時御事之臣이 亦皆盡忠輔翼하여 而有責難之恭[1]하여 自暇自逸도 猶且不敢이온 況曰其敢尙飮乎아

商나라 君臣들이 한가하고 안일하지 않음을 가지고 康叔에게 고한 것이다. 殷나라의 先哲王은 湯王이다. 迪畏는 두려워하여 행실에 나타남이니, 하늘의 明命을 두려워하고 小民의 보존하기 어려움을 두려워한 것이다. 그 德을 떳떳이 하여 변치 않음은 자신을 처한 것이요, 밝음을 잡아 의혹하지 않음은 사람을 등용한 것이다. 湯王이 전통을 드리움이 이와 같았다. 그러므로 湯王으로부터 帝乙에 이르기까지 어질고 성스러운 君主가 6~7명이 나왔으니, 비록 세대가 똑같지 않으나 모두 君主의 德을 성취하고 輔相들을 공경하였다. 그러므로 당시에 일을 다스리는 臣下들 또한 모두 충성을 다하여 輔翼해서 어려움으로 책하는 공손함을 두어, 스스로 한가하고 스스로 안일함도 감히 하지 못하였거늘 하물며 감히 술마심을 숭상한다 하겠는가.

譯註 1. 責難之恭：責難은 군주에게 하기 어려운 聖君의 일을 하라고 責望하는 것으로《孟子》〈離婁上〉에 "군주에게 어려운 일로 책하는 것을 공손함이라 이른다.〔責難於君謂之恭〕" 하였다.

10. 越在外服한 侯甸男衛邦伯과 越在內服한 百僚庶尹과 惟亞惟服과 宗工과 越百姓里居에 罔敢湎于酒하니 不惟不敢이라 亦不暇요 惟助成王德顯하며 越尹人祗辟하니라

外服에 있는 侯·甸·男·衛의 諸侯와 邦伯 및 內服에 있는 百僚와 庶尹과 亞와 服과 宗工과 백성과 마을에 거주하는 자에 이르기까지 감히 술에 빠진 이가 없었으니, 다만 감히 하지 못할 뿐만 아니라 또

甸：경계 전 辟：임금 벽

한 할 겨를이 없었고, 오직 王의 德을 이루어 드러나게 하며 尹人들이 임금을 공경함을 도왔다.

自御事而下로 在外服하여는 則有侯甸男衛諸侯與其長伯하고 在內服하여는 則有百僚庶尹惟亞惟服宗工國中百姓과 與夫里居者 亦皆不敢沈湎于酒하니 不惟不敢이라 亦不暇니 不敢者는 有所畏요 不暇者는 有所勉이라 惟欲上以助成君德하여 而使之昭著하고 下以助尹人祇辟하여 而使之益不怠耳라 成王은 顧上文成王而言이요 祇辟은 顧上文有恭而言이라 呂氏曰 尹人者는 百官諸侯之長也니 指上文御事而言이라

御事로부터 이하로 外服에 있어서는 侯·甸·男·衛의 諸侯와 長伯이 있고, 內服에 있어서는 百僚와 庶尹과 亞와 服과 宗工과 國中의 백성과 마을에 거주하는 자가 있는데 이들 또한 모두 감히 술에 빠지지 않았으니, 다만 감히 하지 못할 뿐만 아니라 또한 할 겨를이 없었다. 감히 하지 못한다는 것은 두려워하는 바가 있는 것이요, 할 겨를이 없다는 것은 힘쓰는 바가 있는 것이다. 오직 위로는 君主의 德을 이룸을 도와서 드러나게 하고, 아래로는 尹人이 君主를 공경함을 도와서 더욱 게을리 하지 않게 할 뿐이었다. 成王은 上文의 成王(王의 德을 이룸)을 염두에 두고 말한 것이며, 祇辟은 上文의 有恭(공손함을 둠)을 염두에 두고 말한 것이다.

呂氏가 말하였다. "尹人은 百官과 諸侯의 우두머리이니, 上文에 御事를 가리켜 말한 것이다."

11. 我聞호니 亦惟曰 在今後嗣王하여 酣身하여 厥命이 罔顯于民이요 祇保越怨이어늘 不易(역)하고 誕惟厥縱淫泆于非彛하여 用燕喪威儀한대 民이 罔不衋傷心이어늘 惟荒腆于酒하여 不惟自息乃逸하며 厥心疾狠하여 不克畏死하며 辜在商邑하여 越殷國滅無罹하니 弗惟德馨香祀 登聞于天이요 誕惟民怨庶群自酒腥이 聞在上이라 故天降喪于殷하사 罔愛

酣：취할 감 泆：방탕할 일 衋：아플 혁 狠：사나울 한 馨：향기 형

于殷은 惟逸이니 天非虐이라 惟民이 自速辜니라

내 들으니 또한 이르기를 지금 後嗣王에 있어 몸을 술에 빠뜨려 명령이 백성에게 드러나지 못하고, 공경하여 보존함이 원망에 미치는데도 이를 바꾸지(고치지) 않으며, 淫泆함을 떳떳하지 않은 일에 크게 방종하게 하여 安逸로써 威儀를 상실하였다. 그리하여 백성들이 모두 상심해 하지 않는 이가 없는데도 황폐하여 술에 빠져 스스로 安逸함을 그칠 것을 생각하지 않으며, 그 마음이 미워하고 사나워서 죽음을 두려워하지 않으며, 허물이 商나라 도읍에 있어 殷나라가 망하는데도 근심하지 않으니, 德으로 말미암은 향기로운 祭祀가 하늘에 올라가 알려지지(풍겨지지) 못하고, 크게 백성들이 원망하여 술로부터 풍겨 나오는 모든 더러움이 上天에 알려졌다(풍겨졌다). 그러므로 하늘이 殷나라에 망함을 내리시어 殷나라를 사랑하지 않으시니, 이는 安逸한 탓이니, 하늘이 사나운 것이 아니라 사람들이 스스로 허물을 부른 것이다."

以商受荒腆于酒者로 告康叔也라 後嗣王은 受也라 受沈酣其身하여 昏迷於政하여 命令이 不著於民하고 其所祇保者 惟在於作怨之事어늘 不肯悛改하고 大惟縱淫泆于非彝하니 泰誓所謂奇技淫巧也라 燕은 安也라 用安逸而喪其威儀하니 史記에 受爲酒池肉林하여 使男女로 裸而相逐이라하니 其威儀之喪이 如此라 此民所以無不痛傷其心하여 悼國之將亡也어늘 而受方且荒怠하여 益厚于酒하여 不思自息其逸하여 力行無度하며 其心疾狠하여 雖殺身而不畏也하고 辜在商邑하여 雖滅國而不憂也라 弗事上帝하여 無馨香之德以格天하고 大惟民怨하여 惟群酗腥穢之德이 以聞于上이라 故로 上天이 降喪于殷하여 無有眷愛之意者는 亦惟受縱逸故也라 天豈虐殷이리오 惟殷人酗酒하여 自速其辜爾라 曰民者는 猶曰先民이니 君臣之通稱也라

商王 受가 황폐하여 술에 빠진 것을 가지고 康叔에게 고한 것이다. 後嗣

速 : 부를 속 悛 : 고칠 전 裸 : 벗을 라 悼 : 슬플 도 眷 : 돌아볼 권

王은 受이다. 受가 그 몸을 술에 빠뜨려 政事에 혼미해서 명령이 백성에게 드러나지 못하였고, 공경하여 보존하는 것이 오직 원망을 만드는 일에 있는데도 이를 改悛하려 하지 않고는 淫泆함을 떳떳하지 않은 일에 크게 방종하였으니, 〈泰誓〉에 이른바 '기이한 技藝와 지나친 재주'라는 것이다. 燕은 편안함이다. 安逸로써 그 威儀를 상실하였으니, 《史記》에 "受가 酒池肉林을 만들고는 男女들로 하여금 옷을 벗고 서로 따르게 했다." 하였으니, 그 威儀를 잃음이 이와 같았다. 이 때문에 백성들이 모두 그 마음에 애통해 하고 서글퍼하여 나라가 장차 망함을 슬퍼한 것이다. 그런데도 受는 바야흐로 荒怠하여 더욱 술에 빠져서 스스로 그 안일함을 그칠 것을 생각하지 아니하여 法度가 아닌 일을 힘써 행하며, 그 마음이 미워하고 사나워서 비록 몸이 죽더라도 두려워하지 않으며, 허물이 商나라 도읍에 있어 비록 나라가 망하더라도 근심하지 않았다. 上帝를 섬기지 아니하여 향기로운 德으로 하늘에 이름은 없고, 크게 백성들이 원망하여 오직 여러 가지 술주정을 하여 비린내나고 더러운 德이 上天에 알려졌다. 그러므로 上天이 殷나라에 망함을 내려 사랑하는 뜻이 없었으니, 이는 또한 受가 安逸함에 방종한 때문이다. 하늘이 어찌 殷나라를 사납게 대하였겠는가. 오직 殷나라 사람들이 술에 빠져 스스로 그 罪를 불렀을 뿐이다. 民이라고 말한 것은 先民이란 말과 같으니, 君臣의 通稱이다.

12. 王曰 封아 予不惟若茲多誥라 古人이 有言曰 人은 無於水에 監이요 當於民에 監이라하니(이니) 今惟殷이 墜厥命하니 我其可不大監하여 撫于時아

王이 말씀하였다. "封아. 나는 이와 같이 말을 많이 하려는 것이 아니다. 옛사람이 말하기를 '사람은 물에서 보지 말고 마땅히 백성에게서 보라.' 하였으니, 지금 殷나라가 天命을 실추하였으니, 내 크게 거울로 삼아 이때를 어루만지지 않을 수 있겠는가."

我不惟如此多言이라 所以言湯言受 如此其詳者는 古人謂 人無於水監이

撫 : 어루만질 무

니 水能見人之姸醜而已요 當於民監이니 則其得失可知라 今殷民이 自速辜하여 其墜厥命矣니 我其可不以殷民之失로 爲大監戒하여 以撫安斯時乎아

나는 이와 같이 말을 많이 하려는 것이 아니다. 〈그런데도〉 湯王을 말하고 受를 말하기를 이와 같이 상세히 하는 까닭은 古人이 이르기를 "사람은 물에서 보지 말 것이니 물은 사람의 곱고 추함을 나타낼 뿐이며, 마땅히 백성에게서 볼 것이니 得失을 알 수 있다." 하였다. 이제 殷나라 백성들이 스스로 허물을 불러 天命을 실추하였으니, 내 殷나라 백성의 잘못을 큰 監戒로 삼아 이때를 어루만져 편안히 하지 않을 수 있겠는가.

13. 予惟曰 汝劼毖殷獻臣과 侯甸男衛니 矧太史友와 內史友와 越獻臣百宗工이온여 矧惟爾事인 服休服采[1]온여 矧惟若疇인 圻父(보)薄違와 農父若保와 宏父定辟이온여 矧汝剛制于酒온여

내 다음과 같이 말하였다. "너는 殷나라의 獻臣(賢臣)과 侯·甸·男·衛의 諸侯들을 힘써 경계할 것이니, 하물며 네가 벗으로 대하는 자인 太史와 內史와 獻臣과 百宗工에 있어서랴. 하물며 네가 섬기는 자인 服休와 服采에 있어서랴. 하물며 너의 짝인 圻父로서 法을 어기는 자를 逐出하는 자와 農父로서 백성들을 순히 하여 보존하는 자와 宏父로서 땅을 열어 경계를 정해주는 자에 있어서랴. 더구나 네 자신이 술을 억지로 制裁해야 함에 있어서랴.

譯註 1. 服休服采：服은 종사하는 것이며 休는 鄭玄은 休息으로 보아 服采를 燕息의 近臣으로 해석하였으나 《集傳》은 아름다움으로 보아 道를 논하는 일에 종사하는 신하로 해석하였다. 服采는 일에 종사하는 신하이다.

姸：고울 연　醜：추악할 추　劼：힘쓸 활(괄)

劼은 用力也라 汝當用力하여 戒謹殷之賢臣與隣國之侯甸男衛하여 使之不湎于酒也라 毖殷獻臣侯甸男衛는 與文王毖庶邦庶士로 同義라 殷之賢臣諸侯 固欲知所謹矣니 況太史掌六典八法八則하고 內史掌八柄[1]之法하여 汝之所友者와 及其賢臣百寮大臣이 可不謹於酒乎아 太史, 內史, 獻臣, 百宗工이 固欲知所謹矣니 況爾之所事로 服休坐而論道之臣과 服采起而作事之臣이 可不謹於酒乎아 曰友曰事者는 國君이 有所友, 有所事也라 然盛德은 有不可友者라 故로 孟子曰 古之人曰 事之云乎언정 豈曰友之云乎아하시니라 服休, 服采 固欲知所謹矣니 況爾之疇匹而位三卿者로 若圻父迫逐違命者乎아 若農父之順保萬民者乎아 若宏父之制其經界以定法者乎아 皆不可不謹于酒也라 圻父는 政官이니 司馬也니 主封圻(畿)하고 農父는 敎官이니 司徒也니 主農하고 宏父는 事官이니 司空也니 主廓地居民이라 謂之父者는 尊之也라 先言圻父者는 制殷人湎酒에 以政爲急也라 圻父, 農父, 宏父 固欲知所謹矣니 況汝之身은 所以爲一國之視傚者니 可不謹於酒乎아 故로 曰矧汝剛制于酒라 剛制는 亦劼毖之意니 剛果用力以制之也라 此章은 自遠而近하고 自卑而尊하여 等而上之하니 則欲其自康叔之身始하여 以是爲治니 孰能禦之리오 而況毖於酒德也哉아

劼은 힘을 쓰는 것이다. 너는 마땅히 힘을 써서 殷나라의 賢臣과 이웃나라의 侯·甸·男·衛의 제후들을 경계하고 삼가서 술에 빠지지 않게 하여야 한다. 殷나라의 獻臣과 侯·甸·男·衛의 제후들을 경계한다는 것은 文王이 庶邦의 庶士를 경계한 것과 똑같은 뜻이다. 殷나라의 賢臣과 諸侯들도 진실로 삼갈 바를 알고자 하니, 하물며 太史로서 六典·八法·八則을 관장하고, 內史로서 八柄의 法을 관장하여 네가 벗으로 대하는 자와 賢臣과 百僚와 大臣들이 술을 삼가지 않겠는가. 太史·內史·獻臣·百宗工도 진실로 삼갈 바를 알고자 하니, 하물며 네가 섬기는 사람 중에 服休로서 앉아서 道를 논하는 臣下와 服采로서 일어나 일하는 臣下들이 술을 삼가지 않을 수 있겠는가. 友라 말하고 事라 말한 것은 나라의 君主는 벗으로 대하는 자가 있고 섬기는 자가 있기 때문이다. 그러나 훌륭한 德이 있는 사람은 벗으로 대해서는 안되는 경우가 있다. 그러므로 孟子가 말씀하기를 "옛사

寮 : 동료 료 疇 : 무리 주 廓 : 넓을 곽 傚 : 본받을 효

람의 말에 '섬길지언정 어찌 벗으로 대하겠는가.'라고 말했다." 하였다. 服休와 服采도 진실로 삼갈 바를 알고자 하니, 하물며 너의 짝으로 三卿의 지위에 있는 자 중에 圻父로서 命을 어김을 追逐하는 자에 있어서랴. 農父로서 萬民을 순히 보호하는 자에 있어서랴. 宏父로서 경계를 만들어 法을 정하는 자에 있어서랴. 이들은 모두 술을 삼가지 않으면 안된다. 圻父는 政事를 다스리는 벼슬로 司馬이니 封圻를 주관하며, 農父는 가르치는 벼슬로 司徒이니 농사를 주관하며, 宏父는 일하는 벼슬로 司空이니 땅을 넓혀 백성을 거주하게 함을 주관한다. 父라고 말한 것은 높인 것이다. 먼저 圻父를 말한 것은 殷나라 사람들이 술에 빠짐을 제재함에 政事를 급하게 여겼기 때문이다. 圻父·農父·宏父도 진실로 삼갈 바를 알고자 하니, 하물며 너 자신은 한 나라의 보고 본받음이 되는 자이니, 술을 삼가지 않을 수 있겠는가. 그러므로 말하기를 "더구나 네 자신이 술을 억지로 制裁해야 함에 있어서랴."라고 한 것이니, 억지로 制裁한다는 것은 또한 힘써 경계하는 뜻이니, 강하고 과단성 있게 힘을 써서 制裁하는 것이다.

이 章은 멂으로부터 가까움에 이르고 낮음으로부터 높음에 이르러 등급에 따라 올라가니, 이는 康叔의 몸으로부터 시작하여 이것으로 다스림을 하고자 한 것이다. 그 누가 이것을 막겠는가. 더구나 酒德을 삼가함에 있어서랴.

譯註 1. 太史掌 … 八柄 : 六典은 나라를 다스리는 여섯 가지 법(제도)으로 治典·教典·禮典·政典·刑典·事典을 가리키고 八法은 官府를 다스리는 여덟 가지 법칙으로 官屬·官職·官聯·官常·官成·官法·官刑·官計를 가리키며, 八則은 封地나 采邑인 都鄙를 다스리는 여덟 가지 법칙으로 祭祀·法則·廢置·祿位·貢賦·禮俗·刑賞·田役을 가리키고 八柄은 群臣을 다스리는 여덟 가지 權柄으로 爵·祿·予·置·生·奪·廢·誅를 가리키는바, 《周禮》〈天官 太宰〉에 자세히 보인다.

14. 厥或誥曰 群飮이어든 汝勿佚하여 盡執拘하여 以歸于周하라 予其殺이니라

佚 : 놓아줄 일 拘 : 구속할 구

그 혹인이 아뢰기를 '떼지어 술을 마신다.' 하거든 너는 놓치지 말고 모두 붙잡아 구속해서 周나라로 돌아오라. 내 그 죽이거나 하리라.

群飮者는 商民이 群聚而飮하여 爲姦惡者也라 佚은 失也라 其者는 未定辭也라 蘇氏曰 予其殺者는 未必殺也니 猶今法曰當斬者니 皆具獄以待命이요 不必死也라 然必立法者는 欲人畏而不敢犯也라 群飮은 蓋亦當時之法에 有群聚飮酒하여 謀爲大姦者니 其詳은 不可得而聞矣라 如今之法에 有曰夜聚曉散者는 皆死罪니 蓋聚而爲妖逆者也라 使後世不知其詳하고 而徒聞其名하여 凡民夜相過者를 輒殺之하니 可乎아

群飮은 商나라 백성들이 떼지어 모여 술을 마시고서 姦惡한 짓을 하는 자이다. 佚은 놓치는 것이다. 其는 정하지 않은 말이다. 蘇氏가 말하였다. "내 그 죽이거나 하리라 라는 것은 반드시 죽인다는 말은 아니니, 지금 法에 '마땅히 斬刑에 처한다.'는 것과 같으니, 모두 獄事를 갖추어 명령을 기다리는 것이요, 반드시 죽이는 것은 아니다. 그러나 반드시 法을 세우는 것은 사람들이 두려워하여 감히 범하지 않게 하고자 해서이다. 群飮은 또한 당시의 法에 떼지어 술을 마시고서 큰 姦惡함을 謀議하는 자가 있었던 것이니, 그 자세한 것은 들을 수 없다. 지금 法에 밤에 모였다가 새벽에 흩어지는 자는 모두 死罪라고 말한 것과 같으니, 이는 모여서 요망한 짓과 역적질을 하는 자이다. 후세에는 그 자세한 내용은 알지 못하고 한갓 그 명칭만을 듣고서 무릇 백성들 중에 밤에 서로 방문하는 자를 곧 죽이게 하였으니, 가하겠는가."

15. 又惟殷之迪諸臣惟工이 乃湎于酒어든 勿庸殺之하고 姑惟敎之하라

또 殷나라 受가 惡으로 인도한 여러 臣下들과 벼슬아치들이 술에 빠지거든 죽이지 말고 너는 우선 가르쳐라.

曉 : 새벽 효 妖 : 요망할 요 過 : 방문할 과

殷受 導迪爲惡之諸臣百工은 雖湎于酒하여 未能遽革이라도 而非群聚爲姦惡者면 無庸殺之요 且惟教之니라

殷나라 受가 인도하여 惡을 하도록 한 여러 臣下들과 百官들은 비록 술에 빠져 대번에 고치지 못하더라도 떼지어 모여서 姦惡한 짓을 한 자가 아니면 죽이지 말고 우선 가르쳐라.

16. 有斯면 明享이어니와 乃不用我教辭하면 惟我一人이 弗恤하여 弗蠲乃事하여 時同于殺호리라

네가 이것을 기억하고 있으면 밝게 연향을 베풀어 주겠지만 네가 나의 가르치는 말을 따르지 않으면 나 한 사람은 너를 구휼하지 않아서 네가 하는 일을 좋게 여기지 아니하여 이에 죽이는 죄와 똑같이 다스릴 것이다."

有者는 不忘之也라 斯는 此也니 指教辭而言이라 享은 上享下之享이라 言殷諸臣百工이 不忘教辭하여 不湎于酒면 我則明享之어니와 其不用我教辭면 惟我一人이 不恤於汝하여 弗潔汝事하여 時則同汝于群飮誅殺之罪矣라

有는 〈기억하여〉 잊지 않는 것이다. 斯는 이것이니, 가르친 말을 가리켜 말한 것이다. 享은 윗사람이 아랫사람에게 연향한다는 享字이다. 殷나라의 여러 臣下와 百官들이 가르친 말을 잊지 아니하여 술에 빠지지 않으면 나는 밝게 연향을 베풀어 줄 것이나 나의 가르치는 말을 따르지 않으면 나 한 사람은 너를 구휼하지 않아서 네가 하는 일을 좋게 여기지 아니하여 이에 너를 떼지어 술마시면 誅殺하는 罪와 똑같이 다스릴 것이다.

17. 王曰 封아 汝典聽朕毖하라 勿辨乃司하면 民湎于酒하리라

王이 말씀하였다. "封아! 너는 나의 경계를 떳떳이 들어라. 네 有司

遽 : 급할 거 革 : 고칠 혁 蠲 : 깨끗할 견 潔 : 깨끗할 결

들을 다스리지 못하면 백성들이 술에 빠질 것이다."

辨은 治也라 乃司는 有司也니 卽上文諸臣百工之類라 言康叔이 不治其諸臣百工之湎酒면 則民之湎酒者를 不可禁矣라

辨은 다스림이다. 乃司는 有司이니, 곧 上文에 諸臣·百工의 類이다. 康叔이 여러 臣下와 百工들이 술에 빠짐을 다스리지 못하면 백성들이 술에 빠짐을 금할 수 없음을 말한 것이다.

梓材

亦武王誥康叔之書니 諭以治國之理하여 欲其通上下之情하고 寬刑辟之用이라 而篇中에 有梓材二字하니 比稽田作室에 爲雅라 故로 以爲簡編之別이요 非有他義也라 今文古文皆有하니라

○ 按此篇은 文多不類하니 自今王惟曰以下는 若人臣進戒之辭라 以書例推之컨대 曰今王惟曰者는 猶洛誥之今王卽命曰也요 肆王惟德用者는 猶召誥之肆惟王其疾敬德王其德之用也요 已若玆監者는 猶無逸嗣王其監于玆也요 惟王子子孫孫永保民者는 猶召誥惟王受命無疆惟休也라 反覆參考컨대 與周公召公進戒之言으로 若出一口라 意者컨대 此篇은 得於簡編斷爛之中하여 文旣不全이요 而進戒爛簡에 有用明德之語하니 編書者以與罔厲殺人等意合이라하고 又武王之誥에 有曰王曰監云者어늘 而進戒之書에 亦有曰王曰監云者하니 遂以爲文意相屬이라하여 編次其後하니 而不知前之所謂王者는 指先王而言이니 非若今王之爲自稱也요 後之所謂監者는 乃監視之監而非啓監之監也니 其非命康叔之書 亦明矣라 讀書者 優游涵泳하고 沈潛反覆하여 繹其文義하고 審其語脈하면 一篇之中에 前則尊諭卑之辭요 後則臣告君之語니 蓋有不可得而强合者矣니라

이 또한 武王이 康叔을 가르친 글이니, 治國의 도리를 말하여 上下의 情

稽 : 다스릴 계　爛 : 불에데일 란　涵 : 담글 함　泳 : 헤엄칠 영　繹 : 연구할 역

을 통하고 刑罰의 씀을 너그럽게 하고자 한 것이다. 篇 가운데 '梓材'라는 두 글자가 있으니, 稽田(밭을 다스림)·作室(집을 지음)에 비하여 고상함이 된다. 그러므로 簡編의 구별을 삼은 것이요, 다른 뜻이 있는 것은 아니다. 今文과 古文에 모두 있다.

○ 살펴보건대 이 篇은 글이 많이 똑같지 않은 것이 많으니, '今王惟曰'로부터 이하는 人臣이 進戒한 말인 듯하다. 《書經》의 準例로 미루어 보건대 '今王惟曰'은 〈洛誥〉에 '今王卽命曰'과 같으며, '肆王惟德用〔王은 오직 德을 씀〕'은 〈召誥〉에 '肆惟王其疾敬德 王其德之用〔王은 빨리 德을 공경하여야 하니, 王은 德을 씀〕'과 같으며, '已若玆監〔이와 같이 거울로 삼음〕'은 〈無逸〉에 '嗣王其監于玆〔嗣王은 이것을 거울로 삼음〕'와 같으며, '惟王子子孫孫永保民〔王의 자자손손이 영원히 백성을 보존함〕'은 〈召誥〉에 '惟王受命無疆惟休〔王이 天命을 받음이 無窮한 아름다움임〕'와 같다. 반복하여 參考해 보건대 周公과 召公이 進戒한 말씀과 한 입에서 나온 듯하다. 짐작컨대 이 篇은 簡編이 斷爛한 가운데 얻어서 글이 이미 완전하지 못하고, 進戒한 글의 끊겨진 簡編에 明德을 쓰라는 말이 있으니, 책을 엮는 자가 '罔厲殺人〔사나움으로 사람을 죽이지 말라〕' 등과 뜻이 부합된다고 여기고, 또 武王의 가르침에 '曰王曰監〔王이라 하고 監이라 함〕'이라는 것이 있는데 進戒한 글에 또한 '曰王曰監'이라는 내용이 있으니, 마침내 글뜻이 서로 연결된다고 생각하여 그 뒤에 編次하였으니, 앞의 이른바 王은 先王을 가리켜 말한 것이니 今王이 自稱한 것과 같지 않으며, 뒤의 이른바 監이라는 것은 바로 監視의 監이요 啓監의 監이 아닌 것을 알지 못한 것이니, 이는 康叔에게 命한 글이 아님이 또한 분명하다. 글을 읽는 자가 優游하고 涵泳하며 沈潛하고 반복하여 글뜻을 깊이 연구하고 語脈(文脈)을 살펴보면 한 篇 가운데 앞부분은 높은 사람이 낮은 사람을 효유한 말이요 뒷부분은 臣下가 君主에게 아뢴 말이니, 억지로 합할 수 없는 것이 있다.

1. 王曰 封아 以厥庶民과 暨厥臣으로 達大家하며 以厥臣으로 達王은 惟邦君이니라

王이 말씀하였다. "封아. 그 庶民과 그 臣下로써 大家에 이르게 하며 그 臣下로써 王에게 이르게 함은 오직 邦君이다.

大家는 巨室也라 孟子曰 爲政不難하니 不得罪於巨室이라하니 孔氏曰 卿大夫及都家也라하니라 以厥庶民暨厥臣으로 達大家면 則下之情이 無不通矣요 以厥臣으로 達王이면 則上之情이 無不通矣라 王言臣而不言民者는 率土之濱이 莫非王臣也일새라 邦君은 上有天子하고 下有大家하니 能通上下之情하여 而使之無間者는 惟邦君也라

大家는 巨室이다. 孟子가 말씀하기를 "政事를 다스림이 어렵지 않으니, 巨室에 罪를 얻지 말라." 하였는데, 孔氏는 이르기를 "卿大夫 및 都家이다." 하였다. 그 庶民과 臣下로써 大家에 이르게 하면 아래의 情이 통하지 않음이 없고, 그 臣下로써 王에게 이르게 하면 위의 情이 통하지 않음이 없게 된다. 王이 臣下만 말하고 백성을 말하지 않은 것은 온 海內의 땅이 王의 臣下 아닌 이가 없기 때문이다. 邦君은 위로는 天子가 있고 아래로는 大家가 있으니, 上下의 情을 통하여 간격이 없게 하는 자는 오직 邦君이다.

2. 汝若恒越하여 曰 我有師師는 司徒와 司馬와 司空과 尹과 旅니 曰予罔厲殺人이라하라 亦厥君이 先敬勞니 肆徂厥敬勞하라 肆往姦宄殺人歷人을 宥하면 肆亦見厥君事하여 戕敗人을 宥하리라

네가 만일 항상 신하들과 더불어 말하기를 '내 官師로 스승삼는 자는 司徒와 司馬와 司空과 尹과 旅이니, 내 사람을 사납게 하여 죽이지 않는다.'고 하라. 또한 君主가 먼저 공경하여 위로하여야 하니, 가서 공경하여 위로하라. 지난날 姦宄하고 사람을 죽이거나 罪人을 숨겨준 자를 용서하면 마침내 臣下들이 또한 君主의 하는 일을 보고서 사람을 戕敗(傷害)한 자를 용서할 것이다.

恒은 常也라 師師는 以官師爲師也라 尹은 正官之長이요 旅는 衆大夫也라

宥 : 용서할 유　戕 : 해칠 장

敬勞는 恭敬勞來也라 徂는 往也라 歷人者는 罪人所過니 律所謂知情藏匿資給[1]也라 戕敗者는 毁傷四肢面目이니 漢律所謂疻[2]也라 此章은 文多未詳이라

恒은 항상이다. 師師는 官師로써 스승을 삼는 것이다. 尹은 正官의 우두머리이고, 旅는 여러 大夫이다. 敬勞는 공경하여 勞來(위로)함이다. 徂는 감이다. 歷人은 罪人이 지나간 곳이니, 刑律에 이른바 "實情을 알고 숨겨주고 物資를 준다."는 것이다. 戕敗는 四肢와 面目을 毁傷함이니, 漢나라 刑律에 이른바 疻라는 것이다. 이 章은 글이 未詳한 부분이 많다.

譯註 1. 律所謂知情藏匿資給 : 《蔡傳旁通》에 "三者 … 或知情 或藏匿 或資給"이라 하였는바, 知情은 罪人의 實情을 알면서도 告知하지 않는 것으로 보인다.
2. 漢律所謂疻 : 疻는 구타하여 상처를 입힘을 이른다.

3. 王啓監하심은 厥亂이 爲民이니 曰 無胥戕하며 無胥虐하여 至于敬寡하며 至于屬婦하여 合由以容하라 王이 其效邦君과 越御事인댄(하논) 厥命은 曷以오 引養引恬이니라 自古로 王若玆하니 監은 罔攸辟이니라

王이 監을 처음 두심은 그 다스림이 백성을 위해서이니, 監을 경계하여 말하기를 '서로 해치지 말고 서로 포학히 하지 말아서 寡弱한 자를 공경함에 이르며 외로운 婦人을 연속함에 이르러 백성을 保合하여 이것을 따라 용납하도록 하라.' 하였다. 王이 邦君과 御事들에게 功效를 책할진댄 그 命令은 어떻게 하는가? 백성을 길러주도록 인도하고 편안하도록 인도하는 것이다. 예로부터 王이 경계함은 이와 같으니, 監은 刑罰함이 없다.

監은 三監之監이라 康叔所封은 亦受畿內之民이니 當時에 亦謂之監이라

匿 : 숨길 닉 疻 : 맞아서상할 지 恬 : 편안할 념

故로 武王이 以先王啓監意而告之也라 言王者所以開置監國者는 其治本爲民而已라 其命監之辭에 蓋曰無相與戕殺其民하고 無相與虐害其民하여 人之寡弱者를 則哀敬之하여 使不失其所하고 婦之窮獨者를 則聯屬之하여 使有所歸하여 保合其民하여 率由是而容畜之也라 且王所以責效邦君御事者는 其命何以哉오 亦惟欲其引掖斯民於生養安全之地而已라 自古로 王者之命監이 若此하니 汝今爲監에 其無所用乎刑辟하여 以戕虐人이 可也라

監은 三監의 監이다. 康叔을 封한 것은 또한 受의 畿內의 백성이니, 당시에 또한 監이라고 일렀으므로 武王이 先王이 監을 둔 뜻을 가지고 고한 것이다. 王者가 監國하는 자를 開置한 까닭은 그 다스림이 본래 백성을 위해서일 뿐이다. 그 監에게 命한 말에 이르기를 "서로 더불어 백성을 죽이지 말고 서로 더불어 백성을 虐害하지 말아서 사람 중에 寡弱한 자를 불쌍히 여기고 공경하여 살 곳을 잃지 않게 하고, 婦人 중에 困窮하고 외로운 자를 聯屬하여 돌아갈 곳이 있게 해서 백성들을 保合하여 모두 이를 따라 용납하고 길러야 한다." 하였다. 또 王이 邦君과 御事들에게 功效를 책하는 것은 그 命令을 어떻게 하는가? 또한 이 백성을 生養하고 安全한 곳으로 인도하고 붙들어 주고자 할 뿐이다. 예로부터 王者가 監에게 命한 것이 이와 같으니, 네가 이제 監이 됨에 刑罰을 사용하여 사람을 해치고 포악히 함이 없어야 할 것이다.

4. 惟曰 若稽田에 旣勤敷菑인댄 惟其陳修하여 爲厥疆畎하며 若作室家에 旣勤垣墉인댄 惟其塗塈茨하며 若作梓材에 旣勤樸斲[1]인댄 惟其塗丹雘이니라

밭을 다스림에 이미 부지런히 널리 잡초를 제거했으면 펴서 닦아 밭두둑과 물길을 냄과 같으며, 집을 지음에 이미 부지런히 담을 쌓았으면 진흙을 바르고 지붕을 해 이는 것과 같으며, 梓材를 만듦에 이

聯：연할 련 菑：밭일굴 치 畎：밭도랑 견 墉：담 용 塗：흙바를 도
塈：흙바를 기 茨：이엉 자 樸：나무등걸 박 斲：깎을 착 雘：단청할 확

미 부지런히 나무를 다스리고 깎았으면 丹靑을 칠함과 같다."

譯註 1. 樸斲 : 대강 다듬는 것을 樸이라 하고 정교하게 깎는 것을 斲이라 한다.

稽는 治也라 敷菑는 廣去草棘也라 疆은 畔也요 畎은 通水渠也라 塗塈는 泥飾也요 茨는 蓋也라 梓는 良材니 可爲器者라 雘은 采色之名이라 敷菑는 以喩除惡이요 垣墉은 以喩立國이요 樸斲은 以喩制度하니 武王之所已爲也요 疆畎, 塈茨, 丹雘은 則望康叔以成終云耳라

稽는 다스림이다. 敷菑는 풀과 가시나무를 널리 제거함이다. 疆은 밭두둑이고, 畎은 물을 통하게 하는 도랑이다. 塗塈는 진흙으로 꾸밈이고, 茨는 지붕을 덮는 것이다. 梓는 훌륭한 재목이니 그릇을 만들 수 있는 것이다. 雘은 彩色의 이름이다. 敷菑는 惡을 제거함을 비유하고 垣墉은 나라를 세움을 비유하고 樸斲은 法度를 만듦을 비유하였으니 이는 武王이 이미 만든 것이며, 疆畎과 塈茨와 丹雘은 康叔이 終을 이루기를 바란 것이다.

5. 今王이 惟曰 先王이 旣勤用明德하사 懷爲夾하신대 庶邦享하여 作兄弟方來하여 亦旣用明德하니 后式典集하시면 庶邦이 丕享하리이다

이제 王께서 말씀하시기를 '先王이 모두 부지런히 밝은 德을 써서 회유하여 가까이 하시니, 여러 나라가 물건을 바쳐 兄弟가 되어 四方에서 와서 또한 모두 밝은 德을 썼으니, 後王이 떳떳한 法을 써서 백성들을 편안하게 하겠다.' 하시면 여러 나라가 크게 물건을 바칠 것입니다.

先王은 文王武王也라 夾은 近也니 懷遠爲近也라 兄弟는 言友愛也니 泰誓曰 友邦冢君이라하니라 方來者는 方方而來也라 旣는 盡也라 先王이 盡

夾 : 가까울 협

勤用明德而懷來于上하니 諸侯亦盡用明德而視效於下也라 后는 後王也라 式은 用也라 典은 舊典也요 集은 和輯也라 此章以後는 若臣下進戒之辭하니 疑簡脫誤於此라

先王은 文王과 武王이다. 夾은 가까움이니, 먼 데 있는 자를 회유하여 가깝게 만드는 것이다. 兄弟는 우애함을 말한 것이니, 〈泰誓〉에 "友邦의 冢君이다." 하였다. 方來는 方方(사방)에서 오는 것이다. 旣는 모두이다. 先王이 모두 부지런히 밝은 德을 써서 위에서 회유하여 오게 하니, 諸侯들 또한 모두 밝은 德을 써서 아래에서 본받았다. 后는 後王이다. 式은 씀이다. 典은 옛 법이고, 集은 和輯함이다. 이 章 이후는 臣下가 進戒한 말인 듯하니, 의심컨대 簡編이 여기에서 빠져 오류가 있는 듯하다.

6. 皇天이 旣付中國民과 越厥疆土于先王하시니

皇天이 이미 中國의 백성과 그 疆土를 先王에게 맡겨 주셨으니,

越은 及也라 皇天이 旣付中國民及其疆土于先王也라

越은 및이다. 皇天이 이미 中國의 백성과 그 疆土를 先王에게 맡겨주었다.

7. 肆王은 惟德을 用하사 和懌先後迷民하사 用懌先王受命하소서

이제 王께서는 밝은 德을 쓰시어 혼미한 백성들을 和悅하게 하고 先後(위로)하여 天命을 받으신 先王을 기쁘게 하소서.

肆는 今也라 德用은 用明德也라 懌는 和悅之也라 先後는 勞來之也요 迷民은 迷惑染惡之民也라 命은 天命也니 用慰悅先王克受天命者也라

肆는 이제이다. 德用은 明德을 쓰는 것이다. 懌는 화하고 기뻐하는 것이다. 先後는 勞來함이요, 迷民은 미혹되어 惡에 물든 백성이다. 命은 天命이

懌 : 기쁠 역

니, 先王으로 天命을 받은 자를 위로하고 기쁘게 하는 것이다.

8. 已若茲監하소서 惟曰 欲至于萬年惟王하사 子子孫孫이 永保民하노이다

이와 같이 살펴보소서. 萬年에 이르도록 王노릇하시어 子子孫孫이 길이 백성을 보호하시기 바라노이다.

已는 語辭라 監은 視也라 此는 人臣이 祈君永命之辭也라 按梓材에 有自古王若茲監罔攸辟之言而編書者 誤以爲句讀하고 而爛簡에 適有已若茲監之語일새 以爲語意相類라하여 合爲一篇하니 而不知其句讀之本不同과 文義之本不類也라 孔氏는 依阿其說하여 於篇意에 無所發明이요 王氏는 謂成王自言에 必稱王者는 以覲禮考之컨대 天子以正遏諸侯면 則稱王이라하니 亦强釋難通이라 獨吳氏以爲誤簡者爲得之나 但謂王啓監以下는 卽非武王之誥라하니 則未必然也라

已는 어조사이다. 監은 살펴봄이다. 이는 人臣이 君主에게 天命이 영원하기를 바라는 말이다. 살펴보건대 〈梓材〉에 '自古王若茲 監罔攸辟'이라는 말이 있는데, 책을 엮는 자가 잘못 句讀를 떼고, 끊긴 簡編에 마침 '已若茲監'이라는 말이 있으므로 말뜻이 서로 유사하다 하여 합하여 한 篇을 만들었으니, 그 句讀가 본래 똑같지 않고 글뜻이 본래 같지 않음을 알지 못한 것이다. 孔氏는 그 말에 의거하여 篇의 뜻에 발명한 바가 없으며, 王氏는 "成王이 스스로 말할 적에 반드시 王이라고 칭하는 경우는 覲禮를 가지고 상고해 보면 天子가 정사로써 諸侯들을 막을 때에 王이라고 칭한다." 하였으니, 또한 억지로 해석하여 통하기 어렵다. 다만 吳氏가 "잘못된 簡編이다."라고 한 것이 맞으나 다만 '王戒監' 이하는 곧 武王의 가르침이 아니라고 말했으니, 이것은 반드시 그렇지는 않을 것이다.

祈 : 빌 기 阿 : 아첨할 아 覲 : 볼 근

書經集傳 卷八

召誥

左傳曰 武王克商하시고 遷九鼎于洛邑이라하고 史記에 載武王言호되 我南望三途하고 北望嶽鄙하고 顧詹有河하고 粤詹洛伊하니 毋遠天室[1]이라하시고 營周하여 居于洛邑而後去라하니 則宅洛者는 武王之志를 周公成王이 成之요 召公이 實先經理之라 洛邑旣成에 成王始政하니 召公이 因周公之歸하여 作書致告하여 達之於王하니라 其書拳拳於歷年之久近하고 反覆乎夏商之廢興하니 究其歸하면 則以諴小民으로 爲祈天命之本하고 以疾敬德으로 爲諴小民之本하여 一篇之中에 屢致意焉하니 古之大臣이 其爲國家長遠慮 蓋如此라 以召公之書라하여 因以召誥名篇하니 今文古文皆有하니라

《左傳》에 "武王이 商나라를 이기고 九鼎을 洛邑으로 옮겼다." 하였고, 《史記》에 武王의 말씀을 記載하기를 " '내 남쪽으로 三途山을 바라보고 북쪽으로 嶽鄙(太行山에 가까운 邑)를 바라보며, 有河(黃河)를 돌아보고 洛水와 伊水를 건너보니, 天室을 정하되 이곳에서 멀리하지 말라.' 하고는 周나라를 경영하여 洛邑에 거한 뒤에 떠나갔다." 하였으니, 洛邑에 거한 것은 武王의 뜻을 周公과 成王이 이룬 것이며, 召公이 실로 먼저 경영하여 다스렸다. 洛邑이 이미 이루어지자 成王이 처음 政事를 하니, 召公은 周公의 돌아감으로 인하여 글을 지어 아뢰어서 王에게 전달하게 하였다. 이 글은 歷年의 오래고 가까움에 拳拳하고, 夏나라와 商나라의 폐하고 흥함을 반복하였으니, 그 귀결을 연구해보면 小民을 和하는 것으로 天命을 비는 근본을 삼고, 빨리 德을 공경하는 것으로 小民을 和하는 근본을 삼아 한 篇 가운데 여러번 뜻을 지극히 하였다. 옛날 大臣들은 國家를 위하여 長遠하게 생각함이 이와 같았다. 召公의 글이라 하여 인하여 〈召誥〉라고 篇名을 하였

詹：볼 첨 粤：및 월 拳：정성 권 諴：화할 함 屢：여러 루

으니, 今文과 古文에 모두 있다.

譯註 1. 毋遠天室 : 退溪는 "이 곳을 멀리 떠나 天子의 宮室을 짓지 말라.〔毋遠離於此而作天子之室〕" 하여 天室을 天子의 집으로 보았으나 一說에는 嵩山의 太室峰과 小室峰이라 하기도 하며 하늘의 營室星이라 하기도 한다.

1. 惟二月既望越六日乙未에 王이 朝步自周하사 則至于豐하시다

2월 既望에서 6일이 지난 乙未日에 王이 아침에 周나라로부터 와서 豐에 이르셨다.

日月相望을 謂之望이니 既望은 十六日也라 乙未는 二十一日也[1]라 周는 鎬京也니 去豐二十五里하니 文武廟在焉이라 成王至豐하사 以宅洛之事로 告廟也라

해와 달이 서로 바라봄을 望(보름)이라 하니 既望은 16일이다. 乙未日은 21일이다. 周는 鎬京이니, 豐과 25리 떨어져 있으니, 文王·武王의 祠堂이 여기에 있다. 成王이 豐에 이르러 洛邑에 거하는 일을 祠堂에 告한 것이다.

譯註 1. 既望 … 二十一日也 :《漢書》〈律歷志〉에 "周公이 攝政한 7년 2월 乙亥朔이다." 하였는바, 이에 기준할 때 既望인 16일은 庚寅日이고 21일은 乙未日이 된다.

2. 惟太保先周公相宅하여 越若來[1]三月惟丙午朏越三日戊申에 太保朝至于洛하여 卜宅하니 厥既得卜하여 則經營하니라

朏 : 초사흘 비

太保가 周公보다 먼저 가서 집터를 보았다. 그리하여 越若來 3月 丙午日 초사흘에서 3일이 지난 戊申日에 太保가 아침에 洛邑에 이르러 집터를 점쳐 이미 吉한 占卦를 얻고서 經營하였다.

譯註 1. 越若來 : 退溪는 "《集傳》에 '옛날의 語辭이다.' 하였으니, 굳이 해석하지 않는 것이 좋을 듯하다. 그러나 下文에 또 '迤邐而來'라 하였으니, 來字를 해석하지 않을 수 없다. 그렇다면 '越若히 來한'으로 풀이하여야 한다." 하였다.

成王在豊하여 使召公으로 先周公行하여 相視洛邑이라 越若來는 古語辭니 言召公이 於豊에 迤邐而來也라 朏는 孟康曰 月出也니 三日明生之名이라 하니라 戊申은 三月五日也라 卜宅者는 用龜하여 卜宅都之地니 既得吉卜일새 則經營規度其城郭宗廟郊社朝市之位라

成王이 豊에 있으면서 召公으로 하여금 周公보다 먼저 가서 洛邑을 보게 하였다. 越若來는 옛날의 語助辭이니, 召公이 豊에서 돌아옴을 말한 것이다. 朏는 孟康이 말하기를 "달이 나오는 것이니, 초사흘에 밝은 달이 나옴을 이름함이다." 하였다. 戊申日은 3월 5일이다. 卜宅은 거북을 사용하여 都邑할 땅을 점치는 것이니, 이미 吉한 점괘를 얻었으므로 그 城郭과 宗廟, 郊社와 朝市의 위치를 經營하고 헤아린 것이다.

3. 越三日庚戌에 太保乃以庶殷으로 攻位于洛汭하니 越五日甲寅에 位成하니라

3일이 지난 庚戌日에 太保가 마침내 庶殷(여러 殷나라 백성들)을 데리고 洛汭에서 위치(집터)를 다스리게 하니, 5일이 지난 甲寅日에 위치가 완성되었다.

庶殷은 殷之衆庶也니 用庶殷者는 意是時에 殷民이 已遷于洛이라 故로 就役之也라 位成者는 左祖右社前朝後市之位成也라

相 : 볼 상　迤 : 따라갈 이　邐 : 따라갈 리　汭 : 물가 예

庶殷은 殷나라의 여러 백성들이니, 庶殷을 쓴 것은 짐작컨대 이 때에 殷나라 백성들이 이미 洛邑으로 옮겨왔으므로 나아가 賦役하게 한 듯하다. 위치가 이루어졌다는 것은 왼쪽에는 先祖의 祠堂이 있고 오른쪽에는 社가 있으며, 앞에는 朝廷이 있고 뒤에는 시장이 있는 위치가 이루어진 것이다.

4. 若翼日乙卯에 周公이 朝至于洛하사 則達觀于新邑營하시다

다음날인 乙卯日에 周公이 아침에 洛邑에 이르러 새 都邑에 經營한 위치를 두루 살펴보았다.

周公至하여 則徧觀新邑所經營之位라

周公이 이르러 새 都邑에 經營한 위치를 두루 살펴본 것이다.

5. 越三日丁巳에 用牲于郊하시니 牛二러라 越翼日戊午에 乃社于新邑하시니 牛一, 羊一, 豕一이러라

3일이 지난 丁巳日에 郊祭에 犧牲을 쓰시니, 소 두 마리였다. 다음날인 戊午日에 새 도읍에서 社祭를 지내시니, 소 한 마리, 양 한 마리, 돼지 한 마리였다.

郊는 祭天地也라 故로 用二牛[1)]하고 社祭는 用太牢하니 禮也니 皆告以營洛之事라

郊祭는 天地에 제사하는 것이므로 두 마리 소를 쓴 것이며 社祭에는 太牢를 사용하였으니, 禮이니 모두 洛邑을 經營하는 일을 告한 것이다.

譯註 1. 郊祭天地也 故用二牛 : 退溪는 陳澔의 《禮記集說》을 인용하여 《集傳》의 오류를 지적하고 "上帝와 后稷에게 각각 한 마리씩이다." 하

翼 : 내일 익 徧 : 두루 변(편) 郊 : 들 교

였다.

6. 越七日甲子에 周公이 乃朝用書하사 命庶殷侯甸男邦伯하시다

7일이 지난 甲子日에 周公이 아침에 부역시키는 글로써 庶殷과 侯服·甸服·男服의 邦伯들에게 命하였다.

書는 役書也라 春秋傳曰 士彌牟營成周할새 計丈數, 揣高低, 度(탁)厚薄, 仞溝洫, 物土方, 議遠邇, 量事期, 計徒庸, 慮材用, 書餱糧하여 以令役於諸侯라하니 亦此意라 王氏曰 邦伯者는 侯甸男服之邦伯也라 庶邦冢君이 咸在로되 而獨命邦伯者는 公은 以書命邦伯하고 而邦伯은 以公命命諸侯也라

書는 부역시키는 글이다. 《春秋傳》에 "士彌牟가 成周를 經營할 적에 丈數를 계산하고 高低를 헤아리며, 厚薄을 헤아리고 溝洫의 깊이를 재며, 土地의 方位를 살펴보고 거리의 遠近을 의논하며, 事期(工期)를 헤아리고 徒庸(인부)을 계산하며, 材用을 생각하고 餱糧을 써서 諸侯들에게 賦役하게 했다." 하였으니, 또한 이러한 뜻이다.

王氏가 말하였다. "邦伯은 侯服·甸服·男服의 邦伯이다. 여러 나라의 冢君들이 모두 있었는데 유독 邦伯에게 命한 것은 周公은 글로써 邦伯에게 命하고 邦伯은 周公의 명령으로 諸侯들을 명한 것이다."

7. 厥旣命殷庶하시니 庶殷이 丕作하니라

이미 庶殷에게 명하시니, 庶殷이 크게 일하였다.

丕作者는 言皆趨事赴功也라 殷之頑民이 若未易役使者나 然召公이 率以攻位而位成하고 周公이 用以書命而丕作하니 殷民之難化者도 猶且如

牟 : 보리 모 揣 : 헤아릴 췌 仞 : 길 인 洫 : 도랑 혁 物 : 분변할 물

此하니 則其悅以使民을 可知也니라

丕作은 모두 事功에 달려감을 말한 것이다. 殷나라의 완악한 백성들이 使役시키기 쉽지 않을 듯하나 召公이 거느리고 위치를 다스리게 하자 위치가 이루어졌고, 周公이 글로 명령하자 크게 일하였다. 敎化하기 어려운 殷나라 백성들도 오히려 이와 같았으니, 기뻐함으로 백성을 부렸음을 알 수 있다.

8. 太保乃以庶邦冢君으로 出取幣하여 乃復入錫周公하고 曰 拜手稽首하여 旅王若公하노니 誥告庶殷은(홀든) 越自乃御事니이다

太保가 庶邦의 冢君들과 나가서 幣帛을 취하여 다시 들어와 周公에게 주고 다음과 같이 말하였다. "拜手稽首하여 王과 및 公(周公)에게 아뢰노니, 庶殷을 가르침은 당신의 御事로부터 시작하여야 합니다.

呂氏曰 洛邑事畢에 周公이 將歸宗周하시니 召公이 因陳戒成王할새 乃取諸侯贄見(현)幣物하여 以與周公하고 且言其拜手稽首하여 所以陳王及公之意라 蓋召公이 雖與周公言이나 乃欲周公이 聯諸侯之幣와 與召公之誥하여 倂達之王이라 謂洛邑已定에 欲誥告殷民인댄 其根本은 乃自爾御事라 不敢指言成王하고 謂之御事는 猶今稱人爲執事也라

呂氏가 말하였다. "洛邑의 일이 끝나자 周公이 장차 宗周로 돌아가려 하니, 召公이 인하여 成王에게 警戒의 말을 올릴 적에 諸侯들의 贄見(임금을 뵈올 때 바치는 예물)의 幣帛을 취하여 周公에게 주고, 또 拜手稽首하여 王과 周公에게 아뢴 뜻을 말한 것이다." 이는 召公이 비록 周公에게 말한 것이나 周公이 제후들의 幣帛과 召公의 가르침을 연하여 함께 王에게 전달하게 하고자 한 것이다. 洛邑이 이미 정해짐에 殷나라 백성들을 가르치고 고하려고 할진댄 그 근본은 바로 당신의 御事로부터 해야 함을 말한 것이

餱：밥 후　丕：클 비　錫：줄 석　贄：폐백 지　倂：아우를 병

다. 감히 成王을 가리켜 말하지 않고 御事라고 말한 것은 지금 사람을 칭할 적에 執事라고 하는 것과 같다.

9. 嗚呼라 皇天上帝 改厥元子玆大國殷之命하시니 惟王受命이 無疆惟休시나 亦無疆惟恤이시니 嗚呼曷其오 奈何弗敬이리오

아! 皇天 上帝가 그 元子와 이 大國인 殷나라의 命을 바꾸셨으니, 王께서 天命을 받은 것이 끝없는 아름다움이시나 또한 끝없는 근심이시니, 아! 어찌하여야 합니까. 어찌 恭敬하지 않을 수 있겠습니까.

此下는 皆告成王之辭니 託周公하여 達之王也라 曷은 何也요 其는 語辭라 商受嗣天位하여 爲元子矣니 元子는 不可改로되 而天改之하고 大國은 未易亡이로되 而天亡之하니 皇天上帝 其命之不可恃如此라 今王受命이 固有無窮之美나 然亦有無窮之憂라 於是에 歎息言 王은 曷其오 奈何弗敬乎아하니 蓋深言不可以弗敬也라 又按 此篇은 專主敬言하니 敬則誠實無妄하여 視聽言動이 一循乎理하고 好惡用捨가 不違乎天하여 與天同德하여 固能受天明命也라 人君保有天命이 其有要於此哉리오 伊尹이 亦言皇天無親하사 克敬惟親이라하니 敬則天與我一矣니 尙何疎之有리오

이 이하는 모두 成王에게 고한 말이니, 周公에게 의탁하여 王에게 전달하게 한 것이다. 曷은 어찌이고 其는 어조사이다. 商王 受가 天子의 지위를 이어 元子가 되었으니, 元子는 바꿀 수가 없는데도 하늘이 바꾸었고, 大國은 망하기가 쉽지 않은데도 하늘이 망하게 하였으니, 皇天 上帝의 命을 믿을 수 없음이 이와 같다. 이제 王이 天命을 받음은 진실로 무궁한 아름다움이 있으나 또한 무궁한 걱정이 있다. 이에 탄식하여 말하기를 "王은 어찌하여야 합니까. 어찌 공경하지 않을 수 있겠습니까." 하였으니, 공경하지 않으면 안됨을 깊이 말한 것이다.

또 살펴보건대 이 篇은 오로지 敬을 주장하여 말하였으니, 敬하면 성실

疆 : 다할 강　休 : 아름다울 휴　恤 : 근심 휼

하고 망녕됨이 없어서 보고 듣고 말하고 동함이 한결같이 이치를 따르고, 좋아하고 미워하고 쓰고 버림이 하늘을 어기지 아니하여 하늘과 德이 같아져서 진실로 하늘의 明命을 받을 수 있는 것이다. 人君이 天命을 보유함이 이보다 중요한 것이 있겠는가. 伊尹 또한 "皇天은 친한 사람이 없어 능히 공경하는 사람을 친한다."고 말했으니, 恭敬하면 하늘과 내가 하나가 되니, 어찌 소원함이 있겠는가.

10. 天既遐終大邦殷之命이라(하시며) **茲殷多先哲王**도 **在天**이어신마는 **越厥後王後民**이 **茲服厥命**하여 **厥終**에 **智藏瘝在**어늘 **夫知保抱攜持厥婦子**하여 **以哀**로 **籲天**하여 **徂厥亡出執**하니 **嗚呼**라 **天亦哀于四方民**이라 **其眷命用懋**하시니 **王其疾敬德**하소서

하늘이 이미 大邦인 殷나라의 命을 크게 끊으셨습니다. 이에 殷나라의 많은 先哲王의 영혼들도 하늘에 계시건만 後王과 後民이 이 命을 받아 종말에는 지혜로운 자가 숨고 백성을 괴롭히는 자가 지위에 있으므로 농부들이 그 婦子(妻子)를 안고 붙잡고는 슬피 하늘을 부르짖으며 나가 도망하다가 붙잡혔습니다. 아! 하늘 또한 四方의 백성을 불쌍히 여겨 돌아보아 명하심이 德을 힘쓰는 자에게 하셨으니, 王은 빨리 德을 공경하소서.

後王後民은 指受也라 此章은 語多難解로되 大意는 謂天既欲遠絶大邦殷之命矣라 而此殷先哲王도 其精爽在天하니 宜若可恃者언마는 而商紂受命하여 卒致賢智者退藏하고 病民者在位하니 民困虐政하여 保抱攜持其妻子하여 哀號呼天하여 往而逃亡이라가 出見拘執하여 無地自容이라 故로 天亦哀民하여 而眷命이 用歸於勉德者라 天命不常이 如此하니 今王이 其可不疾敬德乎아

遐：멀 하　瘝：병들 환　籲：부를 유　徂：갈 조　眷：돌아볼 권

後王과 後民은 受를 가리킨 것이다. 이 章은 말이 난해한 것이 많으나 大意는 다음과 같다. "하늘이 이미 大邦인 殷나라의 命을 크게 끊고자 하였다. 이 殷나라의 先哲王도 그 精爽(영혼)이 하늘에 계시니, 마땅히 믿을 만할 듯하나 商紂가 命을 받아 끝내 어질고 지혜로운 자가 물러가 숨고 백성을 괴롭히는 자가 지위에 있게 하니, 백성들이 虐政에 곤궁하여 그 妻子들을 안고 붙잡고는 슬피 울부짖으며 하늘을 부르면서 나가 도망하다가 拘執을 당하여 스스로 용납할 데가 없었다. 그러므로 하늘 또한 백성들을 불쌍히 여겨 돌아보아 命함이 德을 힘쓰는 자에게 돌아간 것이다. 天命의 無常함이 이와 같으니, 이제 王은 빨리 德을 공경하지 않을 수 있겠는가."

11. 相古先民有夏컨대 天迪하시고 從子保어시늘 面稽天若이언마는(하시니) 今時에 旣墜厥命하니이다 今相有殷컨대 天迪하시고 格保어시늘 面稽天若이어신마는(하시니) 今時에 旣墜厥命하니이다

옛 先民인 夏나라를 살펴보건대 하늘이 인도해 주시고 아들까지 보호해 주시자, 天心을 향하여 상고해서 순히 하였건만 지금에는 이미 天命을 실추하였습니다. 이제 殷나라를 살펴보건대 하늘이 인도하시고 바로잡아 보전해 주시자, 天心을 향하여 상고해서 순히 하였건만 지금에는 이미 天命을 실추하였습니다.

從子保者는 從其子而保之니 謂禹傳之子也라 面은 鄕(向)也라 視古先民有夏컨대 天固啓迪之하시고 又從其子而保佑之하시며 禹亦面考天心하여 敬順無違하시니 宜若可爲後世憑藉者로되 今時에 已墜厥命矣라 今視有殷컨대 天固啓迪之하시고 又使其格正夏命而保佑之하시며 湯亦面考天心하여 敬順無違하시니 宜亦可爲後世憑藉者로되 今時에 已墜厥命矣라 以此로 知天命誠不可恃以爲安也라

從子保는 그 아들까지 보호함이니, 禹王이 아들에게 지위를 전함을 말한 것이다. 面은 향함이다. 옛 先民인 夏나라를 보건대 하늘이 진실로 인도해

迪 : 인도할 적　稽 : 상고할 계　格 : 이를 격　憑 : 의지할 빙　藉 : 깔 자

주시고 또 그 아들까지 보우하셨으며, 禹王 또한 天心을 향하여 상고해서 공경하고 순종하여 어김이 없었으니, 마땅히 후세에 憑藉함이 될 만하나 지금에 이미 天命을 실추하였다. 지금 殷나라를 보건대 하늘이 진실로 인도해 주시고 또 夏나라의 命을 바로잡아 보우하게 하였으며, 湯王 또한 天心을 향하여 상고해서 공경하고 순종하여 어김이 없었으니, 마땅히 후세에 憑藉함이 될 만하나 지금에 이미 天命을 실추하였다. 이로써 天命은 진실로 믿고서 편안히 할 수 없음을 알 수 있다.

12. 今沖子嗣하시니 則無遺壽耇하소서 曰其稽我古人之德이어늘사 矧曰其有能稽謀自天이온여

이제 沖子(小子)가 지위를 이으셨으니, 壽耇(老成)한 사람들을 버리지 마소서. 우리 古人들의 德을 상고한다고 말하더라도 버릴 수 없거늘 하물며 능히 꾀를 상고하되 하늘로부터 한다고 말함에 있어서이겠습니까.

稽는 考요 矧은 況也라 幼沖之主는 於老成之臣에 尤易疎遠이라 故로 召公이 言今王이 以童子嗣位하시니 不可遺棄老成이라 言其能稽古人之德이라도 是固不可遺也어든 況言其能稽謀自天이면 是尤不可遺也라 稽古人之德이면 則於事에 有所證이요 稽謀自天이면 則於理에 無所遺라 無遺壽耇는 蓋君天下者之要務라 故召公이 特首言之하니라

稽는 詳考함이요, 矧은 하물며이다. 幼沖한 君主는 老成한 臣下에 대하여 더욱 소원해지기 쉽다. 그러므로 召公이 말씀하기를 "이제 王이 童子로서 지위를 이었으니, 노성한 사람을 버려서는 안됩니다. 능히 古人의 德을 상고한다고 말하더라도 이는 진실로 버릴 수 없거늘, 하물며 능히 상고하고 도모하기를 하늘로부터 한다고 말하면 이는 더욱 버릴 수 없습니다." 한 것이다. 古人의 德을 상고하면 일에 증거하는 바가 있을 것이요, 꾀를 상고하되 하늘로부터 한다면 이치에 빠뜨린 바가 없을 것이다. 壽耇를 버리지

沖 : 어릴 충　耇 : 늙을 구　矧 : 하물며 신

않는 것은 天下에 君主노릇 하는 자의 중요한 일이다. 그러므로 召公이 특별히 첫번째로 말씀한 것이다.

13. 嗚呼라 有王은 雖小하시나 元子哉시니 其丕能諴于小民하여 今休하소서 王不敢後하사 用顧畏于民碞하소서

아! 王은 비록 나이가 어리시나 하늘의 元子이시니, 크게 小民들을 和하여 이제 아름답게 하소서. 王은 감히 뒤늦게 하지 마시어 백성들의 험함을 돌아보고 두려워하소서.

召公이 歎息言 王雖幼沖이나 乃天之元子哉라하니 謂其年雖小나 其任則大也라 其者는 期之辭也라 諴은 和요 碞은 險也라 王其大能諴和小民하여 爲今之休美乎인저 小民雖至微나 而至爲可畏니 王當不敢緩於敬德하여 用顧畏于民之碞險이 可也라

召公이 탄식하고 말씀하기를 "王은 비록 나이가 어리나 하늘의 元子입니다." 하였으니, 나이는 비록 어리나 그 임무가 큼을 말한 것이다. 其는 期約하는 말이다. 諴은 화함이요, 碞은 험함이다. 王은 크게 小民들을 화하여 지금의 아름다움으로 삼아야 할 것이다. 小民들이 비록 지극히 미천하나 지극히 두려울 만하니, 王은 마땅히 德을 공경함을 늦추지 아니하여 백성들의 험함을 돌아보고 두려워하여야 한다.

14. 王이 來紹上帝하사 自服于土中하소서 旦曰 其作大邑하여 其自時로 配皇天하며 毖祀于上下하며 其自時로 中乂라하나니 王이 厥有成命하시면 治民이 今休하리이다

王이 와서 上帝를 이으시어 스스로 土中에서 政事를 행하소서. 旦(周公)도 말하기를 '大邑을 만들어서 이로부터 皇天을 대하고 上下의 神을 삼가 祭祀하며, 이로부터 중앙에서 다스린다.' 하였으니, 王이 하

碞 : 험할 암 紹 : 이을 소 服 : 일할 복 毖 : 삼갈 비

늘의 이루어진 명을 소유하시면 백성을 다스림이 이제 아름다울 것입니다.

洛邑은 天地之中이라 故謂之土中이라 王來洛邑하여 繼天出治하시니 當自服行於土中이라 是時에 洛邑告成하여 成王始政이라 故로 召公이 以自服土中으로 爲言하고 又擧周公嘗言作此大邑하여 自是로 可以對越上天하고 可以饗答神祇하며 自是로 可以宅中圖治라 成命者는 天之成命也라 成王而能紹上帝服土中이면 則庶幾天有成命하여 治民이 今卽休美矣리라
○ 王氏曰 成王이 欲宅洛邑者는 以天事言하면 則日東은 景夕多風하고 日西는 景朝多陰하며 日南은 景短多暑하고 日北은 景長多寒이로되 洛은 天地之中이라 風雨之所會요 陰陽之所和也[1]며 以人事言하면 則四方朝聘貢賦에 道里均焉이라 故로 謂之土中이라

洛邑은 天地의 중앙이므로 '土中'이라 이른 것이다. 王이 洛邑에 와서 하늘의 뜻을 이어 다스림을 내시니, 마땅히 土中에서 服行하여야 한다. 이 때 洛邑이 완성을 고하여 成王이 처음 정사를 하였다. 그러므로 召公이 스스로 土中에서 행함을 말하였고, 또 周公이 일찍이 "이 大邑을 만들어서 이로부터 上天을 對越하고 神祇에 祭享하여 답하며 이로부터 중앙에 머물러 정사를 도모한다."고 한 말씀을 든 것이다. 成命은 하늘의 이루어진 命이다. 成王이 上帝를 이어 土中에서 政事를 행하면 거의 하늘이 成命을 소유하여 백성을 다스림이 이제 곧 아름다울 것이다.
○ 王氏가 말하였다. "成王이 洛邑에 머물고자 한 것은 天事로 말하면 日東은 저녁에 그림자가 드리워져 바람이 많고, 日西는 아침에 그림자가 드리워져 陰地가 많고, 日南은 그림자가 짧아 더위가 많고, 日北은 그림자가 길어 추위가 많은데, 洛邑은 天地의 중앙이라서 風雨가 모이고 陰陽이 조화로운 곳이다. 그리고 人事로 말하면 四方에서 朝聘하고 貢賦함에 道路의 里數가 균등하다. 그러므로 土中이라고 말한 것이다.

譯註 1. 以天事言 … 陰陽之所和也 : 이 내용은 《周禮》 大司徒의 직책에 "以土圭之法 測土深 正日景 以求地中 日南則景短多暑 日北則景長

祇 : 땅귀신 기 聘 : 맞이할 빙

多寒 日東則景夕多風 日西則景朝多陰 日至之景 尺有五寸 謂之地中 天地之所合也 四時之所交也 風雨之所會也 陰陽之所合也"라 한 글을 인용한 것이다. 옛날 8尺의 表와 1尺 5寸의 土圭(玉으로 된 圭 모양의 기구)를 세워놓고 夏至에 햇볕의 그림자를 맞추어 보아 時差의 표준이 되는 지역을 정하였는바, 日東은 表를 세운 곳이 동쪽으로 너무 치우쳐 해와 가까운 곳이고 日西는 서쪽으로 너무 치우쳐 해와 먼 곳이고 日南은 남쪽으로 너무 치우쳐 해와 가까운 곳이고 日北은 북쪽으로 너무 치우쳐 해와 먼 곳이다. 당시 洛陽은 東·西·南·北에 치우치지 않고 中央에 해당하여 8尺인 表의 그림자가 1尺 5寸의 土圭와 일치하여 표준지역이 되었으며, 후세에도 洛陽 부근의 穎川 陽城이 地中이라 하여 표준지역이 되었는바, 자세한 내용은《周禮》의 本文 註와《蔡傳旁通》·《三經辨疑》등을 참고하기 바란다.

15. 王이 先服殷御事하사 比介于我有周御事하사 節性하시면 惟日其邁하리이다

王이 먼저 殷나라의 御事들을 복종시켜 우리 周나라의 御事들을 친근히 하고 돕게 하시어 나쁜 성질을 절제시키시면 날로 善에 매진할 것입니다.

言治人에 當先服乎臣也라 王先服殷之御事하여 以親近副貳我周之御事하여 使其漸染陶成하여 相觀爲善하여 以節其驕淫之性이면 則日進於善而不已矣라

사람을 다스림에는 마땅히 먼저 신하를 복종시켜야 함을 말한 것이다. 王은 먼저 殷나라의 御事들을 복종시켜 우리 周나라의 御事들을 친근히 하고 副貳(돕게 함)해서 점점 물들게 하고 陶冶하여 이루어져서 서로 보고 선을 하여 교만하고 음탕한 성질을 절제하게 하면 날로 善에 나아가고 그치지 않을 것이다.

比 : 가까울 비 介 : 도울 개 邁 : 나아갈 매

16. 王敬作所시니 不可不敬德이니이다

王은 공경을 처소로 삼아야 하니, 德을 공경하지 않으면 안됩니다.

言化臣이 必謹乎身也라 所는 處所也니 猶所其無逸之所라 王能以敬爲所하시면 則動靜語默과 出入起居가 無往而不居敬矣라 不可不敬德者는 甚言德之不可不敬也라

신하를 교화함은 반드시 자신을 삼가야 함을 말한 것이다. 所는 處所이니, 〈無逸〉의 "所其無逸〔無逸을 處所로 삼음〕"의 所와 같다. 王이 恭敬을 處所로 삼으면 動靜과 語默, 出入과 起居가 가는 곳마다 敬에 거하지 않음이 없을 것이다. 不可不敬德은 德을 恭敬하지 않으면 안됨을 심히 말한 것이다.

17. 我는 不可不監于有夏며 亦不可不監于有殷이니 我不敢知하노니 曰有夏服天命하여 惟有歷年가 我不敢知하노니 曰不其延가 惟不敬厥德하여 乃早墜厥命하니이다 我不敢知하노니 曰有殷이 受天命하여 惟有歷年가 我不敢知하노니 曰不其延가 惟不敬厥德하여 乃早墜厥命하니이다

나는 夏나라를 살펴보지 않을 수 없으며 또한 殷나라를 살펴보지 않을 수 없으니, 나는 감히 알지 못하노니 '夏나라가 天命을 간직하여 歷年을 둔 것인가?' 나는 감히 알지 못하노니 '연장하지 못한 것인가?' 오직 德을 공경하지 아니하여 일찍 天命을 실추하였습니다. 나는 감히 알지 못하노니 '殷나라가 天命을 받아 歷年을 둔 것인가?' 나는 감히 알지 못하노니 '연장하지 못한 것인가?' 오직 德을 공경하지 아니하여 일찍 天命을 실추하였습니다.

監 : 볼 감 延 : 연장할 연

夏商歷年長短은 所不敢知요 我所知者는 惟不敬厥德이면 卽墜其命也라 與上章相古先民之意로 相爲出入이로되 但上章은 主言天眷之不足恃요 此則直言不敬德則墜厥命爾니라

夏나라와 商나라의 歷年의 길고 짧음은 감히 알 수 없고, 내가 알 수 있는 것은 오직 그 德을 공경하지 않으면 즉시 天命을 실추한다는 사실이다. 上章에 옛 先民을 본다는 뜻과 서로 출입(表裏)이 되나, 다만 上章에서는 하늘의 돌아봄을 족히 믿을 수 없음을 주로 말하였고, 여기서는 德을 공경하지 않으면 天命을 실추함을 곧바로 말한 것이다.

18. 今王이 嗣受厥命하시니 我亦惟玆二國命에 嗣若功이라 하노니 王乃初服이온여

이제 王이 이어서 天命을 받으셨으니, 나(太保)는 '또한 이 두 나라의 命에 훌륭한 功이 있는 자를 이을 것이다' 하노니, 하물며 王이 처음 政事하여 教化를 행함이겠습니까.

今王이 繼受天命하시니 我謂亦惟此夏商之命에 當嗣其有功者라하노니 謂繼其能敬德而歷年者也라 況王乃新邑初政에 服行教化之始乎아

이제 王이 이어서 天命을 받았으니, 나는 이르기를 "또한 夏나라와 商나라의 命에 마땅히 그 功이 있는 자를 이을 것이다." 하노니, 이는 능히 德을 공경하여 歷年한 자를 이음을 말한 것이다. 하물며 王이 새 도읍에서 처음 政事함에 教化를 服行하는 처음이겠는가.

19. 嗚呼라 若生子 罔不在厥初生하여 自貽哲命하니 今天은 其命哲가 命吉凶가 命歷年가 知今我初服이니이다

아! 자식을 낳음에 처음 낳을 때에 달려 있어 스스로 밝은 命을 받

眷 : 돌아볼 권 嗣 : 이을 사 貽 : 끼칠 이

지 않음이 없음과 같으니, 이제 하늘이 우리에게 밝음을 命할 것인가? 吉凶을 命할 것인가? 歷年을 命할 것인가? 이것을 아는 것은 지금 우리가 처음 政事함에 달려 있습니다.

歎息言 王之初服이 若生子無不在於初生하여 習爲善則善矣하여 自貽其哲命하니 爲政之道 亦猶是也라 今天이 其命王以哲乎아 命以吉凶乎아 命以歷年乎아 皆不可知요 所可知者는 今我初服如何爾라 初服而敬德이면 則亦自貽哲命하여 而吉與歷年矣리라

탄식하고 말하기를 "王이 처음 政事를 행함이 자식을 낳음에 처음 낳을 때에 달려 있어 善을 함을 익히면 善해져서 스스로 밝은 命을 받지 않음이 없음과 같으니, 政事를 다스리는 도리 또한 이와 같다. 이제 하늘이 王에게 밝음을 命할 것인가? 吉凶을 命할 것인가? 歷年을 命할 것인가? 모두가 알 수 없고, 알 수 있는 것은 지금 우리가 처음 政事를 어떻게 하느냐에 달려 있을 뿐이다." 하였다. 처음 政事함에 德을 공경하면 또한 스스로 밝은 命을 받아 吉하고 歷年할 것이다.

20. 宅新邑하사 肆惟王이 其疾敬德하소서 王其德之用이 祈天永命이니이다

새 都邑에 머무시어 王께서는 빨리 德을 공경하소서. 王께서 德을 씀이 하늘의 영원한 命을 비는 것입니다.

宅新邑은 所謂初服也라 王其疾敬德이니 容可緩乎아 王其德之用하여 而祈天以歷年也라

새 都邑에 머묾이 이른바 初服이라는 것이다. 王은 빨리 德을 공경하여야 하니, 어찌 늦출 수 있겠는가. 王은 德을 써서 하늘에게 歷年을 빌어야 할 것이다.

21. 其惟王은 勿以小民의 淫用非彝로 亦敢殄戮用乂하소서

民若하여사 有功하리이다

王께서는 小民들이 法이 아닌 것을 지나치게 쓴다고 하여 또한 殄戮을 과감하게 결단하여 다스리지 마소서. 백성들을 순히 하여야 功이 있을 것입니다.

刑者는 德之反이니 疾於敬德이면 則當緩於用刑이니 勿以小民過用非法之故로 亦敢於殄戮用治之也요 惟順導民이면 則可有功이라 民은 猶水也니 水泛濫橫流는 失其性矣나 然壅而遏之면 則害愈甚하니 惟順而導之면 則可以成功이니라

刑罰은 德의 반대이니, 德을 공경함을 빨리 하면 마땅히 刑罰을 씀을 늦출 것이니, 小民들이 법이 아닌 것을 지나치게 쓴다는 이유로 또한 殄戮을 과감하게 결단하여 다스리지 말 것이요, 오직 백성들을 순히 인도하면 功이 있을 것이다. 백성은 물과 같으니, 물이 범람하여 멋대로 흐름은 물의 本性을 잃은 것이나 막아서 흐르지 못하게 하면 폐해가 더욱 심해지니, 오직 순히 하여 인도하면 功을 이룰 수 있는 것이다.

22. 其惟王位 在德元하면 小民이 乃惟刑하여 用于天下라 越王에 顯하리이다

王位가 德이 으뜸인 자에게 있으면 小民들이 이를 본받아 德을 天下에 써서 王의 德에 더욱 빛날 것입니다.

元은 首也라 居天下之上이면 必有首天下之德이니 王位在德元이면 則小民이 皆儀刑하여 用德于下하리니 於王之德에 益以顯矣라

元은 首(으뜸)이다. 天下의 위에 거하면 반드시 天下에 으뜸인 德이 있어야 하니, 王位가 德이 으뜸인 자에게 있으면 小民들이 모두 儀刑(본받음)하여 아래에서 德을 쓸 것이니, 王의 德에 더욱 빛날 것이다.

殄：끊을 진 戮：죽일 륙 壅：막을 옹 遏：막을 알 刑：본받을 형

23. 上下勤恤하여 其曰호되 我受天命이 丕若有夏歷年하며 式勿替有殷歷年이라하나니 欲王은 以小民으로 受天永命하노이다

上下가 근로하여 기약하여 말하기를 '우리가 天命을 받음이 크게 夏나라의 歷年과 같으며 殷나라의 歷年을 폐하지 말라.' 하니, 王께서는 小民들을 데리고 하늘의 영원한 命을 받기를 바라옵니다."

其亦期之辭也라 君臣勤勞하여 期曰 我受天命이 大如有夏歷年하며 用勿替有殷歷年이라하니 欲兼夏殷歷年之永也라 召公이 又繼以欲王以小民으로 受天永命하니 蓋以小民者는 勤恤之實이요 受天永命者는 歷年之實也라 蘇氏曰 君臣一心하여 以勤恤民하니 庶幾王受命歷年이 如夏商이요 且以民心爲天命也라

其는 또한 期約하는 말이다. 君臣이 勤勞하여 기약하기를 "우리가 天命을 받음이 크게 夏나라의 歷年과 같으며 殷나라의 歷年을 폐하지 말라." 하니, 이는 夏나라와 殷나라의 歷年의 길음을 겸하고자 한 것이다. 召公은 또 이어서 王이 小民들을 데리고 하늘의 영원한 命을 받기를 바랬으니, 小民들을 데리고 하는 것은 勤恤의 실제이고, 하늘의 永命을 받는 것은 歷年의 실제이다.

蘇氏가 말하였다. "君臣이 한 마음이 되어서 백성들을 부지런히 救恤하니, 거의 王이 天命을 받아 歷年함이 夏·商과 같을 것이요, 또 民心을 天心으로 삼을 것이다."

24. 拜手稽首曰 予小臣은 敢以王之讎民과 百君子와 越友民으로 保受王威命明德하노니 王이 末有成命하시면 王亦顯하시리이다 我非敢勤이라 惟恭奉幣하여 用供王의 能祈天永命하노이다

〈召公이〉 拜手稽首하여 아뢰옵니다. "나 小臣은 감히 王의 讎民(원

수 백성)인 殷나라 백성과 여러 君子와 友民들을 데리고 王의 威命과 明德을 보존하고 받게 하노니, 王께서 마침내 이루어진 命을 소유하시면 王이 또한 후세에 드러나실 것입니다. 내 감히 수고롭게 여기는 것이 아니오라 오직 공손히 폐백을 받들어 王께서 하늘의 永命을 기원함에 바치나이다."

讎民은 殷之頑民으로 與三監叛者요 百君子는 殷之御事庶士也요 友民은 周之友順民也라 保者는 保而不失이요 受者는 受而無拒라 威命明德者는 德威德明也라 末은 終也라 召公이 於篇終에 致敬하여 言 予小臣은 敢以殷周臣民으로 保受王威命明德하노니 王은 當終有天之成命하여 以顯于後世하시리니 我非敢以此爲勤이라 惟恭奉幣帛하여 用供王能祈天永命而已라하니라 蓋奉幣之禮는 臣職之所當恭이요 而祈天之實은 則在王之所自盡也라 又按 恭奉幣는 意卽上文取幣以錫周公而旅王者니 蓋當時에 成王이 將擧新邑之祀라 故로 召公이 奉以助祭云이라

讎民은 殷나라의 완악한 백성으로 三監과 더불어 배반한 자이고, 百君子는 殷나라의 일을 다스리는 庶士이며, 友民은 周나라의 순종하는 백성이다. 保는 보존하여 잃지 않음이요, 受는 받아서 막지 않는 것이다. 威命과 明德은 德의 위엄과 德의 밝음이다. 末은 마침이다.

召公이 篇의 끝에 공경을 지극히 하여 말씀하기를 "나 小臣은 감히 殷나라와 周나라의 臣民들을 데리고 王의 威命과 明德을 보존하고 받게 하노니, 王은 마침내 하늘의 이루어진 命을 소유하여 후세에 드러나실 것이니, 내가 감히 이것을 수고롭게 여기는 것이 아니오라 오직 공손히 폐백을 받들어 王께서 하늘의 永命을 기원함에 바칠 뿐입니다." 한 것이다. 폐백을 받드는 禮는 臣下의 직분에 마땅히 공손히 해야 할 일이며, 하늘의 永命을 기원하는 실제는 王이 스스로 다함에 달려 있는 것이다. 또 살펴보건대 공손히 폐백을 받든다는 것은 짐작컨대 곧 上文에 '폐백을 취하여 周公에게 주고 王에게 아뢴 뜻을 말하게 한 것'이니, 아마도 당시에 成王이 장차 새 도읍의 祭祀를 거행하려 하였으므로 召公이 받들어 제사를 도운 듯하다.

洛誥

洛邑既定에 周公이 遣使告卜하니 史氏錄之하여 以爲洛誥하고 又幷記其君臣答問과 及成王命周公留治洛之事하니 今文古文皆有하니라

○ 按周公拜手稽首以下는 周公授使者告卜之辭也요 王拜手稽首以下는 成王授使者復公之辭也요 王肇稱殷禮以下는 周公敎成王宅洛之事也요 公明保予沖子以下는 成王命公留後治洛之事也요 王命予來以下는 周公許成王留洛하여 君臣各盡其責難之辭也요 伻來以下는 成王錫命하여 毖殷命寧之事也요 戊辰以下는 史又記其祭祀冊誥等事와 及周公居洛歲月久近하여 以附之하여 以見周公作洛之始終하니 而成王擧祀發政之後에 卽歸于周하고 而未嘗都洛也라

洛邑이 이미 정해지자 周公이 使者를 보내어 점괘를 아뢰니, 史官이 이것을 기록하여 〈洛誥〉라 하고, 또 君臣간에 문답한 것과 成王이 周公에게 命하여 머물러서 洛邑을 다스리게 한 일을 함께 기록하였으니, 今文과 古文에 모두 있다.

○ 살펴보건대 '周公拜手稽首' 이하는 周公이 使者에게 주어서 점괘를 아뢴 말이요, '王拜手稽首' 이하는 成王이 使者에게 주어서 公에게 답한 말이며, '王肇稱殷禮' 이하는 周公이 成王에게 洛邑에 머무는 일을 가르친 것이요, '公明保予沖子' 이하는 成王이 公에게 뒤에 머물러 洛邑을 다스리게 한 일을 命한 것이며, '王命予來' 이하는 周公이 成王에게 洛邑에 머물 것을 허락하여 君臣이 각기 어려운 일로 책함을 다한 말이요, '伻來' 이하는 成王이 命을 내려 殷나라를 경계하고 명하여 편안하게 한 일이며, '戊辰' 이하는 史官이 또 祭祀하고 冊誥한 등등의 일과 周公이 洛邑에 거한 세월의 오래고 가까움을 기록하여 붙여서 周公이 洛邑을 만든 시종을 나타낸 것이니, 成王은 祭祀를 거행하고 政事를 발한 뒤에 즉시 周나라로 돌아왔고, 일찍이 洛邑에 도읍하지 않았다.

伻 : 사람부릴 팽

1. 周公이 拜手稽首曰 朕은 復子明辟하노이다

周公이 拜手稽首하고 말씀하였다. "나는 그대 明辟(밝은 君主)에게 復命하노이다.

此下는 周公이 授使者告卜之辭也라 拜手稽首者는 史記周公遣使之禮也라 復은 如逆復[1]之復이라 成王이 命周公하여 往營成周하니 周公得卜하고 復命于王也라 謂成王爲子者는 親之也요 謂成王爲明辟者는 尊之也라 周公이 相成王하니 尊則君이요 親則兄之子也라 明辟者는 明君之謂라 先儒謂 成王幼하여 周公이 代王爲辟이러니 至是에 反政成王이라 故로 曰復子明辟이라하니 夫有失然後有復이니 武王崩하고 成王立에 未嘗一日不居君位하니 何復之有哉리오 蔡仲之命에 言周公位冢宰하여 正百工이라하니 則周公以冢宰로 總百工而已가 豈不彰彰明甚矣乎아 王莽居攝하여 幾傾漢鼎은 皆儒者有以啓之[2]니 是不可以不辨이니라

○ 蘇氏曰 此上에 有脫簡이 在康誥[3]하니 自惟三月哉生魄으로 至洪大誥治四十八字니라

이 이하는 周公이 使者에게 주어서 점괘를 고한 말이다. 拜手稽首는 史官이 周公이 使者를 보내는 禮를 기록한 것이다. 復은 逆復의 復과 같다. 成王이 周公에게 命하여 가서 成周를 경영하게 하니, 周公이 점괘를 얻고는 王에게 復命한 것이다. 成王을 일러 子라고 한 것은 친하게 여긴 것이요, 成王을 일러 明辟이라고 한 것은 높인 것이다. 周公이 成王을 도왔으니, 尊貴함으로 말하면 君主이고, 친함으로 말하면 兄의 아들이다. 明辟은 밝은 君主를 이른다. 先儒들이 이르기를 "成王이 어려서 周公이 王을 대신하여 君主가 되었었는데, 이때에 이르러 政權을 成王에게 돌려주었으므로 '復子明辟〔그대에게 군주의 자리를 회복해줌〕'이라 했다." 하였으니, 잃음이 있은 뒤에 회복함이 있는 것이니, 武王이 죽고 成王이 卽位함에 일찍이 하루도 임금의 지위에 거하지 않은 적이 없었으니, 어찌 회복함이 있겠는가. 〈蔡仲之命〉에 "周公이 冢宰의 지위에 올라 百工을 바로잡았다." 하였으

復 : 아뢸 복　辟 : 임금 벽　逆 : 맞을 역　莽 : 풀 망　攝 : 대리할 섭

니, 周公이 冢宰로서 百工을 총괄하였을 뿐임이 어찌 드러나고 드러나서 심히 분명하지 않겠는가. 王莽이 居攝하여 거의 漢나라의 솥(國統)을 기울일 뻔한 것은 모두 儒者들이 啓導함이 있었던 것이니, 이것을 분변하지 않을 수 없다.

○ 蘇氏가 말하였다. "이 위에 脫簡이 〈康誥〉에 있으니, '惟三月哉生魄'으로부터 '洪大誥治'까지의 48字이다.

譯註 1. 逆復 : 復逆과 같은 말로 逆은 上書하는 것이고 復은 報告하여 아뢰는 뜻이라 한다.

2. 王莽居攝 … 儒者有以啓之 : 居攝은 天子가 어리므로 신하가 天子의 자리에 居하여 攝政하는 것이며 鼎은 원래 九鼎으로 禹王이 九州의 金을 모아 만들었다는 솥인데, 후세에는 國統을 상징하게 되었다. 王莽은 당시 나이가 어린 孺子를 옹립한 다음 周公의 故事를 따른다는 구실로 居攝을 하였다가 帝位를 簒奪하였는바, 이는 周公이 居攝한 것으로 잘못 풀이한 先儒들 때문임을 말한 것이다.

3. 在康誥 : 〈康誥〉 첫머리의 '惟三月哉生魄 周公初基 作新大邑于東國洛 四方民大和會 侯甸男邦采衛百工 播民和 見士于周 周公咸勤 乃洪大誥治'의 48字를 가리킨 것이다.

2. 王이 如弗敢及天의 基命定命이실새 予乃胤保하여 大相東土호니 其基作民明辟이로소이다

王께서 감히 하늘의 基命(시작한 명)과 定命(안정한 명)을 미처 알지 못하는 듯이 하시기에 내 太保를 이어 〈가서〉 크게 東土를 살펴보니, 백성의 明辟이 될 터전이었습니다.

凡有造에 基之而後成하고 成之而後定하니 基命은 所以成始也요 定命은 所以成終也라 言成王이 幼沖退託하여 如不敢及知天之基命定命일새 予乃繼太保而往하여 大相洛邑하니 其庶幾爲王始作民明辟之地也라 洛邑이 在鎬京東이라 故로 曰東土라

무릇 집을 만들 적에는 터를 닦은 뒤에 이루고 이룬 뒤에 定하니, 基命

은 처음을 이루는 것이고, 定命은 終을 이루는 것이다. 成王이 어리고 退託하여 감히 하늘의 基命과 定命을 미처 알지 못하는 듯하시기에 내 太保를 이어 가서 크게 洛邑을 살펴보니, 거의 王이 처음으로 백성의 明辟이 될 만한 땅이었다. 洛邑이 鎬京의 동쪽에 있으므로 東土라 한 것이다.

3. 予惟乙卯에 朝至于洛師하여 我卜河朔黎水하며 我乃卜澗水東과 瀍水西호니 惟洛을 食하며 我又卜瀍水東호니 亦惟洛을 食할새 伻來하여 以圖及獻卜하노이다

내가 乙卯日 아침에 洛師에 이르러 내 河朔과 黎水를 점쳐보며 내 澗水의 동쪽과 瀍水의 서쪽을 점쳐보니 洛邑을 먹어들어가며, 내 또 瀍水의 동쪽을 점쳐보니 또한 洛邑을 먹어들어갔으므로 사람을 보내어 와서 地圖와 占卦를 올리는 것입니다."

乙卯는 卽召誥之乙卯也라 洛師는 猶言京師也라 河朔, 黎水는 河北黎水交流之內也요 澗水東, 瀍水西는 王城也니 朝會之地요 瀍水東은 下都也니 處商民之地라 王城은 在澗瀍之間하고 下都는 在瀍水之外하니 其地皆近洛水라 故로 兩云惟洛食也라 食者는 史先定墨에 而灼龜之兆 正食其墨也라 伻은 使也라 圖는 洛之地圖也라 獻卜은 獻其卜之兆辭也라

乙卯는 곧 <召誥>의 乙卯日이다. 洛師는 京師라는 말과 같다. 河朔과 黎水는 河北과 黎水가 교류하는 곳의 안이며, 澗水의 동쪽과 瀍水의 서쪽은 王城이니 朝會하는 땅이고, 瀍水의 동쪽은 下都이니 商나라 백성들이 거주하는 땅이다. 王城은 澗水와 瀍水의 사이에 있고, 下都는 瀍水의 밖에 있으니, 이 지역이 모두 洛水에서 가까우므로 두 번 洛水를 먹었다고 말한 것이다. 食은 史官이 먼저 먹줄을 정해 놓았는데 거북껍질을 구운 조짐이 바로 그 먹줄을 먹은 것이다. 伻은 사람을 부리는 것이다. 圖는 洛水의 지도이다. 獻卜은 점괘의 兆辭를 바친 것이다.

瀍 : 물이름 전　灼 : 밝을 작　兆 : 조짐 조

4. 王이 拜手稽首曰 公이 不敢不敬天之休하사 來相宅하시니 其作周에 匹休샷다 公既定宅하시고 伻來하여 來視予卜休恒吉하시니 我二人이 共貞이로다 公其以予로 萬億年을 敬天之休하실새 拜手稽首誨言하노이다

王이 拜手稽首하여 말씀하였다. "公(周公)이 감히 하늘의 아름다움을 공경하지 않을 수 없으시어 와서 집터를 살펴보시니, 周나라에 짝할 만한 아름다운 땅을 만드셨습니다. 公이 이미 집터를 정하시고 사람을 보내 와서 나에게 점괘가 아름다워 항상 길함을 보여주시니, 우리 두 사람이 함께 마땅할 것입니다. 公이 나로써 萬億年을 하늘의 아름다움을 공경하게 하시기에 拜手稽首하여 가르쳐주신 말씀에 경의를 표합니다."

此는 王이 授使者復公之辭也라 王拜手稽首者는 成王이 尊異周公而重其禮也라 匹은 配也라 公不敢不敬天之休命하여 來相宅하여 爲周匹休之地하시니 言卜洛하여 以配周命於無窮也라 視는 示也니 示我以卜之休美而常吉者也라 二人은 成王周公也라 貞은 猶當也라 十萬曰億이라 言周公宅洛에 規模宏遠하니 以我萬億年敬天休命이라 故로 又拜手稽首하여 以謝周公告卜之誨言이라

이는 王이 使者에게 주어 公에게 답한 말씀이다. 王이 拜手稽首한 것은 成王이 周公을 존경하고 특별히 대우하여 그 禮를 중히 여긴 것이다. 匹은 짝함이다. 公이 감히 하늘의 아름다운 命을 공경하지 않을 수 없어 와서 집터를 살펴보고서 周나라에 짝할 만한 아름다운 땅을 만드셨으니, 이는 洛邑을 점쳐 周나라의 命을 무궁함에 짝함을 말한 것이다. 視는 보여줌이니, 나에게 점괘가 아름다워 항상 吉함을 보여준 것이다. 두 사람은 成王과 周公이다. 貞은 當(마땅함)과 같다. 十萬을 億이라 한다. 周公이 洛邑에 집터를 정함에 규모가 크고 원대하니, 나로써 萬億年을 하늘의 아름다운 命

匹 : 짝 필 誨 : 가르칠 회

을 공경하게 한 것이다. 그러므로 또 拜手稽首하여 周公이 점괘를 고하여 가르쳐 주신 말씀에 사례한 것이다.

5. 周公曰 王이 肇稱殷禮하사 祀于新邑하사되 咸秩無文하소서

周公이 말씀하였다. "王께서 처음 성대한 禮를 거행하여 새 都邑에서 祭祀하시되 祀典에 기재되지 않은 것까지 모두 차례로 祭祀하소서.

此下는 周公이 告成王宅洛之事也라 殷은 盛也니 與五年再殷祭之殷으로 同이라 秩은 序也라 無文은 祀典不載也라 言王始擧盛禮하여 祀于洛邑하시되 皆序其所當祭者하고 雖祀典不載라도 而義當祀者는 亦序而祭之也라 呂氏曰 定都之初에 肇擧盛禮하여 大饗群祀하여 雖祀典不載者라도 咸秩序而祭之하여 有告焉하고 有報焉하고 有祈焉하니 始建新都하여 昭假(格)上下는 告成事也요 雨暘時若하여 大役以成은 報神賜也요 自今以始하여 永奠中土는 祈鴻休也라 後世에 不知祭祀之義, 鬼神之德하여 觀周公首以祀于新邑爲言하고 若闊於事情者는 抑不知人主臨鎭新都之始에 齊祓一心하여 對越天地하여 達此精明之德하여 放諸四海에 無所不準하고 而助祭諸侯로 下逮胞翟[1]之賤히 亦皆有孚顒若[2]하여 收其放而合其離라 蓋格君心萃天下之道가 莫要於此하니 宜周公이 以爲首務也시니라

이 이하는 周公이 成王에게 洛邑에 거하는 일을 고한 것이다. 殷은 성대함이니, 5년에 두 번 殷祭(성대한 제사)를 지낸다는 殷과 같다. 秩은 차례함이다. 無文은 祀典에 기재되지 않은 것이다. 王이 처음 성대한 禮를 거행하여 洛邑에서 제사하되 모두 마땅히 제사할 것을 차례로 제사하고, 비록 祀典에 기재되지 않은 것이라도 의리상 마땅히 제사할 것은 또한 차례로 제사하는 것이다.

呂氏가 말하였다. "都邑을 정한 초기에 처음 성대한 禮를 거행하여 여러 제사에 크게 祭享하되 비록 祀典에 기재되지 않은 것이라도 모두 질서에

肇 : 비로소 조　殷 : 성대할 은　暘 : 햇볕날 양　祓 : 제액할 불　逮 : 미칠 체
胞 : 푸주간 포　翟 : 꿩 적　孚 : 정성 부　顒 : 우러를 옹　萃 : 모을 췌

따라 제사하여, 告由함이 있고 보답함이 있고 기도함이 있었으니, 처음 새 도읍을 세워 밝게 上下에 이름은 成事를 고유한 것이요, 비오고 햇볕남이 때로 순하여 큰 役事가 이루어짐은 神의 은혜에 보답한 것이며, 지금으로부터 시작하여 길이 中土에 奠居함은 큰 아름다움을 기원한 것이다. 후세에는 제사의 意義와 鬼神의 德을 알지 못하여, 周公이 첫번째 새 도읍에서 제사한다고 말한 것을 보고는 마치 사정에 우활한 것처럼 여기니, 이는 人主가 새 도읍에 임하여 鎭撫하는 초기에 한 마음을 공경하고 깨끗이 하여 天地를 對越하여 이 精明한 德을 도달하게 해서 四海에 이르기까지 기준하지 않는 바가 없고, 제사를 돕는 제후로부터 아래로 胞翟의 천한 자에 이르기까지 모두 정성이 있어 우러러보아 放心을 거두고 離散됨을 합하게 하는 것임을 알지 못한 것이다. 군주의 마음을 바로잡고 天下를 모으는 방도가 이보다 중요한 것이 없으니, 周公이 첫번째 일로 삼음이 당연하다 하겠다.

譯註 1. 胞翟 : 胞는 庖와 통하는바, 제사고기를 담당한 낮은 관리이며, 翟은 꿩의 깃털로 춤추는 것을 가르치는 천한 樂官이다.

2. 有孚顒若 : 有孚는 진실한 정성이 있는 것이며 顒若은 사람들이 존경하여 우러러보는 것으로 《周易》 觀卦 卦辭에 "觀盥而不薦 有孚顒若"이라고 보인다.

6. 予齊百工하여 伻從王于周하고 予惟曰庶有事라호이다

나는 百工(百官)들을 정제하여 周나라에서 王을 따르게 하고, 내 말하기를 '아마도 임금께서 일함이 있으실 것이다.' 하였습니다.

周公言 予整齊百官하여 使從成王于周라하니 謂將適洛時也라 予惟謂之曰 庶幾其有所事乎라하니 公이 但微示其意하여 以待成王自敎詔之也니라

周公이 말씀하기를 "내 백관들을 정제하여 成王을 周나라에서 따르게 했다." 하였으니, 장차 洛邑으로 가려 할 때를 말한 것이다. 내 이르기를 "아마도 임금께서 일하시는 바가 있을 것이다." 하였으니, 公이 단지 그 뜻을 조금 보여서 成王이 스스로 가르치기를 기다린 것이다.

7. 今王이 卽命曰 記功宗하여 以功으로 作元祀하라하시고 惟命曰 汝受命인댄(하란대) 篤弼하라하소서

이제 王께서 곧 太史에게 명령하시기를 '功이 높은 자를 기록하여 功勞에 따라 元祀를 만들라.' 하시고, 또 功臣들에게 명령하시기를 '너희들이 포상하는 명령을 받았을진댄 돈독히 보필하라.' 하소서.

功宗은 功之尊顯者라 祭法曰 聖王之制祭祀也에 法施於民則祀之하고 以死勤事則祀之하고 以勞定國則祀之하고 能禦大災則祀之하고 能捍大患則祀之라하니 蓋功臣은 皆祭於大烝이로되 以勳勞之最尊顯者로 則爲之冠이라 故로 謂之元祀라 周公이 教成王卽命曰 記功之尊顯者하여 以功으로 作元祀矣라하시고 又惟命之曰 汝功臣이 受此褒賞之命인댄 當益厚輔王室하라하소서하니 蓋作元祀하여 旣以慰答功臣하고 而又勉其左右王室하여 益圖久大之業也라

功宗은 功이 높고 드러난 자이다. 〈祭法〉에 "聖王이 제사를 만들 적에 法이 백성에게 시행되었으면 제사하고, 죽음으로써 일을 부지런히 하였으면 제사하고, 공로로써 나라를 안정시켰으면 제사하고, 큰 재앙을 막았으면 제사하고, 큰 禍를 막았으면 제사한다." 하였으니, 功臣은 모두 큰 烝祭에 제사하되 勳勞가 가장 높고 드러난 자를 으뜸으로 삼는다. 그러므로 元祀라 이른 것이다. 周公이 成王을 가르쳐 "王께서 곧 명령하시기를 '功이 높고 드러난 자를 기록하여 功勞에 따라 元祀를 만들라.' 하시고, 또 명령하시기를 '너희 功臣들이 이 포상하는 명령을 받았을진댄 마땅히 더욱 王室을 후하게 보필하라.' 하소서." 하였으니, 元祀를 만들어 이미 功臣들을 慰勞하고 보답하고, 또 王室을 左右(佐佑)하기를 면려하여 더욱 오래고 큰 業을 도모하라고 한 것이다.

8. 丕視功載니 乃汝其悉自教工이니이다

功을 기록한 載籍을 크게 보여줄 것이니, 당신께서 모두 스스로 百官들을 가르치는 것입니다.

丕는 大요 視는 示也라 功載者는 記功之載籍也라 大視功載하여 而無不公이면 則百工效之하여 亦皆公也요 大視功載하여 而或出於私하면 則百工效之하여 亦皆私也라 其公其私가 悉自汝敎之하니 所謂乃汝其悉自教工也라 上章에 告以褒賞功臣이라 故로 戒其大視功載者 如此하니라

丕는 큼이요, 視는 보여줌이다. 功載는 功을 기록한 재적이다. 크게 功載를 보여주어 공정하지 않음이 없으면 百工들이 이것을 본받아 또한 모두 공정할 것이며, 크게 功載를 보여주어 혹 사사로움에서 나왔으면 百官들이 이것을 본받아 또한 모두 사사로울 것이다. 공정함과 사사로움이 모두 너로부터 가르치는 것이니, 이른바 네가 모두 스스로 百官들을 가르친다는 것이다. 上章에 功臣들을 포상함을 말하였으므로 크게 功載를 보여줌을 경계함이 이와 같은 것이다.

9. 孺子는 其朋가 孺子其朋이면 其往이 無若火始燄燄이나(이라) 厥攸灼이 敍하여 弗其絶[1)]가

孺子께서는 사정을 두시겠습니까. 孺子께서 사사롭게 하시면 그 번져나감이 불이 처음에는 염염히 타오르나 그 타는 것이 차례로 번져서 끊을 수 없는 것과 같지 않겠습니까.

譯註 1. 敍弗其絶 : 諺解에는 '敍' 아래에 吐가 없으며, 一說에는 '無若火始燄이니 燄이면 厥攸灼하리이다'로 떼고 '敍弗其絶하여 厥若彝及撫事하소서'로 읽어야 한다고 주장하기도 한다.

孺子는 稚子也라 朋은 比也라 上文百工之視傚 如此하니 則論功行賞에 孺子其可少徇比黨之私乎아 孺子其少徇比黨之私하면 則自是而往으로 有若火然하여 始雖燄燄尙微하나 而其灼爍이 將次第延爇하여 不可得而撲滅矣라 言論功行賞에 徇私之害가 其初甚微나 其終은 至於不可遏絶하니

孺 : 어릴 유　燄 : 불탈 염　灼 : 불탈 작　稚 : 어릴 치　傚 : 본받을 효
爍 : 빛날 삭　爇 : 불탈 설　撲 : 칠 박

所以嚴其辭하여 而禁之於未然也라

孺子는 어린 아들이다. 朋은 阿比함이다. 上文에 百官들이 보고 본받음이 이와 같으니, 만일 論功行賞할 적에 孺子가 조금이라도 比黨의 사사로움을 따를 수 있겠는가. 孺子가 조금이라도 比黨의 사사로움을 따른다면 이로부터 이후로는 마치 불이 타오름과 같아서 처음에는 비록 염염하여 아직 미미하나 그 불타오름이 장차 차례로 번져 타올라서 박멸할 수 없을 것이다. 論功行賞할 적에 私情을 따르는 폐해가 그 처음에는 심히 미미하나 그 종말에는 莡을 수 없음에 이름을 말한 것이니, 그 말을 엄하게 하여 未然에 금한 것이다.

10. 厥若彝及撫事를 如予하여 惟以在周工으로 往新邑하여 伻嚮卽有僚하며 明作有功하며 惇大成裕하면 汝永有辭하리이다

常道를 순히 하고 國事를 어루만지기를 내가 정사할 때와 같이 하여 오직 현재 있는 周나라의 官吏들을 데리고 새 도읍에 가시어 하여금 임금의 의향을 알아 有僚(관직)에 나아가게 하며, 명백히 하고 진작하여 功을 두며, 돈후히 하고 크게 하여 풍속을 넉넉하게 하시면 당신은 영원히 칭찬하는 말이 있을 것입니다."

其順常道와 及撫國事를 常如我爲政之時하여 惟用見在周官하고 勿參以私人하여 往新邑하여 使百工으로 知上意嚮하여 各就有僚하며 明白奮揚而赴功하고 惇厚博大以裕俗이면 則王之休聞이 亦永有辭于後世矣라

常道를 순히 함과 國事를 어루만짐을 항상 내가 政事할 때와 같이 하여 오직 현재 있는 周나라 官吏를 쓰고 사사로운 사람들을 참여시키지 말아, 새 도읍에 가서 百官들로 하여금 上의 의향을 알아 각기 관직에 나아가게 하며, 明白히 하고 奮揚하여 事功에 달려가게 하며, 敦厚하고 博大하여 풍속을 넉넉하게 한다면 王의 아름다운 名聲이 또한 길이 후세에 말함이 있을 것이다.

嚮 : 향할 향 惇 : 도타울 돈

11. 公曰 已아 汝惟沖子 惟終이어다

公(周公)이 말씀하였다. "아! 그대 沖子는 끝마치셔야 할 것입니다.

周之王業을 文武始之하니 成王이 當終之也라 此上은 詳於記功教工內治之事요 此下는 則統御諸侯教養萬民之道也라

周나라의 王業을 文王과 武王이 시작하였으니, 成王이 마땅히 끝마쳐야 하는 것이다. 이 이상은 功을 기록하고 百官들을 가르치는 內治의 일을 자세히 말하였고, 이 이하는 제후들을 統御하며 萬民을 教養하는 방도이다.

12. 汝其敬하여사 識百辟의 享하며 亦識其有不享이니 享은 多儀하니 儀不及物하면 惟曰不享이니 惟不役志于享하면 凡民이 惟曰不享이라하여 惟事 其爽侮하리이다

당신께서 恭敬하여야 百辟(제후)들의 享함을 알고 또한 享하지 않음을 아실 것이니, 享은 禮儀가 많으니 禮儀가 물건에 미치지 못하면 이것을 不享이라 이릅니다. 享에 뜻을 쓰지 않으면 모든 백성들이 말하기를 '굳이 享할 것이 없다.' 하여, 일이 어그러지고 업신여기게 될 것입니다.

此는 御諸侯之道也라 百辟은 諸侯也라 享은 朝享也라 儀는 禮요 物은 幣也라 諸侯享上에 有誠有僞하니 惟人君克敬者라야 能識之하여 識其誠於享者하고 亦識其不誠於享者라 享은 不在幣而在於禮하니 幣有餘而禮不足이면 亦所謂不享也라 諸侯惟不用志於享이면 則國人化之하여 亦皆謂上不必享矣라하여 擧國이 無享上之誠하리니 則政事安得不至於差爽僭侮하여 隳王度而爲叛亂哉아 人君이 可不以敬存心하여 辨之於早하고 察之於微乎아

享 : 올릴 향 爽 : 어그러질 상 僭 : 어그러질 참 隳 : 무너질 휴

이는 제후를 어거하는 방도이다. 百辟은 제후이다. 享은 朝享(조회하고 물건을 바침)이다. 儀는 禮이고, 物은 幣帛이다. 제후가 上에게 물건을 바칠 때에 정성스러운 경우가 있고 거짓인 경우가 있으니, 人君이 능히 공경하는 자라야 이것을 알아서 享에 정성스러운 자를 알고 또한 享에 정성스럽지 않은 자를 아는 것이다. 享은 幣帛에 있지 않고 禮에 있으니, 幣帛이 有餘하고 禮가 不足하면 이 또한 이른바 '不享'이란 것이다. 제후들이 享에 뜻을 쓰지 않으면 國人들이 이에 化하여 또한 모두 이르기를 "上에게 굳이 享할 것이 없다." 하여, 온 나라가 윗사람에게 바치는 정성이 없을 것이니, 이렇게 되면 政事가 어찌 어그러지고 僭侮하여 王의 法度를 실추하여 반란을 함에 이르지 않겠는가. 人君이 敬으로써 마음을 두어 早期에 분변하고 미미할 때에 살피지 않을 수 있겠는가.

13. 乃惟孺子 頒朕의 不暇하여 聽朕의 教汝于棐民彝어다 汝乃是不蘉하면 乃時惟不永哉인저 篤敍乃正父호되 罔不若予하면 不敢廢乃命하리니 汝往敬哉어다 茲予는 其明農哉로리니 彼裕我民하면 無遠用戾하리이다

그대 孺子는 나의 한가롭지 않음을 반포하여 내가 당신에게 백성의 떳떳한 성품을 도우라고 가르쳐준 것을 들으소서. 당신께서 이것을 힘쓰지 않으면 이에 영원하지 못할 것입니다. 당신의 正父(武王)를 돈독히 생각하고 차례를 따르되 나와 같이 하지 않음이 없으면 백성들이 감히 당신의 命을 폐하지 않을 것이니, 당신은 洛邑에 가서 공경하소서. 나는 물러가 농사를 밝힐 것이니, 저 洛邑에서 우리 백성들을 편안히 하면 먼데 할 것이 없이 다 올 것입니다."

此는 教養萬民之道也라 頒朕不暇는 未詳이라 或曰 成王이 當頒布我汲汲不暇者라하니라 聽我教汝所以輔民常性之道니 汝於是而不勉焉이면 則民彝泯亂하여 而非所以長久之道矣라 正父는 武王也니 猶今稱先正云者

頒 : 나눌 반 棐 : 도울 비 蘉 : 힘쓸 망 戾 : 어그러질 려 泯 : 빠질 민

라 篤者는 篤厚而不忘이요 敍者는 先後之不紊이니 言篤敍武王之道하여 無不如我하면 則人不敢廢汝之命矣리라 呂氏曰 武王沒에 周公이 如武王이라 故로 天下不廢周公之命하니 周公去에 成王이 如周公이면 則天下不廢成王之命하리라 戾는 至也라 王往洛邑하여 其敬之哉어다 我其退休田野하여 惟明農事라하니 蓋公有歸老之志矣라 彼는 謂洛邑也라 王於洛邑에 和裕其民하면 則民將無遠而至焉하리라

이는 萬民을 教養하는 방도이다. '頒朕不暇'는 未詳이다. 혹자는 말하기를 "成王은 나의 급급히 하여 한가롭지 않음을 頒布해야 한다."고 한다. 내가 당신에게 백성의 떳떳한 성품을 돕는 방도를 가르쳐 준 것을 들어야 하니, 당신께서 이것을 힘쓰지 않으면 백성의 떳떳한 성품이 泯亂해져 장구히 하는 道가 아니다. 正父는 武王이니, 지금에 先正이라고 칭하는 것과 같다. 篤은 篤厚히 하여 잊지 않음이요, 敍는 先後가 문란하지 않음이니, 武王의 道를 돈독히 생각하고 차례를 따르되 나와 같이 하지 않음이 없으면 사람들이 감히 그대의 命을 폐하지 않을 것이라는 말이다.

呂氏가 말하였다. "武王이 별세함에 周公이 武王과 똑같이 하였다. 그러므로 天下가 周公의 命을 폐하지 않았으니, 周公이 떠남에 成王이 周公과 똑같이 하면 天下가 成王의 명을 폐하지 않을 것이다."

戾는 이름이다. "王은 洛邑에 가서 공경할지어다. 나는 물러가 田野에서 쉬면서 오직 농사를 밝힐 것이다." 하였으니, 公이 돌아가 늙으려는 뜻이 있었던 것이다. 彼는 洛邑을 이른다. 王이 洛邑에서 백성들을 화하고 넉넉하게 하면 백성들이 장차 먼데 할 것이 없이 올 것이다.

14. 王若曰 公이 明保予沖子하사 公稱丕顯德하사 以予小子로 揚文武烈하며 奉答天命하며 和恒四方民하여 居師하시다

王이 대략 다음과 같이 말씀하였다. "公께서 나 沖子를 밝히고 保佑하시어 公께서는 크게 드러난 德을 들어서 나 小子로 하여금 文王·武王의 功烈을 드날리고 天命을 받들어 답하며, 四方의 백성들을 화하게 하고 항구하게 하여 무리를 거하게 하셨습니다.

此下는 成王이 答周公及留公也니 大抵與上章參錯相應이라 明은 顯明之也요 保는 保佑之也라 稱은 擧也라 和者는 使不乖也요 恒者는 使可久也라 居師者는 宅其衆也라 言周公이 明保成王하여 擧大明德하여 使其上之不忝於文武하며 仰不愧天하고 俯不怍人也라

이 이하는 成王이 周公에게 답하고 公을 만류한 것이니, 대저 上章과 參錯하여 서로 응한다. 明은 드러내어 밝힘이요, 保는 保佑함이다. 稱은 듦이다. 和는 어그러지지 않게 함이요, 恒은 오래가게 함이다. 居師는 무리를 거하게 하는 것이다. 周公이 成王을 밝히고 保佑하여 크게 밝은 德을 들어서 위로는 文王·武王에게 욕되지 않게 하며, 우러러 하늘에 부끄럽지 않고 굽어봄에 사람에게 부끄럽지 않게 하였음을 말한 것이다.

15. 惇宗將禮하여 稱秩元祀호되 咸秩無文하시다(케하시다)

功宗을 돈독히 하되 큰 禮로 하여 元祀를 들어 차례로 제사하되 모두 祀典에 기재되지 않은 것까지 차례로 제사하였습니다.

宗은 功宗之宗也니 下文宗禮同이라 將은 大也라

宗은 功宗의 宗이니, 下文의 宗禮와 같다. 將은 큼이다.

16. 惟公德이 明光于上下하며 勤施于四方하여 旁作穆穆迓衡하여 不迷文武勤敎하시니 予沖子는 夙夜에 毖祀로다

公의 德이 上下에 밝게 빛나고 四方에 부지런히 베풀어져서 널리 穆穆함을 지어 治平함을 맞이해서 文王·武王이 애쓰신 가르침을 혼미하지 않게 하시니, 나 沖子는 밤낮으로 祭祀만 삼갈 뿐입니다."

旁은 無方所也니 因上下四方爲言이라 穆穆은 和敬也라 迓는 迎也라 言周公之德이 昭著於上下하고 勤施于四方하여 旁作穆穆하여 以迎治平하여

師 : 무리 사 錯 : 섞일 착 乖 : 어그러질 괴 忝 : 욕될 첨 怍 : 부끄러울 작

不迷失文武所勤之教於天下하시니 公之德教 加於時者如此라 予沖子 夫何爲哉아 惟早夜에 以謹祭祀而已라 蓋成王이 知周公有退休之志라 故로 示其所以留之之意也니라

旁은 方所가 없는 것이니, 上下와 四方을 인하여 말한 것이다. 穆穆은 和敬함이다. 迓는 맞이함이다. 周公의 德이 上下에 밝게 드러나고 四方에 부지런히 베풀어져서 널리 穆穆함을 지어 治平함을 맞이해서 文王·武王이 애쓰신 바의 가르침을 天下에 혼미하지 않게 하시니, 公의 德教가 당시에 가해짐이 이와 같았다. 나 沖子는 무슨 일을 하겠는가. 오직 밤낮으로 제사를 삼갈 뿐이다. 成王은 周公이 물러가 쉬려는 뜻이 있음을 알았으므로 만류하려는 뜻을 보인 것이다.

17. 王曰 公功은 棐迪이 篤하니 罔不若時어다

王이 말씀하였다. "公의 功은 나를 돕고 인도함이 돈독하니, 이와 같이 하지 않음이 없을지어다."

言周公之功이 所以輔我啓我者厚矣니 當常如是요 未可以言去也라

周公의 功은 나를 보필하고 나를 啓導함이 후하니, 마땅히 항상 이와 같이 할 것이요, 떠남을 말해서는 안된다고 한 것이다.

18. 王曰 公아 予小子는 其退하여 卽辟于周하고 命公後호리라

王이 말씀하였다. "公아! 나 小子는 물러가서 곧 周나라에 군주노릇하고 公에게 命하여 뒤에 남게 하겠다.

此下는 成王이 留周公治洛也라 成王言 我退하여 卽居于周하고 命公留後治洛이라하니라 蓋洛邑之作은 周公이 本欲成王遷都하여 以宅天下之中이어늘 而成王之意는 則未欲捨鎬京而廢祖宗之舊라 故로 於洛邑擧祀發政之後에 卽欲歸居于周하고 而留周公治洛이라 謂之後者는 先成王之辭니 猶後世留守留後之義라 先儒謂封伯禽하여 以爲魯後者 非是라 攷之費誓컨

대 東郊不開는 乃在周公東征之時하니 則伯禽就國이 蓋已久矣라 下文에 惟告周公其後라하니 其字之義에 益可見其爲周公이요 不爲伯禽也라

이 이하는 成王이 周公을 머물게 하여 洛邑을 다스리게 한 것이다. 成王이 말씀하기를 "나는 물러가서 곧 周나라에 거하고 公에게 命하여 뒤에 남아 洛邑을 다스리게 하겠다." 하였다. 洛邑을 만든 것은 周公이 본래 成王이 遷都하여 天下의 중앙에 머물게 하고자 한 것이었는데, 成王의 뜻은 鎬京을 버려 祖宗의 옛 터전을 폐하려고 하지 않았다. 그러므로 洛邑에서 제사를 거행하고 정사를 발한 뒤에 즉시 宗周로 돌아가 거하고 周公을 머물게 하여 洛邑을 다스리게 하고자 한 것이다. 뒤라고 말한 것은 成王을 먼저한 말이니, 후세에 留守·留後의 뜻과 같다. 先儒들이 "伯禽을 봉하여 魯나라의 뒤로 삼게 했다."고 말한 것은 옳지 않다. 〈費誓〉를 상고해보면 東郊가 개통되지 않은 것이 바로 周公이 東征할 때에 있었으니, 伯禽이 魯나라로 나아간 지가 이미 오래이다. 下文에 "周公에게 그 뒤에 남아 洛邑을 다스리게 한 일을 고한 것이다." 하였으니, 其字의 뜻에서 더욱 周公이 되고 伯禽이 아님을 볼 수 있다.

19. 四方이 迪亂이어늘 未定于宗禮라 亦未克敉公功이로라

四方이 개척되어 다스려졌으나 아직 功宗의 禮를 정하지 못하였다. 그리하여 또한 公의 功을 편안히 하지 못하는 것이다.

宗禮는 卽功宗之禮也라 亂은 治也라 四方開治는 公之功也로되 未定功宗之禮라 故로 未能敉公功也라 敉功者는 安定其功之謂니 卽下文命寧者也라

宗禮는 곧 功宗의 禮이다. 亂은 다스림이다. 四方이 개척되어 다스려짐은 公의 功인데 아직 功宗의 禮를 정하지 못하였다. 이 때문에 公의 功을 편안히 하지 못하는 것이다. 敉功은 그 功을 안정함을 이르니, 곧 下文에 命하여 편안하게 한다는 것이다.

亂 : 다스릴 란　敉 : 편안할 미

20. 迪將其後하여 **監我士師工**하여 **誕保文武受民**하여 **亂爲四輔**어다

그 뒤를 개척하여 크게 해서 우리 士·師와 百工들로 하여금 보게 해서 文王·武王께서 하늘로부터 받으신 백성을 크게 보호하여 다스려 四輔가 될지어다."

將은 大也라 周公居洛하여 啓大其後하여 使我士師工으로 有所監視하여 大保文武所受於天之民하여 而治爲宗周之四輔也[1]니 漢三輔는 蓋本諸此하니라 今按先言啓大其後하고 而繼以亂爲四輔하니 則命周公留後於洛이 明矣니라

將은 큼이다. 周公이 洛邑에 거하면서 그 뒤를 개척하여 크게 해서 우리 士·師와 百工들로 하여금 보는 바가 있어 文王·武王께서 하늘에서 받은 바의 백성을 크게 보호하여 다스려 宗周의 四輔가 되라는 것이니, 漢나라의 三輔는 아마도 여기에서 근본한 듯하다. 이제 살펴보건대 먼저 "그 뒤를 열어 크게 하라." 하고, 뒤이어 "다스려 四輔가 되라."고 하였으니, 周公에게 洛邑에 留後가 되도록 命한 것이 분명하다.

譯註 1. 宗周之四輔也 : 四輔를 左輔·右弼·前疑·後丞의 네 신하로 보기도 하나 여기서는 四隣 즉 사방의 가까운 고을로 宗周인 鎬京에 인접한 고을을 가리킨 것이다. 漢나라 때에는 도성인 長安의 부근에 있는 京兆·馮翊·扶風의 세 고을을 三輔라 하였다.

21. 王曰 公定이어든 **予往已**니 **公功**을 **肅將祇歡**하나니 **公無困(哉)〔我〕**어다 **我惟無斁其康事**하노니 **公勿替刑**하면 **四方**이 **其世享**하리라

王이 말씀하였다. "公이 이곳에 머물거든 나는 宗周로 갈 것이니,

將 : 클 장 誕 : 클 탄 將 : 받들 장 祇 : 공경 지 斁 : 싫어할 역

公의 功을 백성들이 엄숙히 받들고 공경하여 기뻐하니, 公은 나를 곤궁하게 하지 말지어다. 나는 백성을 편안히 하는 일을 싫어함이 없을 것이니, 公이 모범이 됨을 폐하지 않으면 四方이 대대로 公의 德을 누릴 것이다."

定은 爾雅曰 止也라 成王이 欲周公止洛而自歸往宗周라 言周公之功을 人皆肅而將之하고 欽而悅之하나니 宜鎭撫洛邑하여 以慰懌人心이요 毋求去以困我也라 我惟無厭其安民之事하리니 公勿替所以監我士師工者하면 四方이 得以世世享公之德也라 吳氏曰 前漢書에 兩引公無困哉에 皆以哉作我하니 當以我爲正이니라

定은 《爾雅》에 "그침이다." 하였다. 成王이 周公은 洛邑에 머물러 있고 자신은 돌아가 宗周로 가고자 한 것이다. 周公의 功을 사람들이 모두 엄숙히 받들고 공경하여 기뻐하니, 마땅히 洛邑을 진무하여 사람들의 마음을 위로하고 기쁘게 할 것이요, 떠나가기를 구하여 나를 곤궁하게 하지 말라. 나는 백성을 편안히 하는 일을 싫어하지 않을 것이니, 公이 〈모범이 되어〉 우리 士·師와 百工들로 하여금 보게 함을 폐하지 않으면 四方이 대대로 公의 德을 누리게 될 것이다.

吳氏가 말하였다. "《前漢書》에 두 번 '公無困哉'를 인용하였는데 모두 哉字를 我字로 썼으니, 마땅히 我字를 바른 것으로 삼아야 할 것이다."

22. 周公이 拜手稽首曰 王命予來하사 承保乃文祖受命民과 越乃光烈考武王하시니 弘朕恭이샷다

周公이 拜手稽首하고 말씀하였다. "王께서는 나를 命하여 洛邑에 오게 하시어 그대의 文祖(文王)께서 命을 받은 백성과 그대의 光烈考이신 武王을 계승하여 보존하게 하시니, 나의 공손함을 크게 여기신 것입니다.

替 : 폐할 체 懌 : 기쁠 역

此下는 周公이 許成王留等事也라 來者는 來洛邑也라 承保乃文祖受命民及光烈考武王者는 答誕保文武受民之言也라 責難於君을 謂之恭이니 弘朕恭者는 大其責難之義也라

이 이하는 周公이 成王에게 洛邑에 머무는 등의 일을 허락한 것이다. 來는 洛邑에 온 것이다. 그대의 文祖께서 命을 받은 백성과 光烈考인 武王을 계승하여 보존한다는 것은 文王·武王께서 하늘로부터 받은 백성을 크게 보호하라는 말씀에 답한 것이다. 군주에게 어려운 일을 責함을 恭이라 이르니, 나의 공손함을 크게 여긴다는 것은 어려운 일을 責하는 義를 크게 여긴 것이다.

23. 孺子來相宅하시니 其大惇典殷獻民하사 亂爲四方新辟하사 作周恭先하소서 曰 其自時로 中乂하여 萬邦이 咸休하면 惟王이 有成績하시리이다

孺子께서 이곳에 와서 집터를 보시니, 典章과 殷나라의 어진 백성을 크게 돈독히 하시어 다스려 四方의 새 君主가 되어 周나라에 공손함의 率先이 되소서." 또 말씀하였다. "이로부터 중앙에서 다스려 萬邦이 모두 아름답게 되면 王께서는 훌륭한 成績이 있을 것입니다.

典은 典章也요 殷獻民은 殷之賢者也라 言當大厚其典章及殷之獻民이니 蓋文獻者는 爲治之大要也라 亂은 治也니 言成王이 於新邑致治하여 爲四方新主也라 作周恭先者는 人君이 恭以接下하여 以恭而倡後王也라 公又言 其自是로 宅中圖治하여 萬邦이 咸底(지)休美하면 則王其有成績矣라하시니 此는 周公이 以治洛之效로 望之成王也라

典은 典章이고, 殷獻民은 殷나라의 어진 자이다. 마땅히 그 典章과 殷나라의 獻民을 크게 후하게 할 것이니, 文籍과 賢者는 政治하는 大要이다. 亂은 다스림이니, 成王이 새 도읍에서 훌륭한 정치를 이룩하여 四方의 새로

獻 : 어질 헌　乂 : 다스릴 예　倡 : 인도할 창

운 君主가 되라는 것이다. 周나라에 공손함의 率先이 되라는 것은 人君이 공손함으로써 아랫사람들을 접하여 공손함으로 後王을 倡導하는 것이다. 公은 또 말씀하기를 "이로부터 중앙에 머물면서 政治를 도모하여 萬邦이 모두 아름다움을 이루면 王은 훌륭한 成績이 있을 것이다." 하였으니, 이는 周公이 洛邑을 다스리는 효험으로 成王에게 바란 것이다.

24. 予旦은 以多子와 越御事로 篤前人成烈하여 答其師하여 作周孚先하여 考朕昭子刑하여 乃單文祖德하리이다

나 旦은 多子(여러 卿大夫)와 御事들과 함께 前人께서 이룩하신 功烈을 돈독히 하여 백성들에게 보답해서 周나라에 성실함의 率先이 되어 우리 昭子의 法을 이루어 文祖의 德을 다할 것입니다.

多子者는 衆卿大夫也라 唐孔氏曰 子者는 有德之稱이니 大夫皆稱子라 師는 衆也라 周公言 我以衆卿大夫와 及治事之臣으로 篤厚文武成功하여 以答天下之衆也라 孚는 信也니 作周孚先者는 人臣이 信以事上하여 以信而倡後人也라 考는 成也라 昭子는 猶所謂明辟也니 親之故로 曰子라 刑은 儀刑也요 單은 殫也니 言成我明子儀刑하여 而殫盡文王之德이니 蓋周公이 與群臣으로 篤前人成烈者는 所以成成王之刑하여 乃殫文祖德也라 此는 周公이 以治洛之事로 自效也라

多子는 여러 卿大夫이다. 唐나라 孔氏가 말하기를 "子는 德이 있는 자의 칭호이니, 大夫를 모두 子라고 칭한다." 하였다. 師는 무리이다. 周公이 말씀하기를 "내 여러 卿大夫와 일을 다스리는 臣下들과 함께 文王·武王께서 이룩하신 功을 독후히 하여 天下의 무리에게 보답한다." 한 것이다. 孚는 信(성실함)이니, 周나라에 성실함의 率先이 된다는 것은 人臣이 성실함으로써 윗사람을 섬겨서 성실함으로 後人을 창도하는 것이다. 考는 이룸이다. 昭子는 이른바 明辟(밝은 君主)이란 말과 같으니, 친히 여기기 때문에 子라고 말한 것이다. 刑은 儀刑(본보기)이며, 單은 다함이니, 우리 昭子의 儀

孚：성실할 부　刑：법 형　單：다할 단　效：바칠 효

刑을 이루어 文王의 德을 다한다는 것이니, 周公이 여러 臣下들과 함께 前人이 이룩한 功烈을 돈독히 하는 것은 成王의 儀刑을 이루어 文祖의 德을 다하는 것이다. 이는 周公이 洛邑을 다스리는 일로 스스로 책임진 것이다.

25. 伻來毖殷하시고 乃命寧予하사되 以秬鬯二卣하시고 曰明禋하노니 拜手稽首하여 休享하노라하시다

王께서는 사람을 보내와 殷나라 사람들을 경계하시고, 나를 命하여 편안히 하시되 검은 기장과 鬱金으로 빚은 술 두 그릇으로 하시고, 말씀하기를 '밝게 공경하노니, 拜手稽首하여 아름다이 享禮를 올린다.' 하였습니다.

此는 謹毖殷民而命寧周公也라 秬는 黑黍也니 一稃二米니 和氣所生이라 鬯은 鬱金香草也라 卣는 中尊(樽)也라 明은 潔也요 禋은 敬也니 以事神之禮로 事公也라 蘇氏曰 以黑黍爲酒하고 合以鬱鬯은 所以祼也니 宗廟之禮는 莫盛於祼이라 王使人來하여 戒勅庶殷하고 且以秬鬯二卣로 綏寧周公하고 曰明禋, 曰休享者는 何也오 事周公을 如事神明也라 古者에 有大賓客이면 以享禮禮之하니 酒清人渴호되 而不飮하고 肉乾人飢호되 而不食也[1]라 故로 享有體薦하니 豈非敬之至者는 則其禮如祭也歟아

이는 殷나라 백성들을 삼가 경계하고 周公을 命하여 편안하게 한 것이다. 秬는 검은 기장이니, 껍질 하나에 쌀이 두 알이니, 和한 기운에서 생긴 것이다. 鬯은 鬱金의 香草이다. 卣는 중간 크기의 술잔이다. 明은 깨끗함이요 禋은 공경함이니, 神을 섬기는 禮로 公을 섬긴 것이다.

蘇氏가 말하였다. "검은 기장으로 술을 만들고 鬱鬯을 합함은 降神하기 위한 것이니, 宗廟의 禮는 降神보다 더 성대한 것이 없다. 王이 사람을 시켜 와서 여러 殷나라 사람들을 경계하고 또 검은 기장과 鬱金으로 빚은 술 두 그릇으로 周公을 편안하게 하고는 "밝게 공경한다." 하고 "아름답게 享禮를 올린다." 한 것은 어째서인가? 周公을 섬기기를 神明을 섬기듯이 한

秬：검은기장 거　鬯：술이름 창　卣：술그릇 유　禋：공경할 인　稃：왕겨 부

것이다. 옛날에 큰 賓客이 있으면 享禮로 예우하였으니, 술이 맑아지고 사람들이 목말라도 마시지 못하고, 고기가 마르고 사람들이 굶주려도 먹지 못한다. 그러므로 享에 體薦(통째로 올림)이 있으니, 아마도 공경하기를 지극히 하는 자에게는 그 禮를 祭祀와 같이 하는 것이 아니겠는가."

譯註 1. 酒淸 … 人飢而不食也 : 오랫동안 行禮하므로 올린 술잔에 술이 맑갛게 고이고 사람이 목말라도 감히 마시지 못하며, 고기가 마르고 사람이 굶주려도 감히 먹지 못하는 것으로, 《禮記》〈聘義〉에 "質明而始行事 日幾中而後禮成 非强有力者 弗能行也 故强有力者 將以行禮也 酒淸人渴而不敢飮也 肉乾人飢而不敢食也"라고 보인다.

26. 予不敢宿하여 則禋于文王武王호이다

저는 감히 이것을 받을 수가 없어서 文王·武王에게 祭祀하였습니다.

宿은 與顧命三宿[1]之宿으로 同이라 禋은 祭名이니 周公이 不敢受此禮하사 而祭於文武也라

宿은 〈顧命〉에 三宿의 宿과 같다. 禋은 제사의 이름이니, 周公이 감히 이 禮를 받을 수가 없어서 文王·武王에게 제사한 것이다.

譯註 1. 顧命三宿 : 뒤의 〈顧命〉에 "三宿三祭三咤"라고 보이는바, 宿은 원래 술잔을 神에게 올리는 것인데, 여기서는 올리는 술잔을 받는 것으로 쓴 것이다.

27. 惠篤敍하여 無有遘自疾하여 萬年에 厭于乃德하며 殷乃引考케하소서

순히 篤敍(돈독히 하여 잊지 않고 차례를 따름)하여 스스로 병을 만남이 없어 萬年에 그대의 德을 충만하게 하며, 殷나라 사람들도 引考(壽命을 연장함)하게 하소서.

祼 : 강신제지낼 관　宿 : 올릴 숙　遘 : 만날 구　厭 : 배부를 염

此는 祭之祝辭니 周公이 爲成王禱也라 惠는 順也라 篤敘는 與篤敘乃正父로 同이라 順篤敘文武之道하여 身其康强하여 無有遘遇自罹疾害者하여 子孫萬年에 厭飽乃德하며 殷人亦永壽考也라

이는 祭祀의 祝辭이니, 周公이 成王을 위하여 기도한 것이다. 惠는 순함이다. 篤敘는 篤敘乃正父와 같다. 순히 文王·武王의 道를 篤敘하여 몸이 康强해서 스스로 질병과 해에 걸림을 만남이 없어서 子孫 萬年에 그대의 德을 厭飽(충만)하게 하며, 殷나라 사람들 또한 길이 壽考하게 하라는 것이다.

28. 王이 伻殷으로 乃承敘萬年하여 其永觀朕子하여 懷德케 하소서

王께서는 殷나라 사람들로 하여금 가르치는 次敘를 받들기를 萬年토록 하여 길이 우리 孺子를 보고서 德을 생각하게 하소서."

承은 聽受也요 敘는 教條次第也라 王使殷人으로 承敘萬年하여 其永觀法我孺子하여 而懷其德也라 蓋周公이 雖許成王留洛이나 然且謂王伻殷者는 若曰 遷洛之民은 我固任之어니와 至於使其承敘萬年하여는 則實繫于王也라 亦責難之意니 與召誥末의 用供王能祈天永命으로 語脈相類하니라

承은 따라 받듦이요, 敘는 教條의 次第이다. 王께서는 殷나라 사람들로 하여금 教條의 次敘를 받들기를 萬年토록 하여 길이 우리 孺子를 보고 본받아서 그 德을 생각하라는 것이다. 周公이 비록 成王에게 洛邑에 머물 것을 허락하였으나 또 "王께서는 殷나라 사람들로 하여금"이라고 말한 것은 "洛邑으로 옮긴 백성은 내 진실로 책임지겠으나 이들로 하여금 가르치는 次敘를 받들기를 萬年토록 하는 것은 실로 王에게 달려 있다."고 말씀한 것이다. 이는 또한 어려움을 책한 뜻이니, 〈召誥〉의 끝에 "王께서 하늘의 永命을 기원함에 바친다."고 한 것과 語脈이 서로 유사하다.

罹 : 걸릴 리　繫 : 맬 계

29. 戊辰에 王이 在新邑하사 烝祭하시니 歲러니 文王에 騂牛一이며 武王에 騂牛一이러라 王命作冊하신대 逸이 祝冊하니 惟告周公其後러라 王賓이 殺禋이라 咸格이어늘 王이 入太室하여 祼하시다

戊辰日에 王이 새 도읍에 계시면서 烝祭를 올리시니, 해마다 한 번씩 올리는 성대한 禮였는데 文王에게는 붉은 소 한 마리이고, 武王에게도 붉은 소 한 마리였다. 王이 命하여 책을 지으라 하시니, 史官인 逸이 祝文을 책에 쓰니, 周公에게 뒤에 남아 洛邑을 다스리게 한 일을 고한 것이었다. 王의 손님들이 王이 희생을 잡아 제사하므로 모두 오니, 王이 太室에 들어가 降神祭를 올리셨다.

此下는 史官이 記祭祀冊誥等事하여 以附篇末也라 戊辰은 十二月之戊辰日也라 是日에 成王在洛하여 擧烝祭之禮라 曰歲云者는 歲擧之祭也라 周尙赤이라 故로 用騂이라 宗廟에 禮太牢어늘 此用特牛者는 命周公留後於洛이라 故로 擧盛禮也[1]라 逸은 史佚也요 作冊者는 冊書也니 逸祝冊者는 史逸이 爲祝冊以告神也라 惟告周公其後者는 祝冊所載 更不他及이요 惟告周公留守其後之意니 重其事也라 王賓은 猶虞賓이니 杞宋之屬이니 助祭諸侯也라 諸侯以王殺牲禋祭祖廟라 故로 咸至也라 太室은 淸廟中央室也라 祼은 灌也니 以圭瓚으로 酌秬鬯하여 灌地以降神也라

이 이하는 史官이 제사하고 책으로 告하는 등의 일을 기록하여 篇의 끝에 붙인 것이다. 戊辰은 12월의 戊辰日이다. 이 날에 成王이 洛邑에 있으면서 烝祭(겨울에 올리는 제사)의 禮를 거행하였다. 歲라고 이른 것은 1년에 한 번씩 거행하는 제사이다. 周나라는 赤色을 숭상하였으므로 붉은 소를 쓴 것이다. 宗廟에는 太牢로 제사하는데 여기에서 特牛를 쓴 것은 周公에게 命하여 洛邑에 留後가 되게 하였으므로 성대한 禮를 거행한 것이다. 逸

烝 : 제사이름 증　騂 : 붉을 성　格 : 이를 격　牢 : 희생 뢰　灌 : 부을 관

은 史官인 逸이고 책을 지었다는 것은 책에 쓴 것이니, 逸이 祝文을 책에 썼다는 것은 사관인 逸이 祝文을 책에 써서 神에게 告한 것이다. 周公에게 뒤에 남아 洛邑을 다스리게 한 일을 고한다는 것은 祝冊에 기재한 내용이 다시 딴 것은 언급하지 않고 오직 周公이 뒤에 남아 留守하게 한 뜻을 告한 것이니, 이 일을 중히 여긴 것이다. 王賓은 虞賓과 같으니, 杞나라와 宋나라의 등속이니, 제사를 돕는 제후이다. 제후들은 王이 犧牲을 잡아 先祖의 祠堂에 정결히 제사하기 때문에 모두 온 것이다. 太室은 淸廟(文王의 사당)의 중앙에 있는 방이다. 祼은 술을 땅에 붓는 것이니, 圭瓚을 가지고 검은 기장으로 빚은 鬱鬯酒를 떠서 땅에 부어 降神하는 것이다.

譯註 1. 宗廟禮太牢 … 擧盛禮也：太牢는 소 한 마리, 양 한 마리, 돼지 한 마리를 합하여 올리는 것이며 特牛는 한 마리의 소인바, 文王과 武王에게 각각 한 마리의 소를 올렸으므로 盛大한 禮라 한 것이다.

30. 王이 命周公後하사 作冊이어시늘 逸이 誥하니 在十有二月이러라

王이 周公에게 命하여 뒤에 남아 冊文을 짓게 하시므로 史官인 逸이 告하니, 12월에 있었다.

逸誥者는 史逸이 誥周公治洛留後也라 在十有二月者는 明戊辰爲十二月日也라

逸誥는 史官인 逸이 周公에게 洛邑을 다스리며 留後가 되게 한 일을 告한 것이다. 12월에 있었다는 것은 戊辰日이 12월임을 밝힌 것이다.

31. 惟周公이 誕保文武受命을 惟七年하시다

周公이 文王·武王이 하늘로부터 받은 명을 크게 보존하기를 7년 동안 하였다.

瓚：옥술잔 찬 誥：아뢸 고 誕：클 탄

吳氏曰 周公이 自留洛之後로 凡七年而薨也라 成王之留公也에 言誕保文武受民이라하고 公之復成王也에 亦言承保乃文祖受命民과 越乃光烈考武王이라 故로 史臣이 於其終에 計其年하여 曰 惟周公이 誕保文武受命을 惟七年이라하니 蓋終始公之辭云이라

吳氏가 말하였다. "周公이 洛邑에 머문 뒤로부터 무릇 7년 만에 별세한 것이다. 成王이 公을 만류할 때에 "文王·武王이 하늘로부터 받은 백성을 크게 보호하라." 하였고, 公이 成王에게 답할 때에 또한 "그대의 文祖께서 命을 받은 백성과 그대의 光烈考인 武王을 계승하여 보존하라." 하였다. 그러므로 史臣이 맨 마지막에 그 年數를 계산하여 말하기를 "周公이 文王·武王이 하늘로부터 받은 命을 크게 보존하기를 7년 동안 했다." 하였으니, 公을 처음부터 끝까지 한 말이다."

多士

商民遷洛者亦有有位之士라 故로 周公이 洛邑初政에 以王命으로 總呼多士而告之어시늘 編書者因以名篇하니 亦誥體也라 今文古文皆有하니라
○ 吳氏曰 方遷商民于洛之時엔 成周未作이러니 其後에 王與周公이 患四方之遠하고 鑑三監之叛하여 於是에 始作洛邑하여 欲徙周而居之하시니 其曰 昔朕來自奄할새 大降爾四國民命하여 我乃明致天罰하여 移爾遐逖하여 比事臣我宗多遜者는 述遷民之初也요 曰 今朕作大邑于茲洛은 予惟四方罔攸賓이며 亦惟爾多士攸服하여 奔走臣我多遜者는 言遷民而後作洛也라 故로 洛誥一篇은 終始皆無欲遷商民之意요 惟周公이 既誥成王留治于洛之後에 乃曰伻來毖殷이라하고 又曰 王伻殷乃承敍라하니 當時商民이 已遷于洛이라 故로 其言如此하니라 愚謂 武王이 已有都洛之志라 故로 周公黜殷之後에 以殷民反覆難制라하여 卽遷于洛이러니 至是에 建成周하고 造廬舍하고 定疆場일새 乃告命하여 與之更始焉爾니 此는 多士之所以

薨 : 죽을 훙 逖 : 멀 적 伻 : 사람부릴 팽 埸 : 지경 역 謬 : 그릇될 류(무)

作也라 由是而推하면 則召誥攻位之庶殷은 其已遷洛之民歟인저 不然이면 則受都는 今衛州也요 洛邑은 今西京也니 相去四百餘里라 召公이 安得捨近之友民하고 而役遠之讐民哉아 書序에 以爲成周旣成에 遷殷頑民者는 謬矣니 吾固以爲非孔子所作也라하노라

商나라 백성으로 洛邑에 옮긴 자들 또한 지위에 있는 선비가 있었다. 그러므로 周公이 洛邑에서 처음 정사를 펼 때에 王命으로 多士(여러 선비들)를 모두 불러 고하였는데 책을 엮는 자가 인하여 이로써 篇名을 삼았으니, 또한 誥體이다. 今文과 古文에 모두 있다.

○ 吳氏가 말하였다. "막 商나라 백성들을 洛邑으로 옮길 때에는 成周가 아직 만들어지지 않았는데, 그 뒤에 王과 周公은 사방이 멂을 걱정하고 三監이 반란을 일으킨 것을 거울삼아 이에 비로소 洛邑을 만들어 宗周(鎬京)를 옮겨 洛邑에 거하고자 하였으니, '옛날에 朕이 奄에서 올 적에 크게 형벌을 낮추어 너희 四國(殷·管·蔡·霍)의 백성들의 목숨을 살려주었다. 내 단지 밝게 천벌을 이루어 너희들을 먼 곳으로 옮겨서 우리 宗周에 공손함이 많은 자를 가까이 섬겨 신하가 되게 했다.'는 것은 백성을 옮긴 초기를 서술한 것이요. '지금 朕이 큰 도읍을 이 洛邑에 만든 것은 내가 사방에서 온 제후들이 손님으로 머물 곳이 없으며, 또 너희 많은 士들이 일하여 분주히 우리의 공손함이 많은 자들에게 신하노릇하기 때문이다.'라는 것은 백성을 옮긴 뒤에 洛邑을 만듦을 말한 것이다. 그러므로 〈洛誥〉 한 篇은 始終 모두 商나라 백성을 옮기려는 뜻이 없고, 오직 周公이 이미 成王에게 洛邑에 머물면서 다스릴 것을 아뢴 뒤에 비로소 말하기를 '사람을 보내와서 殷나라를 경계하였다.' 하였고, 또 말하기를 '王이 殷나라 사람들로 하여금 가르치는 次敍를 받들게 하라.' 하였으니, 당시에 商나라 백성들이 이미 洛邑으로 옮겼기 때문에 그 말이 이와 같은 것이다."

내가 생각하건대, 武王이 이미 洛邑에 도읍하려는 뜻이 있었다. 그러므로 周公이 殷나라를 축출한 뒤에 殷나라 백성들이 반복하여 통제하기 어렵다 하여 곧 洛邑으로 옮겼는데, 이때에 이르러 成周를 세우고 廬舍를 만들고 疆場을 정하면서 告命하여 이들과 더불어 更始(새출발)를 한 것이니, 이는 〈多士〉가 지어지게 된 이유이다. 이로 말미암아 미루어 보면 〈召誥〉에 집터를 다스린 庶殷은 이미 洛邑으로 옮긴 백성일 것이다. 그렇지 않다면 受의 도읍은 지금의 衛州이고 洛邑은 지금의 西京이니, 서로의 거리가 4백여

리이다. 召公이 어찌 가까이 있는 友民(우호하는 백성)들을 버리고 먼 讐民들을 부역시켰겠는가. 書序에 "成周가 이미 이루어짐에 殷나라의 頑民을 옮겼다."고 말한 것은 잘못이니, 나는 진실로 書序는 孔子가 지은 것이 아니라고 여긴다.

1. 惟三月에 周公이 初于新邑洛에 用告商王士하시다

3월에 周公이 처음으로 새 도읍인 洛邑에서 商나라의 王士들에게 고하셨다.

此는 多士之本序也라 三月은 成王祀洛次年之三月也라 周公至洛이 久矣어늘 此言初者는 成王이 旣不果遷하고 留公治洛이러니 至是에 公이 始行治洛之事라 故로 謂之初也라 曰商王士者는 貴之也라

이는 〈多士〉의 本序이다. 3월은 成王이 洛邑에서 제사한 다음해의 3월이다. 周公이 洛邑에 온 지가 오래인데 여기에서 처음이라고 말한 것은 成王이 이미 遷都를 결행하지 않고 公을 머물게 하여 洛邑을 다스리게 하였는데, 이때에 이르러 公이 처음으로 洛邑을 다스리는 일을 행하였기 때문에 처음이라고 말한 것이다. 商나라의 王士라 한 것은 그들을 귀하게 여긴 것이다.

2. 王若曰 爾殷遺多士아 弗弔라 旻天[1)]이 大降喪于殷이어시늘 我有周佑命하여 將天明威하여 致王罰하여 勅殷命하여 終于帝하소라

王이 대략 다음과 같이 말씀하였다. "너 殷나라의 남은 多士들아. 하늘에게 가엾게 여김을 받지 못하였다. 그리하여 하늘이 크게 殷나라에 망함을 내리시므로 우리 周나라가 도와주는 명을 받아서 하늘의

弔 : 불쌍할 조 旻 : 가을하늘 민

밝은 위엄을 받들어 王의 벌을 이루어서 殷나라 명을 바로잡아 上帝의 일을 끝마쳤노라.

譯註 1. 弗弔旻天 : 弗弔를 《集傳》에 未詳이라 하였으나 위의 〈大誥〉 "弗弔天降割于我家"에 이미 弔를 恤로 訓하고 《詩經》의 '不弔旻天'을 例로 들었는바, 弗弔旻天을 한 句로 삼아 '弗弔旻天하여'로 吐를 달고 "旻天에게 가엾게 여김을 받지 못하였다."로 해석하여도 될 듯하다.

弗弔는 未詳이니 意其爲歎憫之辭니 當時方言爾也라 旻天은 秋天也[1]니 主肅殺而言이라 歎憫言 旻天이 大降災害而喪殷이어시늘 我周受眷佑之命하여 奉將天之明威하여 致王罰之公하여 勅正殷命而革之하여 以終上帝之事라하니 蓋推革命之公하여 以開諭之也라

弗弔는 미상이니, 짐작컨대 탄식하고 민망히 여기는 말인 듯하니, 당시의 方言일 것이다. 旻天은 가을 하늘이니, 肅殺을 위주하여 말한 것이다. 탄식하고 민망히 여겨 말하기를 "旻天이 크게 재앙을 내려 殷나라를 망하게 하므로 우리 周나라가 眷佑의 명을 받아 하늘의 밝은 위엄을 받들어 王의 형벌의 공정함을 이루어서 殷나라 명을 바로잡아 개혁하여 上帝의 일을 마쳤다." 하였으니, 이는 혁명의 공변됨을 미루어서 열어 깨우쳐 준 것이다.

譯註 1. 旻天秋天也 : 《爾雅》에 보면 하늘을 四時에 따라 각기 다르게 호칭하였는바, 봄에는 蒼天, 여름에는 昊天, 가을에는 旻天, 겨울에는 上天이라 하였다.

3. 肆爾多士아 非我小國이 敢弋殷命이라 惟天不畀는 允罔固亂이라 弼我시니 我其敢求位아

그러므로 너희 多士들아. 우리 작은 周나라가 감히 殷나라의 명을 취하려고 한 것이 아니다. 하늘이 殷나라에게 명을 주지 않으신 것은

憫 : 불쌍할 민 弋 : 취할 익 畀 : 줄 비

진실로 혼란한 자를 견고히 하지 않기 때문이다. 그리하여 우리를 도우신 것이니, 우리가 감히 〈천자의〉 지위를 구하였겠는가.

肆는 與康誥肆汝小子封同이라 弋은 取也니 弋鳥之弋이니 言有心於取之也라 呼多士誥之하여 謂以勢而言하면 我小國이 亦豈敢弋取殷命이리오 蓋栽者培之하고 傾者覆之하니 固其治而不固其亂者 天之道也니 惟天不與殷은 信其不固殷之亂矣라 惟天이 不固殷之亂이라 故로 輔我周之治하여 而天位自有所不容辭者니 我其敢有求位之心哉아

肆는 〈康誥〉에 "肆汝小子封"의 肆(그러므로)와 같다. 弋은 취함이니, 새를 주살로 쏘아 잡는 弋字이니, 취함에 마음이 있음을 말한 것이다. 多士를 불러 고하여 이르기를 "형세로써 말하면 우리 작은 나라가 어찌 감히 殷나라의 명을 취하려고 하였겠는가. 심은 것은 북돋우고, 기운 것은 전복시키니, 그 다스려짐을 견고히 하고 혼란함을 견고히 하지 않는 것이 하늘의 도이다. 하늘이 殷나라에게 명을 주지 않은 것은 진실로 殷나라의 혼란함을 견고히 하지 않은 것이니, 하늘이 殷나라의 혼란함을 견고히 하지 않았기 때문에 우리 周나라의 다스림을 도와서 천자의 지위를 자연 사양할 수 없는 바가 있었던 것이니, 우리가 감히 천자의 지위를 구하는 마음을 두었겠는가.

4. 惟帝不畀는 惟我下民의 秉爲 惟天明畏일새니라

상제께서 殷나라에게 命을 주지 않으심은 우리 下民들의 秉爲(잡아서 함)가 하늘의 위엄이 분명하고 두렵기 때문이다.

秉은 持也라 言天命之所不與는 卽民心之所秉爲요 民心之所秉爲는 卽天威之所明畏者也니 反覆天民相因之理하여 以見天之果不外乎民하고 民之果不外乎天也라 詩言秉彛[1)]하고 此言秉爲者는 彛는 以理言이요 爲는 以用言也라

秉은 잡음이다. 天命이 주지 않는 것은 곧 民心의 秉爲이고 民心의 秉爲는 곧 하늘의 위엄이 분명하고 두려운 것임을 말하였으니, 하늘과 사람이

서로 인하는 이치를 반복하여, 하늘은 과연 民心에 벗어나지 않고 民心은 과연 하늘에 벗어나지 않음을 나타낸 것이다. 《詩經》에는 秉彛를 말하였고, 여기서는 秉爲를 말한 것은 彛는 이치로 말한 것이고 爲는 씀으로 말한 것이다.

譯註 1. 詩言秉彛 : 秉彛는 사람이 간직하고 있는 떳떳한 本性으로 《詩經》〈大雅 烝民〉에 "하늘이 여러 사람을 내시니 사물이 있으면 법칙이 있도다. 사람은 떳떳한 本性을 간직하고 있다. 이 때문에 아름다운 德을 좋아한다.〔天生烝民 有物有則 民之秉彛 好是懿德〕" 하였으므로 말한 것이다.

5. 我聞호니 曰 上帝引逸이어시늘 有夏不適逸한대 則惟帝降格하사 嚮于時夏어시늘 弗克庸帝하고 大淫泆有辭한대 惟時天이 罔念聞하사 厥惟廢元命하사 降致罰하시니라

내가 들으니 上帝께서 편안함으로 인도하셨는데도 夏나라가 편안함으로 나아가지 않자, 上帝가 降格(강림하여 이름)하여 이 夏나라에 의향을 보이셨는데 능히 上帝를 따르지 않고 크게 淫泆하고 변명하는 말을 하였다. 이에 하늘이 생각하고 들은 체하지 않으시고는 그 큰 명을 폐하여 벌을 내리셨다.

引은 導요 逸은 安也라 降格은 與呂刑降格同이라 呂氏曰 上帝引逸者는 非有形聲之接也라 人心得其安이면 則亹亹而不能已하니 斯則上帝引之也라 是理坦然하니 亦何間於桀이리오 第桀喪其良心하여 自不適於安耳라 帝實引之어늘 桀實避之로되 帝猶不遽絶也하사 乃降格災異하여 以示意嚮於桀이어시늘 桀猶不知警懼하여 不能敬用帝命하고 乃大肆淫逸하니 雖有矯誣之辭나 而天罔念聞之하시니 仲虺所謂帝用不臧이 是也라 廢其大命하사 降致其罰하여 而夏祚終矣라

泆 : 방탕할 일　亹 : 힘쓸 미　矯 : 속일 교　虺 : 구렁이 훼　臧 : 좋을 장

引은 인도함이요, 逸은 편안함이다. 降格은 〈呂刑〉의 降格과 같다.

呂氏가 말하였다. "上帝가 편안함으로 인도하였다는 것은 형체나 소리로 접함이 있는 것이 아니다. 人心이 편안함을 얻으면 힘쓰고 힘써 그치지 않으니, 이것이 곧 상제가 인도한 것이다. 이 이치가 평탄하니, 또한 어찌 夏桀에게 간격(차별)을 두었겠는가. 다만 夏桀이 良心을 잃어 스스로 그 편안함에 나아가지 않았을 뿐이다. 上帝가 실로 인도하였으나 桀王이 실로 피하였는데, 上帝가 오히려 대번에 끊지 않으시고는 마침내 災異를 내려 의향을 桀王에게 보이셨으나 桀王은 오히려 경계하고 두려워할 줄을 알지 못하여 上帝의 명을 공경히 따르지 않고 크게 淫逸을 부리니, 비록 속이는 말이 있었으나 하늘은 생각하고 들은 체하지 않았다. 이는 仲虺가 말한 '상제가 좋게 여기지 않았다.'는 것이 이것이다. 그 큰 명을 폐하여 벌을 내려서 夏나라의 국운이 끝난 것이다."

6. 乃命爾先祖成湯하사 革夏하사 俊民으로 甸四方하시니라

이에 네 선조이신 成湯을 명하여 夏나라를 개혁하시어 준걸스러운 백성으로 사방을 다스리게 하셨다.

甸은 治也라 伊尹이 稱湯旁求俊彦이라하고 孟子稱湯立賢無方이라하시니 蓋明揚俊民하여 分布遠邇하여 甸治區畫은 成湯立政之大經也라 周公이 反復以夏商爲言者는 蓋夏之亡은 卽殷之亡이요 湯之興은 卽武王之興也니 商民觀是면 亦可以自反矣리라

甸은 다스림이다. 伊尹은 "湯王이 널리 俊彦을 구했다."고 말하였고, 孟子는 "湯王이 賢者를 세우되 일정한 方所가 없었다."고 하였으니, 준걸스런 백성들을 밝히고 드날려 멀고 가까운 곳에 분포해서 구획한 곳을 다스림은 成湯이 정사를 세운 큰 법이다. 周公이 반복하여 夏나라와 商나라를 가지고 말씀한 것은 夏나라의 망함은 곧 殷나라의 망함이요, 湯王의 흥함은 바로 武王의 흥함이니, 商나라의 백성들이 이것을 보면 또한 스스로 반성할 것이다.

祚 : 복 조　甸 : 다스릴 전　彦 : 선비 언　邇 : 가까울 이

7. 自成湯으로 至于帝乙히 罔不明德恤祀하시니라

成湯으로부터 帝乙에 이르기까지 德을 밝히고 제사를 공경하지 않음이 없었다.

明德者는 所以修其身이요 恤祀者는 所以敬乎神也라

德을 밝힘은 몸을 닦는 것이요, 제사를 공경함은 神을 공경하는 것이다.

8. 亦惟天이 丕建保乂有殷이어시늘 殷王도 亦罔敢失帝하여 罔不配天其澤하시니라

또한 하늘이 크게 殷나라를 세워 보호하고 다스리게 하였는데 殷나라의 先王들 또한 감히 上帝의 법을 잃지 않아서 하늘에 짝하여 백성들에게 은택을 내리지 않음이 없었다.

亦惟天이 大建立保治有殷이어시늘 殷之先王이 亦皆操存此心하여 無敢失帝之則하여 無不配天以澤民也라

또한 하늘이 크게 殷나라를 세워 보호하고 다스리게 하였는데, 殷나라의 先王들 또한 모두 이 마음을 잡아 보존하여 감히 상제의 법을 잃지 않아서 하늘에 짝하여 백성들에게 은택을 입히지 않음이 없었다.

9. 在今後嗣王하여 誕罔顯于天이온 矧曰其有聽念于先王勤家아 誕淫厥泆하여 罔顧于天顯民祗하니라

지금 後嗣王에 있어서는 크게 天道에 밝지 못하였으니, 하물며 先王들이 國家에 근로함을 들어 생각함이 있다고 하겠는가. 크게 음탕하여 放泆해서 하늘의 드러난 도와 백성을 공경해야 함을 돌아보지 않았다.

後嗣王은 紂也라 紂大不明於天道어든 況曰能聽念商先王之勤勞於邦家者乎아 大肆淫泆하여 無復顧念天之顯道, 民之敬畏者也라

後嗣王은 紂王이다. 紂王은 크게 天道에 밝지 못하였으니, 하물며 商나라 先王들이 邦家에 근로함을 들어 생각한다 하겠는가. 크게 淫泆을 부려 다시는 하늘의 드러난 도와 백성을 공경하고 두려워해야 함을 돌아보고 생각함이 없었다.

10. 惟時上帝不保하사 降若茲大喪하시니라

이에 上帝께서 보호하지 않으시어 이와 같은 큰 망함을 내리신 것이다.

大喪者는 國亡而身戮也라

큰 망함이란 나라가 망하고 몸이 죽는 것이다.

11. 惟天不畀는 不明厥德일새니라

하늘이 殷나라에 命을 주지 않으심은 그 德을 밝히지 않았기 때문이다.

商先王이 以明德而天丕建이러니 則商後王이 不明德而天不畀矣라

商나라의 先王들은 德을 밝혔으므로 하늘이 크게 세워주었는데, 商나라의 後王은 德을 밝히지 아니하여 하늘이 주지 않은 것이다.

12. 凡四方小大邦이 喪함은(하논든) 罔非有辭于罰이니라

무릇 사방의 작고 큰 나라가 망함은 벌에 〈정당한〉 말(죄목)이 있지 않음이 없다."

凡四方小大邦國이 喪亡은 其致罰이 皆有可言者라 況商罪貫盈하여 而周奉辭以伐之者乎아

무릇 사방의 크고 작은 나라가 망함은 그 벌을 이룸이 모두 말할 만한 것이 있어서이다. 하물며 商나라의 죄가 貫盈하여 周나라가 말을 받들어 정벌함에 있어서랴.

13. 王若曰 爾殷多士아 今惟我周王이 丕靈承帝事하시니라

王이 대략 다음과 같이 말씀하였다. "너희 殷나라의 多士들아. 지금 우리 周王은 크게 上帝의 일을 잘 받들고 계시다.

靈은 善也니 大善承天之所爲也라 武成에 言祗承上帝하여 以遏亂略이 是也라

靈은 잘함이니, 크게 하늘의 하는 바를 잘 받드는 것이다. 〈武成〉에 "공경히 상제를 받들어 亂을 일으키려는 모략을 저지했다."는 것이 이것이다.

14. 有命曰 割殷이실새 告勅于帝하시니라

〈上帝께서〉 명을 내리시기를 '殷나라를 끊어 바로잡으라.' 하시기에 바로잡는 일을 상제께 告하신 것이다.

帝有命曰 割殷이라하시니 則不得不戡定翦除하여 告其勅正之事于帝也라 武成에 言告于皇天后土하여 將有大正于商者是也라

上帝께서 명을 내리시기를 "殷나라를 끊어 바로잡으라." 하시니, 戡定하고 翦除하여 바로잡는 일을 상제에게 고하지 않을 수 없는 것이다. 〈武成〉에 "皇天과 后土에 고하여 장차 商나라에 크게 바로잡음이 있다."는 것이

戡 : 이길 감　翦 : 제거할 전

이것이다.

15. 惟我事 不貳適이라 惟爾王家 我適이니라

우리 일이 두 갈래로 가지 않았다. 그리하여 너희 王家가 우리에게 온 것이다.

上帝臨汝하시니 毋貳爾心은 惟我事不貳適之謂요 上帝旣命하시니 侯于周服[1)]은 惟爾王家我適之謂라 言割殷之事 非有私心하고 一於從帝而無貳適하니 則爾殷王家 自不容不我適矣라 周不貳于帝하니 殷其能貳於周乎아 蓋示以確然不可動搖之意하여 而潛消頑民反側之情爾라 然聖賢事不貳適은 日用飮食이 莫不皆然하니 蓋所以事天也라 豈特割殷之事而已哉아

"上帝께서 너에게 임해 계시니 네 마음을 둘로 갖지 말라."는 것은 우리 일이 두 갈래로 가지 않음을 말한 것이며, "상제가 이미 명하시니 周나라에 복종했다."는 것은 너희 王家가 우리에게 옴을 말한 것이다. 殷나라를 끊어 바로잡는 일은 私心이 있어서가 아니요, 한결같이 상제를 따라 두 갈래로 감이 없는 것이니, 너희 殷나라 王家가 자연히 우리에게 오지 않을 수 없는 것이다. 周나라가 상제에게 두 마음을 품지 않으니, 殷나라가 능히 周나라에 두 마음을 품을 수 있겠는가. 이는 확연하여 동요할 수 없는 뜻을 보여주어 頑民들의 反側하는 情을 은근히 사라지게 한 것이다. 그러나 성현들이 일을 두 갈래로 가게 하지 않음은 日用과 飮食이 다 그렇지 않음이 없으니, 이는 하늘을 섬기는 것이다. 어찌 다만 殷나라를 끊어 바로잡는 일일 뿐이겠는가.

譯註 1. 上帝臨汝 … 侯于周服 : '上帝臨汝 毋貳爾心'은 上帝가 너를 굽어보고 계시니 의심하여 딴 마음을 먹지 말라는 뜻인바, 商紂를 정벌하는 武王이 혹시라도 딴 마음을 품어 끝까지 정벌하지 않을까 우려하는 말로, 《詩經》 大雅의 〈大明〉에 보이는 내용이며, '上帝旣命 侯于周服'은 上帝가 이미 天命을 周나라에 命하시니, 商나라의 수

適 : 나아갈 적　潛 : 몰래 잠

많은 자손들이 周나라에 와서 복종함을 말한 것으로, 〈文王〉에 보이는 내용이다.

16. 予其曰 惟爾洪無度하니 我不爾動이라 自乃邑이니라

내 말하기를 '너희들이 크게 법도가 없으니, 내 너희들을 동요하려는 것이 아니라 변이 너희 읍으로부터 시작된 것이다.' 하였다.

三監倡亂일새 予其曰 乃汝大爲非法하니 非我爾動이라 變自爾邑이라하니 猶伊訓所謂造攻自鳴條也라

三監이 난을 창도하였기에 내 말하기를 "너희들이 크게 법이 아닌 짓을 하였으니, 내가 너희들을 동요하려는 것이 아니라 변이 너희 읍으로부터 시작된 것이다." 하였다. 이는 〈伊訓〉에 이른바 "처음 공격을 鳴條로부터 시작하였다."는 것이 이것이다.

17. 予亦念天이 卽于殷하사 大戾하시니 肆不正이로다

내가 또한 생각하니, 하늘이 殷나라에 나아가 큰 재앙을 내리시니, 그러므로 바르지 못하였다."

予亦念天就殷邦하여 屢降大戾하사 紂旣死하고 武庚又死라 故로 邪慝不正하니 言當遷徙也라

내가 또한 생각하니, 하늘이 殷나라에 나아가 여러 차례 큰 재앙을 내려 紂王이 이미 죽고 武庚이 또 죽었다. 그러므로 사특하여 바르지 못하니, 마땅히 옮겨야 함을 말한 것이다.

18. 王曰 猷告爾多士하노라 予惟時其遷居西爾[1]니(는) 非我一人이 奉德不康寧이라 時惟天命이시니 無違하라 朕은 不敢有後호리니 無我怨하라

王이 말씀하였다. "아! 너희 多士들에게 고하노라. 내 이에 너희들을 옮겨 서쪽에 거하게 한 것이니 나 한 사람이 德을 받듦이 강녕하지 않아서가 아니라 이는 하늘의 명령이시니 어기지 말라. 짐은 감히 뒤에 딴 명령을 내리지 않을 것이니, 후일에 나를 원망하지 말라.

譯註 1. 遷居西爾 : 諺解에는 '遷居西爾는'으로 보아 吐가 달려 있으나 退溪의 說을 따라 修訂하였다.

時는 是也니 指上文殷大戾而言이라 謂惟是之故로 所以遷居西爾요 非我一人이 樂如是之遷徙震動也라 是惟天命如此하시니 汝毋違越하라 我不敢有後命이라하니 謂有他罰이라도 爾無我怨也라

時는 이것이니, 上文에 殷나라의 큰 재앙을 가리켜 말한 것이다. "이 때문에 너희들을 옮겨 서쪽에 거하게 한 것이요, 나 한 사람이 이와 같이 遷徙하고 진동하기를 좋아해서가 아니다. 이는 하늘의 명령이 이와 같기 때문이니, 너희들은 어기지 말라. 나는 감히 뒤에 딴 명령을 내리지 않을 것이다." 하였으니, 이는 딴 벌이 있더라도 너희들은 나를 원망하지 말라고 한 것이다.

19. 惟爾知惟殷先人의 有冊有典하나니 殷革夏命하니라

너희들은 殷나라 先人들의 서책과 典籍이 있음을 아니, 옛날에 殷나라도 夏나라의 명을 개혁하였다.

卽其舊聞하여 以開諭之也라 殷之先世에 有冊書典籍하여 載殷改夏命之事하니 正如是耳라 爾何獨疑於今乎아

옛날 들었던 것을 가지고 계도하여 깨우친 것이다. 殷나라의 先世에 서책과 전적이 있어 殷나라가 夏나라의 命을 개혁했던 일을 기재하였으니, 바로 이와 같다. 네가 어찌 홀로 지금에 의심하겠는가."

20. 今爾其曰 夏는 迪簡在王庭하며 有服이 在百僚라하나니

予一人은 惟聽用德이니라 肆予敢求爾于天邑商은 予惟率肆矜爾니 非予罪라 時惟天命이시니라

이제 너희들은 말하기를 '夏나라의 신하들이 啓迪하고 簡拔하여 王의 조정에 있었으며, 일하는 자들이 百僚에 있었다.'고 하는데, 나 한 사람은 德이 있는 자를 들어 쓸 뿐이다. 이에 내 감히 너희들을 天邑인 商나라에서 구하여 〈이 洛邑에〉 오게 한 것은 내가 商나라의 故事를 따라 너희들을 矜恤히 여긴 것이니, 이는 나의 죄가 아니요, 이는 하늘의 명령이시다."

周公이 既擧商革夏事하여 以諭頑民하신대 頑民이 復以商革夏事로 責周하여 謂商革夏命之初엔 凡夏之士 皆啓迪簡拔하여 在商王之庭하며 有服이 列于百僚之間이러니 今周於商士에 未聞有所簡拔也라하니 周公이 擧其言하여 以大義折之하사 言爾頑民이 雖有是言이나 然予一人所聽用者는 惟以德而已라 故로 予敢求爾於天邑商而遷之於洛者는 以冀率德改行焉이라 予惟循商故事하여 矜恤於爾而已니 其不爾用者는 非我之罪也라 是惟天命如此라하시니라 蓋章德者는 天之命이어늘 今頑民이 滅德而欲求用하니 得乎아

周公이 이미 商나라가 夏나라를 혁명한 일을 들어 頑民들을 깨우치시니, 완민들이 다시 商나라가 夏나라를 혁명한 일을 가지고 周나라를 책하여 이르기를 "商나라가 夏나라의 명을 혁명한 초기에는 모든 夏나라의 선비들이 啓迪하고 簡拔하여 商王의 조정에 있었으며, 일하는 자들이 백료의 사이에 나열되어 있었는데, 지금 周나라는 商나라의 선비에 대하여 간발한 바가 있다는 말을 듣지 못하였다." 하였다. 이에 周公이 그 말을 들고서 大義로 꺾어 말씀하기를 "너희 완민들이 비록 이러한 말이 있으나 나 한 사람이 들어 쓰는 것은 오직 德대로 할 뿐이다. 그러므로 내 감히 너희들을 天邑인 商나라에서 구하여 洛邑으로 옮긴 것은 〈너희들이〉 德을 따르고 행실을 고치기를 바라서이다. 내 商나라의 故事를 따라 너희들을 긍휼히 여길 뿐이니, 너희들을 등용하지 않은 것은 나의 죄가 아니요, 이는 하늘의 命이 이와 같은 것이다." 하였다. 德이 있는 자를 표창함은 하늘의 명인데, 이제

완민들이 德이 없으면서 등용되기를 구하고자 하니, 되겠는가.

21. 王曰 多士아 昔朕이 來自奄[1)]할새 予大降爾四國民命하여 我乃明致天罰하여 移爾遐逖하여 比事臣我宗多遜[2)]케하니라

王이 말씀하였다. "多士들아. 옛날 朕이 奄으로부터 올 적에 나는 너희들의 형벌을 크게 강등하여 너희 四國의 백성들의 목숨을 살려주었다. 그리하여 내 단지 밝게 천벌을 이루어 너희들을 먼 곳으로 옮겨서 우리 宗周의 多遜(공손함이 많은 자)을 가까이 섬겨 신하노릇하게 한 것이다."

譯註 1. 來自奄：奄은 曲阜에 있었던 國名으로 淮夷·三監과 함께 武庚을 도와 반란을 일으킨 나라이다.《蔡傳旁通》에 "周公이 殷·管·蔡·霍을 일거에 토벌하였는데 유독 '奄으로부터 왔다'고 말한 것은 당시 奄國을 맨 뒤에 정벌하였기 때문에 이렇게 말한 것이다." 하였다.

2. 比事臣我宗多遜：諺解에는 '우리 宗周에 比事하야 臣하여 遜이 많게 함이니라'로 해석하였으나 退溪는 "'我宗周의 多遜에 比事하여 臣下노릇하게 함이니라'가 더욱 온당하며 下文의 '奔走臣我多遜'에 더욱 합당하다." 하였으므로 모두 이에 따라 修訂하였다.

降은 猶今法降等云者라 言昔我來自商奄之時에 汝四國之民이 罪皆應死어늘 我大降爾命하여 不忍誅戮하고 乃止明致天罰하여 移爾遠居于洛하여 以親比臣我宗周有多遜之美하니 其罰이 蓋亦甚輕이요 其恩이 固已甚厚어늘 今乃猶有所怨望乎아 詳此章하면 則商民之遷이 固已久矣니라

降은 지금 법에 降等이란 말과 같다. 말하기를 "옛날 내가 商나라의 奄으로부터 올 때에 너희 四國의 백성들은 죄가 모두 마땅히 죽어야 하나 나는 너희들의 형벌을 크게 강등하여 목숨을 살려주었다. 그리하여 차마 誅戮하지 못하고 단지 하늘의 벌을 밝게 이루어 너희들을 옮겨 멀리 洛邑에 거하게 해서 우리 宗周에 공손함이 많은 아름다움이 있는 자를 친근히 하여 신하노릇하게 하였으니, 그 벌이 매우 가볍고 그 은혜가 진실로 이미 매우 후하다. 그런데도 이제 오히려 원망하는 바가 있는가." 한 것이다. 이 章을 자세히

살펴보면 商나라의 백성들을 옮긴 지가 진실로 이미 오래이다.

22. 王曰 告爾殷多士하노라 今予惟不爾殺이라 予惟時命을 有申하노라 今朕이 作大邑于茲洛은 予惟四方罔攸賓이며 亦惟爾多士攸服하여 奔走臣我多遜이니라

王이 말씀하였다. "너희 殷나라의 多士들에게 고하노라. 이제 내 차마 너희들을 죽일 수 없기에 내 이 명을 거듭하노라. 이제 朕이 큰 도읍을 이 洛邑에 만든 것은 내가 사방의 제후들을 손님으로 머물게 할 곳이 없으며, 또한 너희 多士들이 일하여 분주히 우리 多遜에게 신하노릇하기 때문이다.

以自奄之命으로 爲初命이면 則此命은 爲申命也라 言我惟不忍爾殺이라 故로 申明此命이라 且我所以營洛者는 以四方諸侯無所賓禮之地며 亦惟爾等이 服事奔走臣我多遜而無所處故也라 詳此章하면 則遷民이 在營洛之先矣니라 吳氏曰 來自奄을 稱昔者는 遠日之辭也요 作大邑을 稱今者는 近日之辭也며 移爾遐逖, 比事臣我宗多遜者는 期之之辭也요 攸服奔走臣我多遜者는 果能之辭也니 以此로 又知遷民在前而作洛在後也니라

奄으로부터 와서 한 명령을 처음 명령이라고 한다면 이 명령은 거듭 명령함이 된다. 내가 차마 너희들을 죽일 수 없으므로 거듭 이 명을 밝히는 것이다. 또 내가 洛邑을 경영한 까닭은 사방의 제후들을 손님으로 예우할 곳이 없으며, 또한 너희들이 일하여 분주히 우리 多遜에게 신하노릇하는데 거처할 곳이 없기 때문이다. 이 章을 자세히 살펴보면 백성을 옮긴 것이 洛邑을 경영하기 이전에 있었다.

吳氏가 말하였다. "奄으로부터 온 것을 옛날이라고 칭한 것은 遠日의 말이요, 큰 도읍을 만든 것을 지금이라고 칭한 것은 近日의 말이며, 너희들을 먼 곳으로 옮겨서 우리 宗周의 多遜을 가까이 섬겨 신하노릇하게 한다는 것은 기약하는 말이요, 일하여 분주히 우리 多遜에게 신하노릇하기 때문이란 것은 과연 능하다는 말이니, 이로써 또 백성을 옮긴 것이 앞에 있었고 洛邑을 만든 것이 뒤에 있었음을 알 수 있다."

23. 爾乃尙有爾土하며 爾乃尙寧幹止니라

너희들은 거의 너희들의 토지를 소유하며, 너희들은 거의 일함과 거처함을 편안히 할 것이다.

幹은 事요 止는 居也라 爾乃庶幾有爾田業하고 庶幾安爾所事하고 安爾所居也라 詳此章所言하면 皆仍舊有土田居止之辭니 信商民之遷이 舊矣라 孔氏不得其說일새 而以得反所生釋之하니 於文義에 似矣로되 而事則非也라

幹은 일이요, 止는 거처이다. 너희들은 거의 너희들의 田業을 소유하며 거의 너희들이 일하는 바를 편안히 여기고 거처하는 바를 편안히 여길 것이다. 이 章에 말한 것을 살펴보면 모두 옛날 그대로 土田과 居止를 소유한다는 말이니, 진실로 商나라 백성들이 옮겨온 지가 오래다. 孔氏는 그 말을 알지 못하였기 때문에 〈尙有爾土를〉 "살던 故鄕으로 돌아가게 해준다." 고 해석하였으니, 글뜻에는 그럴 듯하나 사실은 아니다.

24. 爾克敬하면 天惟畀矜爾어시니와 爾不克敬하면 爾不啻不有爾土라 予亦致天之罰于爾躬호리라

너희들이 능히 공경하면 하늘이 너희들에게 복을 주어 긍휼히 여기시겠지만 너희들이 능히 공경하지 않으면 너희들의 땅을 소유하지 못할 뿐만 아니라 내가 또한 하늘의 벌을 너희들 몸에 내릴 것이다.

敬則言動이 無不循理하니 天之所福에 吉祥所集也요 不敬則言動이 莫不違悖하니 天之所禍에 刑戮所加也라 豈特竄徙하여 不有爾土而已哉아 身亦有所不能保矣리라

공경하면 말하고 동함이 이치를 따르지 않음이 없으니 하늘이 복을 내리는 바에 吉祥이 모일 것이요, 공경하지 않으면 말하고 동함이 違悖되지 않

仍 : 인할 잉 啻 : 뿐 시 竄 : 귀양갈 찬

음이 없으니 하늘이 화를 내리는 바에 刑戮이 가해질 것이다. 어찌 다만 귀양가고 옮겨가서 너희들의 토지를 소유하지 못할 뿐이겠는가. 몸 또한 보전하지 못함이 있을 것이다.

25. 今爾惟時宅爾邑하며 繼爾居하여 爾厥有幹有年于茲洛하니 爾小子의 乃興이 從爾遷이니라

이제 너희들이 이 너희들의 읍에 거주하며 너희들의 거처에 계속 편안히 거처하여 너희들이 이 洛邑에 일함을 두고 年數를 둘 것이니, 너희 자손들의 일어남이 너희들의 옮김으로부터 시작될 것이다."

邑은 四井爲邑[1]之邑이라 繼者는 承續安居之謂라 有營爲, 有壽考를 皆于茲洛焉하니 爾之子孫乃興이 自爾遷始也라 夫自亡國之末裔로 爲起家之始祖하니 頑民雖愚나 亦知所擇矣리라

邑은 四井을 읍이라 하는 邑이다. 繼는 이어서 편안히 거주함을 이른다. 營爲를 두고 壽考를 둠을 다 이 洛邑에서 할 것이니, 너희 자손들의 일어남이 너희들의 옮김으로부터 시작될 것이다. 亡國의 末裔로서 집안을 일으키는 始祖가 되니, 완민들이 비록 어리석으나 선택할 바를 알 것이다.

譯註 1. 四井爲邑 : 옛날 井田法은 9백 畝의 土地를 井字 모양으로 구획하여 아홉 개의 구역을 만든 다음 中央의 1백 畝를 公田으로 삼아 세금으로 바치고 나머지 8백 畝는 私田으로 여덟 가호가 1백 畝씩 경작하였다. 그리하여 1井은 8家이고 4井은 32家인바, 이것을 邑이라 하였다.

26. 王曰 又曰 時予乃或言은 爾攸居니라

王이 말씀하였다. 또 말씀하였다. "이에 내가 혹 말함은 너의 거처할 곳을 생각해서이다."

王曰之下에 當有缺文이니 以多方篇末王曰又曰로 推之하면 可見이라 時

我或有所言은 皆以爾之所居止爲念也라하니 申結上文爾居之意니라

王曰의 아래에 마땅히 缺文이 있을 것이니, 〈多方〉의 끝에 '王曰'과 '又曰'로 미루어보면 알 수 있다. 이 내가 혹 말하는 바가 있는 것은 모두 너희들의 居止를 염려하기 때문이라 하였으니, 이는 上文에 '너희들의 거처'라는 뜻을 거듭 맺은 것이다.

無逸

逸者는 人君之大戒니 自古有國家者 未有不以勤而興하고 以逸而廢也라 益이 戒舜曰 罔遊于逸하며 罔淫于樂이라하니 舜은 大聖也로되 益이 猶以是戒之하니 則時君世主 其可忽哉아 成王初政에 周公이 懼其知逸而不知無逸也라 故로 作是書以訓之하시니라 言則古昔하고 必稱商王者는 時之近也요 必稱先王者는 王之親也요 擧三宗者는 繼世之君也요 詳文祖者는 耳目之所逮也라 上自天命精微로 下至畎畝艱難, 閭里怨詛히 無不具載하니 豈獨成王之所當知哉리오 實天下萬世人主之龜鑑也라 是篇은 凡七更端에 周公이 皆以嗚呼發之하사 深嗟永歎하시니 其意深遠矣라 亦訓體也니 今文古文皆有하니라

편안함은 인군의 큰 경계이니, 예로부터 국가를 소유한 자가 부지런함으로써 일어나고 편안함으로써 폐하지 않은 자가 있지 않다. 益이 舜을 경계하기를 "편안함에 놀지 말며 즐거움에 빠지지 말라." 하였으니, 舜은 큰 聖人인데도 益이 오히려 이 말로 경계하였으니, 時君과 世主가 이것을 소홀히 할 수 있겠는가. 成王이 처음 정사를 다스리자, 周公은 成王이 그 편안함만 알고 편안하지 말아야 함을 알지 못할까 두려우므로 이 글을 지어 훈계한 것이다. 말할 때마다 옛것을 말하고 반드시 商나라 王을 칭한 것은 시대가 가깝기 때문이요, 반드시 先王을 칭한 것은 왕의 어버이이기 때문이며, 三宗(殷의 中宗·高宗·祖甲을 가리킴)을 든 것은 대를 이은 임금이기 때문이요, 文祖(文王)를 자세히 말한 것은 耳目이 미친 바이기 때문이

逮 : 미칠 체　畎 : 밭두둑 견　詛 : 저주할 저

다. 위로는 天命의 정미함으로부터 아래로는 밭두둑의 어려움과 閭里의 원망하고 꾸짖음에 이르기까지 모두 기재하지 않음이 없으니, 이 어찌 홀로 成王만이 알아야 할 것이겠는가. 실로 天下 萬世에 人主의 귀감이다. 이 篇은 무릇 일곱 번 단서를 바꿨는데, 周公이 모두 '嗚呼'로써 발하여 깊이 슬퍼하고 길이 탄식하였으니, 그 뜻이 심원하다. 이 또한 訓體이니, 今文과 古文에 모두 있다.

1. 周公曰 嗚呼라 君子는 所其無逸이니라

周公이 말씀하였다. "아! 군자는 無逸(安逸하지 않음)을 처소로 삼습니다.

所는 猶處所也니 君子以無逸爲所하여 動靜食息이 無不在是焉하니 作輟則非所謂所矣라

所는 처소와 같으니, 君子는 無逸을 처소로 삼아 동하고 고요하고 먹고 그침이 여기에 있지 않음이 없으니, 하다 말다 하면 이른바 所가 아니다.

2. 先知稼穡之艱難이오사 乃逸하면 則知小人之依하리이다

먼저 稼穡(농사일)의 어려움을 알고 편안하면 小人(백성)들의 의지함을 알 것입니다.

先知稼穡之艱難乃逸者는 以勤居逸也라 依者는 指稼穡而言이니 小民이 所恃以爲生者也라 農之依田은 猶魚之依水, 木之依土하니 魚無水則死하고 木無土則枯하고 民非稼穡則無以生也라 故로 舜은 自耕稼로 以至爲帝하시고 禹稷은 躬稼以有天下하시고 文武之基는 起於后稷하시며 四民之事는 莫勞於稼穡이요 生民之功은 莫盛於稼穡이라 周公發無逸之訓에 而首及乎此하시니 有以哉인저

먼저 稼穡의 어려움을 알고 편안하다는 것은 부지런함으로써 편안함에

거하는 것이다. 依는 稼穡을 가리켜 말한 것이니, 小民들이 믿고 살아가는 것이다. 농부가 밭에 의지함은 물고기가 물에 의지하고 나무가 흙에 의지함과 같으니, 물고기는 물이 없으면 죽고 나무는 흙이 없으면 마르며, 백성은 농사가 아니면 살 수 없다. 그러므로 舜은 밭갈고 심음으로부터 황제가 됨에 이르렀고, 禹와 稷은 몸소 농사지어 天下를 소유하였고, 文王·武王의 기업은 后稷에게서 시작되었으며, 四民(士·農·工·商)의 일은 농사보다 수고로운 것이 없고, 生民의 공은 농사보다 더 성대한 것이 없다. 周公이 無逸의 교훈을 말씀할 적에 먼저 이것을 언급하였으니, 이는 이런 까닭이 있을 것이다.

3. 相小人한대 厥父母勤勞稼穡이어든 厥子乃不知稼穡之艱難하고 乃逸하며 乃諺하며 旣誕하나니 否則侮厥父母曰 昔之人이 無聞知라하나니이다

小人들을 살펴보면 그 父母가 稼穡에 근로하거든 그 자식들은 稼穡의 어려움을 알지 못하고 안일하고 속된 말을 하며 허탄합니다. 그리고 그렇지 않으면 그 부모를 업신여겨 말하기를 '옛날 사람들은 들음도 없고 앎도 없다'고 합니다."

不知稼穡之艱難乃逸者는 以逸爲逸也라 俚語曰諺이라 言視小民컨대 其父母勤勞稼穡이어든 其子乃生於豢養하여 不知稼穡之艱難하고 乃縱逸自恣하며 乃習俚巷鄙語하며 旣又誕妄하여 無所不至라 不然이면 則又訕侮其父母曰 古老之人은 無聞無知하여 徒自勞苦하여 而不知所以自逸也라 昔에 劉裕奮農畝而取江左러니 一再傳後에 子孫이 見其服用하고 反笑曰 田舍翁은 得此亦過矣[1]라하니 此正所謂昔之人無聞知也라 使成王非周公之訓이면 安知其不以公劉后稷爲田舍翁乎아

稼穡의 어려움을 알지 못하고 안일하다는 것은 편안함을 편안함으로 삼는 것이다. 상말을 諺이라 한다. 小民들을 살펴보면 父母가 稼穡에 근로하

諺 : 상말 언　誕 : 허탄할 탄　俚 : 속될 리　訕 : 꾸짖을 산　翁 : 늙은이 옹

거든 그 자식들은 豢養(편안히 길러줌)에 생장하여 稼穡의 어려움을 알지 못하고, 마침내 방종하고 안일하여 스스로 방자하고, 시골의 비루한 말을 익히며, 이미 또 허탄하고 망녕되어 이르지 않는 바가 없다. 그렇지 않으면 또 그 父母를 꾸짖고 업신여기기를 "옛날 늙은 사람들은 문견도 없고 아는 것도 없어서 다만 스스로 노고하여 스스로 편안히 할 줄을 모른다."고 말한다. 옛날에 劉裕가 農畝에서 분발하여 江左(江東)를 취하였는데, 한두번 전한 뒤에는 자손들이 그 의복과 사용하는 물건을 보고는 도리어 비웃으며 말하기를 "田舍翁(늙은 농부)은 이것만 누려도 또한 過하다." 하였으니, 이는 바로 이른바 '옛날 사람들은 문견도 없고 앎도 없다.'는 것이다. 만일 成王이 周公의 가르침이 아니었다면 公劉와 后稷을 田舍翁이라고 말하지 않을 줄을 어찌 알겠는가.

譯註 1. 劉裕奮農畝 … 得此亦過矣：劉裕는 南朝의 宋을 일으킨 武帝이며 江左는 江東을 가리킨다. 武帝는 황제가 된 후 매우 검약하게 생활하여 궁궐 등을 아름답게 꾸미지 않았다. 그러나 손자인 文帝가 즉위하여서는 궁궐을 크게 지으며 武帝의 검소한 故事를 들어 諫하는 신하들에게 아래와 같은 말을 하였던 것이다.

4. 周公曰 嗚呼라 我聞호니 曰 昔在殷王中宗하사 嚴恭寅畏하사 天命自度하시며 治民祗懼하사 不敢荒寧하시니 肆中宗之享國이 七十有五年이시니이다

周公이 말씀하였다 "아! 제가 듣자오니, 옛날 殷王 中宗에 있어 엄숙하고 공손하며 공경하고 두려워하여 天命으로 스스로 다스리며, 백성을 다스림에 공경하고 두려워하여 감히 荒寧(게으르고 편안함)하지 않으시니, 그러므로 중종의 享國(왕위를 누림)이 75년이었습니다.

中宗은 太戊也라 嚴則莊重하고 恭則謙抑하고 寅則欽肅하고 畏則戒懼라 天命은 卽天理也라 中宗이 嚴恭寅畏하사 以天理而自檢律其身하시며 至

寅：공경할 인　檢：단속할 검

於治民之際에도 亦祇敬恐懼而不敢怠荒安寧하시니 中宗無逸之實이 如此라 故로 能有享國永年之效也라 按書序에 太戊有原命, 咸乂等篇하니 意述其當時敬天治民之事나 今無所攷矣니라

中宗은 太戊이다. 엄하면 莊重하고 공손하면 謙抑하고 공경하면 欽肅하고 두려워하면 戒懼한다. 天命은 곧 天理이다. 中宗이 嚴恭하고 寅畏하여 天理로써 스스로 그 몸을 검속하고 다스렸으며, 백성을 다스리는 즈음에 이르러도 또한 공경하고 두려워하여 감히 게으르고 편안하지 않으시니, 中宗의 無逸의 실제가 이와 같았다. 그러므로 향국을 오래한 효험이 있었던 것이다. 살펴보건대 書序에 "太戊는 〈原命〉·〈咸乂〉 등의 편이 있다." 하였으니, 짐작컨대 그 당시에 하늘을 공경하고 백성을 다스린 일을 기술한 듯하나 지금은 상고할 수 없다.

5. 其在高宗時하사는 舊勞于外하사 爰暨小人이러시니 作其卽位하사 乃或亮陰(암)三年을 不言하시니 其惟不言하시나 言乃雍하시며 不敢荒寧하사 嘉靖殷邦하사 至于小大히 無時或怨하니 肆高宗之享國이 五十有九年이시니이다

高宗 때에 있어서는 오랫동안 밖에서 수고로워 이에 小人들과 함께 행동하였습니다. 그러다가 일어나 즉위하시어 곧 亮陰에서 3년 동안 말씀하지 않았으나 말씀하면 和하였으며, 감히 荒寧하지 아니하여 殷나라를 아름답게 하고 안정시켜 작고 큰 사람에 이르기까지 이에 혹시라도 원망하는 이가 없었습니다. 그러므로 高宗의 享國이 59년이었습니다.

高宗은 武丁也니 未卽位之時에 其父小乙이 使久居民間하여 與小民出入同事라 故로 於小民稼穡艱難에 備嘗知之也라 雍은 和也니 發言和順하여 當於理也라 嘉는 美요 靖은 安也니 嘉靖者는 禮樂敎化 蔚然於安居樂業之中也라 漢文帝與民休息하니 謂之靖則可커니와 謂之嘉則不可라 小大無

律 : 다스릴 률 暨 : 더불 기 雍 : 화할 옹 靖 : 편안할 정

時或怨者는 萬民咸和也라 乃雍者는 和之發於身이요 嘉靖者는 和之發於政이요 無怨者는 和之著於民也라 餘見說命하니라 高宗無逸之實이 如此라 故로 亦有享國永年之效也라

高宗은 武丁이니, 즉위하지 않았을 때에 아버지 小乙이 오랫동안 민간에 거하여 小民들과 함께 출입하며 일을 같이 하게 하였다. 그러므로 小民들의 稼穡의 어려움을 골고루 알게 되었다. 雍은 화합이니, 말을 발함에 和順하여 이치에 마땅한 것이다. 嘉는 아름다움이요 靖은 편안함이니, 嘉靖은 禮樂과 敎化가 편안히 살고 생업을 즐기는 가운데 성대한 것이다. 漢나라 文帝는 백성들과 함께 휴식하였으니, 靖이라고 말하는 것은 가하나 嘉라고 말하는 것은 불가하다. 小大가 이에 혹시라도 원망하는 이가 없다는 것은 萬民이 모두 화합한 것이다. 乃雍은 화합이 몸에 발한 것이요, 嘉靖은 화합이 정사에 발한 것이요, 원망하는 이가 없다는 것은 화합이 백성들에게 드러난 것이다. 나머지는 〈說命〉에 보인다. 高宗의 無逸의 실제가 이와 같았기 때문에 또한 享國을 오래한 효험이 있었던 것이다.

6. 其在祖甲하사는 不義惟王이라하사 舊爲小人이러시니 作其卽位하사 爰知小人之依하사 能保惠于庶民하시며 不敢侮鰥寡하시니 肆祖甲之享國이 三十有三年이시니이다

祖甲에 있어서는 王노릇하는 것이 의롭지 않다 하여 오랫동안 小人(庶民)이 되었었는데, 일어나 즉위하여서는 이에 소인들의 의지함을 알아 서민들을 保惠(보호하고 은혜롭게 함)하였으며, 감히 鰥寡들을 업신여기지 않았습니다. 그러므로 祖甲의 享國이 33년이었습니다.

史記에 高宗崩에 子祖庚立하고 祖庚崩에 弟祖甲立이라하니 則祖甲은 高宗之子요 祖庚之弟也라 鄭玄曰 高宗이 欲廢祖庚하고 立祖甲한대 祖甲이 以爲不義라하여 逃於民間이라 故로 云不義惟王이라 按漢孔氏以祖甲爲太甲이라하니 蓋以國語稱帝甲亂之하여 七世而殞이라 孔氏見此等記載하고 意爲帝甲은 必非周公所稱者요 又以不義惟王이 與太甲茲乃不義文似라하여 遂以此稱祖甲者로 爲太甲이라 然詳此章舊爲小人作其卽位와 與上章爰

暨小人作其卽位하면 文勢正類하니 所謂小人者는 皆指微賤而言이요 非謂憸小之人也며 作其卽位도 亦不見太甲復政思庸[1]之意라 又按邵子經世書에 高宗五十九年, 祖庚七年, 祖甲三十三年이라하여 世次歷年이 皆與書合이로되 亦不以太甲爲祖甲이라 況殷世二十有九에 以甲名者五帝니 以太, 以小, 以沃, 以陽, 以祖別之하니 不應二人俱稱祖甲이라 國語는 傳訛承謬하고 旁記曲說하여 不足盡信이니 要以周公之言爲正이라 又下文에 周公言 自殷王中宗及高宗, 及祖甲, 及我周文王이라하시니 及云者는 因其先後次第而枚擧之辭也니 則祖甲之爲祖甲而非太甲이 明矣니라

《史記》에 "高宗이 죽음에 아들 祖庚이 즉위하고, 祖庚이 죽음에 동생 祖甲이 즉위했다." 하였으니, 祖甲은 高宗의 아들이고 祖庚의 아우이다. 鄭玄은 말하기를 "高宗이 祖庚을 폐위하고 祖甲을 세우고자 하니, 祖甲은 이것이 의롭지 않다 하여 민간으로 도망하였다. 그러므로 王노릇 하는 것이 의롭지 않다고 한 것이다." 하였다.

살펴보건대 漢나라 孔氏가 祖甲을 太甲이라 하였으니, 이는 《國語》에 "帝甲이 혼란하여 7대에 죽었다." 하였기 때문이다. 孔氏는 이러한 기록을 보고는 생각하기를 "帝甲은 반드시 周公이 칭한 자가 아닐 것이며, 또 '不義惟王'이 〈太甲〉의 '玆乃不義'라는 글과 유사하다." 하여, 마침내 여기에 칭한 祖甲을 太甲이라 하였다. 그러나 이 章의 "오랫동안 소인이 되었었는데 일어나 즉위하였다."는 말과 上章에 "이에 소인들과 함께 행동하다가 일어나 즉위하였다."는 말을 살펴보면 文勢가 바로 유사하니, 이른바 '小人'은 모두 지위가 미천한 자를 가리켜 말한 것이요, 마음이 험하고 작은 사람을 말한 것이 아니며, '作其卽位'도 또한 太甲이 정사를 되돌려받아 떳떳함을 생각한 뜻을 볼 수 없다.

또 살펴보건대, 邵子(邵雍)의 《皇極經世書》에 "高宗은 59년, 祖庚은 7년, 祖甲은 33년이다." 하여, 世次와 歷年이 모두 《書經》과 부합하는데, 또한 太甲을 祖甲이라 하지 않았다. 더구나 殷나라 王 29世 중에 甲으로 이름한 자가 다섯 임금인데, 太·小·沃·陽·祖로 구별하였으니, 마땅히 두 사람을 모두 祖甲이라 칭하지 않았을 것이다. 《國語》는 잘못된 것을 그대로 전하고 오류를 계승하였으며 잘못된 말을 널리 기록하여 다 믿을 수 없으니,

---

憸 : 간사할 험, 아첨할 섬　訛 : 그릇될 와　謬 : 그릇될 류

요컨대 周公의 말씀을 바른 것으로 삼아야 할 것이다. 또 下文에 周公이 "殷王 中宗으로부터 高宗과 祖甲과 우리 周文王에 이르기까지"라고 말씀하였으니, 及이란 말은 그 선후의 차례를 따라 낱낱이 열거하는 말이니, 祖甲이 祖甲이 되고 太甲이 아님이 분명하다.

譯註 1. 復政思庸 : 復政은 政權을 되돌려주는 것이고 庸德은 떳떳한 德을 행하는 것인바, 위의 〈咸有一德〉에 "伊尹旣復政厥辟 … 常厥德 保厥位"라고 보이며 또 "夏王弗克庸德 慢神虐民"이라고 보인다.

7. 自時厥後로 立王이 生則逸하니 生則逸이라 不知稼穡之艱難하며 不聞小人之勞하고 惟耽樂之從하니 自時厥後로 亦罔或克壽하여 或十年하며 或七八年하며 或五六年하며 或四三年하니이다

이로부터 그 뒤로 즉위하는 王들이 태어나면 편안하였으니, 태어나면 편안하였기 때문에 稼穡의 어려움을 알지 못하며, 소인들의 수고로움을 듣지 못하고 오직 耽樂을 따랐습니다. 이로부터 그 뒤로 또한 능히 장수한 이가 없어 혹은 10년, 혹은 7~8년, 혹은 5~6년, 혹은 3~4년이었습니다."

過樂을 謂之耽이라 泛言 自三宗之後로 卽君位者 生則逸豫하여 不知稼穡之艱難하며 不聞小人之勞하고 惟耽樂之從하여 伐性喪生이라 故로 自三宗之後로 亦無能壽考하여 遠者는 不過十年七八年이요 近者는 五六年三四年爾니 耽樂愈甚이면 則享年愈促也라 凡人이 莫不欲壽而惡夭하나니 此篇은 專以享年永不永爲言하니 所以開其所欲而禁其所當戒也니라

지나치게 즐김을 耽이라 한다. 범연히 말하기를 三宗(中宗·高宗·祖甲)의 뒤로부터 君位에 오른 자들이 태어나면 편안하여 稼穡의 어려움을 알지 못하고 서민들의 수고로움을 듣지 못하고는 오직 耽樂을 따라 性命을 해치

艱 : 어려울 간 耽 : 즐길 탐 促 : 빠를 촉 夭 : 일찍죽을 요

고 생명을 상하게 하였다. 그러므로 三宗의 뒤로는 또한 능히 壽考한 이가 없어서 오랜 자는 10년, 7~8년에 불과하고, 짧은 자는 5~6년, 3~4년일 뿐이었으니, 耽樂이 심하면 심할수록 享年이 더욱 촉박한 것이다. 무릇 사람들이 장수하기를 바라고 요절함을 싫어하지 않는 이가 없는데, 이 篇은 오직 享年의 길고 길지 않음을 가지고 말하였으니, 이는 그 바라는 바를 열어주고 마땅히 경계하여야 할 바를 금한 것이다.

8. 周公曰 嗚呼라 厥亦惟我周에 太王王季 克自抑畏하시니이다

周公이 말씀하였다. "아! 그 또한 우리 周나라에서도 太王과 王季께서 능히 스스로 억제하고 두려워하셨습니다.

商은 猶異世也라 故로 又卽我周先王告之하시니라 言太王王季 能自謙抑謹畏者는 蓋將論文王之無逸이라 故로 先述其源流之深長也라 大抵抑畏者는 無逸之本이니 縱肆怠荒은 皆矜誇無忌憚者之爲라 故로 下文言文王에 曰柔, 曰恭, 曰不敢하니 皆原太王王季抑畏之心發之耳니라

商나라는 오히려 딴 세대이므로 또 우리 周나라의 先王을 가지고 고한 것이다. 太王과 王季가 능히 스스로 謙抑하고 謹畏했다고 말한 것은 장차 文王의 無逸을 논하려 하였으므로 먼저 그 源流의 깊고 긺을 서술한 것이다. 대저 抑畏는 無逸의 근본이니, 縱肆하고 怠荒함은 모두 자랑하고 기탄함이 없는 자의 행위이다. 그러므로 下文에 文王을 말할 때에 柔라 하고 恭이라 하고 不敢이라 말했으니, 이는 모두 太王과 王季의 抑畏하는 마음을 근원하여 말한 것이다.

9. 文王이 卑服으로 卽康功田功하시니이다

文王께서 나쁜 의복으로 백성을 편안히 하는 일과 농사일에 나아가셨습니다.

卑服은 猶禹所謂惡衣服也라 康功은 安民之功이요 田功은 養民之功이라

言文王이 於衣服之奉에 所性不存하고 而專意於安養斯民也라 卑服은 蓋擧一端而言이니 宮室飮食自奉之薄을 皆可類推니라

卑服은 禹王이 말씀한 '나쁜 의복'과 같은 것이다. 康功은 백성을 편안히 하는 일이고, 田功은 백성을 기르는 일이다. 文王이 의복을 받듦에 있어서는 생각하는 바가 있지 않고, 이 백성을 편안히 기름에 전념하였다. 나쁜 의복은 한 가지를 들어 말한 것이니, 궁실과 음식에 있어서 스스로 받들기를 박하게 하였음을 모두 유추할 수 있다.

10. 徽柔懿恭하사 懷保小民하시며 惠鮮鰥寡하사 自朝로 至于日中昃히 不遑暇食하사 用咸化萬民하시니이다

아름답게 부드럽고 아름답게 공손하시어 小民들을 품어 보호하시며, 鰥寡들에게 은혜를 입혀서 생기가 나게 하시어, 아침부터 해가 중천에 뜰 때와 해가 기울 때에 이르도록 한가히 밥먹을 겨를도 없으시어 萬民들을 모두 화합하게 하셨습니다.

徽懿는 皆美也라 昃은 日昳也라 柔謂之徽면 則非柔懦之柔요 恭謂之懿면 則非足(주)恭之恭이라 文王이 有柔恭之德而極其徽懿之盛하사 和易近民하여 於小民則懷保之하고 於鰥寡則惠鮮之하시니라 惠鮮云者는 鰥寡之人이 垂首喪氣어늘 賚予賙給之하여 使之有生意也라 自朝至于日之中하고 自中至于日之昃히 一食之頃을 有不遑暇하사 欲咸和萬民하여 使無一不得其所也라 文王이 心在乎民하사 自不知其勤勞如此하시니 豈秦始皇衡石程書와 隋文帝衛士傳餐[1]하여 代有司之任者之爲哉아 立政에 言罔攸兼于庶言庶獄庶愼이라하니 則文王은 又若無所事事者라 不讀無逸이면 則無以知文王之勤이요 不讀立政이면 則無以知文王之逸이니 合二書觀之하면 則文王之所從事를 可知矣리라

徽와 懿는 모두 아름다움이다. 昃은 해가 기우는 것이다. 부드러움을 아

昃 : 기울 측 遑 : 겨를 황 昳 : 해기울 질(일) 賙 : 구원할 주 餐 : 저녁밥 찬

름답다고 일렀으면 유약(나약)함의 柔가 아니요, 공손함을 아름답다고 일렀으면 足恭(지나친 공손)의 恭이 아니다. 文王은 부드럽고 공손한 德이 있었는데 그 아름다움의 성함을 지극히 하였다. 그리하여 화하고 평이하여 백성들을 가까이 해서 소민들은 품어 보호해주고 鰥寡들에게는 은혜를 입혀 생기가 나게 하였다. 惠鮮이라고 말한 것은 鰥寡의 사람들이 머리를 떨구고 기운을 잃고 있는데, 물건을 주고 구휼하여 살 뜻이 있게 한 것이다. 아침으로부터 해가 중천에 뜰 때에 이르고, 해가 중천에 있을 때로부터 해가 기울 때에 이르기까지 밥 한 끼 먹는 시간도 한가한 겨를이 없어 모두 만민을 화합하여 한 사람이라도 살 곳을 얻지 못하는 이가 없게 하고자 한 것이다. 文王은 마음이 백성들에게 있어 스스로 근로(노고)함을 알지 못함이 이와 같으셨으니, 어찌 秦나라 始皇이 衡石(저울)으로 결재하는 문서를 달고 隋나라 文帝가 衛士들을 시켜 밥을 날라 오게 하여 有司들의 임무를 대신한 자의 행위이겠는가.

〈立政〉에 "여러 말과 여러 옥사와 여러 삼갈 바를 겸한 바가 없다." 하였으니, 文王은 또 일을 일삼은 것이 없는 듯하다. 〈無逸〉을 읽지 않으면 文王의 수고로움을 알 수 없고, 〈立政〉을 읽지 않으면 文王의 편안함을 알 수 없으니, 이 두 글을 합하여 보면 文王이 종사한 것을 알 수 있을 것이다.

譯註 1. 秦始皇 … 衛士傳餐 : 衡石은 저울이고 程書는 처리할 문서의 분량을 하루의 課程으로 정하는 것이다. 秦나라 때에는 木簡 등을 사용하였는바, 始皇은 자신이 직접 文書를 결재하되 매일 일정분량의 문서를 저울로 달아 처리하였다. 傳餐은 밥을 날라다 먹는 것으로 隋文帝는 조회에 임하면 해가 기울도록 政務를 보는 때가 많았으며, 五品 이상의 관원들과 대좌하여 정사를 논하다가 식사 때가 지나면 衛士(호위병)들을 시켜 밥을 날라다 먹곤 하였다.

11. 文王이 不敢盤于遊田하사 以庶邦惟正之供하시니 文王受命이 惟中身이러시니 厥享國이 五十年이시니이다

文王이 감히 유람과 사냥을 편안히 여기지 아니하여 여러 나라의

盤 : 즐길 반　田 : 사냥할 전

正賦로 바치는 것만을 받으시니, 文王이 天命을 받은 것이 中身(중년)이었는데 享國이 50년이었습니다."

遊田은 國有常制하니 文王이 不敢盤遊無度하여 上不濫費라 故로 下無過取하여 而能以庶邦惟正之供하여 於常貢正數之外에 無橫斂也라 言庶邦이면 則民可知라 文王爲西伯하여 所統庶邦이 皆有常供하니 春秋에 貢於霸主者를 班班可見이요 至唐하여도 猶有送使之制[1]하니 則諸侯之供方伯이 舊矣라 受命은 言爲諸侯也라 中身者는 漢孔氏曰 文王九十七而終하시니 卽位時年이 四十七이라하니 言中身은 擧全數也라 上文의 崇素儉, 恤孤獨, 勤政事, 戒遊佚이 皆文王無逸之實이라 故로 其享國이 有歷年之永이라

유람과 사냥은 나라에 일정한 제도가 있으니, 文王은 감히 편안히 놀고 법도가 없이 하지 않았다. 그리하여 위로 함부로 낭비하지 않기 때문에 아래로 지나치게 취함이 없어서 여러 나라에서 正賦로 바치는 것만을 받아 떳떳한 貢物의 正數 이외에 멋대로 걷음이 없었던 것이다. 庶邦이라고 말했으면 백성을 알 수 있다. 文王은 西伯이 되어 거느리고 있는 여러 나라가 모두 떳떳한 바침이 있었으니, 《春秋》에서 霸主에게 물건을 바쳤던 것을 班班히 볼 수 있으며, 唐나라에 이르러서도 오히려 送使의 제도가 있었으니, 제후들이 方伯에게 물건을 바친 지가 오래되었다. 명을 받았다는 것은 제후가 됨을 말한 것이다. 中身은 漢나라 孔氏가 말하기를 "文王이 97세에 별세하였으니, 즉위할 때의 나이가 47세였다." 하였으니, 中身이라고 말한 것은 완전한 數를 든 것이다. 上文에 검소함을 숭상하고 고아와 외로운 자들을 구휼하고 정사를 부지런히 하고 遊佚을 경계한 것은 모두 文王의 無逸의 실제였다. 그러므로 그 享國이 歷年의 오램이 있었던 것이다.

譯註 1. 至唐猶有送使之制 : 送使는 地方長官인 節度使에게 보내는 것으로 《唐書》〈食貨志〉에 보면 憲宗 때에 天下의 賦稅를 셋으로 나누어 하나는 임금께 바치는 上供이고 하나는 節度使에게 보내는 送使이고 하나는 해당 고을에 남겨두었다가 사용하는 留州로 되어 있다.

12. 周公曰 嗚呼라 繼自今으로 嗣王은 則(칙)其無淫于觀

于逸于遊于田하사 以萬民惟正之供하소서

周公이 말씀하였다. "아! 지금으로부터 이어서 嗣王께서는 그 구경과 편안함과 유람과 사냥을 지나치게 하지 않으신 것을 본받으시어 萬民의 올바른 바침만을 받으소서.

則은 法也라 其는 指文王而言이라 淫은 過也라 言自今日以往으로 嗣王은 其法文王의 無過于觀逸遊田하여 以萬民惟正賦之供이라 上文에 言遊田而不言觀逸은 以大而包小也요 言庶邦而不言萬民은 以遠而見近也니라

則은 본받음이다. 其는 文王을 가리켜 말한 것이다. 淫은 지나침이다. 금일로부터 以往(이후)으로 嗣王은 文王이 구경과 편안함과 유람과 사냥을 지나치게 하지 않으신 것을 본받아 萬民이 正賦로 바치는 것만을 받으라고 한 것이다. 上文에 遊田을 말하고 觀逸을 말하지 않은 것은 큰 것으로 작은 것을 포함한 것이며, 庶邦을 말하고 萬民을 말하지 않은 것은 먼 것으로 가까운 것을 나타낸 것이다.

13. 無皇(遑)曰今日에 耽樂이라하소서 乃非民의 攸訓이며 非天의 攸若이라 時人이 丕則(칙)有愆하리니 無若殷王受之迷亂하여 酗于酒德哉하소서

한가히 여겨 '오늘에만 탐락한다'고 말씀하지 마소서. 이는 백성들이 본받을 바가 아니며, 하늘이 순하게 여기는 바가 아닙니다. 세상 사람들이 임금의 잘못을 크게 본받을 것이니, 殷王 受가 迷亂했던 것과 같이 해서 酒德에 빠지지 마소서."

無는 與毋通이요 皇은 與遑通이라 訓은 法이요 若은 順이요 則은 法也라 毋自寬暇하여 曰今日에 姑爲是耽樂也라하소서 一日耽樂이 固若未害나 然下非民之所法이요 上非天之所順이라 時人이 大法其過逸之行하리니 猶商人化受而崇飮之類라 故로 繼之曰 毋若商王受之沈迷하여 酗于酒德哉하소서 하니라 酗酒를 謂之德者는 德은 有凶有吉하니 韓子所謂道與德爲虛位[1]

是也라

無는 毋와 통하고 皇은 遑과 통한다. 訓은 본받음이요, 若은 순함이요, 則은 본받음이다. 스스로 너그럽고 한가하게 말하기를 "오늘만 우선 이 탐락을 한다."고 하지 말라. 하룻동안 耽樂하는 것이 진실로 해롭지 않을 듯하나 아래로는 백성들이 본받을 바가 아니요 위로는 하늘이 순하게 여기는 바가 아니다. 세상 사람들이 그 잘못된 행실을 크게 본받을 것이니, 商나라 사람들이 受에게 化하여 술마시는 것을 숭상하는 類와 같은 것이다. 그러므로 뒤이어 말씀하기를 "商王 受가 沈迷한 것과 같이 하여 酒德에 빠지지 말라."고 한 것이다. 술에 빠짐을 德이라고 말한 것은 德은 흉함이 있고 길함이 있으니, 韓子(韓愈)의 이른바 "道와 德은 빈 자리가 된다."는 것이 이것이다.

譯註 1. 韓子所謂道與德爲虛位 : 韓子는 唐나라의 文章家이며 學者인 文公 韓愈를 가리킨다. 그가 지은 〈原道〉에 "仁과 義는 정해진 명칭이 되고 道와 德은 빈 자리가 된다. 그러므로 道는 君子의 道가 있고 小人의 道가 있으며 德은 凶한 것이 있고 吉한 것이 있다.〔仁與義爲定名 道與德爲虛位 故道有君子有小人 而德有凶有吉〕"라고 보인다.

14. 周公曰 嗚呼라 我聞호니 曰 古之人이 猶胥訓告하며 胥保惠하며 胥敎誨일새(혼들로) 民이 無或胥譸張爲幻하니이다

周公이 말씀하였다. "아! 내 듣자오니, 옛날 사람들은 오히려 서로 훈계하고 고하며 서로 보호하고 순히 하며 서로 가르쳤으므로 백성들이 혹 서로 속이거나 과장하여 幻을 하지 않았습니다.

胥는 相이요 訓은 誡요 惠는 順이요 譸는 誑이요 張은 誕也라 變名易實하여 以眩觀者曰幻이라 歎息言 古人은 德業已盛이로되 其臣이 猶且相與誡告之하고 相與保惠之하고 相與敎誨之하니 保惠者는 保養而將順之니 非特誡告而已也며 敎誨則有規正成就之意하니 又非特保惠而已也라 惟其若

譸 : 속일 주　幻 : 속일 환　誑 : 속일 광　眩 : 현혹할 현

是라 是以로 視聽思慮가 無所蔽塞하고 好惡取予가 明而不悖라 故로 當時之民이 無或敢誑誕爲幻也라

胥는 서로이며, 訓은 경계함이며, 惠는 순함이며, 譸는 속임이며, 張은 허탄함이다. 명칭을 변하고 실제를 바꾸어 보는 자를 속이는 것을 幻이라 한다. 탄식하여 말씀하기를 "옛사람들은 德業이 이미 성하였으나 그 신하들이 오히려 서로 더불어 경계하고 고하며 서로 더불어 보호하고 순히 하며 서로 더불어 가르쳤으니, 保惠라는 것은 보호하여 기르고 받들어 순종함이니 다만 경계하고 고할 뿐만이 아니며, 教誨는 바로잡고 성취하는 뜻이 있으니 또 단지 보호하고 순히 할 뿐만이 아니다. 이와 같았기 때문에 보고 듣고 생각하는 것이 가리운 바가 없고, 좋아하고 미워하고 취하고 주는 것이 분명하여 어그러지지 않았다. 그러므로 당시의 백성들이 혹시라도 감히 속이고 허탄하여 幻을 하지 않았던 것이다.

15. 此厥不聽하시면 人乃訓之하여 乃變亂先王之正刑하여 至于小大하리니 民이 否則厥心違怨하며 否則厥口詛祝(저주)하리이다

〈내가 위에서 말씀드린〉 이러한 말씀을 듣지 않으시면 사람들이 이것을 본받아서 先王의 올바른 법을 변란시켜 작은 일이나 큰 일에 이를 것입니다. 그리고 백성들이 그렇지 않으면 그 마음이 어기고 원망하며, 그렇지 않으면 그 입으로 저주할 것입니다."

正刑은 正法也라 言成王이 於上文古人胥訓告, 保惠, 教誨之事에 而不聽信이면 則人乃法則之하여 君臣上下 師師非度하여 必變亂先王之正法하여 無小無大히 莫不盡取而紛更之하리니 蓋先王之法이 甚便於民이나 甚不便於縱侈之君하니 如省(생)刑罰以重民命은 民之所便也로되 而君之殘酷者는 則必變亂之하며 如薄賦斂以厚民生은 民之所便也로되 而君之貪侈者는 則必變亂之라 厥心違怨者는 怨之蓄于中也요 厥口詛祝者는 怨

詛 : 저주할 저 祝 : 저주할 주 縱 : 방종할 종 侈 : 사치할 치

之形於外也니 爲人上而使民心口交怨이면 其國不危者 未之有也라 此는 蓋治亂存亡之機라 故로 周公이 懇懇言之하시니라

正刑은 바른 법이다. 成王이 上文의 古人들이 서로 訓告하고 保惠하고 敎誨한 일에 대하여 들어주어 믿지 않으면 사람들이 이것을 본받아서 군신과 상하가 법도가 아닌 것을 스승으로 본받아 반드시 先王의 바른 법을 변란시켜 작은 일이나 큰 일 할것 없이 모두 취하여 어지럽게 변경하지 않음이 없을 것이다. 先王의 법은 백성들에게는 심히 편하나 방종하고 사치한 군주에게는 매우 불편하니, 예를 들면 형벌을 줄여 백성들의 목숨을 중히 함은 백성들이 편하게 여기는 바이나 잔혹한 군주는 반드시 이것을 변란시키며, 부역과 세금을 적게 거두어 민생을 후하게 함은 백성들이 편하게 여기는 바이나 탐욕스럽고 사치한 군주는 반드시 변란시킨다. 그 마음이 어기고 원망하는 것은 원망이 가슴 속에 쌓이는 것이요, 그 입으로 저주하는 것은 원망이 밖에 나타나는 것이니, 백성의 윗사람이 되어서 백성들이 마음과 입으로 서로 원망하게 한다면 그 나라가 위태롭지 않은 경우가 있지 않다. 이는 治와 亂, 存과 亡의 기틀이다. 그러므로 周公이 간곡히 말씀한 것이다.

16. 周公曰 嗚呼라 自殷王中宗하여 及高宗과 及祖甲과 及我周文王茲四人이 迪哲하시니이다

周公이 말씀하였다. "아! 殷王 中宗으로부터 高宗과 祖甲과 우리 周文王에 이르기까지 이 네 분이 명철한 지혜를 실천하였습니다.

迪은 蹈요 哲은 智也라 孟子以知而弗去로 爲智之實[1]하시니 迪云者는 所謂弗去 是也라 人主知小人之依로되 而或忿戾之者는 是不能蹈其知者也어늘 惟中宗, 高宗, 祖甲, 文王이 允蹈其知라 故로 周公이 以迪哲稱之하시니라

迪은 밟음(실천)이요, 哲은 지혜이다. 孟子는 알고 떠나가지 않음을 智의

懇 : 간곡할 간　迪 : 행할 적　戾 : 어그러질 려

실제라고 하였으니, 迪이란 말은 이른바 '떠나가지 않는다'는 것이 이것이다. 人主가 소인들의 의지함을 아나 혹 忿戾하는 것은 그 앎을 실천하지 못하는 것인데, 오직 中宗·高宗·祖甲·文王은 진실로 그 앎을 실천하였다. 그러므로 周公이 迪哲이란 말로 칭한 것이다.

譯註 1. 孟子以知而弗去爲智之實 : 《孟子》〈離婁上〉에 "仁의 실제는 어버이를 섬기는 것이요 義의 실제는 兄을 따르는 것이요 智의 실제는 이 두 가지를 알아서 버리지 않는 것이다.〔仁之實 事親是也 義之實 從兄是也 智之實 知斯二者 弗去是也〕" 하였는바, 이 내용을 축약한 것이다.

17. 厥或告之曰 小人이 怨汝詈汝라커든 則皇自敬德하사 厥愆을 曰朕之愆이라하소서 允若時하시면 不啻不敢含怒리이다

그 혹시라도 고하기를 '소인들이 너를 원망하고 너를 꾸짖는다' 하거든 크게 스스로 德을 공경하여 원망하는 잘못을 짐의 잘못이라 하소서. 진실로 이와 같이 하면 백성들이 감히 노여움을 감추지 않을 뿐만이 아닐 것입니다.

詈는 罵言也라 其或有告之曰 小人이 怨汝詈汝어든 汝則皇自敬德하여 反諸其身하여 不尤其人하고 其所誣毁之愆을 安而受之하여 曰是我之愆이라하라 允若時者는 誠實若是요 非止隱忍不敢藏怒也라 蓋三宗文王이 於小民之依에 心誠知之라 故로 不暇責小人之過言하고 且因以察吾身之未至하여 怨詈之語를 乃所樂聞하니 是豈特止於隱忍含怒不發而已哉아

詈는 꾸짖는 말이다. 그 혹시라도 고하기를 "소인들이 너를 원망하고 너를 꾸짖는다."고 하는 자가 있거든 너는 크게 스스로 德을 공경하여 자신에게 돌이켜 남을 원망하지 말고, 誣毁(무함하고 훼방함)하는 허물을 편안히 받아 말하기를 "이것은 나의 잘못이다."라고 하라. 允若時는 진실로 이와 같이 할 것이요, 단지 隱忍하여 노여움을 감추지 않을 뿐만이 아닌 것

詈 : 꾸짖을 리 愆 : 허물 건 罵 : 꾸짖을 매 尤 : 허물 우

이다. 三宗과 文王은 小民의 의지함에 대하여 마음에 진실로 알고 있었다. 그러므로 소인들의 잘못된 말을 책할 겨를이 없었고, 우선 인하여 내 자신이 지극하지 못함을 살펴 원망하고 꾸짖는 말을 즐겁게 들은 것이니, 이 어찌 다만 隱忍하여 노여움을 감추고 발하지 않음에 그칠 뿐이겠는가.

18. 此厥不聽하시면 人乃或譸張爲幻하여 曰 小人이 怨汝詈汝라커든 則信之하리니 則若時하면 不永念厥辟이며 不寬綽厥心하여 亂罰無罪하며 殺無辜하리니 怨有同하여 是叢于厥身하리이다

이러한 말씀을 듣지 않으시면 사람들이 혹 속이고 과장하여 幻을 하여 말하기를 '소인들이 너를 원망하고 너를 꾸짖는다.' 하거든 그 말을 그대로 믿을 것이니, 이와 같으면 군주된 도리를 길이 생각하지 않고 그 마음을 너그럽게 하지 아니하여, 죄없는 사람들을 어지럽게 형벌하고 무고한 자들을 죽일 것이니, 이렇게 되면 원망이 함께 모여 그 몸에 叢集될 것입니다."

綽은 大요 叢은 聚也라 言成王이 於上文三宗文王迪哲之事에 不肯聽信이면 則小人이 乃或誑誕하여 變置虛實하여 曰 小民이 怨汝詈汝라커든 汝則聽信之하리니 則如是면 不能永念其爲君之道며 不能寬大其心하여 以誑誕無實之言으로 羅織疑似하여 亂罰無罪하고 殺戮無辜하여 天下之人이 受禍不同이나 而同於怨하여 皆叢於人君之一身하리니 亦何便於此哉아 大抵無逸之書는 以知小人之依로 爲一篇綱領이요 而此章은 則申言旣知小人之依면 則當蹈其知也라 三宗, 文王은 能蹈其知라 故로 其胸次寬平하여 人之怨詈 不足以芥蔕其心하니 如天地之於萬物에 一於長育而已니 其悍疾憤戾를 天豈私怒於其間哉아 天地는 以萬物爲心하고 人君은 以萬民爲心이라 故로 君人者 要當以民之怨詈爲己責이요 不當以民之怨詈爲己怒라 以爲己責이면 則民安而君亦安이요 以爲己怒면 則民危而君亦危矣리니 吁

綽 : 너그러울 작　芥 : 길 개　蔕 : 꼭지 체　悍 : 사나울 한　憤 : 분할 분

라 可不戒哉아

綽은 큼이요, 叢은 모임이다. 成王이 上文의 三宗과 文王의 迪哲한 일에 대하여 즐겨 듣고 믿으려 하지 않으면 소인들이 혹 속이고 허탄하여 허실을 바꿔 말하기를 "小民들이 너를 원망하고 너를 꾸짖는다." 하거든 너는 그 말을 그대로 듣고 믿을 것이니, 이와 같으면 군주가 된 도리를 길이 생각하지 않고 그 마음을 관대하게 하지 아니하여, 誑誕하여 실제가 없는 말로써 의심스럽고 유사한 것을 羅織하여 죄없는 사람들을 어지럽게 형벌하고 無辜한 자들을 살육하여, 天下의 사람들이 화를 받음은 똑같지 않으나 똑같이 원망하여 모두 임금의 한 몸에 모일 것이니, 또한 어찌 이것을 편하게 여기겠는가라고 한 것이다.

대저 〈無逸〉의 글은 小民의 의지함을 아는 것으로 한 편의 강령을 삼았고, 이 章은 이미 小民의 의지함을 알았으면 마땅히 그 앎을 실천해야 함을 거듭 말하였다. 三宗과 文王은 그 앎을 그대로 실천하였다. 그러므로 그 胸次(가슴속)가 너그럽고 화평하여, 사람들의 원망과 꾸짖음이 그 마음에 芥蔕되지 않은 것이니, 이는 마치 天地가 만물에 있어 한결같이 長育할 뿐이니, 미워하고 분해함을 하늘이 어찌 그 사이에 사사로이 노여워 하겠는가. 天地는 萬物로 마음을 삼고, 人君은 萬民으로 마음을 삼는다. 그러므로 인군이 된 자는 요컨대 마땅히 백성들의 원망과 꾸짖음을 자기의 책임으로 삼을 것이요, 백성의 원망과 꾸짖음을 자기의 노여움으로 삼아서는 안되는 것이다. 군주가 자기의 책임으로 삼으면 백성들이 편안하여 군주 또한 편안하고, 자기의 노여움으로 삼으면 백성들이 위태로워 군주 또한 위태로울 것이니, 아! 경계하지 않을 수 있겠는가.

19. 周公曰 嗚呼라 嗣王은 其監于茲하소서

周公이 말씀하였다. "아! 嗣王은 이것을 잘 살펴보소서."

茲者는 指上文而言也라 無逸一篇은 七章이니 章首에 皆先致其咨嗟詠歎之意하고 然後에 及其所言之事하고 至此章하여는 則於嗟歎之外에 更無他語하고 惟以嗣王其監于茲로 結之하니 所謂言有盡而意則無窮이니 成王이 得無深警於此哉아

玆는 上文을 가리켜 말한 것이다. 〈無逸〉 한 편은 일곱 章인데, 章 첫머리에는 모두 먼저 咨嗟詠歎하는 뜻을 지극히 하고 그런 뒤에야 말하려는 바의 일을 언급하였으며, 이 章에 이르러서는 嗟歎하는 것 외에 달리 딴 말이 없고 오직 嗣王은 이것을 살펴보라는 말로 끝을 맺었으니, 이른바 '말은 다함이 있으나 뜻은 무궁하다.'는 것이니, 成王이 이에 깊이 경계함이 없겠는가.

君奭

召公이 告老而去어늘 周公留之하시니 史氏錄其告語爲篇하니 亦誥體也라 以周公首呼君奭일새 因以君奭名篇하니 篇中에 語多未詳이라 今文古文皆有하니라

○ 按此篇之作을 史記엔 謂召公이 疑周公當國踐祚[1]라하고 唐孔氏는 謂召公以周公嘗攝王政이러니 今復在臣位라하고 葛氏는 謂召公未免常人之情하여 以爵位先後介意라 故로 周公이 作是篇以諭之라하니 陋哉라 斯言이여 要皆爲序文所誤라 獨蘇氏謂召公之意 欲周公告老而歸라하니 爲近之라 然詳本篇旨意하면 迺召公이 自以盛滿難居라하여 欲避權位하고 退老厥邑한대 周公이 反復告諭以留之爾니 熟復而詳味之면 其義를 固可見也니라

召公이 늙음을 고하고 떠나가자 周公이 만류하니, 史官이 고한 말씀을 기록하여 篇을 만들었으니, 또한 誥體이다. 周公이 맨 첫머리에 君奭을 불렀으므로 인하여 君奭으로 篇名을 삼았으니, 편 가운데에 未詳한 말이 많다. 今文과 古文에 모두 있다.

○ 살펴보건대 이 편을 짓게 된 이유를 《史記》에는 "召公이 周公이 나라를 담당하여 踐祚(즉위)할까 의심해서이다." 하였고, 唐나라 孔氏는 "召公이 周公이 일찍이 王政을 섭행했었는데, 이제 다시 신하의 지위에 있게 되었기 때문이다." 하였으며, 葛氏는 "召公이 常人의 情을 면치 못하여 爵位의 선후를 가지고 개의하였다. 그러므로 周公이 이 편을 지어 깨우친 것이다."

奭：클 석 迺：이에 내

하였으니, 누추하다. 이 말이여. 요컨대 모두 序文 때문에 잘못된 것이다. 홀로 蘇氏는 이르기를 "召公의 뜻은 周公이 告老하고 돌아가기를 바란 것이다." 하였으니, 이 말이 近理하나 本篇의 뜻을 살펴보면 이는 바로 召公이 스스로 盛滿하여 거하기 어렵다고 생각해서 權位를 피하고 물러가 그 고을에서 늙고자 하니, 周公이 반복하여 고유하여 만류한 것이다. 익숙히 반복하고 자세히 완미해보면 그 뜻을 진실로 볼 수 있다.

譯註 1. 踐祚 : 踐阼으로 쓰는 바, 卽位와 같은 뜻이다.

1. 周公이 若曰 君奭아

周公이 대략 다음과 같이 말씀하였다. "君奭아!

君者는 尊之之稱이라 奭은 召公名也니 古人尙質하여 相與語에 多名之하니라

君은 높이는 칭호이다. 奭은 召公의 이름이니, 옛사람들은 질박함을 숭상하여 서로 말할 때에 이름을 많이 불렀다.

2. 弗弔라 天이 降喪于殷하사 殷旣墜厥命이어늘 我有周旣受하소니 我不敢知하노니 曰厥基는 永孚于休아 若天이 棐忱가 我亦不敢知하노니 曰其終에 出于不祥가

하늘에게 가엾게 여김을 받지 못하여, 하늘이 殷나라에 喪亡을 내려 殷나라가 이미 天命을 실추하였으므로 우리 周나라가 이미 天命을 받았다. 내 감히 알 수 없노니, 그 基業이 길이 아름다움에 진실할 것인가? 과연 하늘이 우리의 정성을 도와줄 것인가? 나 또한 감히 알 수 없노니, 그 종말에 不祥으로 나올 것인가?

不祥者는 休之反也라 天旣下喪亡于殷하여 殷旣失天命이어늘 我有周旣受之矣니 我不敢知하노니 曰其基業이 長信於休美乎아 如天果輔我之誠耶아

我亦不敢知하노니 曰其終에 果出於不祥乎아

○ 按此篇은 周公이 留召公而作이니 此其言天命吉凶을 雖曰我不敢知나 然其懇惻危懼之意는 天命吉凶之決이 實主於召公留不留如何也라

不祥은 아름다움의 반대이다. 하늘이 이미 喪亡을 殷나라에 내려 殷나라가 이미 天命을 잃었으므로 우리 周나라가 이미 받았다. 내 감히 알 수 없노니, 그 기업이 길이 아름다움에 진실할 것인가? 하늘이 과연 우리의 정성을 도와줄 것인가? 나 또한 감히 알 수 없노니, 그 종말에 과연 不祥으로 나올 것인가?

○ 살펴보건대, 이 편은 周公이 召公을 만류하기 위하여 지은 것이니, 여기에 "天命의 길흉을 비록 내 감히 알 수 없다."고 말하였으나 懇惻하고 危懼한 뜻은 天命의 길흉의 결정이 실로 召公이 머무느냐 머물지 않느냐에 주장됨을 말씀한 것이다.

3. 嗚呼라 君이 已曰 時我라하더니 我亦不敢寧于上帝命하여 弗永遠念天威 越我民에 罔尤違[1)]하노니 惟人이니라 在我後嗣子孫하여 大弗克恭上下하여 遏佚前人光하면 在家不知아

아! 君(召公)이 이미 말씀하기를 '이는 우리들에게 달려 있다' 하였으니, 나 또한 감히 上帝의 명을 편안히 여겨 하늘의 위엄이 우리 백성들에게 원망하고 위배하는 때가 없음을 길이 생각하지 않을 수 없나니, 이는 사람에게 달려 있을 뿐이다. 우리 後嗣의 자손에 있어 크게 上下를 공경하지 못하여 前人의 빛나는 업적을 끊고 실추하면 집에 있으면서 모른다고 하겠는가.

譯註 1. 我亦不敢寧于上帝命 … 罔尤違 : 諺解에는 "내 또한 敢히 上帝의 命을 寧치 못하야 …"로 해석하였으나 退溪의 說을 따라 修訂하였다.

尤는 怨이요 違는 背也라 周公이 歎息言 召公已嘗曰 是在我而已라하니 周公謂我亦不敢苟安天命하여 而不永遠念天之威가 於我民에 無尤怨背違之時也라 天命, 民心은 去就無常하여 實惟在人而已라 今召公이 乃忘

前日之言하고 飜然求去하니 使在我後嗣子孫하여 大不能敬天敬民하여 驕慢肆侈하여 遏絶佚墜文武光顯하면 可得謂在家而不知乎아

尤는 원망함이요, 違는 위배함이다. 周公이 탄식하고 말씀하기를 召公이 이미 일찍이 "이는 우리들에게 달려 있을 뿐이다."라고 말씀하니, 周公이 이르기를 "나 또한 감히 구차히 天命을 편안히 여겨 하늘의 위엄이 우리 백성들에게 원망하고 위배하는 때가 없음을 길이 생각하지 않을 수 없다." 하였다. 天命과 民心은 거취가 일정하지 아니하여 실로 사람에게 달려 있을 뿐이다. 이제 召公이 마침내 前日의 말을 잊고 飜然히 떠나기를 구하니, 만일 우리 후사의 자손에 있어 크게 하늘을 공경하고 백성을 공경하지 못해서 교만하고 사치하여 文王·武王의 빛나는 업적을 끊고 실추한다면 집에 있으면서 모른다고 말할 수 있겠는가.

4. 天命이 不易라 天難諶이니 乃其墜命은 弗克經歷嗣前人의 恭明德이니라

天命은 보전하기가 쉽지 않아 하늘을 믿기 어려우니, 天命을 실추함은 前人이 공손히 하고 밝힌 德을 經歷하여 계승하지 못하기 때문이다.

天命不易는 猶詩曰命不易哉라 命不易保하여 天難諶信하니 乃其墜失天命者는 以不能經歷繼嗣前人之恭明德也라 吳氏曰 弗克恭故로 不能嗣前人之恭德이요 遏佚前人光故로 不能嗣前人之明德이라

天命不易는《詩經》에 "命은 보전하기가 쉽지 않다."는 것과 같다. 天命은 보존하기가 쉽지 않아 하늘을 믿기 어려우니, 天命을 실추하는 것은 前人이 공손히 하고 밝힌 德을 經歷하여 계승하지 못하기 때문이다.

吳氏가 말하였다. "능히 공손하지 못하므로 전인의 공손한 德을 잇지 못하고, 전인의 빛나는 업적을 끊고 실추하므로 전인의 밝은 德을 잇지 못하는 것이다."

諶 : 믿을 심

5. 在今予小子旦하여 非克有正이라 迪은 惟前人光으로 施于我沖子니라

지금 나 小子 旦에 있어서 능히 바로잡음을 두지 못하였다. 인도함은 오직 前人의 광대함으로 우리 沖子에게 베풀려 할 뿐이다."

吳氏曰 小子는 自謙之辭也요 非克有正은 亦自謙之辭也라 言在今我小子旦하여 非能有所正也요 凡所開導는 惟以前人光大之德으로 使益焜燿而付于沖子而已라하니 以前言後嗣子孫遏佚前人光而言也니라

吳氏가 말하였다. "小子는 스스로 겸손히 하는 말이며, 능히 바로잡음을 두지 못했다는 것도 또한 스스로 겸손히 하는 말이다. '지금 나 小子 旦에 있어 능히 바로잡은 바가 있지 못하고, 무릇 開導함은 오직 전인의 광대한 德을 더욱 빛나게 하여 沖子에게 맡겨주려 할 뿐이다.' 하였으니, 앞에서 말한 後嗣子孫들이 전인의 빛나는 업적을 끊고 실추한다는 것으로써 말한 것이다."

6. 又曰 天不可信이나 我道는 惟寧王德을 延하여 天不庸釋于文王受命이니라

또 말씀하였다. "하늘은 믿을 수 없으나 우리의 도리는 오직 寧王(武王)의 德을 연장하여 하늘이 文王께서 받으신 명을 놓지 않게 하는 것이다."

又曰者는 以上文에 言天命不易, 天難諶하고 此又申言天不可信이라 故로 曰又曰이라 天固不可信이나 然在我之道는 惟以延長武王之德하여 使天不容捨文王所受之命也라

又曰은 上文에는 "天命은 보전하기가 쉽지 않아 하늘을 믿기 어렵다."고

焜 : 빛날 곤 燿 : 빛날 요

말하고, 여기에서는 또 "하늘은 믿을 수 없다."고 거듭 말하였으므로 又曰이라고 말한 것이다. 하늘은 진실로 믿을 수 없으나 우리에게 있는 도리는 오직 武王의 德을 연장하여 하늘로 하여금 文王께서 받으신 명을 놓지 않게 하는 것이다.

7. 公曰 君奭아 我聞호니 在昔成湯이 既受命이어시늘 時則有若伊尹이 格于皇天하며 在太甲하여 時則有若保衡하며 在太戊하여 時則有若伊陟臣扈格于上帝하며 巫咸이 乂王家하며 在祖乙하여 時則有若巫賢하며 在武丁하여 時則有若甘盤[1]하니라

公이 말씀하였다. "君奭아! 내 들으니, 옛날 成湯이 이미 天命을 받으셨는데 이 때에는 伊尹 같은 이가 있어 皇天에 이르렀으며, 太甲 때에는 保衡 같은 이가 있었으며, 太戊 때에는 伊陟과 臣扈 같은 이가 있어 上帝에 이르렀으며, 巫咸이 왕가를 다스렸으며, 祖乙 때에는 巫賢 같은 이가 있었으며, 武丁 때에는 甘盤 같은 이가 있었다.

譯註 1. 既受命 … 時則有若甘盤 : 《集傳》에 '時則有若'을 句로 삼았기 때문에 諺解에 모두 時 위에서 句를 떼고 '때에는 이러한 伊尹이 皇天을 格함이 있었으며' 등으로 풀이하였으나 '在昔成湯이 既受命時엔'으로 吐를 달고 아래에는 '在太甲時하여는'·'在太戊時하여는'·'在祖乙時하여는'·'在武丁時하여는'으로 吐를 다는 것이 타당할 듯하다.

時則有若者는 言當其時에 有如此人也라 保衡은 卽伊尹也니 見說命하니라 太戊는 太甲之孫이요 伊陟은 伊尹之子라 臣扈는 與湯時臣扈로 二人而同名者也라 巫는 氏요 咸은 名이라 祖乙은 太戊之孫이요 巫賢은 巫咸之子也라 武丁은 高宗也라 甘盤은 見說命하니라 呂氏曰 此章은 序商六臣

陟 : 오를 척 扈 : 호위할 호

之烈하니 蓋勉召公匹休於前人也라 伊尹佐湯은 以聖輔聖하여 其治化 與天無間이요 伊陟臣扈之佐太戊는 以賢輔賢하여 其治化 克厭天心이라 自其偏覆言之하면 謂之天이요 自其主宰言之하면 謂之帝니 書或稱天, 或稱帝는 各隨所指요 非有重輕이나 至此章하여 對言之는 則聖賢之分而深淺見矣라 巫咸은 止言其乂王家者는 咸之爲治 功在王室하여 精微之蘊이 猶有愧於二臣也라 亡書에 有咸乂四篇하니 其乂王家之實歟아 巫賢甘盤而無指言者는 意必又次於巫咸也라

○ 蘇氏曰 殷有聖賢之君이 七이어늘 此獨言五하고 下文云殷禮陟配天이라하니 豈配祀于天者 止此五王이요 而其臣이 偕配食于廟乎아 在武丁時에 不言傅說하니 豈傅說不配食於配天之王乎아 其詳을 不得而聞矣니라

時則有若은 그 당시에 이와 같은 사람이 있었음을 말한 것이다. 保衡은 곧 伊尹이니, 〈說命〉에 보인다. 太戊는 太甲의 손자이고, 伊陟은 伊尹의 아들이다. 臣扈는 成湯 때의 臣扈와 同名異人인 자이다. 巫는 氏이고, 咸은 이름이다. 祖乙은 太戊의 손자이고, 巫賢은 巫咸의 아들이다. 武丁은 高宗이다. 甘盤은 〈說命〉에 보인다.

呂氏가 말하였다. "이 章은 商나라의 여섯 신하의 功烈을 차례로 서술하였으니, 召公에게 前人의 아름다움에 짝할 것을 권면한 것이다. 伊尹이 成湯을 보좌한 것은 聖人으로서 聖君을 보좌하여 그 治化가 하늘과 간격이 없고, 伊陟과 臣扈가 太戊를 보좌한 것은 賢者로서 賢君을 보좌하여 그 治化가 능히 天心에 충족하였다. 두루 덮어줌으로 말하면 天이라 이르고, 主宰함으로 말하면 帝라 이르니, 《書經》에 혹 天이라 칭하고 혹 帝라 칭한 것은 각기 가리킨 바에 따른 것이요 輕重이 있는 것이 아니다. 그러나 이 章에 이르러서 상대하여 말한 것은 聖·賢의 구분으로 깊고 얕음이 나타난다. 巫咸에 있어서 단지 王家를 다스린다고만 말한 것은 巫咸이 다스린 것은 功이 왕실에만 있어서 정미한 쌓임이 오히려 두 신하에게 부끄러움이 있어서이다." 亡書(佚書)에 〈咸乂〉 네 편이 있으니, 아마도 왕가를 다스린 실상인가 보다. 巫賢과 甘盤에 있어서 가리켜 말함이 없는 것은 짐작컨대 반드시 또 巫咸 다음이기 때문일 것이다.

○ 蘇氏가 말하였다. "殷나라에는 어질고 聖스러운 군주가 7명이 있었는데

蘊 : 쌓일 온　偕 : 함께 해

여기서는 단지 5명을 말하고, 下文에 '殷나라가 禮로 올려 하늘에 짝했다.'고 말하였으니, 아마도 하늘에 짝하여 제사하는 자는 단지 이 다섯 왕 뿐이고, 그 신하들을 함께 사당에 配食(배향)하였는가 보다. 武丁 때에 있어 傳說을 말하지 않았으니, 아마도 傳說은 하늘에 짝하는 왕에게 배식하지 않은 것인가? 그 자세한 것을 들을 수 없다."

8. 率惟茲有陳하여 保乂有殷하니 故殷이 禮陟配天하여 多歷年所[1)]하니라

이것을 따라 진열한 공이 있어 殷나라를 보존하여 다스렸다. 그러므로 殷나라가 禮로 올라가 하늘에 짝하여 年所(年度)를 많이 지나게 되었다.

譯註 1. 多歷年所 : 여러 가지 풀이가 있으나 "年所는 歲次란 말과 같으므로 '年所를 많이 지내다'로 해석하여야 한다."는 退溪의 說을 따랐음을 밝혀둔다.

陟은 升遐也라 言六臣이 循惟此道하여 有陳列之功하여 以保乂有殷이라 故로 殷先王이 終以德配天하여 而享國長久也라

陟은 올라감이다. 여섯 신하가 이 道를 따라 진열한 공이 있어 殷나라를 보존하여 다스렸다. 이 때문에 殷나라 先王들이 마침내 德으로써 하늘에 짝하여 享國이 장구했던 것이다.

9. 天惟純佑命이라 則商이 實하여 百姓王人이 罔不秉德明恤하며 小臣屛侯甸이 矧咸奔走온여(따녀) 惟茲惟德을 稱[1)]하여 用乂厥辟이라 故一人이 有事于四方이어든 若卜筮하여 罔不是孚하니라

乂 : 다스릴 예 屛 : 병풍 병 筮 : 점 서

하늘이 도와 명하심이 순수하였다. 商나라가 충실하여 백성과 王人들이 德을 잡고 근심을 밝히지 않은 이가 없었으며, 小臣과 藩屛의 侯甸들이 하물며 모두 분주함에 있어서랴. 이 德을 칭송하여 써 그 군주를 다스리게 하였다. 그러므로 한 사람(군주)이 사방에 일함이 있으면 마치 거북점과 시초점 같이 여겨서 이것을 믿지 않은 이가 없었다."

譯註 1. 惟玆惟德稱 : 《集傳》에는 稱을 擧로 보았으나 退溪의 說을 따라 '칭송하여'로 풀이하였다.

佑는 助也라 實은 虛實之實이라 國有人則實이니 孟子言不信仁賢則國空虛 是也라 稱은 擧也니 亦秉持之義라 事는 征伐會同之類라 承上章六臣輔君格天致治하여 遂言 天佑命有商이 純一而不雜이라 故로 商國이 有人而實하여 內之百官著姓과 與夫王臣之微者 無不秉持其德하고 明致其憂하며 外之小臣과 與夫藩屛侯甸이 矧皆奔走服役이라 惟此之故로 惟德是擧하여 用乂其君이라 故로 君有事于四方이어든 如龜之卜하고 如蓍之筮하여 天下無不敬信之也라

佑는 도움이다. 實은 虛實의 실이다. 나라에 훌륭한 인물이 있으면 나라가 충실해지니, 孟子가 "仁賢을 믿지 않으면 나라가 공허하다."고 말씀한 것이 이것이다. 稱은 듦이니, 또한 잡는다는 뜻이다. 事는 征伐과 會同의 따위이다. 上章에 여섯 신하가 군주를 보좌하여 하늘에 이르고 훌륭한 정치를 이룩한 것을 이어서 마침내 말하기를 "하늘이 商나라를 도와 명함이 純一하고 잡되지 않았다. 그러므로 商나라에 훌륭한 사람이 있어 나라가 충실해져서 안으로는 百官과 著姓 및 王臣의 미천한 자들이 德을 잡고 근심을 밝게 이루지 않음이 없었으며, 밖으로는 小臣과 번병의 侯甸들이 하물며 모두 분주히 복역함에 있어서랴. 이 때문에 德을 들어 써 그 군주를 다스리게 하였으므로 군주가 사방에 일함이 있으면 거북점과 시초점처럼 여겨서 天下가 공경하고 믿지 않음이 없었던 것이다.

藩 : 울타리 번　蓍 : 시초점 시

10. 公曰 君奭아 天壽平格이라 保乂有殷하더시니 有殷이 嗣天滅威하니 今汝永念하면 則有固命하여 厥亂이 明我新造邦하리라

公이 말씀하였다. "君奭아! 하늘은 공평하여 하늘에 통하는 자를 壽하게 한다. 그리하여 殷나라를 보존하여 다스리게 하였는데, 殷나라가 하늘을 이었다가 멸망하는 위엄에 걸렸으니, 이제 네가 이것을 길이 생각하면 固命(하늘의 견고한 명)을 소유하여 그 다스림이 우리 새로 만든 나라에 밝게 드러날 것이다."

呂氏曰 坦然無私之謂平이라 格者는 通徹三極而無間者也라 天無私壽하여 惟至平通格于天者則壽之하나니 伊尹而下六臣이 能盡平格之實이라 故로 能保乂有殷하여 多歷年所러니 至于殷紂하여는 亦嗣天位하여 乃驟罹滅亡之威하니 天曾不私壽之也라 固命者는 不墜之天命也라 今召公이 勉爲周家久永之念이면 則有天之固命하여 其治效 亦赫然明著於我新造之邦하여 而身與國이 俱顯矣리라

呂氏가 말하였다. "평탄하여 私가 없음을 平이라 한다. 格은 三極(天·地·人)을 통하여 간격이 없는 것이다. 하늘은 사사로이 壽하게 함이 없어 오직 지극히 공평하여 하늘을 통하는 자이면 壽하게 하니, 伊尹 이하 여섯 신하가 능히 平格의 실제를 다하였다. 그러므로 능히 殷나라를 보존하여 다스려서 歷年이 장구하였다. 그런데 殷나라 紂王에 이르러는 또한 천자의 지위를 이어 갑자기 멸망하는 위엄에 걸렸으니, 하늘은 일찍이 사사로이 壽하게 하지 않는다. 固命은 실추하지 않는 天命이다. 이제 召公이 힘써 周나라를 영구히 할 생각을 한다면 하늘의 固命을 소유하여 다스림의 효험이 또한 혁혁하게 우리 새로 만든 나라에 밝게 드러나서 몸과 나라가 모두 나타날 것이다."

11. 公曰 君奭아 在昔上帝割하사 申勸寧王之德하사 其集

坦：평탄할 탄　驟：갑자기 취　罹：걸릴 리

大命于厥躬하시니라

公이 말씀하였다. "君奭아! 옛날 상제께서 바로잡아 武王의 德을 거듭 권면하여 大命을 그 몸에 모으게 하셨다.

申은 重이요 勸은 勉也라 在昔上帝 降割于殷하사 申勸武王之德하여 而集大命於其身하여 使有天下也라

申은 거듭함이요, 勸은 권면함이다. 옛날 상제가 殷나라에 割正(바로잡음)을 내려 武王의 德을 거듭 권면하여 大命을 그 몸에 모아 天下를 소유하게 하였다.

12. 惟文王이 尙克修和我有夏하심은 亦惟有若虢叔과 有若閎夭와 有若散宜生과 有若泰顚과 有若南宮括이니라

文王이 거의 능히 우리가 소유한 有夏(中國)를 닦고 화하게 하신 것은 또한 虢叔과 閎夭와 散宜生과 泰顚과 南宮括 같은 사람이 있었기 때문이다."

虢叔은 文王弟라 閎, 散, 泰, 南宮은 皆氏요 夭, 宜生, 顚, 括은 皆名이라 言文王이 庶幾能修治燮和我所有諸夏者는 亦惟有虢叔等五臣이 爲之輔也라 康誥에 言一二邦以修라하고 無逸에 言用咸和萬民이 卽文王修和之實也라

虢叔은 文王의 아우이다. 閎·散·泰·南宮은 모두 氏이고, 夭·宜生·顚·括은 모두 이름이다. 文王이 거의 능히 우리가 소유한 諸夏를 修治하고 燮和하였던 것은 또한 虢叔 등 다섯 신하가 보좌함이 있었기 때문임을 말한 것이다. 〈康誥〉에 "한두 나라가 다스려졌다." 하였고, 〈無逸〉에 "써 모두 만민을 화하게 하였다."는 것이 곧 文王의 修和의 실제이다.

虢 : 나라이름 괵 閎 : 클 굉 顚 : 넘어질 전 括 : 쌀 괄

13. 又曰 無能往來茲하여 迪彛敎인댄(하던든) 文王도 蔑德이 降于國人이시리라

또 말씀하였다. "이 다섯 신하가 능히 이곳에 왕래하여 떳떳한 가르침을 인도함이 없었더라면 文王께서도 德이 國人에게 내려짐이 없었을 것이다.

蔑은 無也라 夏氏曰 周公이 前既言文王之興이 本此五臣이라 故로 又反前意而言曰 若此五臣者 不能爲文王하여 往來奔走於此하여 導迪其常敎인댄 則文王亦無德降及於國人矣라 周公이 反覆以明其意라 故로 以又曰로 更端發之하시니라

蔑은 없음이다. 夏氏가 말하였다. "周公이 앞에 이미 文王의 일어남이 이 다섯 신하에 근본하였다고 말하였으므로 다시 앞의 뜻을 뒤집어 말씀하기를 '만약 이 다섯 신하들이 文王을 위하여 이 곳에 왕래하며 분주하여 떳떳한 가르침을 계도하지 못하였더라면 文王 또한 德이 國人에게 내려 미치지 못했을 것이다'라고 한 것이다." 周公이 반복하여 그 뜻을 밝혔으므로 '又曰'로 단서를 바꿔 발한 것이다."

14. 亦惟純佑는 秉德이 迪知天威하여 乃惟時昭文王하여 迪見(현)冒하여 聞于上帝라 惟時受有殷命哉하시니라

또한 하늘이 순수하게 도와준 것은 德을 잡은 이들이 실천하여 하늘의 위엄을 알아 이에 文王을 밝혀 그 德을 계도하여 위에 나타나고 아래에 덮여지게 하여 상제에게 알려졌기 때문이다. 이에 殷나라의 천명을 받으신 것이다.

言文王有此五臣者라 故로 亦如殷爲天純佑命하여 百姓王人이 罔不秉德也라 上既反言 文王若無此五臣이 爲迪彛敎인댄 則亦無德下及國人이라

蔑 : 없을 멸 冒 : 무릅쓸 모

故로 此又正言 亦惟天乃純佑文王은 蓋以如是秉德之臣이 蹈履至到하여 實知天威라 以是로 昭明文王하여 啓迪其德하여 使著見於上하고 覆冒於下하여 而升聞于上帝라 惟是之故로 遂能受有殷之天命也라

文王에게 이 다섯 신하들이 있었으므로 또한 하늘이 殷나라를 순수하게 도와주어 명한 것과 같아서 백성과 王人들이 德을 잡지 않음이 없었던 것이다. 위에서 이미 뒤집어 말하기를 "文王이 만약 이 다섯 신하들이 떳떳한 가르침을 계도함이 없었더라면 또한 德이 아래로 국인에게 미치지 못했을 것이다."라고 하였다. 그러므로 여기에서는 또 바로 말하기를 "하늘이 文王을 순수하게 도와준 것은 이와 같이 德을 잡은 신하들이 실천하여 이르러서 진실로 하늘의 위엄을 알았다. 이 때문에 文王을 밝혀 그 德을 계도해서 위에 나타나고 아래에 덮여지게 하여 상제에게 알려졌다. 이 때문에 마침내 殷나라의 天命을 받게 된 것이다."라고 한 것이다.

15. 武王은 惟茲四人이 尙迪有祿하니 後暨武王으로 誕將天威하여 咸劉厥敵하니 惟茲四人이 昭武王惟冒하여 丕單(殫)稱德하니라

武王은 이 네 사람이 거의 인도하여 天祿을 소유하였는데, 뒤에 武王과 더불어 크게 하늘의 위엄을 받들어 그 적을 모두 죽였으니, 이 네 사람이 武王의 德을 밝혀 天下에 덮어져서 크게 모두 德을 일컫게 하였다.

虢叔先死라 故로 曰四人이라 劉는 殺也라 單은 盡也라 武王은 惟此四人이 庶幾迪有天祿이러니 其後에 暨武王으로 盡殺其敵하니 惟此四人이 能昭武王하여 遂覆冒天下하여 天下大盡稱武王之德하니 謂其達聲教于四海也라 文王은 冒西土而已니 丕單稱德은 惟武王爲然이라 於文王에 言命하고 於武王에 言祿者는 文王은 但受天命이요 至武王하여 方富有天下也일새라 呂氏曰 師尙父之事文武는 烈莫盛焉이어늘 不與五臣之列하니 蓋一時議論이

蹈 : 밟을 도 覆 : 덮을 부 暨 : 더불 기 劉 : 죽일 류 殫 : 다할 탄

或詳或略하여 隨意而言하여 主於留召公이요 而非欲爲人物評也니라

虢叔이 먼저 죽었으므로 네 사람이라고 말하였다. 劉는 죽임이다. 單은 모두이다. 武王은 이 네 사람이 거의 계도하여 天祿을 소유하였는데 그 후에 武王과 더불어 적을 모두 죽였으니, 이 네 사람이 능히 武王을 밝혀 마침내 德이 天下에 덮여져서 天下가 크게 모두 武王의 德을 일컫게 되었다. 이는 聲敎를 사해에 도달하게 함을 말한 것이다. 文王은 西土에 미쳤을 뿐이니, 크게 모두 德을 일컬은 것은 오직 武王만이 그러하다. 文王에는 命을 말하고 武王에는 祿을 말한 것은 文王은 단지 天命을 받았을 뿐이며, 武王에 이르러 비로소 부유함이 天下를 소유하였기 때문이다.

呂氏가 말하였다. "師傅인 尙父(姜太公)가 文王·武王을 섬긴 것은 功烈이 그보다 더 성할 수가 없는데 이 다섯 신하의 열에 참여되지 않았으니, 한 때의 의론이 혹은 상세하기도 하고 혹은 소략하기도 하여 뜻에 따라 말해서 召公을 만류함을 위주로 한 것이요, 인물평을 하려고 한 것이 아니기 때문이다."

16. 今在予小子旦하여 若游大川호니 予往에 暨汝奭으로 其濟하리라 小子同未在位하시니 誕無我責가 收罔勖不及하여 耇造德이 不降하면 我則鳴鳥를 不聞이온 矧曰其有能格가

이제 나 小子 旦에 있어서는 마치 큰 냇물을 헤엄쳐감과 같으니, 내가 감에 너 奭과 함께 건너리라. 小子(成王)는 아직 재위하지 않은 것과 같으니, 크게 우리의 책임이 없겠는가. 거두워서 미치지 못함을 돕지 아니하여 耇造(老成)한 사람의 德이 내리지 않으면 우리는 우는 봉황새소리도 듣지 못할 것인데 하물며 능히 감동시킴이 있다고 하겠는가."

小子旦은 自謙之稱也라 浮水曰游라 周公言 承文武之業하여 懼不克濟하여 若浮大川에 罔知津涯하니 豈能獨濟哉아 予往에 與汝召公으로 其共濟

游 : 헤엄칠 유　勖 : 힘쓸 욱　耇 : 늙을 구　涯 : 물가 애

可也라 小子는 成王也니 成王幼沖하여 雖已卽位나 與未卽位同이라 誕은 大也라 大無我責上에 疑有缺文이라 收罔勖不及은 未詳이라 耇造德不降은 言召公去면 則耇老成人之德이 不下於民하여 在郊之鳳을 將不復得聞其鳴矣리니 況敢言進此而有感格乎아 是時에 周方隆盛하여 鳴鳳在郊하니 卷阿에 鳴于高岡[1]者 乃詠其實이라 故로 周公云爾也시니라

小子 旦은 스스로 겸손히 하는 칭호이다. 물에 떠가는 것을 游라 한다. 周公이 말씀하기를 "文王·武王의 기업을 이어 능히 이루지 못할까 두려워해서 마치 큰 냇물을 헤엄쳐감에 나루터와 물가를 알지 못함과 같으니, 내 어찌 홀로 건너겠는가. 내가 감에 너 召公과 더불어 함께 건너야 할 것이다." 하였다. 小子는 成王이니, 成王이 어려 비록 이미 즉위하였으나 즉위하지 않은 것과 같은 것이다. 誕은 큼이다. 大無我責의 위에 의심컨대 빠진 글이 있는 듯하다. 收罔勖不及은 미상이다. 耇造德不降은 '召公이 떠나가면 老成한 사람들의 德이 백성에게 내려지지 아니하여, 교외에 있는 봉황새의 우는 소리를 장차 다시 얻어듣지 못할 것이니, 하물며 감히 이보다 나아가 하늘에 感格함이 있다고 말하겠는가.'한 것이다. 이때에 周나라가 막 융성하여 우는 봉황새가 교외에 있었으니, 《詩經》〈卷阿〉에 '高岡에서 울었다.'는 것이 바로 그 실상을 읊은 것이다. 그러므로 周公이 이렇게 말씀한 것이다.

譯註 1. 卷阿鳴于高岡 : 卷阿는 《詩經》 大雅의 篇名인데 여기에 "봉황의 울음이여! 저 높은 언덕에서 한다.〔鳳凰鳴矣 于彼高岡〕" 하였으므로 말한 것이다.

17. 公曰 嗚呼라 君아 肆其監于兹어다 我受命이 無疆惟休나 亦大惟艱이니 告君乃猷裕하노니 我는 不以後人迷하노라

公이 말씀하였다. "아! 君아. 크게 이것을 살펴볼지어다. 우리가 天命을 받은 것은 끝이 없는 아름다움이나 또한 큰 어려움이니, 君에게 마음을 너그럽게 할 것을 꾀함을 告하노니, 나는 후인들이 혼미해짐을 바라지 않노라.

肆는 大요 猷는 謀也라 兹는 指上文所言이니 周公歎息하여 欲召公이 大監

視上文所陳也라 我文武受命이 固有無疆之美矣나 然迹其積累締造하면 蓋亦艱難之大者니 不可不相與竭力保守之也라 告君謀所以寬裕之道하노니 勿狹隘求去하라 我不欲後人迷惑而失道也하노라

○ 呂氏曰 大臣之位는 百責所萃니 震撼擊撞은 欲其鎭定이요 辛甘燥濕은 欲其調齊요 盤錯棼結은 欲其解紓요 黯闇汚濁은 欲其茹納[1)]이니 自非曠度洪量과 與夫患失乾沒者면 未嘗無翩然捨去之意라 況召公이 親遭大變하여 破斧缺斨之時[2)]에 屈折調護하니 心勞力瘁가 又非平時大臣之比로되 顧以成王未親政하여 不敢乞身爾러니 一旦에 政柄有歸하니 浩然去志는 固人情之所必至라 然思文武王業之艱難하고 念成王守成之無助하면 則召公이 義未可去也어늘 今乃汲汲然求去之不暇하니 其迫切已甚矣라 盍謀所以寬裕之道하여 圖功攸終이리오 展布四體하여 爲久大規模하여 使君德開明이요 未可捨去而聽後人之迷惑也니라

肆는 큼이요, 猷는 꾀함이다. 玆는 上文에 말한 것을 가리키니, 周公이 탄식하여 召公이 上文에 말한 것을 크게 살펴보게 하고자 한 것이다. 우리 文王·武王이 天命을 받은 것은 진실로 끝이 없는 아름다움이나 또한 그 쌓고 쌓아 얽어 만든 것을 자취해보면 또한 어려움이 크니, 서로 더불어 힘을 다하여 保守하지 않으면 안된다. 君에게 寬裕히 하는 道를 꾀할 것을 告하노니, 마음을 좁게 먹어 떠나가기를 구하지 말라. 나는 후인들이 미혹되어서 도를 잃기를 바라지 않는다.

○ 呂氏가 말하였다. "大臣의 지위는 온갖 책망이 모이니, 震撼하고 擊撞함은 진정시켜야 하고, 맵고 달고 건조하고 습함은 조제(조화)하여야 하고, 서려 엉켜있고 어지럽게 맺혀있는 것은 풀어야 하고, 어둡고 더러움은 받아들여야 하니, 스스로 넓고 큰 도량과 벼슬을 잃을까 걱정하여 乾沒(세력을 추구하여 浮沈함)하는 자가 아니면 일찍이 翩然히 놓아버리고 떠나가려는 뜻이 없지 않다. 더구나 召公은 친히 큰 변고를 만나 破斧缺斨할 때에 몸을 굽혀 調護하였으니, 마음이 수고롭고 힘이 파리한 것이 또 평상시의 大臣에 비할 바가 아니었는데, 다만 成王이 아직 親政하지 아니하여 감히

猷 : 꾀할 유 締 : 맺을 체 撼 : 흔들 감 撞 : 칠 당 棼 : 어지러울 분
紓 : 펼 서 黯 : 어두울 암 茹 : 삼킬 여 翩 : 뒤집을 번 斨 : 도끼 장

몸을 빌어 떠나가지 못했을 뿐이다. 이제 하루아침에 政柄(정권)이 돌아감이 있으니, 浩然히 떠나갈 뜻을 품는 것은 진실로 인정에 반드시 이르는 바이다. 그러나 文王과 武王의 왕업이 어려움을 생각하고 成王이 守成함에 돕는 이가 없음을 생각한다면 召公은 의리상 떠나갈 수가 없는 것이다. 그런데 이제 급급하게 떠나가기를 구하여 겨를이 없으니, 그 박절함이 너무 심하다. 어찌 마음을 寬裕하게 하는 道를 꾀하여 功의 마칠 바를 도모하지 않겠는가. 四體를 펴서 장구하고 원대한 규모를 하여, 군주의 德을 열어 밝힐 것이요, 버리고 떠나가서 후인들이 미혹되도록 내버려 두어서는 안된다.

譯註 1. 震撼擊撞 … 欲其茹納 : 震撼擊撞은 人心이 복종하지 않는 자를 가리키고 辛甘燥濕은 人情이 和合하지 못한 것이고 盤錯棼結은 일이 안정되지 못한 것이고 黯闇汚濁은 말이 순하지 못한 것을 가리킨다.

2. 破斧缺斨之時 : 斧와 斨은 모두 전쟁에 사용하는 도끼로 斧는 구멍이 타원형인 것이고 斨은 구멍이 네모진 것인데 破斧缺斨은 전쟁으로 이러한 무기가 망가짐을 의미한다. 이는 《詩經》〈豳風 破斧〉의 '旣破我斧 又缺我斨'을 축약한 것인바, 당시 周公이 유언비어를 퍼뜨린 管叔·蔡叔 등을 정벌하러 간 때를 말한 것이다.

18. 公曰 前人이 敷乃心하사 乃悉命汝하사 作汝民極하시고 曰 汝明勖偶王하여 在亶乘茲大命하여 惟文王德하여 丕承無疆之恤하라하시다

公이 말씀하였다. "前人(武王)이 자기 마음을 펴시어 모두 너에게 명하여 너를 백성의 極으로 삼으시고 말씀하기를 '너는 밝게 힘써 왕을 도와서 서로 믿어 이 大命을 실어 文王의 德을 생각해서 無疆한 근심을 크게 받들라' 하셨다."

偶는 配也라 蘇氏曰 周公與召公이 同受武王顧命하여 輔成王이라 故로 周公言 前人이 敷乃心腹하여 以命汝召公하여 位三公하여 以爲民極하시고 且曰 汝當明勉輔孺子하여 如耕之有偶也하고 在於相信이 如車之有馭也하여 幷力一心하여 以載天命하여 念文考之舊德하여 以丕承無疆之憂하라하

시니 武王之言이 如此어시늘 而可以去乎아

偶는 짝함이다. 蘇氏가 말하였다. "周公과 召公이 함께 武王의 顧命을 받아 成王을 보필하였다. 그러므로 周公이 말씀하기를 '前人이 心腹을 펴서 너 召公에게 명하여 三公의 지위에 있게 해서 백성의 極을 삼으시고 또 말씀하기를 「너는 마땅히 밝게 힘써 孺子를 도와서 밭가는 자에게 짝이 있는 것과 같이 하고, 서로 믿음에 있음이 수레에 마부가 있는 것과 같이 하여, 힘을 합하고 마음을 하나로 하여 天命을 실어서 文考의 옛 德을 생각하여 無疆한 근심을 크게 이으라.」 하였다.' 하였으니, 武王의 말씀이 이와 같은데도 떠나갈 수 있겠는가."

19. 公曰 君아 告汝朕允하노라 保奭아 其汝克敬以予하여 監于殷喪大否(비)하여 肆念我天威하라

公이 말씀하였다. "君아! 너에게 朕의 정성을 고하노라. 太保인 奭아! 너는 능히 나의 말을 공경하여 殷나라가 망한 큰 어지러움을 살펴보아 크게 우리 하늘의 위엄을 생각하라.

大否는 大亂也라 告汝以我之誠이라하고 呼其官而名之하사 言汝能敬以我所言하여 監視殷之喪亡大亂이니 可不大念我天威之可畏乎아하시니라

大否는 大亂이다. "너에게 나의 정성을 고한다." 하고, 그 관직을 부르고 이름하여 말하기를 '너는 나의 말을 공경하여 殷나라의 喪亡한 大亂을 살펴볼 것이니, 우리 하늘의 위엄이 크게 두려울 만함을 크게 생각하지 않을 수 있겠는가."라고 한 것이다.

20. 予不允이요 惟若茲誥아 予惟曰 襄我二人이라하노니 汝有合哉아 言曰 在時二人하여 天休滋至어든 惟時二人이 弗戡이로소니 其汝克敬德하여 明我俊民이니 在讓後人于丕

馭 : 어거할 어　允 : 정성 윤　否 : 막힐 비　襄 : 도울 양　戡 : 이길 감

時니라

내가 성실하지 못하고서 이와 같이 고하겠는가. 내 말하기를 '돕는 것은 우리 두 사람 뿐이다' 하노니, 너는 여기에 합함이 있을 것이다. 말하기를 '이 두 사람에게 있어 하늘의 아름다움이 불어나 이르거든 우리 두 사람이 감당할 수 없을 것이니, 너는 능히 德을 공경하여 우리의 준걸스런 백성을 밝혀야 할 것이니, 크게 성할 때에 後人들에게 사양함이 있어야 할 것이다.

戡은 勝也니 戡堪은 古通用이라 周公言 我不信於人而若此告語乎아 予惟曰 王業之成이 在我與汝而已라하노니 汝聞我言而有合哉인저 亦曰 在是二人하여 但天休滋至어든 惟是我二人이 將不堪勝이로소니 汝若以盈滿爲懼어든 則當能自敬德하여 益加寅畏하여 明揚俊民하여 布列庶位하여 以盡大臣之職業하여 以答滋至之天休요 毋徒惴惴而欲去爲也라 他日在汝에 推遜後人于大盛之時하고 超然肥遯[1]이면 誰復汝禁이리오 今豈汝辭位之時乎아

戡은 이겨냄이니, 戡과 堪은 옛날에 통용되었다. 周公이 말씀하기를 "내가 남에게 성실하지 못하고서 이와 같이 고하겠는가. 내 이르기를 '왕업의 이룸이 나와 너에게 달려 있을 뿐이다.' 하노니, 너는 내 말을 듣고 합함이 있을 것이다." 하였다. 또한 말하기를 "이 우리 두 사람에게 있어 다만 하늘의 아름다움이 불어나 이르거든 우리 두 사람이 장차 감당할 수 없을 것이니, 네가 만약 盈滿함을 두려워하거든 마땅히 스스로 德을 공경하여 더욱 공경하고 두려워해서 俊民을 밝게 드러내어 여러 지위에 포열해서 大臣의 직업을 다하여 불어나 이르는 하늘의 아름다움에 보답할 것이요, 한갓 두려워하고 두려워하여 떠나가고자 하지 말라. 타일(후일) 너에게 있어 크게 성할 때에 후인들에게 미루어 사양하고 초연히 여유롭게 은둔한다면 그 누가 다시 너를 금하겠는가. 지금이 어찌 네가 벼슬을 사양할 때이겠는가." 하였다.

堪 : 견딜 감 惴 : 두려울 췌 遯 : 숨을 둔(돈)

譯註 1. 肥遯 : 肥는 充大하고 여유로운 뜻으로 여유로이 한가롭게 은둔함을 이르는바, 《周易》 遯卦 上九爻에 "肥遯無不利"라고 보인다.

21. 嗚呼라 篤棐는 時二人이니 我式克至于今日休호나 我咸成文王功于不怠하여 丕冒하여 海隅出日이 罔不率俾니라

아! 군주를 도탑게 도울 자는 이 우리 두 사람이니, 내 써 능히 금일의 아름다움에 이르렀으나 내 모두 文王의 공을 게을리하지 않음에 이루어서 德이 크게 입혀져 바다 귀퉁이의 해가 나오는 곳까지 따르지 않음이 없게 하여야 할 것이다."

周公이 復歎息言 篤於輔君者는 是我二人이니 我用能至于今日休盛이나 然我欲與召公으로 共成文王功業于不怠하여 大覆冒斯民하여 使海隅日出之地로 無不臣服然後可也라 周都西土하여 去東爲遠이라 故로 以日出言하니라 吳氏曰 周公이 未嘗有其功이로되 以其留召公이라 故로 言之하시니 蓋敍其所已然而勉其所未至는 亦人所說(悅)而從者也니라

周公이 다시 탄식하고 말씀하기를 "군주를 보필하기를 돈독히 하는 자는 이 우리 두 사람이니, 내 능히 금일의 아름답고 성함에 이르렀으나 내 召公과 더불어 함께 文王의 공업을 게을리하지 아니하여 이루어서 크게 이 백성들에게 입혀져 바다 모퉁이의 해가 나오는 지역으로 하여금 臣服하지 않음이 없게 한 뒤에야 可하다." 한 것이다. 周나라는 서쪽 지방에 도읍하여 동쪽과 거리가 멀므로 해가 나옴을 말한 것이다.

吳氏가 말하였다. "周公이 일찍이 자신의 공을 소유하지 않았는데 召公을 만류하려 하였기 때문에 말씀한 것이니, 이미 그러함을 서술하고 아직 이르지 않은 것을 권면하는 것은 또한 사람들이 기뻐하여 따르는 바이다.

22. 公曰 君아 予不惠요 若茲多誥아 予惟用閔于天越民이니라

公이 말씀하였다. "君아! 내 이치에 순하지 못하고서 이와 같이 고

하기를 많이 하겠는가. 나는 써 하늘과 백성을 걱정하노라."

周公言 我不順於理하고 而若玆諄複之多誥耶아 予惟用憂天命之不終과 及斯民之無賴也라 韓子言畏天命而悲人窮도 亦此意라 前言若玆誥라 故로 此言若玆多誥하니 周公之告召公에 其言語之際 亦可悲矣로다

周公이 말씀하기를 "내 이치에 순하지 못하고서 이와 같이 諄複하여 고하기를 많이 하겠는가. 나는 天命의 끝마치지 못함과 이 백성의 의뢰함이 없음을 근심한다." 한 것이다. 韓子가 "天命을 두려워하고 백성들의 곤궁함을 슬퍼한다." 한 것도 이와 같은 뜻이다. 앞에서 "이와 같이 고한다."고 말하였으므로 여기에 "이와 같이 고하기를 많이 한다."고 한 것이니, 周公이 召公에게 고할 때에 그 언어의 즈음에 또한 슬퍼할 만하도다.

23. 公曰 嗚呼라 君아 惟乃知民德하나니 亦罔不能厥初나 惟其終이니 祗若玆하여 往敬用治하라

公이 말씀하였다. "아! 君아! 네가 백성의 德을 아니, 또한 그 처음을 잘하지 않음이 없으나 그 終을 생각하여야 할 것이니, 나의 이 말을 공경하고 순히 하여 가서 공경히 다스리도록 하라."

上章에 言天命民心하니 而民心은 又天命之本也라 故로 卒章은 專言民德以終之하니라 周公이 歎息謂 召公이 踐歷諳練之久하여 惟汝知民之德하니 民德은 謂民心之嚮順이라 亦罔不能其初니 今日은 固罔尤違矣나 當思其終하면 則民之難保者 尤可畏也라 其祗順此誥하여 往敬用治요 不可忽也라 此는 召公已留에 周公飭遣就職之辭라 厥後에 召公이 旣相成王하고 又相康王하여 再世에 猶未釋其政하니 有味於周公之言也夫인저

上章에 天命과 民心을 말하였는데 民心은 또 天命의 근본이다. 그러므로 마지막 章은 오로지 백성의 德을 말하여 끝마친 것이다. 周公이 탄식하고

賴 : 착할 뢰　諳 : 알 암　練 : 익힐 련　尤 : 허물 우　飭 : 경계할 칙

이르기를 "召公이 踐歷하고 알고 익힘이 오래여서 오직 너만이 백성의 德을 아니, 백성의 德은 民心이 향하고 순함을 이른다. 또한 그 처음을 잘하지 않음이 없으니, 금일은 진실로 허물과 어김이 없으나 마땅히 그 終을 생각하면 보전하기 어려운 백성들이 더욱 두려워할 만하다. 나의 이 말을 공경하고 순히 하여 가서 공경히 다스릴 것이요, 소홀히 하지 말라." 한 것이다. 이는 召公이 이미 머묾에 周公이 경계하여 보내어서 직책에 나아가게 한 말씀이다. 그후에 召公은 이미 成王을 돕고 또 康王을 도와서 두 대에 이르기까지 정사를 놓지 않았으니, 이는 周公의 말씀에 완미함이 있어서일 것이다.

蔡仲之命

蔡는 國名이요 仲은 字니 蔡叔之子也라 叔沒에 周公以仲賢이라하여 命諸成王하여 復封之蔡하시니 此其誥命之詞也라 今文無, 古文有하니라
○ 按此篇次敍는 當在洛誥之前이니라

蔡는 국명이고 仲은 字이니, 蔡叔의 아들이다. 蔡叔이 죽자 周公은 蔡仲이 어질다 하여 成王에게 명하여 다시 蔡나라에 봉하니, 이것이 그 誥命한 말이다. 今文에는 없고 古文에는 있다.
○ 살펴보건대 이 편의 차서는 마땅히 〈洛誥〉의 앞에 있어야 할 것이다.

1. 惟周公이 位冢宰하사 正百工[1]이어시늘 群叔이 流言한대 乃致辟管叔于商하시고 囚蔡叔于郭隣호되 以車七乘하시고 降霍叔于庶人하여 三年不齒러시니 蔡仲이 克庸祗德이어늘 周公이 以爲卿士러시니 叔이 卒커늘 乃命諸王하사 邦之蔡하시다

周公이 冢宰로 있으면서 百工(百官)을 바로잡자, 群叔들이 유언비

辟 : 죽일 벽　霍 : 빠를 곽

어를 퍼뜨렸다. 이에 管叔을 商나라에서 致辟(주륙)하고 蔡叔을 郭隣에 가두되 수레 일곱 대를 따르게 하고, 霍叔을 庶人으로 강등시켜 3년 동안 끼지 못하게 하였다. 蔡仲이 능히 떳떳이 덕을 공경하므로 周公이 卿士를 삼았는데, 그후 蔡叔이 죽자 王에게 명하여 蔡에 나라를 소유하게 하였다.

譯註 1. 正百工：李思綽의 《釋義》에는 正을 長으로 보아 百官의 우두머리가 된 것으로 해석하였다.

周公이 位冢宰하사 正百工은 武王崩時也라 郭隣은 孔氏曰 中國之外地名이라하고 蘇氏曰 郭은 虢也라 周禮六遂에 五家爲隣이라하니라 管霍은 國名이라 武王崩에 成王幼하여 周公이 居冢宰하시니 百官이 總己以聽者는 古今之通道也라 當是時하여 三叔以主少國疑로 乘商人之不靖하여 謂可惑以非義라하여 遂相與流言하여 倡亂以搖之하니 是豈周公一身之利害리오 乃欲傾覆社稷하고 塗炭生靈하니 天討所加니 非周公所得已也라 故로 致辟管叔于商하시니 致辟云者는 誅戮之也라 囚蔡叔于郭隣호되 以車七乘하니 囚云者는 制其出入호되 而猶從以七乘之車也라 降霍叔于庶人하여 三年不齒하니 三年之後에 方齒錄以復其國也라 三叔刑罰之輕重은 因其罪之大小而已라 仲은 叔之子니 克常敬德이어늘 周公以爲卿士러시니 叔卒커늘 乃命之成王而封之蔡也라 周公이 留佐成王하여 食邑於圻內하니 圻內諸侯는 孟仲二卿이라 故로 周公이 用仲爲卿이요 非魯之卿也라 蔡는 左傳에 在淮汝之間이라하니 仲不別封而命邦之蔡者는 所以不絶叔於蔡也니 封仲以他國이면 則絶叔於蔡矣라 呂氏曰 象欲殺舜은 舜在側微하여 其害止於一身이라 故로 舜得遂其友愛之心이요 周公之位는 則繫于天下國家하니 雖欲遂友愛於三叔이나 不可得也니 舜與周公이 易地皆然이시리라 史臣이 先書惟周公이 位冢宰하사 正百工하고 而繼以群叔流言은 所以結正三叔之罪也요 後言蔡仲이 克庸祗德이어늘 周公以爲卿士러시니 叔卒커늘 即命之王하여 以爲諸侯는 以見周公이 蹙然於三叔之刑이러시니 幸仲이 克庸祗

虢：나라 괵 靖：편안할 정 齒：낄 치 圻：지경 기 蹙：찌푸릴 축

德일새 則亟擢用分封之也시니라 吳氏曰 此所謂冢宰正百工과 與詩所謂攝政은 皆在成王諒闇之時니 非以幼沖而攝이요 而其攝也 不過位冢宰之位而已니 亦非如荀卿所謂攝天子位之事也라 三年之喪은 二十五月而畢하니 方其畢時에 周公이 固未嘗攝하시니 亦非有七年而後還政之事也라 百官總己하여 以聽冢宰는 未知其所從始나 如殷之高宗已然이요 不特周公行之니 此皆論周公者 所當先知也니라

周公이 총재로 있으면서 백관을 바로잡은 것은 武王이 승하하였을 때이다. 郭隣은 孔氏가 이르기를 "중국 밖의 지명이다." 하였고, 蘇氏는 "郭은 虢이다. 《周禮》의 六遂에 '다섯 집을 隣이라 한다.'" 하였다. 管과 霍은 국명이다. 武王이 승하함에 成王이 어려 周公이 총재에 거하니, 백관들이 자기의 직책을 총괄하여 총재에게 명령을 들은 것은 古今에 통행되는 도이다. 이 때를 당하여 三叔은 군주가 어리고 나라가 의심스러우므로 商나라 사람들이 안정되지 못함을 틈타 의롭지 않은 것으로 유혹할 수 있다고 생각하였다. 그리하여 마침내 서로 더불어 유언비어를 퍼뜨려 난을 창도해서 동요하니, 이 어찌 周公 한 몸의 이해이겠는가. 이는 바로 사직을 전복시키고 生靈(백성)을 도탄에 빠뜨린 것이니, 하늘의 토벌이 가해진 것이므로 周公이 그만둘 수 있는 바가 아니었다. 그러므로 管叔을 商나라에서 致辟하였으니, 致辟은 주륙하는 것이다. 蔡叔을 郭隣에 가두되 수레 7乘을 따르게 하였으니, 囚는 출입을 제한하되 오히려 7승의 수레를 따르게 한 것이다. 霍叔을 서인으로 강등시켜 3년 동안 끼지 못하게 하였으니, 3년 뒤에야 비로소 끼고 기록하여 그 나라를 회복하게 한 것이다. 三叔에 대한 형벌의 경중은 그 죄의 크고 작음에 따랐을 뿐이다. 蔡仲은 蔡叔의 아들인데 능히 떳떳이 德을 공경하므로 周公이 卿士로 삼았는데, 그후 채숙이 죽자 成王에게 명하여 蔡에 봉하였다. 周公은 周나라에 머물며 成王을 보좌하여 圻內에 식읍을 두었으니, 圻內의 제후는 孟과 仲 두 卿이다. 그러므로 周公이 蔡仲을 卿으로 등용한 것이요, 魯나라의 경이 아니다. 蔡는 《左傳》에 "淮水·汝水 사이에 있다." 하였으니, 蔡仲을 별도로 봉하지 않고 蔡에 나라를 소유하게 한 것은 蔡叔을 蔡나라에서 끊지 않기 위한 것이니, 蔡仲을 타국에 봉하면 蔡叔을 蔡에서 끊은 것이 된다.

亟 : 빠를 극 沖 : 어릴 충

呂氏가 말하기를 "象이 舜을 죽이고자 한 것은 舜이 側微(미천)할 때여서 그 해가 한 몸에 그쳤으므로 舜이 우애하는 마음을 이룰 수 있었던 것이요, 周公의 지위는 天下와 國家에 관계되니, 비록 三叔에게 우애하는 마음을 이루고자 하나 될 수가 없었으니, 舜과 周公이 처지를 바꿨다면 다 그러하였을 것이다." 하였다.

史臣이 먼저 "周公이 총재로 있으면서 백관을 바로잡았다."고 쓰고, 뒤이어 "群叔들이 유언비어를 퍼뜨렸다."고 말한 것은 三叔의 죄를 끝맺어 바로잡은 것이며, 뒤에 "蔡仲이 능히 떳떳이 德을 공경하므로 周公이 卿士로 삼았는데 蔡叔이 죽자 成王에게 명하여 제후로 삼았다."고 말한 것은 周公이 三叔을 형벌함에 蹙然(편치 못한 모양)하였는데, 다행히 蔡仲이 능히 떳떳이 德을 공경하므로 급히 탁용하여 分封함을 나타낸 것이다.

吳氏가 말하였다. "여기에서 말한 총재로서 百工을 바로잡았다는 것과 《詩經》에서 말한 攝政은 모두 成王이 諒闇에 있었을 때이니, 어리기 때문에 섭정한 것이 아니요, 그 섭정한 것이 총재의 지위에 있음에 지나지 않을 뿐이었으니, 또한 荀卿이 말한 "천자의 지위의 일을 섭행했다."는 것과 같은 것이 아니다. 3年喪은 25개월에 마치니, 상을 마쳤을 때에 周公이 진실로 일찍이 섭정한 적이 없으니, 또한 7년 후에 정사를 돌려준 일이 있지 않다."

백관이 자기의 직책을 총괄하여 총재에게 명령을 듣는 것은 그 어느때로부터 시작되었는지는 알 수 없으나 殷나라의 高宗과 같은 이가 이미 그러하였고, 단지 周公만이 행한 것이 아니니, 이는 모두 周公을 논하는 자가 마땅히 먼저 알아야 할 바이다.

2. 王若曰 小子胡아 惟爾率德改行하여 克愼厥猷할새 肆予命爾하여 侯于東土하노니 往卽乃封하여 敬哉어다

王이 대략 다음과 같이 말씀하였다. "小子인 胡아! 너는 할아버지의 德을 따르고 네 아버지의 행실을 고쳐서 능히 道를 삼갔다. 그러므로 나는 너에게 명하여 東土에 제후가 되게 하노니, 가서 너의 封國에 나아가 공경할지어다.

胡는 仲名이라 言仲이 循祖文王之德하고 改父蔡叔之行하여 能謹其道라 故로 我命汝爲侯於東土하노니 往就汝所封之國하여 其敬之哉어다 呂氏曰 敬哉者는 欲其無失此心也니 命書之辭는 雖稱成王이나 實周公之意니라

胡는 蔡仲의 이름이다. 채중이 할아버지인 文王의 德을 따르고 아버지인 蔡叔의 행실을 고쳐서 능히 그 道를 삼갔다. 그러므로 내 너를 명하여 東土에 제후를 삼노니, 가서 네가 봉해진 나라에 나아가 공경할지어다.

呂氏가 말하였다. "敬哉는 이 마음을 잃지 않고자 한 것이니, 명한 글의 말은 비록 成王을 칭했으나 실제는 周公의 뜻이다."

3. 爾尙蓋前人之愆은 惟忠惟孝니 爾乃邁迹自身하여 克勤無怠하여 以垂憲乃後하여 率乃祖文王之彝訓하고 無若爾考之違王命하라

네가 거의 前人의 잘못을 덮을 수 있는 것은 忠과 孝이니, 네 자취를 매진하되 네 자신부터 하여 너는 능히 부지런히 하고 게을리 하지 말아서 네 후손에게 법을 드리워 네 할아버지인 文王의 떳떳한 가르침을 따르고 네 아버지처럼 왕명을 어기지 말도록 하라.

蔡叔之罪가 在於不忠不孝라 故로 仲能掩前人之愆者는 惟在於忠孝而已라 叔違王命하니 仲無所因이라 故로 曰邁迹自身이라 克勤無怠는 所謂自身也요 垂憲乃後는 所謂邁迹也요 率乃祖文王之彝訓하고 無若爾考之違王命은 上文所謂率德改行也라

蔡叔의 죄가 不忠과 不孝에 있었다. 그러므로 蔡仲이 전인의 허물을 가리울 수 있는 것은 오직 忠孝에 있을 뿐이다. 蔡叔이 왕명을 어겼으니, 蔡仲이 인습할 것이 없으므로 자취를 매진하되 자신으로부터 하라고 한 것이다. 능히 부지런히 하고 게을리 하지 않음은 이른바 자신으로부터 한다는 것이요, 너의 후손에게 법을 드리움은 이른바 자취를 매진한다는 것이요,

---

愆 : 허물 건 邁 : 갈 매 掩 : 덮을 엄

네 할아버지인 文王의 떳떳한 가르침을 따르고 네 아버지처럼 왕명을 어기지 말라는 것은 上文에 이른바 '德을 따르고 행실을 고치라'는 것이다.

4. 皇天은 無親하사 惟德을 是輔하시며 民心은 無常이라 惟惠之懷하나니 爲善이 不同하나 同歸于治하고 爲惡이 不同하나 同歸于亂하나니 爾其戒哉어다

皇天은 친한 사람이 없어 德이 있는 사람을 도와주시며, 民心은 일정함이 없어 은혜롭게 하는 이를 그리워하나니 善을 함이 똑같지 않으나 똑같이 다스림으로 돌아가고, 惡을 함이 똑같지 않으나 똑같이 혼란함으로 돌아가니, 너는 경계할지어다.

此章은 與伊尹申誥太甲之言相類로되 而有深淺不同者는 太甲蔡仲之有間也일새라 善固不一端이나 而無不可行之善이요 惡亦不一端이나 而無可爲之惡이니 爾其可不戒之哉아

이 章은 伊尹이 太甲에게 거듭 고한 말과 서로 유사한데, 깊고 얕음에 똑같지 않음이 있는 것은 太甲과 蔡仲이 간격이 있기 때문이다. 善은 진실로 한 가지가 아니나 행할 수 없는 선이 없고, 惡은 진실로 한 가지가 아니나 할 만한 악이 없으니, 너는 경계하지 않을 수 있겠는가.

5. 愼厥初호되 惟厥終이라사 終以不困하리니 不惟厥終하면 終以困窮하리라

그 처음을 삼가되 終을 생각하여야 끝내 곤궁하지 않을 것이니, 終을 생각하지 않으면 마침내 곤궁할 것이다.

惟는 思也라 窮은 困之極也라 思其終者는 所以謹其初也라

惟는 생각함이다. 窮은 곤함이 지극한 것이다. 그 終을 생각함은 그 처음을 삼가는 것이다.

6. 懋乃攸績하며 睦乃四隣하며 以蕃王室하며 以和兄弟하며 康濟小民하라

너는 세워야 할 공적을 힘쓰며 너는 사방 이웃들과 화목하며 왕실의 울타리가 되며 형제들과 화합하며 小民들을 편안히 구제하라.

勉汝所立之功하고 親汝四隣之國하고 蕃屛王家하고 和協同姓하고 康濟小民이니 五者는 諸侯職之所當盡也라

너는 세워야 할 공을 힘쓰고 너는 四隣의 나라들과 친하고 왕실에 藩屛이 되고 同姓들과 화합하고 小民들을 편안히 구제하여야 하니, 이 다섯 가지는 제후의 직책에 마땅히 다해야 할 바이다.

7. 率自中이요 無作聰明하여 亂舊章하며 詳乃視聽하여 罔以側言으로 改厥度하면 則予一人이 汝嘉호리라

따르기를 中道로부터 하고, 총명을 일으켜 옛법을 어지럽히지 말며, 너의 보고 들음을 상세히 하여 편벽된 말로 법도를 고치지 않으면 나 한 사람이 너를 가상히 여길 것이다.

率은 循也라 無는 毋同이라 詳은 審也라 中者는 心之理而無過不及之差者也라 舊章者는 先王之成法이요 厥度者는 吾身之法度니 皆中之所出者라 作聰明이면 則喜怒好惡 皆出於私而非中矣리니 其能不亂先王之舊章乎아 戒其本於己者然也라 側言은 一偏之言也니 視聽을 不審하여 惑於一偏之說이면 則非中矣리니 其能不改吾身之法度乎아 戒其徇於人者然也라 仲能戒是면 則我一人이 汝嘉矣리라 呂氏曰 作聰明者는 非天之聰明이요 特沾沾小智耳니 作與不作에 而天人判焉이니라

懋 : 힘쓸 무 蕃 : 울타리 번 側 : 기울 측 徇 : 따를 순 沾 : 경박할 첨

率은 따름이다. 無는 毋와 같다. 詳은 살핌이다. 中은 마음의 이치로 過와 不及의 잘못이 없는 것이다. 舊章은 先王이 이루어놓은 법이요 厥度는 내 몸의 법도이니, 모두 中이 나오는 곳이다. 총명을 일으키면 기뻐하고 노여워하고 좋아하고 미워함이 모두 사사로움에서 나와 中이 아닐 것이니, 先王의 옛법을 어지럽히지 않을 수 있겠는가. 이는 자기에게 근본함을 경계함이 그러한 것이다. 側言은 한쪽의 편벽된 말이니, 보고 들음을 살피지 아니하여 한쪽의 편벽된 말에 혹하면 中이 아니니, 내 몸의 법도를 고치지 않을 수 있겠는가. 이는 남을 따름을 경계함이 그러한 것이다. 채중이 이것을 경계하면 나 한 사람이 너를 가상히 여길 것이다.

呂氏가 말하였다. "총명을 일으킨다는 것은 하늘의 총명이 아니요 다만 沾沾(경박한 모양)한 작은 지혜일 뿐이니, 일으키느냐 일으키지 않느냐에 天然과 人爲가 판별된다."

8. 王曰 嗚呼라 小子胡아 汝往哉하여 無荒棄朕命하라

王이 말씀하였다. "아! 소자인 胡아. 너는 가서 짐의 명령을 荒棄하지 말라."

飭往就國하여 戒其毋廢棄我命汝所言也라

삼가 가서 네 나라에 나아가 내가 네게 명하여 말한 바를 폐기하지 말라고 경계한 것이다.

書經集傳 卷九

多方

成王卽政한대 奄與淮夷又叛이어늘 成王滅奄歸하여 作此篇하니라 按費誓에 言徂玆淮夷徐戎竝興이 卽其事也라 疑當時扇亂이 不特殷人이요 如徐戎淮夷四方에 容或有之라 故로 及多方하니 亦誥體也라 今文古文皆有하니라
○ 蘇氏曰 大誥, 康誥, 酒誥, 梓材, 召誥, 洛誥, 多士, 多方八篇은 雖所誥不一이나 然大略은 以殷人心不服周而作也라 予讀泰誓, 武成하고 常怪周取殷之易러니 及讀此八篇하고는 又怪周安殷之難也로라 多方所誥는 不止殷人하고 乃及四方之士하니 是紛紛焉不心服者 非獨殷人也라 予乃今에 知湯已下七王之德이 深矣로라 方殷之虐엔 人如在膏火中하여 歸周如流하여 不暇念先王之德이러니 及天下粗定하여 人自膏火中出하여는 卽念殷先七王을 如父母하여 雖以武王周公之聖이 相繼撫之로되 而莫能禦也라 夫以西漢道德을 比之殷하면 猶碔砆之與美玉이로되 然王莽, 公孫述, 隗囂之流 終不能使人忘漢하여 光武成功이 若建瓴然하니 使周無周公이런들 則亦殆矣리니 此周公之所以畏而不敢去也시니라

成王이 정사에 나아가자, 奄나라와 淮夷가 다시 반하므로 成王이 奄나라를 멸하고 돌아와 이 편을 지었다. 〈費誓〉를 살펴보면 "지난번에 淮夷와 徐戎이 함께 일어났다."는 것이 바로 이 일이다. 의심컨대 당시에 난을 선동한 것이 비단 殷나라 사람만이 아니요, 徐戎과 淮夷 등 사방에 혹 있었던 듯하다. 그러므로 多方(많은 지방)에 미친 것이니, 또한 誥體이다. 今文과 古文에 모두 있다.
○ 蘇氏가 말하였다. "〈大誥〉·〈康誥〉·〈酒誥〉·〈梓材〉·〈召誥〉·〈洛誥〉·〈多士〉·〈多方〉의 8편은 비록 가르친 내용이 똑같지 않으나 대략은 殷나라 사

膏：기름 고 碔：옥돌 무 砆：옥돌 부 莽：풀 망 隗：높을 외

람들이 마음으로 周나라에 복종하지 않기 때문에 지은 것이다. 나는 〈泰誓〉와 〈武成〉을 읽고는 항상 周나라가 殷나라를 취하기 쉬움을 괴이하게 여겼는데, 이 8편을 읽고는 또 周나라가 殷나라를 안정시키기 어려움을 괴이하게 여겼다. 〈多方〉에서 가르친 것은 殷나라 사람에 그치지 않고 마침내 사방의 선비에게 미쳤으니, 분분하여 마음으로 복종하지 않은 자가 다만 殷나라 사람뿐만이 아니었다. 나는 지금에야 湯王 이하 일곱 왕의 德이 깊은 것을 알았다. 殷나라가 虐政을 할 때에는 사람들이 기름불 속에 있는 것처럼 여겨서 周나라로 돌아오기를 물이 아래로 흘러가듯이 하여 先王의 德을 생각할 겨를이 없었는데, 천하가 다소 안정되어 사람들이 기름불 속에서 나오자, 殷나라의 일곱 先王을 생각하기를 부모와 같이 하여 비록 武王·周公의 聖人이 서로 이어 어루만졌으나 능히 막지 못하였다. 西漢의 도덕을 殷나라에 비교하면 옥돌이 아름다운 옥을 상대하는 것과 같은데도 王莽과 公孫述·隗囂의 무리가 끝내 사람들로 하여금 漢나라를 잊게 하지 못하여, 光武帝가 성공함이 물병을 거꾸로 세우듯이 쉽게 하였으니, 가사 周나라에 周公이 없었더라면 또한 위태로웠을 것이니, 이는 주공이 두려워하여 감히 떠나가지 못한 이유이다."

1. 惟五月丁亥에 王이 來自奄하사 至于宗周하시다

5월 丁亥日에 成王이 奄나라로부터 와서 宗周(鎬京)에 이르렀다.

成王卽政之明年에 商奄又叛이어늘 成王征滅之하니라 杜預云 奄은 不知所在[1]라 宗周는 鎬京也라 呂氏曰 王者定都면 天下之所宗也라 東遷之後에 定都于洛하니 則洛亦謂之宗周라 衛孔悝之鼎銘曰 隨難于漢陽하고 卽宮于宗周라하니 是時에 鎬已封秦하니 宗周는 蓋指洛也라 然則宗周는 初無定名이요 隨王者所都而名耳니라

成王이 정사에 나아간 다음해에 商奄이 다시 반하므로 成王이 정벌하여 멸한 것이다. 杜預는 이르기를 "奄은 어느 곳에 있는지 알지 못한다." 하였

囂 : 시끄러울 효　 瓴 : 병 령　 悝 : 클 회

다. 宗周는 鎬京이다.

呂氏가 말하였다. "王者가 도읍을 정하면 천하가 宗主로 삼는다. 東遷한 뒤에 洛陽에 도읍을 정하니, 낙양을 또한 宗周라 일렀다. 衛나라 孔悝의 鼎銘에 이르기를 '漢陽으로 難을 따르고 宗周에 나아가 집을 정했다.' 하였는데, 이때에 호경을 이미 秦나라에 봉했으니, 宗周는 洛陽을 가리킨 것이다. 그렇다면 宗周는 애당초 정한 이름이 없고, 王者의 도읍한 곳에 따라 이름한 것이다."

譯註 1. 奄不知所在：奄은 위의 〈多士〉에도 보이는바, 曲阜縣 奄中이 바로 그 지역이라 한다.

2. 周公曰 王若曰 猷라 告爾四國多方하노라 惟爾殷侯尹民아 我惟大降爾命호니 爾罔不知니라

周公이 다음과 같이 말씀하였다. "왕이 대략 이렇게 말씀하였다. '아! 너희 四國과 多方(여러 지방)에 고하노라. 너희 殷侯(殷나라 등의 侯王)로서 백성을 맡은 자들아! 내가 크게 죄를 강등하여 너희 목숨을 살려주었으니, 너희들은 알지 않음이 없어야 할 것이다.

呂氏曰 先曰周公曰而復曰王若曰은 何也오 明周公傳王命이요 而非周公之命也라 周公之命誥가 終於此篇이라 故發例於此하여 以見大誥諸篇의 凡稱王曰者 無非周公傳成王之命也라 成王滅奄之後에 告諭四國殷民하고 而因以曉天下也니 所主殷民이라 故로 又專提殷侯之正民者告之하니라 言殷民이 罪應誅戮이어늘 我大降宥爾命하니 爾宜無不知也라

呂氏가 말하였다. "먼저 '周公曰'을 말하고 다시 '王若曰'이라고 말한 것은 어째서인가? 주공이 왕명을 전한 것이요, 주공의 명이 아님을 밝힌 것이다. 주공의 命誥가 이 편에서 끝났으므로 여기에서 例를 발하여 〈大誥〉 등 여러 편에서 무릇 '王曰'이라고 칭한 것은 모두 주공이 成王의 명을 전한 것임을 나타낸 것이다."

猷：감탄할 유　宥：용서할 유

成王이 奄나라를 멸한 뒤에 四國의 殷나라 백성에게 告諭하고 인하여 천하를 깨우친 것이니, 주장한 바가 殷나라 백성이므로 또 오로지 殷后로서 백성을 바로잡는 자들을 제기하여 고한 것이다. 은나라 백성들은 죄가 모두 마땅히 주륙을 당하여야 할 터인데, 내가 크게 죄를 강등하여 너희 목숨을 용서하였으니, 너희들은 마땅히 알지 않음이 없어야 한다고 말한 것이다.

3. 洪惟圖天之命하여 弗永寅念于祀하니라

크게 하늘의 命을 도모하여 길이 공경히 생각해서 제사를 보존하지 못하였다.

圖는 謀也라 言商奄이 大惟私意로 圖謀天命하여 自底滅亡하여 不深長敬念以保其祭祀라 呂氏曰 天命은 可受而不可圖니 圖則人謀之私요 而非天命之公矣라 此蓋深示以天命不可妄干이니 乃多方一篇之綱領也라 下文에 引夏商所以失天命, 受天命者하여 以明示之하니라

圖는 도모함이다. 商奄이 크게 私意로 天命을 도모하여 스스로 멸망에 이르러서 深長하게 공경히 생각해서 그 제사를 보존하지 못했음을 말한 것이다. 呂氏가 말하였다. "천명은 받을 수는 있으나 도모할 수는 없으니, 도모한다면 人謀의 사사로움이요, 天命의 公이 아니다. 이는 천명을 함부로 요구할 수 없음을 깊이 보여준 것이니, 바로 〈多方〉 한 편의 綱領이다. 下文에 夏나라와 商나라가 천명을 잃고 천명을 받은 것을 인증하여 분명히 보여주었다."

4. 惟帝降格于夏[1)]어시늘 有夏誕厥逸하여 不肯慼言于民하고 乃大淫昏하여 不克終日勸于帝之迪은 乃爾攸聞이니라

上帝가 夏나라에 내려와 이르셨는데 夏나라가 크게 放逸하여 백성을 근심하는 말을 즐겨하지 않고, 마침내 크게 淫昏하여 능히 종일토

寅 : 공경할 인　誕 : 허탄할 탄　慼 : 근심할 척

록 상제의 인도함에 힘쓰지 않았음은 네가 들어서 아는 바이다.

譯註 1. 惟帝降格于夏：降格은 降臨과 같은 말로 上帝가 내려와 이르는 것을 뜻한다.《集傳》에는 이것을 부연설명하였으나 上帝가 災異를 내려 桀王을 譴告한 것은 바로 桀王을 버리지 않고 降臨한 것으로 보아야 할 것이다. 위의 〈多士〉의 '有夏不適逸 則惟帝降格'과 뒤의 〈呂刑〉의 '絶地天通 罔有降格'도 모두 降臨의 뜻이다.

言帝降災異하여 以譴告桀이어늘 桀不知戒懼하고 乃大肆逸豫하여 憂民之言도 尙不肯出諸口하니 況望其有憂民之實乎아 勸은 勉也라 迪은 啓迪也니 視聽動息日用之間은 洋洋乎皆上帝所以啓迪開導斯人者라 桀乃大肆淫昏하여 終日之間에 不能少勉於是하니 天理或幾乎息矣라 況望有惠迪而不違乎아 此乃爾之所聞이니 欲其因桀而知紂也라 厥逸이 與多士引逸不同者는 猶亂之爲亂爲治耳라 逸豫는 以民言하고 淫昏은 以帝言은 各以其義也라 此章上에 疑有缺文이라

上帝가 災異를 내려서 桀王에게 견책하여 고하였으나 桀王은 경계하고 두려워할 줄을 모르고 마침내 크게 逸豫하여 백성을 근심하는 말도 오히려 입에서 내기를 즐겨하지 않았으니, 하물며 백성을 근심하는 실제가 있기를 바라겠는가. 勸은 힘씀이다. 迪은 열어 인도함이니, 보고 듣고 동하고 그치는 일상생활하는 사이는 洋洋히 모두 上帝가 이 사람들을 啓迪하여 開導하는 것이다. 桀王은 마침내 크게 淫昏하여 종일의 사이에 조금도 이에 힘쓰지 않았으니, 天理가 혹 거의 종식된 것이다. 하물며 인도함에 순종하여 어기지 않음이 있기를 바라겠는가. 이는 바로 너희들이 들은 것이니, 이는 桀王을 인하여 紂王을 알고자 한 것이다. 厥逸이 〈多士〉의 引逸과 같지 않은 것은 亂이 혼란함이 되고 다스림이 되는 것과 같다. 逸豫는 백성에게 말하고, 淫昏은 상제에게 말한 것은 각기 그 義에 따른 것이다. 이 章의 위에 缺文이 있는 듯하다.

5. 厥圖帝之命하여 不克開于民之麗(리)하고 乃大降罰하여

譴：꾸짖을 견　麗：걸릴 리

崇亂有夏하니 因甲于內亂하여 不克靈承于旅하며 罔丕惟進之恭하여 洪舒于民이요 亦惟有夏之民의 叨懫를 日欽하여 劓割夏邑하니라

上帝의 명을 도모하여, 능히 백성들이 붙어서 사는 것을 열어주지 못하고 크게 벌을 내려 夏나라에 난을 숭상하니, 인함이 안의 혼란함에서 비롯되어 능히 무리들을 잘 받들지 못하며, 크게 공손함에 나아가 크게 백성들을 펴주지 못하고, 또한 夏나라의 백성 중에 탐욕스럽고 忿해 하는 자들을 날로 공경하여 夏邑(夏나라 고을)을 해쳐서이다.

此章은 文多未詳이라 麗는 猶日月麗乎天之麗니 謂民之所依以生者也니 依於土, 依於衣食之類라 甲은 始也라 言桀이 矯誣上天하고 圖度(탁)帝命하여 不能開民衣食之原하여 於民依恃以生者에 一皆抑塞遏絶之하고 猶乃大降威虐于民하여 以增亂其國하니 其所因則始于內嬖하여 蠱其心, 敗其家하여 不能善承其衆하고 不能大進於恭하여 而大寬裕其民이요 亦惟夏邑之民의 貪叨忿懫者를 則日欽崇而尊用之하여 以戕害於其國也라

이 章은 글이 未詳한 것이 많다. 麗는 해와 달이 하늘에 붙어 있다는 麗와 같으니, 백성들이 의지하여 사는 것을 이르니, 땅에 의지하고 衣食에 의지하는 따위이다. 甲은 비롯함이다. 桀王이 上天을 칭탁하여 속이고 上帝의 명을 도모해서 백성들의 衣食의 근원을 열어주지 못하여, 백성들이 의지하여 믿고 사는 것을 한결같이 억제하고 막아 끊고 오히려 위엄과 사나움을 백성들에게 크게 내려서 그 나라에 혼란을 더하니, 그 원인이 안의 총애함에서 비롯되어 마음을 혹하고 집을 망쳐 그 무리들을 잘 받들지 못하고, 크게 공손함에 나아가 그 백성들을 크게 너그럽게 대하지 못하며, 또한 夏邑의 백성 중에 탐욕스럽고 분해 하는 자들을 날마다 공경하고 높여 등용해서 그 나라를 해쳐서임을 말한 것이다.

叨 : 탐할 도 懫 : 성낼 치 劓 : 코벨 의 矯 : 속일 교 嬖 : 총애할 폐
蠱 : 혹할 고 戕 : 해칠 장

6. 天이 **惟時求民主**하사 **乃大降顯休命于成湯**하사 **刑殄有夏**하시니라

하늘이 이에 백성의 군주를 구하시어 드러나고 아름다운 명을 成湯에게 크게 내리시어 夏나라를 형벌하여 끊으신 것이다.

言天惟是爲民求主耳라 桀旣不能爲民之主일새 天乃大降顯休命於成湯하사 使爲民主하여 而伐夏殄滅之也라
○ 呂氏曰 曰求, 曰降은 豈眞有求之降之者哉아 天下無統하여 渙散漫流면 勢不得不歸其所聚어늘 而湯之一德은 乃所謂顯休命之實이니 一衆離而聚之者也라 民不得不聚於湯이요 湯不得不受斯民之聚니 是豈人爲之私哉리오 故로 曰天求之, 天降之也라하니라

하늘이 이에 백성을 위하여 훌륭한 군주를 구하였다. 桀王이 이미 백성의 군주가 될 수 없으므로 하늘이 마침내 드러나고 아름다운 명을 成湯에게 크게 내려서 백성의 군주가 되어 夏나라를 쳐서 끊어 멸하게 하였음을 말한 것이다.
○ 呂氏가 말하였다. "구한다 하고 내린다 함은 어찌 참으로 구하고 내림이 있겠는가? 천하에 統(기강)이 없어 흩어지고 함부로 흐르면 勢가 모이는 곳으로 돌아가지 않을 수 없는데, 湯王의 한결같은 德이야말로 바로 드러나고 아름다운 명의 실제이니, 여러 흩어진 것을 하나로 통일시켜 모으는 것이다. 백성들은 탕왕에게 모이지 않을 수 없고, 탕왕은 이 백성들이 모인 것을 받지 않을 수 없었으니, 이 어찌 人爲의 사사로움이겠는가. 그러므로 하늘이 구했다고 하고, 하늘이 내렸다고 한 것이다."

7. 惟天이 **不畀純**은 **乃惟以爾多方之義民**으로 **不克永于多享**이요 **惟夏之恭多士**는 **大不克明保享于民**이요 **乃胥惟虐于民**하여 **至于百爲**히 **大不克開**하니라

殄 : 끊을 진 渙 : 풀릴 환 漫 : 흩어질 만 畀 : 줄 비

하늘이 桀王에게 주지 않음이 큰 것은 바로 너희 多方의 義民(賢者)들을 데리고 길이 복록을 많이 누리지 못하고, 夏나라에서 공경하는 많은 선비들이 크게 백성들을 밝게 보존하여 누리지 못하고, 서로 백성들에게 포악히 하여 백 가지 행위에 이르기까지 크게 능히 열어주지 못해서였다.

純은 大也요 義民은 賢者也라 言天이 不與桀者大는 乃以爾多方賢者로 不克永于多享하여 以至于亡也라 言桀於義民에 不能用하고 其所敬之多士는 率皆不義之民이니 上文所謂叨懫日欽者라 同惡相濟하여 大不能明保享于民이요 乃相與播虐于民하여 民無所措其手足하여 凡百所爲가 無一能達하니 上文所謂不克開于民之麗者라 政暴民窮은 所以速其亡也라 此는 雖指桀多士나 爾殷侯尹民은 嘗逮事紂者니 寧不惕然內愧乎아

純은 큼이요, 義民은 현자이다. 하늘이 걸왕에게 주지 않음이 큰 것은 바로 너희 多方의 현자들을 데리고 복록을 많이 누림에 영원하지 못하여 멸망함에 이름을 말한 것이다. 桀王이 義民에 있어서는 등용하지 못하고, 공경하는 많은 선비들은 대체로 모두 의롭지 않은 백성이었으니, 上文에 이른바 '탐욕스럽고 분해 하는 자들을 날로 공경했다.'는 것이다. 악을 함께 하여 서로 이루어서 크게 백성들을 밝게 보존하여 복록을 누리지 못하고, 서로 더불어 사나움을 백성들에게 끼쳐서 백성들이 수족을 둘 곳이 없어 무릇 백 가지 행하는 바가 하나도 도달되지 못하였으니, 上文에 이른바 '능히 백성들이 붙어서 사는 것을 열어주지 못했다.'는 것이다. 정사가 포악하고 백성들이 곤궁함은 그 망함을 재촉한 것이다. 이는 비록 桀王의 많은 선비들을 가리킨 것이나 너희 殷侯로서 백성을 맡은 자들은 일찍이 紂王을 미쳐 섬긴 자들이니, 어찌 惕然히 안에 부끄럽지 않겠는가.

8. 乃惟成湯이 克以爾多方簡으로 代夏하사 作民主하시니라

이에 成湯이 너희 多方의 간택(선발)에 따라 夏나라를 대신하여 백

速 : 부를 속　逮 : 미칠 체　惕 : 두려울 척

성들의 군주가 되셨다.

簡은 擇也니 民擇湯而歸之라

簡은 간택함이니, 백성들이 湯王을 간택하여 돌아온 것이다.

9. 愼厥麗하여 乃勸하신대 厥民이 刑하여 用勸하니라

그 붙어 사는 것을 삼가 권면하시자, 백성들이 본받아 권면하였다.

湯深謹其所依하여 以勸勉其民이라 故로 民皆儀刑而用勸勉也라 人君之於天下에 仁而已矣니 仁者는 君之所依也라 君仁이면 則莫不仁矣니라

湯王이 그 의지하는 바를 깊이 삼가 백성들을 권면하였다. 이 때문에 백성들이 모두 儀刑(본받음)하여 권면한 것이다. 인군은 천하에 있어서 仁할 뿐이니, 仁은 인군이 의지하는 것이다. 인군이 仁하면 仁하지 않음이 없는 것이다.

10. 以至于帝乙히 罔不明德愼罰하사 亦克用勸하시니라

帝乙에 이르기까지 덕을 밝히고 형벌을 삼가지 않음이 없어 또한 능히 권면하였다.

明德則民愛慕之하고 謹罰則民畏服之하나니 自成湯으로 至于帝乙히 雖歷世不同이나 而皆知明其德, 謹其罰이라 故로 亦能用以勸勉其民也라 明德, 謹罰은 所以謹厥麗也니 明德은 仁之本也요 謹罰은 仁之政也라

德을 밝히면 백성들이 사랑하여 사모하고, 형벌을 삼가면 백성들이 두려워하여 복종하니, 成湯으로부터 帝乙에 이르기까지 비록 지나온 대는 똑같지 않으나 모두 덕을 밝히고 형벌을 삼갈 줄 알았다. 그러므로 또한 능히 그 백성들을 권면한 것이다. 덕을 밝히고 형벌을 삼감은 그 붙어서 사는 것을 삼가는 것이니, 덕을 밝힘은 仁의 근본이고, 형벌을 삼감은 仁의 정사

이다.

11. 要囚를 殄戮多罪도 亦克用勸이며 開釋無辜도 亦克用勸이니라

要囚(죄수를 판결함)를 죄가 많은 자를 끊어 죽임도 또한 능히 권면하는 것이며, 죄가 없는 자를 열어 석방함도 또한 능히 권면하는 것이다.

德은 明之而已요 罰은 有辟焉하고 有宥焉이라 故로 再言辟而當罪도 亦能用以勸勉이요 宥而赦過도 亦能用以勸勉이라하니 言辟與宥皆足以使人勉於善也라

덕은 밝힐 뿐이요, 형벌은 죽임도 있고 용서함도 있다. 그러므로 다시 말하기를 "죽여서 죄에 마땅하게 함도 또한 능히 권면하는 것이며, 용서하여 잘못을 사면하는 것도 또한 능히 권면하는 것이다." 하였으니, 죽이고 용서함이 모두 사람으로 하여금 선을 권면하게 하는 것임을 말하였다.

12. 今至于爾辟하여 弗克以爾多方으로 享天之命하니라

이제 너희의 임금에 이르러 능히 너희 多方으로도 천명을 누리지 못하였다.'

呂氏曰 爾辟은 謂紂也라 商先哲王이 世傳家法하여 積累維持如此어늘 今一朝至于汝君하여 乃以爾全盛之多方으로 不克坐享天命而亡之하니 是誠可悶也라 天命至公하여 操則存하고 舍則亡이라 以商先王之多, 基圖之大로도 紂曾不得席其餘蔭하여 其亡忽焉하니 危微操舍之幾를 周公所以示天下深矣니 豈徒曰慰解之而已哉아

呂氏가 말하였다. "爾辟은 紂王을 이른다. 商나라의 先哲王들이 대대로

戮 : 죽일 륙 辜 : 죄 고 辟 : 형벌 벽, 임금 벽 蔭 : 음덕 음

家法을 전하여 많이 쌓고 유지함이 이와 같았는데 이제 하루아침에 너희 군주에 이르러 마침내 너희 全盛한 多方으로써도 앉아서 천명을 누리지 못하고 망하였으니, 이는 진실로 민망해할 만한 것이다. 천명은 지극히 公正하여, 잡으면 보존되고 놓으면 망한다. 그리하여 商나라 先王의 많음과 基圖(터를 닦고 도모함)의 큼으로도 紂王이 일찍이 그 餘蔭을 이용하지 못해서 그 망함이 갑작스러웠으니, 危微와 操舍의 기미를 周公이 천하에 보여주심이 깊은 것이니, 어찌 다만 위로하여 풀 뿐이라고 말하겠는가."

13. 嗚呼라 王若曰 誥告爾多方하노라 非天이 庸釋有夏며 非天이 庸釋有殷이시니라

아! 왕이 이렇게 말씀하였다. '너희 多方에게 가르침으로 告하노라. 하늘이 夏나라를 버리려는데 뜻을 둔 것이 아니며, 하늘이 殷나라를 버리려는데 뜻을 둔 것이 아니다.

先言嗚呼而後言王若曰者는 唐孔氏曰 周公이 先自歎息而後에 稱王命以誥之也라 庸은 用也니 有心之謂라 釋은 去之也라 上文에 言夏殷之亡하고 因言非天有心於去夏요 亦非天有心於去殷이라하고 下文에 遂言乃惟桀紂自取亡滅也하니라

○ 呂氏曰 周公이 先自歎息하고 而始宣布成王之誥告하니 以見周公未嘗稱王也라 入此篇之始하여 周公曰, 王若曰이 複語相承하니 書無此體也요 至於此章하여 先嗚呼而後王若曰하니 書亦無此體也라 周公이 居聖人之變하시니 史官이 豫憂來世傳疑襲誤하여 蓋有竊之爲口實矣라 故로 於周公誥命終篇에 發新例二하여 著周公實未嘗稱王하니 所以別嫌明微而謹萬世之防也니라

먼저 嗚呼를 말하고 뒤에 '王若曰'을 말한 것은 唐나라 孔氏가 말하기를 "周公이 먼저 스스로 탄식한 뒤에 왕명을 칭하여 고한 것이다." 하였다. 庸은 씀이니, 마음을 둠을 이른다. 釋은 버림이다. 上文에 夏와 殷의 망함을

襲 : 인습할 습　竊 : 훔칠 절

말하고, 인하여 하늘이 夏나라를 버리려는데 마음이 있었던 것이 아니며, 또한 하늘이 殷나라를 버리려는데 마음이 있었던 것이 아님을 말씀하고, 下文에 마침내 바로 桀·紂가 스스로 멸망을 취하였음을 말씀하였다.

○ 呂氏가 말하였다. "周公이 먼저 스스로 탄식하고 비로소 成王의 誥告를 선포하였으니, 이는 주공이 일찍이 왕을 칭하지 않았음을 나타낸 것이다. 이 편의 처음에 들어와 '周公曰' '王若曰'의 중복된 말이 서로 이어지니, 《書經》에는 이러한 체재가 없고, 이 章에 이르러 '嗚呼'를 먼저 말하고 '王若曰'을 뒤에 말하였으니, 《書經》에 또한 이러한 체재가 없다. 주공이 聖人의 변고에 처하시니, 史官이 미리 來世가 의심을 전하고 잘못됨을 이어서 이것을 훔쳐 구실로 삼는 자가 있을까 근심하였다. 그러므로 주공의 誥命 마지막 편에 새로운 例 두 가지를 발하여, 주공이 일찍이 왕을 칭하지 않았음을 나타내었으니, 혐의를 분별하고 은미함을 밝혀서 萬世의 제방을 삼간 것이다.

14. 乃惟爾辟이 以爾多方으로 大淫圖天之命하여 屑有辭하니라

마침내 너희 군주가 너희 多方의 많음으로써 크게 음탕하여 하늘의 命을 도모해서 자질구레한 말을 두었다.

紂以多方之富로 大肆淫泆하여 圖度(탁)天命하여 瑣屑有辭하니 與多士言桀大淫泆有辭로 義同이라 殷之亡이 非自取乎아 以下二章推之컨대 此章之上에 當有缺文이라

紂王이 多方의 많음으로써 크게 淫泆하여 천명을 도모해서 瑣屑한 말을 두었으니, 〈多士〉에 "桀王이 크게 음일하여 말을 두었다."는 것과 뜻이 같다. 은나라의 멸망은 自取한 것이 아니겠는가. 아래 두 章을 가지고 미루어 보면 이 章의 위에 마땅히 빠진 글이 있을 것이다.

15. 乃惟有夏 圖厥政호되 不集于享한대 天降時喪하사 有

屑 : 자질구레할 설 泆 : 방탕할 일 瑣 : 잘 쇄

邦으로 間之하시니라

바로 夏나라가 정사를 도모하되 享有함에 모이지 못하자, 하늘이 이 망함을 내리시어 有邦(은나라)으로 대신하신 것이다.

集은 萃也라 享은 享有之享이라 桀圖其政호되 不集于享하고 而集于亡이라 故로 天降是喪亂하여 而俾有殷代之하시니 夏之亡이 非自取乎아

集은 모임이다. 享은 享有의 享이다. 桀王이 정사를 도모하되 향유함에 모이지 못하고 망함에 모였다. 그러므로 하늘이 이 喪亂을 내려서 殷나라로 하여금 대신하게 한 것이니, 夏나라의 망함은 自取한 것이 아니겠는가.

16. 乃惟爾商後王이 逸厥逸하여 圖厥政호되 不蠲烝한대 天惟降時喪하시니라

너희 商나라의 後王이 그 편안함으로 편안하여 정사를 도모하되 깨끗하게 하지 못하고 나아가지 못하자, 하늘이 이 망함을 내리셨다.

蠲은 潔이요 烝은 進也라 紂以逸居逸하여 淫湎無度라 故로 其爲政이 不蠲潔而穢惡하고 不烝進而怠惰한대 天以是降喪亡于殷하시니 殷之亡이 非自取乎아 此上三節은 皆應上文非天庸釋之語라

蠲은 깨끗함이요, 烝은 나아감이다. 紂王은 편안함으로써 편안함에 거하여 음탕함에 빠져서 법도가 없었다. 그러므로 그 정사가 깨끗하지 아니하여 더럽고 나아가지 아니하여 게을리 하자, 하늘이 이 때문에 喪亡을 殷나라에 내리신 것이니, 殷나라의 망함은 自取한 것이 아니겠는가? 이 위의 세 節은 다 上文에 '하늘이 버리려는데 뜻을 둔 것이 아니다'라는 말에 응한 것이다.

17. 惟聖이라도 罔念하면 作狂하고 惟狂이라도 克念하면 作聖하

萃 : 모일 췌　俾 : 하여금 비　蠲 : 깨끗할 견　烝 : 나아갈 증

나니 天惟五年을 須暇之子孫하사 誕作民主어시늘 罔可念聽하니라

聖人이라도 생각하지 않으면 狂人이 되고, 狂人이라도 능히 생각하면 聖人이 되니, 하늘이 5년 동안 자손에게 기다리고 여가를 주어 크게 백성의 군주가 되게 하였으나 생각하고 들을 만함이 없었다.

聖은 通明之稱이라 言聖而罔念則爲狂矣요 愚而能念則爲聖矣라 紂雖昏愚나 亦有可改過遷善之理라 故로 天又未忍遽絶之하여 猶五年之久를 須待暇寬於紂하여 覬其克念하여 大爲民主어시늘 而紂無可念可聽者라 五年은 必有指實而言이니 孔氏牽合歲月者는 非是라 或曰 狂而克念이면 果可爲聖乎아 曰 聖은 固未易爲也어니와 狂而克念이면 則作聖之功이 知所向方이니 太甲이 其庶幾矣인저 聖而罔念이면 果至於狂乎아 曰 聖은 固無所謂罔念也어니와 禹戒舜曰 無若丹朱傲하사 惟慢遊是好라하시니 一念之差雖未至於狂이나 而狂之理는 亦在是矣라 此人心惟危니 聖人拳拳告戒가 豈無意哉아

聖은 通明함을 일컫는다. 聖人이라도 생각하지 않으면 狂人이 되고 어리석은 자라도 능히 생각하면 聖人이 됨을 말한 것이다. 紂王이 비록 昏愚하나 또한 개과천선할 이치가 있었다. 그러므로 하늘이 또 차마 대번에 끊지 못하여 오히려 5년의 오램을 紂王에게 기다리고 여가를 주어서 능히 생각하여 크게 백성의 군주가 되기를 바랬는데, 紂王의 행실은 생각하고 들을 만한 것이 없었다. 5년은 반드시 실제를 가리켜 말한 것일 것이니, 孔氏가 세월을 억지로 끌어다대어 부합시킨 것은 옳지 않다.

혹자가 말하기를 "狂人이라도 능히 생각하면 과연 聖人이 될 수 있겠는가?" 하기에 다음과 같이 대답하였다. "聖人은 진실로 쉽게 될 수 없으나 狂人이라도 능히 생각하면 聖人이 되는 공부가 向方을 알 것이니, 太甲이 이에 가까울 것이다." 말하기를 "聖人이라도 생각하지 않으면 과연 狂人에 이르는가?" 하기에 다음과 같이 대답하였다. "聖人은 진실로 이른바 '생각하지 않는다.'는 것이 없으나 禹王이 舜帝를 경계하기를 '丹朱처럼 오만하여 태만

須 : 기다릴 수　覬 : 엿볼 기　牽 : 끌 견　拳 : 정성 권

히 노는 것을 좋아하지 말라.' 하였으니, 한 생각의 잘못이 비록 狂人에 이르지는 않으나 광인이 되는 이치는 또한 여기에 있는 것이다. 人心은 위태로운 것이니, 聖人이 拳拳히 고하여 경계한 것이 어찌 뜻이 없겠는가."

18. 天惟求爾多方하사 大動以威하여 開厥顧天이어시늘 惟爾多方이 罔堪顧之하니라

하늘이 〈백성의 군주를〉 너희 多方에서 구하여 크게 위엄으로 動하여 하늘의 돌아보는 명을 받을 자를 개발하였는데, 너희 多方은 하늘의 돌아보는 명을 감당하지 못하였다.

紂旣罔可念聽이라 天於是에 求民主於爾多方하사 大警動以祲祥譴告之威하여 以開發其能受眷顧之命者어시늘 而爾多方之衆이 皆不足以堪眷顧之命也라

紂王이 이미 생각하고 들음이 없었다. 하늘이 이에 백성의 군주를 너희 多方에서 구하여 크게 재앙과 상서로 譴告하는 위엄을 가지고 警動해서 하늘의 돌아보는 명을 받을 자를 개발하였는데, 너희 多方의 무리가 다 족히 하늘의 돌아보는 명을 감당하지 못하였다.

19. 惟我周王이 靈承于旅하사 克堪用德하사 惟典神天이실새 天惟式教我用休하사 簡畀殷命하사 尹爾多方하시니라

우리 周王이 무리를 잘 이어 능히 德을 이겨내어 써서 神과 하늘을 주장하시기에 하늘이 우리를 가르치시되 아름다움으로써 하여, 간택해서 殷나라의 命을 주시어 너희 多方을 바로잡게 하셨다.

典은 主요 式은 用也라 克堪者는 能勝之謂也라 德輶如毛하나 民鮮克擧之하니 言德擧者를 莫能勝也라 文武善承其衆하여 克堪用德하시니 是誠可

祲 : 흉할 침 眷 : 돌아볼 권 靈 : 잘할 령 輶 : 가벼울 유

以爲神天之主矣라 故로 天式敎文武하사되 用以休美하여 簡擇畀付殷命하여 以正爾多方也라 呂氏曰 式敎用休者는 如之何而敎之也오 文武旣得乎天하시니 天德日新하여 左右逢原하여 其思也若或起之하고 其行也若或翼之하시니 乃天之所以敎而用以昌大休明者也요 非諄諄然而敎之也라 此章은 深論天下向者天命未定하여 眷求民主之時에 能者則得之하니 孰有遏汝者리오 乃無一能當天之眷이라가 今天이 旣命我周而定于一矣어늘 爾猶洶洶不靖은 欲何爲耶아 明指天命하여 而讋服四海姦雄之心者 莫切於是하니라

典은 주장함이요, 式은 씀이다. 克堪은 능히 이겨냄을 이른다. 德은 가볍기가 털과 같으나 백성들이 능히 행하는 이가 적으니, 덕을 행하는 자를 이겨낼 수 없음을 말한 것이다. 文王과 武王은 그 무리를 잘 이어서 능히 德을 이겨 쓰시니, 이는 진실로 神과 하늘의 주장이 될 수 있었다. 그러므로 하늘이 써 文王·武王을 가르치시되 아름다움으로써 하여, 간택해서 은나라의 명을 맡겨주어 너희 多方을 바로잡게 한 것이다.

呂氏가 말하였다. "가르치되 아름다움으로 하였다는 것은 어떻게 하여 가르친 것인가? 文王·武王이 이미 하늘에 명을 얻으니, 天德이 날로 새로워져 좌우에서 근원을 만나 생각함에 혹 일으켜 주는 듯하고 행함에 혹 도와주는 듯하였으니, 이는 하늘이 가르쳐 주어서 昌大하고 休明하게 한 것이요, 諄諄然히 가르쳐 준 것이 아니다.

이 章은 천하가 지난번에 천명이 아직 정해지지 않아서 백성의 군주를 돌아보아 구할 때에 능한 자이면 얻을 수 있었으니, 어찌 너를 막는 자가 있었겠는가. 마침내 한 사람도 하늘의 돌아봄을 감당하는 자가 없다가 이제 하늘이 이미 우리 周나라에게 명하여 하나로 정해졌는데 너희들이 오히려 흉흉하여 안정되지 않음은 무엇을 하고자 하는 것인가를 깊이 논한 것이다. 天命을 분명히 가리켜서 四海의 姦雄들의 마음을 두렵게 하고 복종시킴이 이보다 간절한 것이 없다."

20. 今我는 曷敢多誥리오 我惟大降爾四國民命하니라

翼：도울 익　諄：지극할 순　遏：막을 알　洶：물결흉할 흉　讋：두려울 섭

이제 내가 어찌 감히 많이 가르치겠는가. 나는 크게 죄를 강등하여 너희 사국의 백성들의 목숨을 살려주었다.

言今我何敢如此多誥리오 我惟大降宥爾四國民命이라하니 擧其宥過之恩하여 而責其遷善之實也라

이제 내가 어찌 감히 이와 같이 많이 가르치겠는가. 나는 오직 크게 죄를 강등하여 너희 사국의 백성들의 목숨을 용서했다 하였으니, 허물을 용서한 은혜를 들어 개과천선의 실제를 책한 것이다.

21. 爾는 曷不忱裕之于爾多方고 爾는 曷不夾介乂我周王享天之命고 今爾尙宅爾宅하며 畋爾田하나니 爾는 曷不惠王하여 熙天之命고

너희는 어찌 너희 多方에게 성실하고 寬裕하지 않는가. 너희는 어찌 우리 周王이 천명을 누리는 것을 협조하고 돕지 않는가. 지금 너희가 아직도 너희 집에 거주하고 너희 토지를 경작하니, 너희는 어찌 왕실에 순종하여 천명을 넓히지 않는가.

夾은 夾輔之夾이요 介는 賓介之介라 爾何不誠信寬裕於爾之多方乎아 爾何不夾輔介助我周王享天之命乎아 爾之叛亂을 據法定罪하면 則瀦其宅, 收其田이 可也어늘 今爾猶得居爾宅하고 耕爾田하니 爾何不順我王室하여 各守爾典하여 以廣天命乎아 此三節은 責其何不如此也라

夾은 夾輔의 夾이고, 介는 賓介(副貳)의 介이다. 너희는 어찌 너희 多方에게 誠信하고 寬裕하지 않는가. 너희는 어찌 우리 周王이 천명을 누리는 것을 夾輔하고 介助하지 않는가. 너희의 반란을 법에 의거하여 죄를 단정하면 그 집에 못을 파고 토지를 환수하는 것이 옳은데, 이제 너희가 아직도 너희 집에 거주하고 너희 토지를 경작하니, 너희는 어찌 우리 왕실에

忱：정성 침 夾：도울 협 介：도울 개 畋：농사지을 전 瀦：못 저

순종하여 각각 너희 법을 지켜서 천명을 넓히지 않는가. 이 세 節은 어찌 하여 이와 같이 하지 않느냐고 책한 것이다.

22. 爾乃迪屢不靜하나니 爾心未愛아 爾乃不大宅天命가 爾乃屑播天命가 爾乃自作不典하여 圖忱于正가

너희가 여러번 안정하지 못함을 따르니, 너희 마음이 사랑하지 않는가. 너희는 천명을 크게 편안히 여기지 않는가. 너희는 천명을 하찮게 버리는가. 너희는 스스로 不典(불법)을 저지르면서 바름에 믿음을 받기를 도모하는가.

爾乃屢蹈不靜하여 自取亡滅하니 爾心이 其未知所以自愛耶아 爾乃大不安天命耶아 爾乃輕棄天命耶아 爾乃自爲不法하여 欲圖見信于正者를 以爲當然耶아 此四節은 責其不可如此也라

네가 여러번 不靜을 따라 스스로 멸망을 취하니, 너희 마음이 스스로 사랑하는 바를 알지 못하는가. 너희는 스스로 천명을 크게 편안히 여기지 않는가. 너희는 천명을 가볍게 버리는가. 너희는 스스로 불법을 저지르면서 바름에 믿음을 받기를 도모하고자 하는 것을 당연하다고 여기는가. 이 네 節은 이와 같이 해서는 안됨을 책한 것이다.

23. 我惟時其教告之하며 我惟時其戰要囚之호되 至于再하며 至于三하니 乃有不用我의 降爾命하면 我乃其大罰殛之하리니 非我有周 秉德不康寧이라 乃惟爾自速辜니라

내가 이렇게 가르쳐 고하며, 내가 이렇게 두려워하여 죄수를 결단하되 再審에 이르고 三審에 이르니, 너희가 나의 목숨을 내려줌을 따르지 않으면 내 크게 형벌하여 죽일 것이니, 우리 周나라가 덕을 잡음이 康寧(안정)하지 않은 것이 아니라, 바로 너희 스스로 죄를 부르

屢 : 여러 루 殛 : 죽일 극

는 것이다.'

我惟是敎告而誨諭之하고 我惟是戒懼而要囚之호되 今至于再, 至于三矣로니 爾不用我降宥爾命하고 而猶狃於叛亂反覆하면 我乃其大罰殛殺之하리니 非我有周 持德不安靜이라 乃惟爾自爲凶逆하여 以速其罪耳니라

내가 이렇게 가르치고 타이르며, 내가 이렇게 戒懼하여 죄수를 결단하되 이제 재심에 이르고 삼심에 이르니, 내가 죄를 강등하여 너희 목숨을 용서함을 따르지 않고 오히려 반란과 반복을 익히면 내 크게 벌하여 죽일 것이니, 우리 周나라가 德을 잡음이 안정하지 않은 것이 아니라, 바로 너희 스스로 凶逆을 저질러서 그 죄를 부르는 것이다.

24. 王曰 嗚呼라 猷라 告爾有方多士와 暨殷多士하노라 今爾奔走臣我監이 五祀어니라

王이 말씀하였다. "아! 너희 有方의 많은 선비와 殷나라의 많은 선비에게 고하노라. 이제 너희가 분주히 우리 監에게 신하노릇한 지가 5祀(5년)이다.

監은 監洛邑之遷民者也라 猶諸侯之分民하여 有君道焉하니 所以謂之臣我監也라 言商士遷洛하여 奔走臣服我監이 於今五年矣라 不曰年而曰祀者는 因商俗而言也라 又按成周旣成에 而成王卽政하고 成王卽政에 而商奄繼叛하니 事皆相因하여 纔一二年耳어늘 今言五祀하니 則商民之遷이 固在作洛之前矣 尤爲明驗이니라

監은 洛邑에 옮긴 백성을 감독하는 자이다. 제후가 백성을 나누어 다스리는 것과 같아서 군주의 道가 있으니, 이 때문에 우리 監에게 신하노릇하였다고 말한 것이다. 商나라 선비가 낙읍으로 옮겨와서 분주히 우리 監에게 신하로 복종한 지가 지금 5년이 되었다고 말한 것이다. 年이라 말하지

誨 : 가르칠 회　諭 : 가르칠 유　狃 : 익힐 뉴　暨 : 및 기　纔 : 겨우 재

않고 祀라고 말한 것은 商나라의 풍속을 따라서 말한 것이다.

또 살펴보건대 成周가 이미 이루어지자 成王이 정사에 나아갔고, 成王이 정사에 나아가자 商奄이 뒤이어 반란하였으니, 일이 모두 서로 이어져서 겨우 1~2년 사이인데, 이제 5祀라고 말하였으니, 그렇다면 商나라 백성을 옮긴 것이 진실로 낙읍을 짓기 이전에 있었음이 더욱 분명한 증거가 된다.

25. 越惟有胥伯小大多正아 爾罔不克臬이어다

胥와 伯과 大小의 많은 正들아! 너희들은 일을 잘하지 않음이 없도록 할지어다.

臬은 事也라 周官은 多以胥以伯以正爲名[1]하니 胥伯小大衆多之正은 蓋殷多士授職於洛하여 共長治遷民者也라 其奔走臣我監이 亦久矣니 宜相體悉하여 竭力其職이요 無或反側偸惰而不能事也라

臬은 일이다. 周나라 관직은 胥와 伯과 正으로 이름을 삼은 것이 많으니, 胥와 伯과 大小의 많은 正은 殷나라의 많은 선비로 洛邑에서 직책을 주어 옮겨온 백성들을 함께 다스리는 자이다. 분주히 우리 監에게 신하노릇한 지가 또한 오래이니, 마땅히 서로 체득하고 알아서 그 직책에 힘을 다할 것이요, 혹시라도 반측하고 게을리 하여 일을 잘하지 않음이 없어야 할 것이다.

譯註 1. 周官多以胥以伯以正爲名 : 胥는 재주와 지혜가 있는 자이고 伯과 正은 모두 長의 뜻으로 大胥·小胥·象胥·宗伯·宮正·酒正의 따위를 이른다.

26. 自作不和하니 爾惟和哉어다 爾室이 不睦하니 爾惟和哉어다 爾邑克明이라사 爾惟克勤乃事니라

스스로 不和를 저지르니, 너희가 和하게 할지어다. 너희 왕실이 화

胥 : 아전 서 臬 : 일 얼 偸 : 도적질할 투, 구차할 투

목하지 못하니, 너희가 화목하게 할지어다. 너희 고을이 능히 밝아야 너희가 능히 너희 일을 부지런히 할 것이다.

心不安靜이면 則身不和順矣요 身不安靜이면 則家不和順矣라 言爾惟和哉者는 所以勸勉之也라 和其身, 睦其家而後에 能協于其邑이요 驩然有恩以相愛하고 粲然有文以相接하여 爾邑克明이라야 始爲不負其職而可謂克勤乃事矣라 前旣戒以罔不克臬이라 故로 以克勤乃事로 期之也라

마음이 안정되지 못하면 몸이 和順하지 못하고, 몸이 안정하지 못하면 집이 和順하지 못하다. 너희가 화목하게 하라고 말한 것은 권면한 것이다. 그 몸을 화하게 하고 그 집안을 화목하게 한 뒤에야 그 고을을 화합하게 할 수 있으며, 驩然히 은혜로써 서로 사랑하고 粲然히 문채로써 서로 접함이 있어 너희 고을이 능히 밝아야 비로소 그 직책을 저버리지 아니하여 너희 일을 부지런히 한다고 이를 수 있는 것이다. 앞에 이미 일을 잘하지 않음이 없어야 한다고 경계하였으므로 너희 일을 부지런히 하라는 것으로 기대한 것이다.

27. 爾尙不忌于凶德하여 亦則以穆穆으로 在乃位하며 克閱于乃邑하여 謀介하라

너희는 부디 凶德을 두려워하지 아니하여 또한 穆穆함으로써 너희 지위에 거하며, 너희 고을에서 잘 簡閱하여 도와줄 사람을 도모하도록 하라.

忌는 畏也라 穆穆은 和敬貌라 頑民이 誠可畏矣나 然如上文所言爾多士庶幾不至畏忌頑民凶德하여 亦則以穆穆和敬으로 端處爾位하여 以潛消其悍逆悖戾之氣하고 又能簡閱爾邑之賢者하여 以謀其助하면 則民之頑者且革而化矣리니 尙何可畏之有哉아 成王이 誘掖商士之善하여 以化服商民之惡하니 其轉移感動之機가 微矣哉인저

驩 : 기쁠 환　粲 : 밝을 찬　悍 : 사나울 한　戾 : 어그러질 려　掖 : 부축할 액

忌는 두려워함이다. 穆穆은 화하고 공경하는 모양이다. 완악한 백성은 진실로 두려울 만하나 上文에 말한 바와 같이 너희의 많은 선비들이 거의 頑民의 흉덕을 두려워함에 이르지 아니하여, 또한 穆穆히 和敬함으로써 너희 지위에 단정히 처해서 悍逆하고 悖戾한 기운을 은근히 사라지게 하고, 또 너희 고을의 賢者들을 잘 簡閱하여 도와줄 사람을 도모하면 백성중에 완악한 자들이 장차 고쳐서 교화될 것이니, 그러고도 어찌 두려워할 것이 있겠는가. 成王이 商나라 선비 중에 善한 자들을 誘掖하여 商나라 백성 중에 惡한 자들을 교화시키니, 轉移하고 감동하는 기틀이 은미하다.

28. 爾乃自時洛邑으로 尙永力畋爾田하면 天惟畀矜爾하시며 我有周도 惟其大介賚爾하여 迪簡在王庭호리니 尙爾事어다 有服이 在大僚니라

너희가 이 洛邑으로부터 부디 길이 힘써서 너희 土地를 경작하면 하늘이 너희에게 주고 가엾게 여기실 것이며, 우리 周나라도 크게 너희를 믿고 가엾게 여겨 주어서 啓迪하고 簡拔하여 王庭에 있게 할 것이니, 부디 너희의 일을 할지어다. 일함이 大僚(大官)에 있을 것이다."

爾乃自時洛邑으로 庶幾可以保有其業하여 力畋爾田하면 天亦將畀予矜憐於爾요 我有周亦將大介助賚錫於爾하여 啓迪簡拔하여 置之王朝矣리니 其庶幾勉爾之事어다 有服在大僚가 不難至也라 多士篇에 商民이 嘗以夏迪簡在王庭, 有服在百僚로 爲言이라 故로 此因以勸厲之也라

너희가 이 洛邑으로부터 거의 生業을 보유하여 힘써 너희 토지를 경작하면 하늘이 장차 너희에게 주고 가엾게 여길 것이요, 우리 周나라 역시 장차 너희를 크게 돕고 주어서 啓迪하고 簡拔하여 王朝에 둘 것이니, 부디 너희 일을 힘쓸지어다. 일함이 大僚에 있는 것이 이르기 어렵지 않을 것이다. 〈多士〉에 商나라 백성들이 일찍이 "夏나라의 신하들이 계도하고 간발하여 王의 조정에 있었으며, 일하는 자들이 百僚에 있었다."고 말하였으므

賚 : 줄 뢰　矜 : 불쌍할 긍　憐 : 불쌍할 련

로 여기에서는 인하여 勸厲(권면)한 것이다.

29. 王曰 嗚呼라 多士아 爾不克勸忱我命하면 爾亦則惟不克享이라 凡民惟曰不享이라하리니 爾乃惟逸惟頗하여 大遠王命하면 則惟爾多(方)〔士〕 探天之威라 我則致天之罰하여 離逖爾土호리라

왕이 말씀하였다. "아! 많은 선비들아. 너희가 능히 나의 명을 권면하고 믿지 않으면 너희가 또한 능히 윗사람을 받들지 못하는 것이므로 모든 백성들이 굳이 윗사람을 받들지 않아도 된다고 할 것이니, 너희가 마침내 안일하고 편벽되어 크게 왕명을 멀리하면 너희 많은 선비들이 하늘의 위엄을 취하는 것이다. 나는 하늘의 벌을 이루어서 너희가 살던 땅을 떠나 멀리 가게 할 것이다."

誥告將終일새 乃歎息言 爾多士如不能相勸信我之誥命하면 爾亦則惟不能享上이라 凡爾之民이 亦惟曰上不必享矣라하리니 爾乃放逸頗僻하여 大違我命하면 則惟爾多士 自取天威라 我亦致天之罰하여 播流蕩析하여 俾爾離遠爾土矣리니 爾雖欲宅爾宅, 畋爾田이나 尙可得哉아 多方은 疑當作多士라 上章엔 旣勸之以休하고 此章則董之以威하니 商民이 不惟有所慕而不敢違越이라 且有所畏而不敢違越矣리라

誥告가 장차 끝나므로 마침내 탄식하고 말씀하기를 "너희 많은 선비들이 만일 나의 誥命을 서로 권면하고 믿지 않으면 너희가 또한 윗사람을 잘 받들지 못하는 것이므로, 무릇 너희 백성들도 또한 말하기를 '윗사람을 굳이 받들 것이 없다.'고 할 것이니, 너희가 放逸하고 頗僻하여 나의 명령을 크게 어기면 너희 많은 선비가 스스로 하늘의 위엄을 취하는 것이다. 내가 또한 하늘의 벌을 이루어서 播流하고 蕩析하여 너희로 하여금 너희가 살던 땅을 떠나 멀리 가게 할 것이니, 너희가 비록 너희 집에 거주하고 너희 토지를 경작하고자 하나 오히려 될 수 있겠는가."라고 하였다. '多方'은 의심

忱 : 정성 침　頗 : 편벽될 파　逖 : 멀 적　董 : 감독할 동

컨대 마땅히 '多士'가 되어야 할 듯하다. 上章에서는 이미 권면하기를 아름다움으로써 하였고, 이 章에서는 책하기를 위엄으로써 하였으니, 商나라 백성들이 오직 사모하는 바가 있어 감히 어기지 못할 뿐만 아니라, 또 두려워하는 바가 있어 감히 어기지 못할 것이다.

30. 王曰 我不惟多誥라 我惟祗告爾命이니라

왕이 말씀하였다. "내가 많이 고하려는 것이 아니라, 나는 너희에게 명령을 공경히 고할 뿐이다."

我豈若是多言哉아 我惟敬告爾以上文勸勉之命而已라

내 어찌 이와 같이 말을 많이 하려는 것이겠는가. 나는 너희에게 上文에 권면하는 명령을 공경히 고할 뿐이다.

31. 又曰 時惟爾初니 不克敬于和하면 則無我怨하리라

또 말씀하였다. "이는 너희가 처음 출발하는 것이니, 和함에 공경하지 않으면 나를 원망하지 못할 것이다."

與之更始라 故로 曰時惟爾初也라 爾民至此에도 苟又不能敬于和하여 猶復乖亂하면 則自底誅戮이니 毋我怨尤矣라 開其爲善하고 禁其爲惡하니 周家忠厚之意를 於是篇에 尤爲可見이니라
○ 呂氏曰 又曰二字는 所以形容周公之惓惓斯民하여 會已畢而猶有餘情하고 誥已終而猶有餘語하니 顧眄之光이 猶曄然溢於簡冊也니라

더불어 다시 시작하므로 "이는 너희가 처음 출발하는 것"이라고 말한 것이다. 너희 백성들이 이에 이르러서도 만일 화합에 공경하지 아니하여 아직도 다시 乖亂하면 스스로 誅戮에 이르는 것이니, 나를 원망하지 못할 것이다. 善을 하도록 열어주고 惡을 함을 금하였으니, 周나라의 忠厚한 뜻을

乖 : 어그러질 괴 尤 : 원망 우 惓 : 생각할 권 眄 : 돌아볼 면 曄 : 빛날 엽

이 편에서 더욱 볼 수 있다.
○ 呂氏가 말하였다. '又曰' 두 글자는 周公이 이 백성들을 연연해하여, 모임이 이미 끝났는데도 오히려 남은 정이 있고 가르침이 이미 끝났는데도 오히려 남은 말이 있음을 형용한 것이니, 돌아보는 빛이 아직도 簡冊에 분명히 넘쳐 흐른다.

立政

吳氏曰 此書는 戒成王以任用賢才之道니 而其旨意는 則又上戒成王專擇百官有司之長이니 如所謂常伯, 常任, 準人等云者라 蓋古者에 外之諸侯 一卿은 已命於君하고 內之卿大夫는 則亦自擇其屬하니 如周公以蔡仲爲卿士하고 伯冏謹簡乃僚之類라 其長既賢이면 則其所擧用이 無不賢者矣니라 葛氏曰 誥體也니 今文古文皆有하니라

吳氏가 말하였다. "이 글은 成王에게 賢才를 임용하는 도를 경계한 것이니, 그 뜻은 또 위로 成王에게 百官과 有司의 長을 오로지 선택할 것을 경계한 것이니, 이른바 常伯·常任·準人 등과 같은 것이다. 옛날에 밖의 諸侯는 한 卿은 군주에게서 임명받고 안(天子國)의 卿大夫는 또한 스스로 그 官屬을 가려 뽑았으니, 周公이 蔡仲을 卿士로 삼고 伯冏이 관료를 삼가 간발한 것과 같은 따위이다. 그 長이 이미 어질면 들어 쓰는 바가 현자가 아님이 없을 것이다."

葛氏는 "誥體이다." 하였으니, 今文과 古文에 모두 있다.

1. 周公若曰 拜手稽首하여 告嗣天子王矣로이다 用咸戒于王曰 王左右는 常伯과 常任과 準人과 綴(추)衣와 虎賁이니이다 周公曰 嗚呼라 休茲나 知恤이 鮮哉니이다

冏 : 밝을 경 綴 : 꿰맬 추 賁 : 날랠 분

周公이 다음과 같이 말씀하였다. "拜手稽首(손에 절하고 머리를 조아림)하여 嗣天子인 왕께 아뢰옵니다." 〈여러 관원들이〉 함께 왕에게 경계하기를 "왕의 좌우에 있는 신하는 常伯과 常任과 準人과 綴衣와 虎賁입니다." 하였다. 周公이 말씀하였다. "아! 이 관직이 아름다우나 근심할 줄을 아는 자가 적습니다.

此篇은 周公所作而記之者周史也라 故稱若曰이라 言周公帥群臣하여 進戒于王하여 贊之曰 拜手稽首하여 告嗣天子王矣라하니 群臣이 用皆進戒曰 王左右之臣은 有牧民之長曰常伯이요 有任事之公卿曰常任이요 有守法之有司曰準人이며 三事之外에 掌服器者曰綴衣요 執射御者曰虎賁[1)]이니 皆任用之所當謹者라 周公이 於是에 歎息言曰 美矣此官이나 然知憂恤者 鮮矣라하시니 言五等官職之美나 而知憂其得人者 少也라 吳氏曰 綴衣, 虎賁은 近臣之長也니라 葛氏曰 綴衣는 周禮司服之類요 虎賁은 周禮之虎賁氏也라

이 篇은 周公이 지은 것인데 기록한 것은 周나라 史官이므로 '若曰'이라고 칭한 것이다. 周公이 群臣들을 거느리고 왕에게 경계를 올려 돕기를 "拜手稽首하여 嗣天子인 왕께 고합니다." 하니, 群臣들이 모두 경계를 올려 왕의 좌우에 있는 신하는 백성을 기르는 長으로 常伯이 있고, 일을 맡은 公卿으로 常任이 있고, 법을 지키는 有司로 準人이 있으며, 三事의 밖에 의복과 기물을 관장하는 자는 綴衣이고, 활쏘고 말모는 것을 관장하는 자는 虎賁이니, 모두 임용함에 마땅히 삼가야 할 자들이라고 한 것이다. 周公이 이에 탄식하고 말씀하기를 "이 관직이 아름다우나 근심할 줄을 아는 자가 적다." 하였으니, 5等의 관직이 아름다우나 그 인물을 얻음을 근심할 줄을 아는 자가 적다고 한 것이다.

吳氏가 말하였다. "綴衣와 虎賁은 近臣의 長이다."

葛氏가 말하였다. "綴衣는 《周禮》의 司服 따위이고, 虎賁은 《周禮》의 虎賁氏이다."

譯註 1. 執射御者曰虎賁 : 《周禮》의 〈夏官〉을 보면 虎賁氏는 王을 앞뒤에서 수행하며 王이 외출하면 王의 마굿간을 지키고 王이 서울에 있으면 王宮을 지키고 나라에 큰 일이 있으면 王門을 지킬뿐, 射御를

잡는 일이 없다. 또 旅賁이 있는데 창과 방패를 잡고 王의 수레를 좌우에서 수행하는 임무를 맡고 있다.

2. 古之人이 迪하니 惟有夏乃有室大競하여 籲俊尊上帝하니 迪知忱恂于九德之行하여 乃敢告教厥后曰 拜手稽首后矣로이다 曰 宅乃事하며 宅乃牧하며 宅乃準이라사 茲惟后矣니이다 謀面하여 用丕訓德이라하여 則乃宅人하면 茲乃三宅에 無義民하리이다

옛사람들은 이 道를 잘 행하였으니, 夏나라가 왕실이 크게 강하자 준걸스러운 자들을 불러 上帝를 높이니, 九德의 행실을 실천하여 알고 참으로 믿고서 마침내 감히 그 임금에게 고하고 가르치기를 '임금님께 拜手稽首합니다. 당신의 事를 거하게 하고 당신의 牧을 거하게 하고 당신의 準을 거하게 하여야 임금이 될 수 있습니다. 얼굴만 보고 도모하여 德에 크게 순하다고 여겨서 마침내 사람을 거하게 하면 이 三宅에 義民(賢者)이 없을 것입니다.' 하였습니다.

古之人이 有行此道者하니 惟有夏之君이 當王室大强之時하여 而求賢以爲事天之實也라 迪知者는 蹈知而非苟知也요 忱恂者는 誠信而非輕信也라 言夏之臣이 蹈知誠信于九德之行하고 乃敢告教其君이라 曰拜手稽首后矣云者는 致敬以尊其爲君之名也요 曰宅乃事, 宅乃牧, 宅乃準, 茲惟后矣云者는 致告以敍其爲君之實也라 茲者는 此也니 言如此而後可以爲君也니 卽皐陶與禹言九德之事라 謀面者는 謀人之面貌也라 言非迪知忱恂于九德之行이요 而徒謀之面貌하여 用以爲大順於德이라하여 乃宅而任之면 如此則三宅之人이 豈復有賢者乎아 蘇氏曰 事는 則向所謂常任也요 牧은 則向所謂常伯也요 準은 則向所謂準人也라 一篇之中에 所論宅俊者 參差(치)不齊나 然大要는 不出是三者요 其餘는 則皆小臣百執事也

競 : 강할 경　籲 : 부를 유　恂 : 믿을 순

라 吳氏曰 古者에 凡以善言語人을 皆謂之教니 不必自上教下而後謂之教也니라

옛사람이 이 도를 행한 자가 있으니, 有夏의 군주가 왕실이 크게 강할 때를 당하여 賢者를 구해서 하늘을 섬기는 실제로 삼았다. 迪知는 실천하여 알고 구차히 아는 것이 아니며, 忱恂은 진실로 믿고 가벼이 믿는 것이 아니다. 夏나라의 신하들이 九德의 행실을 실천하여 알고 참으로 믿고서 감히 그 군주에게 고하고 가르쳤음을 말한 것이다. 임금님께 拜手稽首하였다고 말한 것은 공경을 지극히 하여 군주가 된 명칭을 높인 것이며, 네 事를 거하게 하고 네 牧을 거하게 하고 네 準을 거하게 하여야 임금님이 될 수 있다고 말한 것은 고함을 지극히 하여 군주가 된 실제를 서술한 것이다. 茲는 이것이니, 이와 같이 한 뒤에야 군주가 될 수 있음을 말한 것이니, 바로 皐陶와 禹와 더불어 말한 九德의 일이다. 謀面은 사람의 얼굴과 모양만 보고 도모하는 것이다. 九德의 행실을 실천하여 알고 참으로 믿지 않고 한갓 얼굴과 모양만 보고 도모하여 덕에 크게 순하다고 여겨서 마침내 거하게 하여 임명하면 이와 같이 할 경우 三宅의 사람이 어찌 다시 현자가 있겠는가.

蘇氏가 말하였다. "事는 위에서 말한 常任이고, 牧은 위에서 말한 常伯이고, 準은 위에서 말한 準人이다. 한 편의 가운데에 논한 宅과 俊이 어긋나서 똑같지 않으나 그러나 大要는 이 세 가지에 벗어나지 않고 그 나머지는 모두 작은 신하로 百執事이다.

吳氏가 말하였다. "옛날에 무릇 선한 말로 사람을 가르침을 다 教라 하였으니, 반드시 위에서 아래를 가르친 뒤에야 教라고 하지는 않았다."

3. 桀德은 惟乃弗作往任하고 是惟暴德이라 罔後하니이다

桀王의 惡德은 옛날에 임용한 것을 따르지 않고 포악한 덕을 가진 자를 임용하였기 때문에 뒤가 없습니다.

夏桀惡德은 弗作往昔先王任用三宅하고 而所任者乃惟暴德之人이라 故로 桀以喪亡無後라

夏桀의 악덕은 往昔에 先王이 三宅을 임용한 것을 따르지 않고, 임명한 자가 바로 포악한 덕을 가진 사람이었다. 그러므로 桀王이 喪亡하여 뒤가 없는 것이다.

4. 亦越成湯이 陟丕釐上帝之耿命하심은(하산든) 乃用三有宅이 克卽宅하며 曰三有俊이 克卽俊하여 嚴惟丕式하여 克用三宅三俊하심으로(하산들로) 其在商邑하여는 用協于厥邑하며 其在四方하여는 用丕式見德[1)]하니이다

또한 및 成湯이 올라가 천자가 되시어 上帝의 밝은 명을 크게 다스린 것은 등용한 三有宅이 능히 宅(지위)에 나아가며 이른바 三有俊이 능히 俊(덕)에 나아가서 엄숙히 생각하고 크게 본받아 三宅과 三俊을 능히 등용하였으므로 商나라 도읍에서는 그 邑에 화합하였으며, 사방에서는 크게 본받아 덕을 나타나게 되었습니다.

譯註 1. 用丕式見德：退溪는 "德을 見하야 式하니이다"로 해석하고 "이는 비록 文法이 倒置되었으나《集傳》의 해석에 합치된다." 하여 '四方에서 德을 보고 본받는 것'으로 해석하였다.

亦越者는 繼前之辭也라 耿은 光也라 湯이 自七十里로 升爲天子하여 典禮命討가 昭著於天下하시니 所謂陟丕釐上帝之光命也라 三宅은 謂居常伯常任準人之位者요 三俊은 謂有常伯常任準人之才者라 克卽者는 言湯所用三宅이 實能就是位而不曠其職하고 所稱三俊이 實能就是德而不浮其名也라 三俊을 說者謂 他日次補三宅者라하니 詳宅은 以位言이요 俊은 以德言이니 意其儲養待用이 或如說者所云也라 惟는 思요 式은 法也라 湯於三宅三俊에 嚴思而丕法之라 故能盡其宅俊之用하여 而宅者得以效其職하고 俊者得以著其才하여 賢智奮庸하여 登于至治라 其在商邑하여는 用協于厥邑하니 近者는 察之詳하여 其情이 未易齊하니 畿甸之協이면 則純

越：및 월 釐：다스릴 리 耿：밝을 경 儲：쌓을 저

之至也요 其在四方하여는 用丕式見德하니 遠者는 及之難하여 其德이 未易徧하니 觀法之同하면 則大之至也라 至純, 至大면 治道無餘蘊矣라 曰邑, 曰四方者는 各極其遠近而言耳라

亦越은 앞을 잇는 말이다. 耿은 빛남이다. 湯王이 70리로부터 올라가 천자가 되어서 典禮와 命討가 천하에 밝게 드러났으니, 이른바 '올라가 상제의 빛나는 명을 크게 다스렸다'는 것이다. 三宅은 常伯·常任·準人의 지위에 거한 자를 이르고, 三俊은 常伯·常任·準人의 재주가 있는 자를 이른다. 克卽은 湯王이 등용한 三宅이 실제로 이 지위에 나아가 그 직책을 폐하지 않고, 三俊이라고 칭한 자들이 실제로 이 덕에 나아가 그 이름에 過하지 않음을 말한 것이다. 三俊을 해설하는 자들은 "후일에 다음으로 三宅에 보임될 자"라고 하였는데, 살펴보건대 宅은 지위로 말하였고 俊은 德으로 말하였으니, 짐작컨대 儲養하여 등용되기를 기다리는 것이 혹 해설하는 자가 말한 바와 같을 듯하다. 惟는 생각함이요, 式은 본받음이다. 湯王이 三宅과 三俊에 대하여 엄숙히 생각하고 크게 본받았다. 그러므로 그 宅·俊의 등용을 다하여 지위에 거한 자는 그 직책을 바칠 수 있고, 준걸스러운 자는 그 재주를 드러낼 수 있어서 어질고 지혜로운 자가 奮庸하여 至治에 오른 것이다. 商나라 도읍에 있어서는 그 도읍에 화합하였으니, 가까운 곳은 살핌이 상세하여 情이 똑고르기가 쉽지 않은데 畿甸이 화합하였다면 순수함이 지극한 것이며, 사방에 있어서는 크게 본받아 덕을 나타내었으니, 먼 곳은 미치기가 어려워서 덕이 두루 미치기가 쉽지 않은데 법이 같음을 보면 큼이 지극한 것이다. 지극히 순수하고 지극히 크면 治道가 남음이 없는 것이다. 邑이라고 말하고 四方이라고 말한 것은 각각 遠近을 지극히 하여 말한 것이다.

5. 嗚呼라 其在受德暋하여 惟羞刑暴德之人으로 同于厥邦하며 乃惟庶習逸德之人으로 同于厥政한대 帝欽罰之하사 乃伻我有夏하여 式商受命하여 奄甸萬姓하시니이다

아! 受(紂王)의 덕이 어두울 적에, 형벌을 숭상하는 暴德의 사람들

徧 : 두루 변　蘊 : 쌓을 온　暋 : 어둘 민(혼)　羞 : 나아갈 수　伻 : 하여금 팽

과 나라를 함께 다스리며, 여러가지 추악한 것을 익힌 逸德(放逸한 덕)의 사람들과 정사를 함께 하니, 上帝가 공경히 벌을 내리시어 마침내 우리로 하여금 夏(中華)를 소유하여 商나라가 받았던 명을 써서 문득 萬姓을 다스리게 하셨습니다.

羞刑은 進任刑戮者也요 庶習은 備諸衆醜者也라 言紂德强暴하고 又所與共國者 惟羞刑暴德之諸侯요 所與共政者 惟庶習逸德之臣下라 上帝敬致其罰하사 乃使我周로 有此諸夏하여 用商所受之命하여 而奄甸萬姓焉하니 甸者는 井牧其地하고 什伍其民[1]也라

羞刑은 刑戮을 進任(숭상하여 씀)하는 자이고, 庶習은 여러 추악함을 갖춘 자이다. 紂王의 덕이 强暴하였고, 또 더불어 나라를 함께 다스린 자가 오직 형벌을 숭상하는 暴德의 諸侯였으며, 더불어 정사를 함께 한 자가 오직 여러 가지 추악함을 익힌 逸德의 신하였다. 上帝가 공경히 그 벌을 내려서 마침내 우리 周나라로 하여금 이 諸夏를 소유하여 商나라가 받았던 천명을 써서 문득 萬姓을 다스리게 한 것이니, 甸이라는 것은 그 땅을 井牧(구획)하고 그 백성을 什伍로 편성하는 것이다.

譯註 1. 甸者井牧其地 什伍其民 : 지역의 특성에 맞추어 토지를 구획하고 백성을 什伍로 편성함을 이르는 바, 《周禮》를 살펴보면 9夫를 井, 4井을 邑, 4邑을 丘, 4丘를 甸, 4甸을 縣, 4縣을 都라 하고, 5家를 比, 5比를 閭, 4閭를 族, 5族을 黨, 5黨을 州, 5州를 鄕이라 하며, 또 5人을 伍, 5伍를 兩, 4兩을 卒, 5卒을 旅, 5旅를 師, 5師를 軍이라 한다. 또한 5家를 隣, 5隣을 里, 4里를 酇, 5酇을 鄙, 5鄙를 縣, 5縣을 遂라 하였다.

6. 亦越文王武王이 克知三有宅心하시며 灼見三有俊心하사 以敬事上帝하시며 立民長伯하시니이다

또한 및 文王·武王이 능히 三有宅의 마음을 알고 三有俊의 마음을

甸 : 다스릴 전 醜 : 추악할 추 灼 : 밝을 작 怍 : 부끄러울 작

분명히 보시어, 공경히 상제를 섬기며 백성의 長과 伯을 세우셨습니다.

三宅, 三俊을 文武克知灼見호되 皆曰心者는 卽所謂迪知忱恂而非謀面也라 三宅은 已授之位라 故曰克知요 三俊은 未任以事라 故曰灼見이라 以是敬事上帝하면 則天職修而上有所承이요 以是立民長伯하면 則體統立而下有所寄하니 人君이 位天人之兩間하여 而俯仰無怍者는 以是也라 夏之尊帝와 商之丕釐와 周之敬事가 其義一也라 長은 如王制所謂五國以爲屬하니 屬有長이요 伯은 如王制所謂二百一十國以爲州하니 州有伯이 是也라

三宅과 三俊을 文王과 武王이 능히 알고 분명히 보았는데, 모두 心이라고 말한 것은 이른바 '실천하여 알고 진실로 믿어서 얼굴만 보고 도모한 것이 아니라'는 것이다. 三宅은 이미 지위를 주었기 때문에 능히 안다고 말하였고, 三俊은 아직 일을 맡기지 않았기 때문에 분명히 보았다고 말한 것이다. 이로써 공경히 상제를 섬기면 天職이 닦여져서 위로 받들 바가 있고, 이로써 백성의 長과 伯을 세우면 체통이 서서 아래로 맡길 바가 있으니, 인군이 하늘과 인간의 둘 사이에 위치하여 굽어보고 우러러봄에 부끄러움이 없는 것은 이 때문이다. 夏나라가 상제를 높임과 商나라가 크게 다스림과 周나라가 공경히 섬김이 그 義가 똑같다. 長은 〈王制〉에 이른바 "5國을 屬으로 삼으니, 屬에 長이 있다."는 것과 같으며, 伯은 〈王制〉에 이른바 "2백 10國을 州로 삼으니 州에 伯이 있다."는 것과 같은 것이다.

7. 立政에 任人과 準夫와 牧으로 作三事하시니이다

정사를 세움에 任人과 準夫와 牧으로 세 가지 일을 하게 하셨습니다.

言文武立政三宅之官也라 任人은 常任也요 準夫는 準人也요 牧은 常伯也니 以職言이라 故曰事라

文王과 武王이 정사를 세우는 三宅의 관원을 말한 것이다. 任人은 常任이고, 準夫는 準人이고, 牧은 常伯이니, 직책을 말했기 때문에 일이라고 한

것이다.

8. 虎賁과 綴(추)衣와 趣馬와 小尹과 左右攜僕과 百司와 庶府와

虎賁과 綴衣와 趣馬와 小尹과 左右의 攜僕과 百司와 庶府와

此는 侍御之官也라 趣馬는 掌馬之官이요 小尹은 小官之長이요 攜僕은 攜持僕御之人이요 百司는 若司裘司服이요 庶府는 若內府大府之屬也라

이는 侍御하는 관원이다. 趣馬는 말을 관장하는 관직이고, 小尹은 小官의 長이고, 攜僕은 물건을 휴대하고 僕御하는 사람이고, 百司는 司裘·司服과 같은 것이고, 庶府는 內府·大府와 같은 등속이다.

9. 大都와 小伯과 藝人과 表臣百司와 太史와 尹伯이 庶常吉士니이다(러라)

大都의 伯과 小都의 伯과 藝人과 表臣인 百司와 太史와 尹伯이 모두 떳떳한 길한 선비였습니다.

此는 都邑之官也라 呂氏曰 大都小伯者는 謂大都之伯, 小都之伯[1]也니 大都에 言都不言伯하고 小伯에 言伯不言都는 互見之也라 藝人者는 卜祝巫匠이니 執技以事上者라 表臣百司는 表는 外也니 表는 對裏之詞라 上文百司는 蓋內百司니 若內府, 內司服之屬이니 所謂裏臣也요 此百司는 蓋外百司니 若外府, 外司服之屬이니 所謂表臣也라 太史者는 史官也라 尹伯者는 有司之長이니 如庖人, 內饔, 膳夫는 則是數尹之伯也요 鐘師尹鐘, 磬師尹磬, 大(太)師司樂은 則是數尹之伯也라 凡所謂官吏는 莫不在內外百司之中이어늘 至於特見(현)其名者는 則皆有意焉이라 虎賁, 綴

趣 : 달릴 추　攜 : 끌 휴　僕 : 마부 복　裘 : 갖옷 구　裏 : 속 리

庖 : 푸주간 포　饔 : 아침밥 옹　磬 : 경쇠 경

衣, 趣馬, 小尹, 左右攜僕은 以扈衛親近而見이요 庶府는 以冗賤하여 人所易忽而見이요 藝人은 恐其或興淫巧機詐하여 以蕩上心而見이요 太史는 以奉諱惡[2])하여 公天下後世之是非而見이요 尹伯은 以大小相維, 體統所係而見이요 若大都小伯은 則分治郊畿하니 不預百司之數者라 旣條陳歷數文武之衆職하고 而總結之曰庶常吉士라하니 庶는 衆也니 言在文武之廷이 無非常德吉士也라

이는 都邑의 관원이다. 呂氏가 말하였다. "大都와 小伯은 大都의 伯과 小都의 伯을 이르니, 大都에는 都를 말하고 伯을 말하지 않고, 小伯에는 伯을 말하고 都를 말하지 않은 것은 서로 나타낸 것이다. 藝人은 卜祝과 巫匠이니, 技藝를 잡아 임금을 섬기는 자이다. 表臣과 百司는 表는 밖이니, 表는 裏와 대칭되는 말이다. 上文의 百司는 內百司이니, 內府·內司服과 같은 등속으로 이른바 裏臣이라는 것이며, 여기의 百司는 外百司이니, 外府·外司服과 같은 등속으로 이른바 表臣이라는 것이다. 太史는 史官이다. 尹伯은 有司의 長이니, 庖人·內饔·膳夫와 같은 것은 여러 尹의 伯이며, 鐘을 맡은 鐘師와 磬을 맡은 磬師와 樂을 맡은 太師는 곧 여러 尹의 伯이다. 무릇 이른바 관리라는 것은 내외의 百司 가운데 들어있지 않음이 없는데, 특별히 그 이름을 나타냄에 이른 것은 모두 뜻이 있다. 虎賁·綴衣·趣馬·小尹·左右의 攜僕은 임금을 호위하고 친근히 하기 때문에 나타낸 것이며, 庶府는 잡되고 천하여 사람들이 소홀히 하기 쉽기 때문에 나타낸 것이며, 藝人은 혹 지나친 공교로움과 機詐를 일으켜 임금의 마음을 방탕하게 할까 염려하여 나타낸 것이며, 太史는 諱와 惡을 받들어 기록해서 천하 후세의 시비를 公正히 때문에 나타낸 것이며, 尹伯은 大小가 서로 유지하여 체통이 관계되기 때문에 나타낸 것이며, 大都의 伯과 小都의 伯으로 말하면 郊와 畿를 나누어 다스리니 百司의 수에 참여되지 않는다. 이미 文王·武王의 여러 직책을 조목조목 진열하여 일일이 세고, 總結하기를 "모두 떳떳한 吉士이다." 하였으니, 庶는 여럿이니, 文王·武王의 조정에 있는 자가 떳떳한 덕을 간직한 吉士가 아님이 없음을 말한 것이다."

譯註 1. 大都之伯 小都之伯 : 大都는 큰 고을로 公의 采邑이고 小都는 작은

扈 : 호위할 호 冗 : 잡될 용 諱 : 숨길 휘

고을로 卿의 采邑이다.

2. 奉諱惡 : 諱는 이름이고 惡은 죽은 날인 忌日을 이른다.

10. 司徒와 司馬와 司空과 亞, 旅와

司徒와 司馬와 司空과 亞와 旅와

此는 諸侯之官也라 司徒는 主邦教하고 司馬는 主邦政하고 司空은 主邦土하며 餘見牧誓하니 言諸侯之官이 莫不得人也라 諸侯之官에 獨擧此者는 以其名位 通於天子歟아

이는 제후의 관원이다. 司徒는 나라의 가르침을 주관하고, 司馬는 나라의 정사를 주관하고, 司空은 나라의 토목을 주관하며, 나머지는 〈牧誓〉에 보이니, 제후의 관원이 인재를 얻지 않음이 없음을 말한 것이다. 제후의 관원에 유독 이를 든 것은 그 명칭과 지위가 천자국과 공통되기 때문인 듯하다.

11. 夷와 微와 盧烝과 三亳이 阪(반)에 尹[1]이니이다(이러라)

夷와 微와 盧의 烝과 三亳이 阪의 尹이었습니다.

譯註 1. 三亳阪尹 : 諺解의 吐를 따랐으나 '三亳과 阪에'로 懸吐하는 것이 옳을 듯하다.

此는 王官之監於諸侯四夷者也라 微盧는 見經하고 亳은 見史하니라 三亳은 蒙爲北亳이요 穀熟爲南亳이요 偃師爲西亳이라 烝은 或以爲衆이라하고 或以爲夷名이라 阪은 未詳이라 古者에 險危之地의 封疆之守를 或不以封하고 而使王官治之하여 參錯於五服之間하니 是之謂尹이라 地志에 載王官所治非一이니 此特擧其重者耳라 自諸侯三卿以降으로 惟列官名而無他語는 承上庶常吉士之文하여 以內見外也라 夫上自王朝로 內而都邑과 外而諸侯와 遠而夷狄이 莫不皆得人以爲官使하니 何其盛歟아

亳 : 땅이름 박　阪 : 산비탈 판(반)　偃 : 누울 언　錯 : 섞일 착

이는 王의 관원으로서 제후와 사방 오랑캐들을 감시하는 자이다. 微와 盧는 經傳에 보이고, 亳은《史記》에 보인다. 三亳은 蒙은 北亳이고, 穀熟은 南亳이고, 偃師는 西亳이다. 烝은 혹자는 무리라 하고, 혹자는 오랑캐의 이름이라고 한다. 阪은 미상이다. 옛날에 위험한 지역에 封疆(국경)을 지키는 사람을 혹 봉해주지 않고 왕의 관원으로 하여금 다스리게 해서 五服의 사이에 참여하여 섞이게 하였으니, 이것을 尹이라 이른다. 〈地志〉에 王官의 다스린 바를 기재한 것이 한두 가지가 아니니, 이는 다만 그 중한 것을 들었을 뿐이다. 제후의 三卿으로부터 이하로는 오직 官名만 나열하고 다른 말이 없는 것은 위의 "모두 떳떳한 吉士"라는 글을 이어서 안으로써 밖을 나타낸 것이다. 위로 王朝로부터 안으로 도읍과 밖으로 제후와 멀리 夷狄에 이르기까지 모두 인재를 얻어서 官使를 삼지 않음이 없으니, 어쩌면 그리도 훌륭한가.

12. 文王이 惟克厥宅心하사 乃克立玆常事司牧人하사되 以克俊有德하시니이다(으로하더시다)

文王이 三宅의 마음에 능하시어 이 常事와 司牧人을 세우시되 능히 준걸스런 자와 덕이 있는 자로 하셨습니다.

文王이 惟能其三宅之心이라 能者는 能之也니 知之至, 信之篤之謂라 故能立此常任常伯하되 用能俊有德也라 不言準人者는 因上章言文王用人하여 而申克知三有宅心之說이라 故略之也라

文王이 三宅의 마음을 능하셨다. 能은 능한 것이니, 앎이 지극하고 믿음이 돈독함을 이른다. 그러므로 능히 이 常任과 常伯을 세우되 능히 준걸스럽고 덕이 있는 자를 등용한 것이다. 準人을 말하지 않은 것은 上章에 文王이 인재를 등용한 것을 말하여 능히 三有宅의 마음을 알았다는 말을 거듭하였으므로 생략한 것이다.

13. 文王은 罔攸兼于庶言庶獄庶愼하시고 惟有司之牧夫를 是訓用違하시니라

文王은 庶言·庶獄·庶愼을 겸하신 바가 없으셨고, 오직 有司인 牧夫에게만 명령을 따르는 자와 어기는 자를 훈계하셨습니다.

庶言은 號令也요 庶獄은 獄訟也요 庶愼은 國之禁戒儲備也라 有司는 有職主者요 牧夫는 牧人也라 文王이 不敢下侵庶職하사 惟於有司牧夫에 訓勅用命及違命者而已라 漢孔氏曰 勞於求才하고 逸於任賢이니라

庶言은 호령이고, 庶獄은 獄訟이고, 庶愼은 나라의 禁戒와 儲備(대비)이다. 有司는 맡음이 있는 자이고, 牧夫는 牧人이다. 文王이 감히 아래로 여러 직책을 침해하지 아니하여 오직 유사인 목부에게만 명령을 따르는 자와 명령을 어기는 자를 訓勅했을 뿐이다. 漢나라 孔氏는 말하기를 "인재를 구함에 수고롭고 현자를 임용함에 편안하다." 하였다.

14. 庶獄庶愼을 文王이 罔敢知于茲하시니라

庶獄과 庶愼을 文王은 감히 이에 대하여 알려 하지 않으셨습니다.

上言罔攸兼은 則猶知之로되 特不兼其事耳요 至此罔敢知하여는 則若未嘗知有其事하니 蓋信任之益專也라 上言庶言이로되 此不及者는 號令은 出於君하여 有不容不知者故也라 呂氏曰 不曰罔知于茲하고 而曰罔敢知于茲者는 徒言罔知면 則是莊老之無爲也요 惟言罔敢知然後에 見文王敬畏하여 思不出位之意하니 毫釐之辨을 學者宜精察之니라

위에 '罔攸兼'이라고 말한 것은 오히려 알되 다만 그 일을 겸하지 않았을 뿐이요, 여기에 '罔敢知'라고 한 것에 이르러서는 일찍이 그 일이 있었는지 알지 못한 것이니, 신임함이 더욱 專一한 것이다. 위에는 庶言을 말했으나 여기에는 언급하지 않은 것은 호령은 군주에게서 나와 알지 않을 수 없기 때문이다.

呂氏가 말하였다. "이에 대하여 알지 않았다고 말하지 않고, 감히 이에 대하여 알려 하지 않았다고 말한 것은 한갓 알지 않았다고 말하면 이는 老

釐 : 털끝 리

莊의 無爲이고, 오직 감히 알려 하지 않았다고 말한 뒤에야 文王이 敬畏하여 생각이 지위를 벗어나지 않은 뜻을 볼 수 있으니, 毫釐의 구분을 배우는 자가 마땅히 정밀히 살펴야 한다."

15. 亦越武王이 率(솔)惟敉功하사 不敢替厥義德하시며 率惟謀하사 從容德하사 以竝受此丕丕基하시니라

또한 武王은 文王의 편안히 한 공을 따르시어 감히 義德이 있는 자들을 버리지 않으셨으며, 文王의 계책을 따르시어 容德이 있는 자들을 따라 함께 이 크고 큰 기업을 받으셨습니다.

率은 循也라 敉功은 安天下之功이라 義德은 義德之人이요 容德은 容德之人이라 蓋義德者는 有撥亂反正之才하고 容德者는 有休休樂善之量하니 皆成德之人也라 周公이 〔承〕上文言 武王이 率循文王之功하여 而不敢替其所用義德之人하시고 率循文王之謀하여 而不敢違其容德之士라하시니 意如虢叔, 閎夭, 散宜生, 泰顚, 南宮括之徒 所以輔成王業者 文用之於前하고 武任之於後라 故周公이 於君奭에 言五臣이 克昭文王하여 受有殷命하고 武王은 惟玆四人이 尙迪有祿이라하시니 正猶此敍文武用人하고 而言竝受此丕丕基也니라

率은 따름이다. 功은 천하를 편안히 하는 공이다. 義德은 義로운 德이 있는 사람이요, 容德은 포용하는 덕이 있는 사람이다. 義德은 난을 다스려 바름으로 돌아오는 재주가 있고, 容德은 休休(마음이 곱고 고움)하여 善을 좋아하는 도량이 있으니, 모두 成德한 사람이다. 周公이 上文을 이어 말씀하기를 "武王이 文王의 공을 따르시어 감히 등용한 바의 義德이 있는 사람을 버리지 않으시고, 文王의 계책을 따르시어 감히 容德이 있는 선비를 어기지 않았다." 하였으니, 짐작컨대 虢叔·閎夭·散宜生·泰顚·南宮括과 같은 무리로서 王業을 輔成한 자들을 文王이 앞에서 등용하였고 武王이 뒤에서 임명하였다. 그러므로 周公이 〈君奭〉에서 "다섯 신하가 능히 文王의 덕을

敉 : 편안할 미 替 : 폐할 체 撥 : 다스릴 발 虢 : 나라이름 괵 閎 : 클 굉

밝혀 殷나라의 명을 받았고, 武王은 이 네 사람이 인도하여 녹을 두었다." 고 말하였으니, 바로 여기에서 文王·武王의 인재 등용을 서술하고 함께 "이 크고 큰 기업을 받았다."고 아울러 말한 것과 똑같다.

16. 嗚呼라 孺子王矣시니 繼自今으로 我其立政에 立事와 準人과 牧夫를 我其克灼知厥若하여 丕乃俾亂하여 相我受民하시며 和我庶獄庶愼하시고 時則勿有間之하소서

아! 孺子께서 王이 되셨으니, 지금으로부터 이어서 우리 王께서는 정사를 세우실 적에 立事와 準人과 牧夫의 임용을 우리 王께서 그 순히 여기는 바를 분명히 아시어 크게 다스려서 우리 왕께서 받으신 백성을 돕게 하시며, 우리 庶獄과 庶愼을 和하게 하시고, 이에 小人으로 끼게 하지 마소서.

我者는 指王而言이라 若은 順也라 周公이 既述文武基業之大하시고 歎息而言曰 孺子今既爲王矣시니 繼此以往으로 王其於立政에 立事, 準人, 牧夫之任을 當能明知其所順이라하시니 順者는 其心之安也라 孔子曰 察其所安이면 人焉廋哉리오하시니 察其所順者는 知人之要也라 夫既明知其所順하여 果正而不他然後에 推心而大委任之하여 使展布四體以爲治하여 相助左右所受之民하고 和調均齊獄愼之事하며 而又戒其勿以小人間之하여 使得終始其治하니 此는 任人之要也라 民而謂之受者는 言民者는 乃受之於天이요 受之於祖宗이니 非成王之所自有也라

我는 王을 가리켜 말한 것이다. 若은 순함이다. 周公이 이미 文王·武王의 기업의 큼을 서술하고, 탄식하여 말씀하기를 "이제 孺子가 王이 되었으니, 이를 이어 이후로는 왕께서는 정사를 세울 적에 立事·準人·牧夫의 임용함에 마땅히 順히 여기는 바를 분명히 알라." 하였으니, 順은 그 마음에 편안히 여기는 것이다. 孔子가 말씀하기를 "편안히 여기는 바를 살피면 사람이 어찌 숨기겠는가?" 하였으니, 순히 여기는 바를 살피는 것은 사람을

孺 : 어릴 유 廋 : 숨길 수

아는 요점이다. 이미 그 순히 여기는 바를 분명히 알아서 과연 바르고 딴 마음이 없은 뒤에야 마음을 미루어 크게 위임해서 四體를 펴 다스려서 받은 바의 백성을 相助하고 佐佑하게 하며, 庶獄과 庶愼의 일을 和調하고 均齊할 것이며, 또 小人을 끼게 하지 말아서 그 다스림을 끝마치도록 경계하였으니, 이는 사람을 임용하는 요점이다. 백성을 받았다고 말한 것은 백성은 바로 하늘에게서 받았고 祖宗에게서 받은 것이니, 成王이 스스로 소유한 것이 아님을 말한 것이다.

17. 自一話一言으로 我則末惟成德之彥하사 以乂我受民하소서

한 대화와 한 말씀으로부터 우리 왕께서는 마침내 成德한 아름다운 선비들을 생각하시어 우리가 받은 백성을 다스리게 하소서.

末은 終이요 惟는 思也라 自一話一言之間으로 我則終思成德之美士하여 以治我所受之民하여 而不敢斯須忘也라

末은 마침이요, 惟는 생각함이다. 한 대화와 한 말씀의 사이로부터 우리 왕께서는 마침내 성덕한 아름다운 선비들을 생각하시어 우리가 받은 백성을 다스려서 감히 잠시라도 잊지 않아야 할 것이다.

18. 嗚呼라 予旦은 已受人之徽言으로 咸告孺子王矣로니 繼自今으로 文子文孫은 其勿誤于庶獄庶愼하시고 惟正을 是乂之하소서

아! 나 旦은 이미 남에게서 받은 아름다운 말씀을 모두 孺子인 王께 아뢰었사오니, 지금부터 이후로 文子, 文孫은 庶獄과 庶愼을 그르치지 마시고, 오직 正(담당관)을 다스리소서.

彥 : 선비 언　徽 : 아름다울 휘

前所言禹湯文武任人之事는 無非至美之言이니 我聞之於人者를 已皆告孺子王矣라 文子文孫者는 成王은 武王之文子요 文王之文孫也라 成王之時에 法度彰하고 禮樂著하여 守成尙文이라 故曰文이라 誤는 失也니 有所兼, 有所知하여 不付之有司하고 而以己誤之也라 正은 猶康誥所謂正人과 與官正酒正之正이니 指當職者爲言이라 不以己誤庶獄庶愼하고 惟當職之人을 是治之니 下文에 言其勿誤庶獄하고 惟有司之牧夫가 卽此意라

앞에서 말한 禹王·湯王·文王·武王이 사람을 임용한 일은 지극히 아름다운 말 아님이 없으니, 내가 남에게서 들은 것을 이미 孺子인 왕에게 모두 아뢰었다. 文子와 文孫은 成王은 武王의 文子이고, 文王의 文孫이다. 成王 때에 법도가 밝고 禮樂이 드러나서 이룸을 지키고 文을 숭상하므로 文이라 한 것이다. 誤는 그르침이니, 겸하는 바가 있고 알려는 바가 있어서 有司에게 맡기지 않고 자기로써 그르치는 것이다. 正은 〈康誥〉에 이른바 正人과 官正·酒正의 正과 같으니, 직책을 담당한 자를 가리켜 말한 것이다. 자기로써 庶獄과 庶愼을 그르치지 말고 오직 직책을 담당한 사람을 이에 다스려야 하니, 下文에 庶獄을 그르치지 말고 오직 有司인 牧夫에게 맡기라고 말씀한 것이 바로 이 뜻이다.

19. 自古商人과 亦越我周文王이 立政에 立事와 牧夫와 準人을 則克宅之하시며 克由繹之하시니 玆乃俾乂하시니이다

自古(옛날)와 商나라 사람과 또한 우리 周나라 文王께서 정사를 세울 적에 立事와 牧夫와 準人을 능히 거하게 하시며, 능히 말미암아 생각하시니, 이에 다스리게 하셨습니다.

自古及商人及我周文王이 於立政에 所以用三宅之道는 則克宅之者는 能得賢者하여 以居其職也요 克由繹之者는 能紬繹用之하여 而盡其才也라 旣能宅其才하여 以安其職하고 又能繹其才하여 以盡其用하시니 玆其所以能俾乂也歟인저

彰 : 밝을 창 繹 : 궁구할 역, 끝찾을 역 紬 : 끝찾을 주

自古와 商나라 사람과 우리 周나라 文王이 정사를 세울 적에 三宅을 임용하는 道는 능히 거하게 했다는 것은 능히 현자를 얻어 직책에 거하게 한 것이고, 능히 말미암아 생각했다는 것은 능히 紬繹하여 써서 그 재주를 다하게 한 것이다. 이미 그 인재를 자리에 거하게 하여 직책을 편안히 수행하게 하고, 또 인재를 생각하여 그 씀을 다하였으니, 이 때문에 능히 이들로 하여금 다스리게 할 수 있었던 것이다.

20. 國則罔有立政에 用憸人이니 不訓于德이라 是罔顯在厥世하리이다 繼自今으로 立政에 其勿以憸人하시고 其惟吉士하사 用勱(國家)相我國家하소서

나라에서는 정사를 세울 적에 憸人(약삭빠른 사람)을 쓰지 말아야 하니, 이들은 德에 순하지 못하므로 光顯하여 세상에 있지 못할 것입니다. 지금부터는 정사를 세울 적에 憸人을 쓰지 마시고 오직 吉士(善人)을 등용하시어 힘써 우리 국가를 돕게 하소서.

自古爲國에 無有立政用憸利小人者하니 小人而謂之憸者는 形容其沾沾便捷之狀也라 憸利小人은 不順于德하니 是無能光顯以在厥世라 王當繼今以往으로 立政에 勿用憸利小人하시고 其惟用有常吉士하사 使勉力以輔相我國家也라 呂氏曰 君子는 陽類라 用則升其國於明昌하고 小人은 陰類라 用則降其國於晻昧하니 陰陽升降이 亦各從其類也니라

예로부터 나라를 다스림에 정사를 세우면서 憸利한 小人을 등용한 자가 있지 않으니, 小人을 憸이라고 이른 것은 沾沾히 便捷(약삭빠름)한 모양을 형용한 것이다. 憸利한 小人은 덕에 순하지 못하니, 능히 光顯하여 세상에 있지 못할 것이다. 왕은 마땅히 지금부터 이후로는 정사를 세울 적에 憸利한 小人을 등용하지 말고 오직 떳떳함이 있는 吉士를 등용하여 힘써 우리 국가를 돕게 하여야 할 것이다.

憸 : 간사할 험, 아첨할 섬　勱 : 힘쓸 매　沾 : 경박할 첨　便 : 빠를 편
捷 : 빠를 첩　晻 : 어둘 암

呂氏가 말하였다. "君子는 陽의 類이므로 등용하면 그 나라를 밝고 창성함에 올려 놓고, 小人은 陰의 類이므로 등용하면 그 나라를 어둡고 어둠에 내려 놓으니, 陰陽의 오르내림이 또한 각기 그 類를 따르는 것이다."

21. 今文子文孫孺子王矣시니 其勿誤于庶獄하시고 惟有司之牧夫하소서

지금 文子, 文孫이신 孺子께서 왕이 되셨으니, 庶獄을 그르치지 마시고 오직 有司인 牧夫에게 맡기소서.

始言和我庶獄庶愼하여 時則勿有間之라하고 繼言其勿誤于庶獄庶愼하고 惟正是乂之라하고 至是하여는 獨曰其勿誤于庶獄하고 惟有司之牧夫라하니 蓋刑者는 天下之重事라 挈其重而獨擧之하여 使成王으로 尤知刑獄之可畏하여 必專有司牧夫之任이요 而不可以己誤之也라

처음에는 "우리 庶獄과 庶愼을 和하게 하고 이에 小人으로 끼게 하지 말라." 하였고, 뒤이어 "庶獄과 庶愼을 그르치지 말고 오직 正을 다스리라." 하였고, 이에 이르러는 홀로 "庶獄을 그르치지 말고 오직 有司인 牧夫에게 맡기라." 하였으니, 형벌은 천하의 중요한 일이므로 그 중한 것을 들어 홀로 거론해서 成王으로 하여금 더욱 刑獄이 두려울 만함을 알아, 반드시 有司인 牧夫의 임무를 오로지하게 하고 자기로써 그르치지 않게 한 것이다.

22. 其克詰爾戎兵하여 以陟禹之迹하여 方行天下하여 至于海表히 罔有不服케하사 以覲文王之耿光하시며 以揚武王之大烈하소서

능히 너의 戎服(전투복)과 병기를 다스려서 禹王의 옛 자취에 올라 사방으로 천하에 행해서 海表(海外)에 이르기까지 복종하지 않는 자가 없게 하시어, 文王의 밝은 빛을 보시고 武王의 큰 功烈을 드날리

挈 : 끌어당길 설 詰 : 다스릴 힐 覲 : 뵐 근

소서.

詰은 治也니 治爾戎服兵器也라 陟은 升也라 禹迹은 禹服舊迹也라 方은 四方也요 海表는 四裔也니 言德威所及에 無不服也라 覲은 見也라 耿光은 德也요 大烈은 業也니 於文王稱德하고 於武王稱業은 各於其盛者에 稱之라 呂氏曰 兵은 刑之大也라 故로 旣言庶獄하고 而繼以治兵之戒焉이니라 或曰 周公之訓은 稽其所弊하면 得無啓後世好大喜功之患乎아 曰 周公詰兵之訓이 繼勿誤庶獄之後하니 犴獄之間에도 尙恐一刑之誤어든 況六師萬衆之命을 其敢不審而誤擧乎아 推勿誤庶獄之心하여 而奉克詰戎兵之戒하면 必非得已不已而輕用民命者也리라

詰은 다스림이니, 너의 戎服과 병기를 다스리는 것이다. 陟은 오름이다. 禹迹은 禹服의 옛 자취이다. 方은 사방이고, 海表는 四裔이니, 덕과 위엄이 미치는 바에 복종하지 않음이 없음을 말한 것이다. 覲은 봄이다. 耿光은 德이고, 大烈은 功業이니, 文王에게는 덕을 말하고 武王에게는 업을 말한 것은 각각 그 盛大한 것을 가지고 말한 것이다.

呂氏가 말하였다. "兵은 형벌 중에 큰 것이므로 이미 庶獄을 말하고 兵을 다스리라는 경계로써 이은 것이다. 혹자는 말하기를 '周公의 가르침은 그 병폐를 상고해 보면 후세에 큰 것을 좋아하고 공을 기뻐하는 병통을 열어 놓지 않겠는가?' 하기에 다음과 같이 대답하였다. '周公의 兵을 다스리라는 가르침이 庶獄을 그르치지 말라는 말 뒤에 이어졌으니, 犴獄(감옥)의 사이에도 오히려 한 형벌이라도 잘못될까 두려워하는데 하물며 六師(六軍)의 수많은 무리의 목숨을 어찌 감히 신중히 하지 않고 함부로 동원하겠는가. 庶獄을 그르치지 말라는 마음을 미루어서 戎服과 병기를 다스리라는 경계를 받든다면 반드시 그만 둘 수 있는데도 그만두지 아니하여 백성의 목숨을 가볍게 쓰는 자가 아닐 것이다.'"

23. 嗚呼라 繼自今으로 後王은 立政에 其惟克用常人하소서

裔 : 변방 예　犴 : 들개 한, 감옥 한

아! 지금으로부터 後王께서는 정사를 세울 적에 능히 떳떳한 사람을 등용하소서."

幷周家後王而戒之也라 常人은 常德之人也라 皐陶曰 彰厥有常이 吉哉라하니 常人與吉士는 同實而異名者也라

周家의 後王까지 아울러 경계한 것이다. 常人은 떳떳한 덕을 간직한 사람이다. 皐陶가 말하기를 "몸에 드러나서 시종 떳떳함이 있는 것이 吉士이다." 하였으니, 常人과 吉士는 실제는 같으나 이름이 다른 것이다.

24. 周公이 若曰 太史아 司寇蘇公이 式敬爾由獄[1]하여 以長我王國하니 茲式有愼하면 以列로 用中罰하리라(하리이다)

周公이 다음과 같이 말씀하였다. "太史야! 司寇인 蘇公이 그 행할 獄事를 공경하여 우리 王國을 장구히 하였으니, 이에 법받아 삼감을 두면 條列로써 알맞은 형벌을 쓸 것이다."

譯註 1. 式敬爾由獄 : 退溪는 《集傳》의 해석을 따라 爾를 其字로 풀이하였으므로 이것을 따랐음을 밝혀둔다.

此는 周公이 因言愼罰하여 而以蘇公敬獄之事로 告之太史하여 使其幷書하여 以爲後世司獄之式也라 蘇는 國名也니 左傳에 蘇忿生이 以溫爲司寇라하니라 周公이 告太史하사되 以蘇忿生爲司寇하여 用能敬其所由之獄하여 培植基本하여 以長我王國하니 令於此取法而有謹焉이면 則能以輕重條列로 用其中罰하여 而無過差之患矣라하시니라

이는 周公이 인하여 형벌을 삼감을 말해서 蘇公이 獄事를 공경한 일을 太史에게 고하여 아울러 기록해서 후세에 獄을 맡은 자의 법식으로 삼게 한 것이다. 蘇는 나라 이름이니, 《左傳》에 "蘇忿生이 溫邑으로 司寇가 되었다." 하였다. 周公이 太史에게 고하기를 "蘇忿生을 司寇로 삼아 행할 바의 옥사를 공경해서 基本을 培植하여 우리 왕국을 장구하게 하였으니, 여기에서 法을 취하여 삼가게 하면 輕重의 條列을 가지고 알맞은 형벌을 써서 過

差의 병통이 없을 것이다."라고 하였다.

周官

成王이 訓迪百官이어늘 史錄其言하고 以周官名之하니 亦訓體也라 今文無, 古文有하니라

○ 按此篇은 與今周禮不同하니 如三公, 三孤는 周禮皆不載라 或謂 公孤는 兼官이요 無正職이라 故로 不載라 然三公은 論道經邦하고 三孤는 貳公弘化하니 非職乎아 職任之大가 無踰此矣니라 或又謂師氏는 卽太師요 保氏는 卽太保라 然以師保之尊으로 而反屬司徒之職은 亦無是理也니라 又此言六年에 五服一朝어늘 而周禮에 六服諸侯 有一歲一見者하고 二歲一見者하고 三歲一見者[1]하여 亦與此不合하니 是固可疑라 然周禮는 非聖人이면 不能作也니 意周公이 方條治事之官而未及師保之職이니 所謂未及者는 鄭重而未及言之也라 書未成而公亡하니 其間에 法制有未施用이라 故로 與此異요 而冬官亦缺이라 要之컨대 周禮는 首末未備하니 周公未成之書也니 惜哉라 讀書者參互而考之면 則周公經制를 可得而論矣리라

成王이 백관들을 訓迪(訓導)하자, 史官이 그 말씀을 기록하고 '周官'이라고 이름하였으니, 또한 訓體이다. 今文에는 없고 古文에는 있다.

○ 살펴보건대, 이 편은 지금의 《周禮》와 같지 않으니, 三公·三孤와 같은 것은 《周禮》에 모두 실려 있지 않다. 혹자는 말하기를 "公·孤는 兼官(겸직)이고 正職이 없으므로 기재하지 않은 것이다."라고 한다. 그러나 三公은 道를 논하고 나라를 다스리며, 三孤는 公에 다음가고 조화를 넓히니, 이것이 직책이 아니겠는가. 職任의 큼이 이보다 더할 수 없다. 혹자는 또 말하기를 "師氏는 바로 太師이고, 保氏는 바로 太保이다."라고 한다. 그러나 師·保의 높음으로 도리어 司徒의 직책에 소속됨은 또한 이러할 이치가 없다. 또 여기에서는 6년에 五服이 한 번 조회한다고 말하였는데, 《周禮》에는 六服의 제후가 1년에 한 번 뵙는 자가 있고, 2년에 한 번 뵙는 자가 있고, 3년에 한 번 뵙는 자가 있어 또한 이와 부합되지 않으니, 이는 진실로 의심할 만하다. 그러나 《周禮》는 聖人이 아니면 지을 수 없으니, 짐작컨대 周

公이 일을 다스리는 관직을 條列하여 師·保의 직책에는 미치지 못한 듯하니, 이른바 '미치지 못했다'는 것은 정중히 여겨 미처 말하지 않은 것이다. 책이 이루어지기 전에 公이 별세하니, 그 사이에 법제가 시행되지 못함이 있었기 때문에 이와 다른 것이며, 〈冬官〉 역시 빠져 있다. 요컨대 《周禮》는 처음과 끝이 완비되지 못했으니, 周公의 미완성된 책이니, 애석하다. 책을 읽는 자가 參互하여 살펴보면 周公의 나라를 다스린 제도를 논할 수 있을 것이다.

譯註 1. 六服諸侯 … 三歲一見者 : 《周禮》 〈秋官〉에 "侯服은 1년에 한번 뵙고, 甸服은 2년에, 男服은 3년에, 采服은 4년에, 衛服은 5년에, 要服은 6년에 한번 뵈며, 九州의 밖에 있는 夷服·鎭服·蕃服을 蕃國이라 하는데 이들 나라는 군주가 즉위하면 한번 찾아와 뵙는다." 하였다.

1. 惟周王이 撫萬邦하사 巡侯甸하사 四征弗庭하사 綏厥兆民하신대 六服群辟이 罔不承德이어늘 歸于宗周하사 董正治官하시다

周王이 萬邦을 어루만져 侯服·甸服에 순행하시어 곧지 않은 자들을 사방으로 정벌하여 兆民들을 편안히 하시자, 六服의 여러 제후들이 德을 받들지 않는 자가 없었다. 이에 宗周로 돌아와 다스리는 관원들을 감독하여 바로잡으셨다.

此는 書之本序也라 庭은 直也니 葛氏曰 弗庭은 弗來庭者[1)]라하니라 六服은 侯, 甸, 男, 采, 衛에 幷畿內爲六服也라 禹貢五服은 通畿內요 周制五服은 在王畿外也라 周禮에 又有九服하니 侯, 甸, 男, 采, 衛, 蠻, 夷, 鎭, 蕃이라 與此不同하니라 宗周는 鎬京也라 董은 督也라 治官은 凡治事之官也라 言成王이 撫臨萬國하여 巡狩侯甸하여 四方征討不庭之國하여 以安天下之民한대 六服諸侯之君이 無不奉承周德이어늘 成王이 歸于鎬京하여 督正治事之官하니 外攘之功擧에 而益嚴內治之脩也라 唐孔氏曰 周制엔

無萬國하고 惟伐淮夷요 非四征也니 大言之爾니라

이는 〈周官〉의 本序이다. 庭은 곧음이니, 葛氏가 말하기를 "弗庭은 바름에 오지 않는 자이다." 하였다. 六服은 侯·甸·男·采·衛에 畿內를 아울러 六服이라 한 것이다. 〈禹貢〉의 五服은 畿內까지 통틀은 것이고, 周나라 제도의 五服은 王畿의 밖에 있다. 《周禮》에는 또 九服이 있으니, 侯·甸·男·采·衛·蠻·夷·鎭·蕃으로 이와 같지 않다. 宗周는 鎬京이다. 董은 감독함이다. 治官은 무릇 일을 다스리는 관원이다. 成王이 萬邦을 어루만지고 임하여 侯·甸을 巡狩해서 不庭의 나라들을 사방으로 征討하여 천하의 백성을 편안히 하니, 六服의 제후의 군주들이 周나라 德을 받들지 않는 자가 없으므로 成王이 鎬京으로 돌아와 일을 다스리는 관원을 감독하여 바로잡음을 말한 것이니, 外攘(밖으로 적을 물리침)하는 공이 거행됨에 內治의 닦음을 더욱 엄하게 한 것이다.

唐나라 孔氏가 말하였다. "周나라 제도에는 萬國이 없으며, 오직 淮夷를 정벌한 것이요 사방을 정벌한 것이 아니니, 이는 크게 말했을 뿐이다."

譯註 1. 庭直也 … 弗來庭者：庭은 挺과 통하므로 《集傳》에 直으로 풀이하고 葛氏의 說을 引用하였으나 弗庭과 弗來庭은 朝廷에 와서 歸附하지 않는 것으로 해석함이 타당할 듯하다.

2. 王曰 若昔大猷에 制治于未亂하며 保邦于未危하시니라

王이 말씀하였다. "옛날 大猷(大道)의 세상에는 혼란하지 않을 때에 다스림을 만들고 위태롭지 않을 때에 나라를 보존하였다."

若昔大道之世에 制治保邦于未亂未危之前하니 卽下文明王立政이 是也라

옛날 大道의 세상에는 아직 혼란하고 위태롭기 전에 다스림을 만들고 나라를 보존하였으니, 下文에 明王이 정사를 세웠다는 것이 이것이다.

3. 曰 唐虞稽古하여 建官惟百하시니 內有百揆四岳하고 外有州牧侯伯하여 庶政이 惟和하여 萬國이 咸寧하니라 夏商은

官倍하나(하여) 亦克用乂하니 明王立政은 不惟其官이라 惟其人이니라

王이 말씀하셨다. "唐·虞가 옛날 제도를 상고하여 관원을 세우되 百으로 하였으니, 안에는 百揆와 四岳이 있고 밖에는 州牧과 侯伯이 있어 모든 정사가 조화로와 萬國이 다 편안하였다. 夏와 商은 관원이 배가되었으나 또한 다스려졌으니, 明王이 정사를 세움은 오직 관원을 많게 하려는 것이 아니요, 오직 훌륭한 인물을 얻을 뿐이었다.

百揆는 無所不總者요 四岳은 總其方岳者요 州牧은 各總其州者요 侯伯은 次州牧而總諸侯者也라 百揆, 四岳은 總治于內하고 州牧, 侯伯은 總治于外하여 內外相承하여 體統不紊이라 故로 庶政惟和하여 而萬國咸安이라 夏商之時엔 世變事繁하니 觀其會通하여 制其繁簡하여 官數加倍나 亦能用治하니 明王立政은 不惟其官之多라 惟其得人而已니라

百揆는 총괄하지 않는 바가 없는 자이고, 四岳은 方岳을 총괄하는 자이고, 州牧은 각각 그 州를 총괄하는 자이고, 侯伯은 州牧의 다음이 되어 제후를 총괄하는 자이다. 百揆와 四岳은 안에 다스림을 총괄하고 州牧과 侯伯은 밖에 다스림을 총괄하여, 내외가 서로 이어서 체통이 문란하지 않았다. 이 때문에 모든 정사가 조화로워 萬國이 다 편안한 것이다. 夏·商의 때에는 세상이 변하고 일이 많아졌으니, 그 會·通(會合과 變通)을 보아 繁·簡을 맞게 하여 관원의 수가 倍加되었으나 또한 다스려졌으니, 明王이 정사를 세움은 오직 관원을 많게 하려는 것이 아니요, 오직 훌륭한 인물을 얻을 뿐이었다.

4. 今予小子는 祗勤于德하여 夙夜에 不逮하여 仰惟前代時若하여 訓迪厥官하노라

이제 나 小子는 공경히 德에 부지런하여 밤낮으로 미치지 못할 듯이 여겨서 前代를 우러러 이에 순히 하여 관원들을 訓導하노라.

逮는 及이요 時는 是요 若은 順也라 成王이 祗勤于德하여 早夜에 若有所不及然하니 蓋修德者는 任官之本也라

逮는 미침이요, 時는 이것이요, 若은 순함이다. 成王이 德에 공경히 부지런해서 밤낮으로 미치지 못하는 바가 있는 듯이 여겼으니, 덕을 닦음은 관원을 임용하는 근본이다.

5. 立太師太傅太保하노니 玆惟三公이니 論道經邦하며 燮理陰陽하나니 官不必備라 惟其人이니라

太師·太傅·太保를 세우노니, 이가 三公이니, 道를 논하고 나라를 다스리며 陰陽을 조화하여 다스리니, 관원을 반드시 구비할 것이 아니요, 오직 그러한 사람이 있으면 임명하여야 한다.

立은 始辭也니 三公이 非始於此로되 立爲周家定制는 則始於此也라 賈誼曰 保者는 保其身體요 傅者는 傅之德義요 師는 道之敎訓이라하니 此所謂三公也라 陰陽은 以氣言이요 道者는 陰陽之理니 恒而不變者也라 易曰一陰一陽之謂道 是也라 論者는 講明之謂요 經者는 經綸之謂요 燮理者는 和調之也니 非經綸天下之大經, 參天地之化育者면 豈足以任此責이리오 故로 官不必備요 惟其人也라

立은 비로소란 말이니, 三公이 이 때에 비롯된 것은 아니나 세워서 周나라의 정한 제도를 삼은 것은 이 때에 비롯된 것이다. 賈誼가 말하기를 "保는 신체를 보호함이요, 傅는 德義를 붙여줌이요, 師는 교훈으로 인도함이다." 하였으니, 이것이 이른바 三公이다. 陰陽은 氣로 말하였고 道는 陰陽의 이치이니, 항상하여 변치 않는 것이다. 《周易》에 "한 번 陰하고 한 번 陽하는 것을 道라 한다." 한 것이 이것이다. 論은 講明함을 이르고, 經은 경륜함을 이르고, 燮理는 화하여 고르는 것이니, 천하의 大經을 경륜하고 천지의 化育에 참여하는 자가 아니면 어찌 이 책임을 맡겠는가. 그러므로 관원을 굳이 구비할 것이 없고 오직 그러한 사람이 있으면 임명하는 것이다.

燮 : 화할 섭 傅 : 스승 부, 붙일 부

6. 少師少傅少保는 曰三孤니 貳公弘化하여 寅亮天地하여 弼予一人하나니라

少師·少傅·少保를 三孤라 하니, 公의 다음이 되어 조화를 넓혀 천지를 공경하여 밝혀서 나 한 사람을 보필한다.

孤는 特也니 三少는 雖三公之貳나 而非其屬官이라 故曰孤라 天地는 以形言이요 化者는 天地之用이니 運而無迹者也라 易曰範圍天地之化 是也라 弘者는 張而大之요 寅亮者는 敬而明之也라 公은 論道하고 孤는 弘化하며 公은 燮理陰陽하고 孤는 寅亮天地하며 公은 論於前하고 孤는 弼於後하니 公孤之分이 如此니라

孤는 특별함이니, 三少는 비록 三公의 貳(부관)이나 屬官이 아니므로 孤라 한 것이다. 天地는 형체로 말한 것이고 化는 천지의 用이니, 운행하되 흔적이 없는 것이다. 《周易》에 "천지의 조화를 범위한다."는 것이 이것이다. 弘은 넓혀서 키움이요, 寅亮은 공경하여 밝힘이다. 公은 道를 논하고 孤는 조화를 넓히며, 公은 음양을 조화하여 다스리고 孤는 천지를 공경하여 밝히며, 公은 앞에서 논하고 孤는 뒤에서 보필하니, 公과 孤의 구분이 이와 같다.

7. 冢宰는 掌邦治하니 統百官하고(하여) 均四海하나니라

冢宰는 나라의 다스림을 관장하니, 百官을 통솔하고 四海를 고르게 다스린다.

冢은 大요 宰는 治也라 天官卿은 治官之長이니 是爲冢宰라 內統百官하고 外均四海하니 蓋天子之相也라 百官異職이어늘 管攝하여 使歸于一을 是之謂統이요 四海異宜어늘 調劑하여 使得其平을 是之謂均이라

冢은 큼이요, 宰는 다스림이다. 天官卿은 다스리는 관원의 우두머리이니, 이를 冢宰라 한다. 안으로 백관을 통솔하고 밖으로 사해를 고르게 하니, 천

자의 정승이다. 백관이 맡은 직책이 다른데 管攝하여 하나에 돌아가게 함을 統이라 이르며, 사해에 마땅함이 다른데 調劑하여 균평함을 얻게 함을 均이라 이른다.

8. 司徒는 掌邦教하니 敷五典하여 擾兆民하나니라

司徒는 나라의 교육을 관장하니, 五典을 펴서 兆民을 길들인다.

擾는 馴也라 地官卿은 主國教化하니 敷君臣父子夫婦長幼朋友五者之教하여 以馴擾兆民之不順者하여 而使之順也라 唐虞司徒之官이 固已職掌如此하니라

擾는 길들임이다. 地官卿은 나라의 교화를 관장하니, 君臣·父子·夫婦·長幼·朋友 다섯 가지의 가르침을 펴서 兆民의 순하지 않은 자를 길들여 순하게 하는 것이다. 唐·虞 시대에 司徒의 관직이 진실로 이미 주장하여 맡음이 이와 같았다.

9. 宗伯은 掌邦禮하니 治神人하여 和上下하나니라

宗伯은 나라의 禮를 관장하니, 神과 사람을 다스려 상하를 和하게 한다.

春官卿은 主邦禮하니 治天神地祇人鬼之事하여 和上下尊卑等列이라 春官은 於四時之序에 爲長이라 故로 其官을 謂之宗伯이라 成周는 合樂於禮官하니 謂之和者는 蓋以樂而言也라

春官卿은 나라의 禮를 주관하니, 天神과 地祇와 人鬼의 일을 다스려서 상하와 존비의 等列을 화하게 한다. 春官은 四時의 순서에 우두머리가 되므로 그 관원을 宗伯이라 한 것이다. 成周는 樂을 禮官에 합하였으니, 和라고 이른 것은 樂을 가지고 말한 것이다.

擾 : 길들일 요　馴 : 길들일 순

10. 司馬는 掌邦政하니 統六師하여 平邦國하나니라

司馬는 나라의 정사를 관장하니, 六師를 통솔하여 邦國을 平治한다.

夏官卿은 主戎馬之事하여 掌國征伐하니 統御六軍하여 平治邦國이라 平은 謂强不得陵弱하고 衆不得暴寡하여 而人皆得其平也라 軍政은 莫急於馬라 故以司馬名官이라 何莫非政이리오마는 獨戎政을 謂之政者는 用以征伐하여 而正彼之不正이니 王政之大者也일새라

夏官卿은 戎馬의 일을 주관하여 나라의 정벌을 관장하니, 六軍을 통솔하여 邦國을 平治한다. 平은 강한 자가 약한 자를 능멸하지 못하고 많은 자가 적은 자를 포악히 하지 못하여, 사람이 모두 공평함을 얻음을 이른다. 軍政은 말보다 급한 것이 없으므로 司馬라고 官名을 한 것이다. 어느 것인들 정사가 아니겠는가마는 유독 戎政(軍政)을 政이라 이른 것은 정벌하여 저의 바르지 않은 것을 바로잡으니, 王政의 큰 것이기 때문이다.

11. 司寇는 掌邦禁하니 詰姦慝하며 刑暴(포)亂하나니라

司寇는 나라의 금함을 관장하니, 간특함을 다스리며 포악하여 난을 일으키는 자들을 형벌한다.

秋官卿은 主寇賊法禁하니 群行攻劫曰寇라 詰姦慝하고 刑彊暴作亂者라 掌刑을 不曰刑而曰禁者는 禁於未然也라 呂氏曰 姦慝은 隱而難知라 故謂之詰이니 推鞠窮詰而求其情也요 暴亂은 顯而易見하니 直刑之而已니라

秋官卿은 寇賊과 法禁을 주관하니, 떼지어 다니며 공격하고 겁탈함을 寇라 한다. 간특함을 다스리고 强暴하여 난을 일으키는 자를 형벌한다. 刑을 관장함을 刑이라고 말하지 않고 禁이라고 말한 것은 미연에 금하기 때문이다.

呂氏가 말하였다. "간특은 숨어서 알기 어려우므로 詰이라고 일렀으니

詰 : 다스릴 힐 慝 : 간사할 특 鞠 : 국문할 국

推鞠하고 窮詰(힐문)하여 그 실정을 구하는 것이며, 暴亂은 드러나서 보기 쉬우니 곧바로 형벌할 뿐이다."

12. 司空은 掌邦土하니 居四民하며 時地利하나니라

司空은 나라의 땅을 관장하니, 四民을 거하게 하며 地利를 때에 맞추어 일으킨다.

冬官卿은 主國空土하여 以居士農工商四民하고 順天時하여 以興地利라 按周禮冬官은 則記考工之事하여 與此不同하니 蓋本闕冬官이어늘 漢儒以考工記當之也라

冬官卿은 나라의 빈 땅을 주관하여 士·農·工·商의 四民을 거하게 하고, 天時에 순응하여 地利를 일으킨다. 살펴보건대 《周禮》의 〈冬官〉은 考工의 일을 기록하여 이와 같지 않으니, 본래 〈冬官〉이 빠져 있었는데 漢나라 유자들이 '考工記'로 대신한 것이다.

13. 六卿이 分職하여 各率其屬하여 以倡九牧하여 阜成兆民하나니라

六卿이 직책을 나누어 각기 관속을 거느려서 九牧을 창도하여 兆民을 후하게 이룬다.

六卿分職하여 各率其屬官하여 以倡九州之牧하여 自內達之於外하여 政治明하고 敎化洽하여 兆民之衆이 莫不阜厚而化成也라 按周禮에 每卿은 六十屬이니 六卿은 三百六十屬也라 呂氏曰 冢宰는 相天子, 統百官하니 則司徒以下 無非冢宰所統이어늘 乃均列一職하여 而倂數之爲六者는 綱在網中也일새라 乾坤之與六子[1] 並列於八方하고 冢宰之與五卿이 並列於六職也라

六卿이 직책을 나누어 각각 그 屬官을 거느려 九州의 牧을 창도해서 안으로부터 밖에 이르게 하여 정치가 밝아지고 교화가 흡족해서 兆民의 무리

가 阜厚하여 化成하지 않음이 없는 것이다. 살펴보건대 《周禮》에 卿마다 60명의 관속이 있으니, 六卿은 총 3백 60 명의 관속이 있는 것이다.

呂氏가 말하였다. "冢宰는 천자를 도와 백관을 통솔하니, 司徒 이하는 총재의 통솔하는 바 아님이 없는데, 마침내 똑같이 한 직책에 나열하여 아울러 세어서 六卿이라 한 것은 그물에 벼릿줄이 그물 가운데 있기 때문이다. 乾·坤과 六子가 아울러 八方에 진열되고, 冢宰와 五卿이 아울러 六職에 진열된 것이다."

譯註 1. 乾坤之與六子 : 六子는 여섯 자식이란 뜻으로 八卦중 長男인 震과 中男인 坎, 少男인 艮 그리고 長女인 巽, 中女인 離, 少女인 兌를 이른다. 伏羲先天圖에 父인 乾이 南에 있고 母인 坤이 北에 있어 縱軸을 이루고 나머지 여섯 괘가 횡으로 나열되어 있으므로 말한 것이다.

14. 六年에 五服이 一朝어든 又六年에 王乃時巡하여 考制度于四岳이어시든 諸侯各朝于方岳이어든 大明黜陟하나니라

6년에 五服이 한 번 조회하거든 또 6년에 왕이 때로 순행하여 제도를 四岳에게서 상고하며, 제후는 각기 方岳에서 조회하거든 크게 黜陟을 밝힌다."

五服은 侯甸男采衛也니 六年에 一朝會京師어든 十二年에 王一巡狩라 時巡者는 猶舜之四仲巡狩也요 考制度者는 猶舜之協時月正日同律度量衡等事也라 諸侯各朝方岳者는 猶舜之肆覲東后也요 大明黜陟者는 猶舜之黜陟幽明也라 疏數(삭)異時하고 繁簡異制하니 帝王之治 因時損益者를 可見矣니라

五服은 侯·甸·男·采·衛이니, 6년에 한 번 京師에 조회하면 12년에 왕이 한 번 巡狩한다. 때로 순수한다는 것은 舜이 四仲에 순수한 것과 같은 것이며, 제도를 상고한다는 것은 舜이 時와 月을 맞추고 日을 바로잡으며, 律·度·量·衡를 통일하는 등의 일과 같은 것이다. 제후가 각기 方岳에서 조회한다는 것은 舜이 東后를 만나본 것과 같은 것이며, 크게 黜陟을 밝힌

다는 것은 舜이 幽明을 출척함과 같은 것이다. 드물게 하고 자주함이 때가 다르고, 번거롭고 간략함이 제도가 다르니, 제왕의 다스림이 때에 따라 損益(加減)함을 볼 수 있다.

15. 王曰 嗚呼라 凡我有官君子아 欽乃攸司하며 愼乃出令하라 令出은 惟行이라 弗惟反이니 以公滅私하면 民其允懷하리라

왕이 말씀하였다. "아! 무릇 우리의 관직을 소유한 훌륭한 군자들아! 너희가 맡은 직책을 공경하며 너희가 내는 명령을 삼가라. 명령을 냄은 행하려 함이요 역행하려 함이 아니니, 公으로 私를 멸하면 백성들이 믿고 복종할 것이다.

建官之體統은 前章에 旣訓迪之矣요 此則居守官職者咸在하니 曰凡有官君子者는 合尊卑小大而同訓之也라 反者는 令出에 不可行而壅逆之謂라 言敬汝所主之職하고 謹汝所出之令하라 令出은 欲其行이니 不欲其壅逆而不行也라 以天下之公理로 滅一己之私情이면 則令行而民莫不敬信懷服矣리라

관직을 세운 체통은 前章에 이미 訓迪하였고, 여기에는 관직에 거하여 맡은 자가 모두 있으니, '무릇 관직을 소유한 군자'라고 말한 것은 尊卑와 小大를 합하여 함께 훈계한 것이다. 反은 명령이 나옴에 행할 수가 없어 막히고 거슬림을 이른다. 너희가 맡은 바의 직책을 공경하고 너희가 내는 바의 명령을 삼가라. 명령을 냄은 행하려고 하는 것이니, 막히고 거슬려 행하지 않고자 하는 것이 아니다. 천하의 公理로 一身의 私情을 멸하면 명령이 행해져서 백성들이 공경하여 믿고 그리워하여 복종하지 않음이 없을 것이다.

16. 學古入官하여 議事以制하여사 政乃不迷하리니 其爾는

欽 : 공경할 흠 壅 : 막을 옹

典常으로 作之師하고 無以利口로 亂厥官하라 蓄疑하면 敗謀하며 怠忽하면 荒政하며 不學하면 牆面이라 莅事惟煩하리라

옛법을 배우고서 官에 들어가 일을 의논하여 맞게 하여야 정사가 마침내 잘못되지 않을 것이니, 너희는 떳떳한 법을 스승으로 삼고, 말 잘하는 입으로 관직을 어지럽히지 말라. 의심이 쌓이면 계책을 무너뜨리며, 게으르고 소홀히 하면 정사를 황폐시키며, 배우지 않으면 담장에 얼굴을 대고 서 있는 것과 같아서 일에 임함에 번거로울 것이다.

學古는 學前代之法也라 制는 裁度(탁)也요 迷는 錯繆(착류)也라 典常은 當代之法也라 周家典常은 皆文武周公之所講畫이라 至精至備하니 凡莅官者 謹師之而已요 不可喋喋利口로 更(경)改而紛亂之也라 積疑不決하면 必敗其謀하고 怠惰忽略하면 必荒其政하며 人而不學이면 其猶正牆面而立하니 必無所見하여 而擧錯煩擾也리라

○ 蘇氏曰 鄭子產이 鑄刑書한대 晉叔向이 譏之曰 昔先王이 議事以制하여 不爲刑辟이라하니 其言이 蓋取諸此라 先王은 人法竝任이로되 而任人爲多라 故로 律은 設大法而已요 其輕重之詳은 則付之人하여 臨事而議하여 以制其出入이라 故로 刑簡而政淸이라 自唐以前으로는 治罪科條 止於今律令[1]而已하니 人之所犯은 日變無窮하고 而律令은 有限이라 以有限으로 治無窮이로되 不聞有所闕하니 豈非人法兼行하여 吏猶得臨事而議乎아 今엔 律令之外에 科條數萬이로되 而不足於用하여 有司請立新法者 日益不已하니 嗚呼라 任法之弊 一至於此哉인저

學古는 前代의 法을 배우는 것이다. 制는 裁度(헤아려 맞게 함)함이요, 迷는 錯繆(그릇되고 잘못됨)함이다. 典常은 당대의 법이다. 周나라의 典常은 모두 文王·武王·周公이 강론하고 계획한 것이므로 지극히 정밀하고 지극히 구비하였으니, 무릇 관직에 임한 자들은 삼가 이것을 본받을 뿐이요, 喋喋히 말 잘하는 입으로 고쳐서 분란시키지 말아야 한다. 의심을 쌓고 결

牆 : 담 장　莅 : 임할 리　錯 : 어그러질 착　繆 : 어그러질 류

喋 : 말잘할 첩　鑄 : 쇠녹여만들 주

단하지 않으면 반드시 계책을 무너뜨리고, 게으르고 소홀히 하면 반드시 정사를 황폐시키며, 사람이 배우지 않으면 바로 얼굴을 담장에 대고 선 것과 같으니, 반드시 보는 바가 없어서 擧措가 번거롭고 어지러울 것이다.

○ 蘇氏가 말하였다. "鄭나라 子産이 刑書를 鑄造하자, 晉나라 叔向이 비판하기를 '옛날 先王은 일을 의논하여 맞게 해서 刑辟의 글을 만들지 않았다' 하였으니, 그 말이 여기에서 취해 온 것이다. 先王은 사람과 법에 함께 맡겼으나 사람에게 맡김이 많았다. 이 때문에 律은 큰 법을 설치했을 뿐이요, 輕重의 자세함은 사람에게 맡겨 일에 임해 의논해서 그 出入을 맞게 하였으므로 형벌이 간략하고 정사가 깨끗하였다. 唐나라로부터 그 이전에는 죄를 다스리는 科條가 지금의 律令에 그쳤을 뿐이니, 사람들의 범죄는 날로 변하여 무궁하고 律令은 한계가 있다. 한계가 있는 율령으로 무궁한 죄를 다스리되 부족한 바가 있다는 말을 듣지 못하였으니, 어찌 사람과 법이 함께 행해져서 관리가 오히려 일에 임해 의논할 수 있었던 때문이 아니겠는가. 지금은 律令 이외에 科條가 수만 가지인데도 씀에 부족해서 有司가 새 법을 만들 것을 청하는 자가 날로 늘어나 그치지 않으니, 아! 법에 맡기는 폐단이 마침내 이에 이르렀단 말인가."

譯註 1. 律令 : 法典을 이른다. 戰國時代 魏文侯가 李悝를 시켜 지은 《法經》 6篇이 기준이 되었는바, 그후 漢나라 때 蕭何가 《益律》 3편을 추가하였고 叔孫通·張湯·趙禹 등이 다시 추가하여 도합 60여 편이 되었으며, 이외에 상황에 따라 처리한 일을 《令甲》으로 만든 3백 편이 있다.

17. 戒爾卿士하노니 功崇은 惟志요 業廣은 惟勤이니 惟克果斷하야사 乃罔後艱하리라

너희 卿士들에게 경계하노니, 功이 높음은 뜻 때문이요, 業이 넓음은 부지런함 때문이니, 능히 과단하여야 뒤에 어려움이 없을 것이다.

此下는 申戒卿士也라 王氏曰 功以智崇이요 業以仁廣이요 斷以勇克이니 此三者는 天下之達道[1]也라 呂氏曰 功者는 業之成也요 業者는 功之積也니 崇其功者는 存乎志요 廣其業者는 存乎勤이요 勤은 由志而生하고 志

는 待勤而遂하며 雖有二者라도 當幾而不能果斷이면 則志與勤虛用하여 而終蹈後艱矣리라

이 이하는 卿士들을 거듭 경계한 것이다. 王氏가 말하였다. "功은 智로 말미암아 높아지고, 業은 仁으로 말미암아 넓어지고, 과단은 용맹으로 말미암아 능해지니, 이 세 가지는 천하의 達道이다."

呂氏가 말하였다. "공은 업이 이루어진 것이요 업은 공이 쌓여진 것이니, 공을 높이는 것은 뜻에 달려 있고, 업을 넓히는 것은 부지런함에 달려 있으며, 부지런함은 뜻으로 말미암아 생기고, 뜻은 부지런함을 기다려 이루어진다. 그러나 비록 이 두 가지가 있더라도 기회를 당하여 과단하지 못하면 뜻과 부지런함이 헛되이 쓰여져서 끝내 뒤에 어려움을 밟을 것이다."

譯註 1. 天下之達道 : 達道는 누구나 함께 행하여야 할 道理로 父子有親·君臣有義 등의 五倫을 가리킨다. 《中庸》에 "父子也 君臣也 夫婦也 長幼也 朋友之交也 五者 天下之達道也"라고 보인다.

18. 位不期驕[1]며 祿不期侈니 恭儉惟德이요 無載爾僞하라 作德하면 心逸하여 日休하고 作僞하면 心勞하여 日拙하나니라

지위는 교만함과 기약하지 않아도 교만해지고 祿은 사치함과 기약하지 않아도 사치해지니, 恭儉을 덕으로 삼고 너의 거짓을 행하지 말라. 德을 행하면 마음이 편안하여 날로 아름다워지고, 거짓을 행하면 마음이 수고로워 날로 졸렬해진다.

譯註 1. 位不期驕 : 諺解에는 《集傳》의 설명을 따라 "지위는 기약하지 않아도 교만해지며"로 풀이하였으나 退溪는 위의 해석을 비판하고 '位는 驕로(驕와 더불어) 期치 아니며' 또는 '驕를 期하는주리(期하려는 것이) 아니며'가 타당한 것으로 보았으므로 두 가지를 折衷하여 위와 같이 해석하였다. 아래의 '祿不期侈' 역시 그러하다. 退溪는 "이 文勢는 위의 〈皐陶謨〉의 '天聰明自我民聰明 天明畏自我民明畏'와 똑같으니, 참고하라." 하였다.

貴는 不與驕期로되 而驕自至하고 祿은 不與侈期로되 而侈自至라 故로 居是位면 當知所以恭이요 饗是祿이면 當知所以儉이라 然恭儉을 豈可以聲音笑貌爲哉리오 當有實得於己요 不可從事於僞라 作德하면 則中外惟一이라 故로 心逸而日休休焉하고 作僞하면 則揜護不暇라 故로 心勞而日著其拙矣라 或曰 期는 待也니 位는 所以崇德이요 非期於爲驕며 祿은 所以報功이요 非期於爲侈라하니 亦通이니라

귀함은 교만함과 기약하지 않아도 교만함이 스스로 이르고, 녹은 사치함과 기약하지 않아도 사치함이 스스로 이른다. 그러므로 이 지위에 거하면 마땅히 공손할 것을 알아야 하고, 이 녹을 누리면 마땅히 검소할 것을 알아야 한다. 그러나 공손함과 검소함을 어찌 음성과 웃음과 모양으로 하겠는가. 마땅히 자신에게 실제로 얻음이 있어야 하고, 거짓에 종사하지는 말아야 한다. 덕을 하면 중심과 외모가 하나가 되므로 마음이 편안하여 날로 아름다워지고, 거짓을 행하면 잘못을 가리고 비호하기에 겨를이 없으므로 마음이 수고로워 날로 졸렬함이 드러나는 것이다. 혹자는 말하기를 "期는 기대함이니, 지위는 덕이 있는 이를 높이기 위한 것이요 교만한 짓을 하라고 기대한 것이 아니며, 녹은 공이 있는 자에게 보답하기 위한 것이요 사치함을 하라고 기대한 것이 아니다." 하니, 또한 통한다.

19. 居寵思危하여 罔不惟畏하라 弗畏면 入畏하리라

寵盛에 거하면 위태로움을 생각하여 두려워하지 않음이 없도록 하라. 두려워하지 않으면 두려움으로 들어갈 것이다.

居寵盛이면 則思危辱하여 當無所不致其祗畏니 苟不知祗畏하면 則入于可畏之中矣리라 後之患失者는 與思危相似나 然思危者는 以寵利爲憂하고 患失者는 以寵利爲樂하니 所存이 大不同也니라

寵盛에 거하면 위태로움과 욕됨을 생각하여 마땅히 공경과 두려움을 지극히 하지 않음이 없어야 하니, 만일 공경하고 두려워할 줄을 알지 못하면

饗 : 누릴 향　揜 : 가릴 암

두려워할 만한 가운데로 들어갈 것이다. 후세에 富貴를 잃을까 근심하는 자는 위태로움을 생각하는 자와 서로 유사하나 위태로움을 생각하는 자는 寵利를 걱정으로 삼고, 부귀를 잃을까 근심하는 자는 寵利를 낙으로 삼으니, 마음에 두고 있는 것이 크게 같지 않다.

20. 推賢讓能하면 庶官이 乃和하고 不和하면 政厖하리니 擧能其官이 惟爾之能이며 稱匪其人이 惟爾不任이니라

어진이에게 미루고 능한 이에게 사양하면 모든 관원들이 和하고, 화하지 않으면 정사가 잡될 것이니, 천거한 자가 관직을 잘 수행하면 이는 너희가 능한 것이며, 천거한 자가 훌륭한 사람이 아니면 이는 너희가 책임을 감당하지 못하는 것이다."

賢은 有德者也요 能은 有才者也라 王氏曰 道는 二니 義利而已라 推賢讓能은 所以爲義니 大臣이 出於義면 則莫不出於義하리니 此庶官所以不爭而和요 蔽賢害能은 所以爲利니 大臣이 出於利면 則莫不出於利하리니 此庶官所以爭而不和니 庶官不和면 則政必雜亂而不理矣리라 稱亦擧也니 所擧之人이 能修其官이면 是亦爾之所能이요 擧非其人이면 是亦爾不勝任이라 古者大臣이 以人事君에 其責如此하니라

賢은 德이 있는 자이고, 能은 재주가 있는 자이다. 王氏가 말하였다. "道(길)는 두 가지이니 義와 利 뿐이다. 어진이에게 미루고 능한 이에게 사양함은 義를 하는 것이니, 大臣이 義에서 나오면 義에서 나오지 않음이 없을 것이니, 이는 여러 관원들이 다투지 아니하여 和한 까닭이며, 賢者를 가리고 능한 이를 해침은 利를 하는 것이니, 대신이 利에서 나오면 利에서 나오지 않음이 없을 것이니, 이는 여러 관원들이 다투어 不和하게 되는 이유이니, 여러 관원이 不和하면 정사가 반드시 잡란하여 다스려지지 못할 것이다."

稱 또한 듦이니, 들어서 쓴 사람이 관직을 잘 수행하면 이 또한 너희가

厖 : 잡될 방 稱 : 들 칭

능한 것이며, 들어서 쓴 사람이 현자가 아니면 이 또한 너희가 책임을 감당하지 못하는 것이다. 옛날 大臣이 사람으로써 군주를 섬김에 그 책임이 이와 같았다.

21. 王曰 嗚呼라 三事暨大夫아 敬爾有官하며 亂爾有政[1]하여 以佑乃辟하여 永康兆民하여 萬邦이 惟無斁케하라

왕이 말씀하였다. "아! 三事와 大夫들아. 네가 보유한 관직을 공경히 수행하며, 네가 보유한 정사를 다스려서 너희 군주를 도와 길이 兆民을 편안히 해서 萬邦이 싫어함이 없게 하라."

譯註 1. 敬爾有官 亂爾有政 : 有를 虛字로 보아 '네 관직을 공경하며 네 정사를 다스려'로 해석하여도 된다.

三事는 卽立政三事也라 亂은 治也라 篇終에 歎息하여 上自三事로 下至大夫히 而申戒勅之也라 其不及公孤者는 公孤는 德尊位隆하여 非有待於戒勅也일새니라

三事는 곧 〈立政〉의 三事이다. 亂은 다스림이다. 편의 마지막에 탄식하여 위로 三事로부터 아래로 大夫에 이르기까지 거듭 경계하고 신칙한 것이다. 公·孤에 미치지 않은 것은 公·孤는 덕이 높고 지위가 높아서 경계하고 신칙함을 기다림이 있지 않기 때문이다.

君陳

君陳은 臣名이라 唐孔氏曰 周公이 遷殷頑民於下都하고 周公親自監之러니 周公旣歿에 成王이 命君陳하여 代周公하니 此其策命之詞라 史錄其書하고 以君陳名篇이라하니 今文無, 古文有하니라

斁 : 싫을 역

君陳은 신하의 이름이다. 唐나라 孔氏는 말하기를 "周公이 殷나라의 완악한 백성들을 下都(洛陽)에 옮기고 周公이 친히 감시하였는데, 周公이 별세하자 成王이 君陳을 명하여 周公을 대신하게 하니, 이것이 그 策命한 말이다. 史官이 그 글을 기록하고 君陳이라고 편명을 하였다." 하였으니, 今文에는 없고 古文에는 있다.

1. 王若曰 君陳아 惟爾令德은 孝恭이니 惟孝[1)]하며 友于兄弟하여 克施有政할새 命汝하여 尹茲東郊하노니 敬哉하라

王이 다음과 같이 말씀하였다. "君陳아! 너의 훌륭한 덕은 효도와 공손함이니, 효도하고 형제에게 우애하여 능히 정사에 시행하기에 너에게 명하여 이 東郊를 다스리게 하노니, 공경하라.

譯註 1. 孝恭惟孝 : 《論語》〈爲政〉에 '書云 孝乎惟孝'라고 보이는바, 朱子는 이 篇을 참고하여 '書云孝乎'로 句를 떼었으나 淸代 考證學者들은 "梅賾이 《論語》 등을 참고하여 僞古文尙書를 지을 적에 잘못 인용한 것으로 보아 '孝乎惟孝'가 맞다." 하였으며, 丁茶山은 '孝乎惟孝'를 '효성스럽다! 효도하며'로 해석하여 앞의 '孝乎'는 孝를 감탄한 것으로 설명하였다.

言君陳이 有令德하여 事親孝하고 事上恭하니 惟其孝友於家라 是以로 能施政於邦이라 孔子曰 居家理라 故로 治可移於官이라하시니라 陳氏曰 天子之國은 五十里爲近郊니 自王城言之하면 則下都는 乃東郊之地라 故로 君陳, 畢命에 皆指下都爲東郊하니라

君陳이 훌륭한 德이 있어 어버이를 섬김이 효성스럽고 윗사람을 섬김에 공손하였으니, 집에서 효도하고 우애하였기 때문에 나라에 정사를 베풀 수 있음을 말한 것이다. 孔子가 말씀하기를 "집에 居함에 다스려지기 때문에 다스려짐을 관청에 옮길 수 있다." 하였다.

陳氏가 말하기를 "천자의 나라는 50리가 近郊가 되니, 王城으로부터 말하면 下都는 바로 東郊의 땅이다. 그러므로 〈君陳〉과 〈畢命〉에 모두 下都

를 가리켜 東郊라 하였다."

2. 昔에 周公이 師保萬民하신대 民懷其德하나니 往愼乃司하여 玆率厥常하여 懋昭周公之訓하면 惟民其乂하리라

옛날에 周公이 萬民을 가르치고 보호하였으므로 백성들이 그 덕을 그리워하니, 가서 네가 맡은 직책을 삼가 그 떳떳함을 따라서 周公의 가르침을 힘써 밝히면 백성들이 다스려질 것이다.

周公之在東郊에 有師之尊하고 有保之親하니 師敎之하고 保安之하여 民懷其德하나니 君陳之往에 但當謹其所司하여 率循其常하여 勉明周公之舊訓이면 則民其治矣라 蓋周公旣歿에 民方思慕周公之訓하니 君陳이 能發明而光大之면 固宜其翕然聽順也라

周公이 東郊에 있을 적에 스승의 존귀함이 있고 保의 친함이 있었다. 스승이 되어 가르치고 保가 되어 편안히 하여 백성들이 그 덕을 그리워하고 있으니, 君陳이 감에 다만 맡은 바를 삼가 그 떳떳함을 따라서 周公의 옛 가르침을 힘써 밝히면 백성들이 다스려질 것이다. 周公이 별세함에 백성들이 막 周公의 가르침을 사모하고 있으니, 君陳이 발명하여 밝히고 크게 하면 진실로 翕然히 따라 순종할 것이다.

3. 我聞호니 曰 至治는 馨香하여 感于神明하나니 黍稷이 非馨이라 明德이 惟馨이라하니 爾尙式時周公之猷訓하여 惟日孜孜하여 無敢逸豫하라

내 들으니 이르기를 '지극한 정치는 향기로워 神明에 감동되니 黍稷이 향기로운 것이 아니라 밝은 덕이 향기롭다.' 하였다. 너는 부디 이 周公의 猷訓을 본받아서 날로 부지런히 하고 부지런히 하여 감히 逸豫하지 말라.

懋 : 힘쓸 무　翕 : 합할 흡　馨 : 향기 형　猷 : 꾀 유　孜 : 부지런할 자

呂氏曰 成王이 旣勉君陳昭周公之訓하고 復擧周公精微之訓하여 以告之하니 至治馨香以下四語는 所謂周公之訓也라 旣言此하고 而揭之以爾尙式是周公之猷訓이면 則是四言은 爲周公之訓이 明矣라 物之精華는 固無二體나 然形質止而氣臭升하니 止者는 有方하고 升者는 無間[1]하니 則馨香者는 精華之上達者也라 至治之極에 馨香發聞하여 感格神明하여 不疾而速하니 凡昭薦黍稷之苾芬이 是豈黍稷之馨哉아 所以苾芬者는 實明德之馨也라 至治는 擧其成이요 明德은 循其本이니 非有二馨香也라 周公之訓이 固爲精微어시늘 而擧以告君陳하니 尤當其可라 自殷頑民言之하면 欲其感格인댄 非可刑驅而勢迫이니 所謂洞達無間者를 蓋當深省也요 自周公法度言之하면 典章雖具나 苟無前人之德이면 則索然萎苶하여 徒爲陳迹也라 故로 勉之以用是猷訓하여 惟日孜孜하여 無敢逸豫焉이라 是訓也 至精至微하니 非日新不已하여 深致敬篤之功이면 孰能與於斯리오

呂氏가 말하였다. "成王이 이미 君陳에게 周公의 가르침을 밝힐 것을 권면하고 다시 周公의 정미한 가르침을 들어 告하였으니, '至治馨香' 이하의 네 말씀은 이른바 周公의 가르침이란 것이다. 이미 이것을 말하고 "너는 부디 周公의 猷訓을 본받으라."고 게시하였다면 이 네 말씀은 周公의 가르침이 됨이 분명하다."

물건의 精華는 진실로 두 體가 없으나 形質은 그치고 氣臭는 올라간다. 그치는 것은 方所가 있고 올라가는 것은 간격이 없으니, 馨香은 精華가 위로 도달하는 것이다. 至治가 지극함에 馨香이 發聞(풍김)하여 神明을 감동시켜서 빠르지 않으면서도 속하니, 무릇 향기로운 黍稷을 밝게 올리는 것이 어찌 黍稷의 향기로움 때문이겠는가. 향기로운 까닭은 실로 明德이 향기롭기 때문이다. 至治는 그 이룸을 든 것이요, 明德은 그 근본을 따른 것이니, 두 가지 향기로움이 있는 것이 아니다. 周公의 가르침이 진실로 정미한데 들어서 君陳에게 고하였으니, 더욱 그 可함에 마땅하다. 殷나라의 완악한 백성을 가지고 말하면 이들을 감동시키고자 할진댄 형벌로 몰고 세력으로 핍박할 것이 아니니, 이른바 '通達하여 간격이 없다'는 것을 마땅히

苾 : 향기로울 필　芬 : 향기로울 분　索 : 쓸쓸할 삭　萎 : 시들 위　苶 : 파리할 날

깊이 살펴야 할 것이며, 周公의 법도를 가지고 말하면 典章이 모두 갖춰졌으나 만약 前人의 덕이 없으면 索然히 萎苶(피폐)하여 한갓 묵은 자취가 될 뿐이다. 그러므로 이 猷訓을 따라 날로 부지런히 부지런히 해서 감히 逸豫하지 말라고 권면한 것이다. 이 교훈은 지극히 정하고 지극히 은미하니, 날로 새로워지고 그치지 아니하여 공경하고 돈독히 하는 공부를 깊이 이루는 자가 아니면 누가 능히 여기에 참여하겠는가.

譯註 1. 止者有方 升者無間：止者는 黍稷이나 犧牲인바, 이러한 것들은 祭器에 담겨져 일정한 方所가 있는 반면 升者는 향기이므로 간격이 없다고 말한 것이다.

4. 凡人이 未見聖하여는 若不克見하다가 既見聖하여는 亦不克由聖하나니 爾其戒哉어다 爾惟風이요 下民은 惟草니라

무릇 사람들이 聖人을 보기 전에는 능히 보지 못할 듯이 여기다가 聖人을 보고 나서는 또한 聖人을 따르지 않으니, 너는 이것을 경계할지어다. 비유하면 너는 바람이고 下民은 풀이다.

未見聖하여는 如不能得見하다가 既見聖하여는 亦不能由聖은 人情皆然이로되 君陳은 親見周公故로 特申戒以此하니라 君子之德은 風也요 小人之德은 草也니 草上(尙)之風이면 必偃하나니 君陳이 克由周公之訓이면 則商民이 亦由君陳之訓矣리라

聖人을 보기 전에는 능히 보지 못할 듯이 여기다가 이미 聖人을 보고 나서는 또한 聖人을 따르지 못함은 人情이 다 그러하나 君陳은 친히 周公을 보았으므로 특별히 이로써 거듭 훈계한 것이다. 君子의 德은 바람이고 小人의 德은 풀이니, 풀에 바람이 가해지면 반드시 쓸리니, 君陳이 周公의 가르침을 잘 따르면 商나라 백성들 또한 君陳의 가르침을 따를 것이다.

5. 圖厥政호되 莫或不艱하여 有廢有興에 出入을 自爾師虞

偃：누울 언 虞：헤아릴 우

하여 庶言同則繹하라

정사를 도모하되 혹시라도 어렵게 여기지 않음이 없어서 폐할 것이 있고 일으킬 것이 있을 적에 출입(반복)하기를 너의 무리들로부터 헤아려 여러 말이 같거든 다시 생각하라.

師는 衆이요 虞는 度(탁)也라 言圖謀其政호되 無小無大히 莫或不致其難하여 有所當廢하고 有所當興에 必出入反覆을 與衆共虞度之하여 衆論旣同이어든 則又紬繹而深思之而後行也라 蓋出入自爾師虞者는 所以合乎人之同이요 庶言同則繹者는 所以斷於己之獨이라 孟子曰 國人皆曰賢然後察之하고 國人皆曰可殺然後察之라하시니 庶言同則繹之謂也니라

師는 무리이고 虞는 헤아림이다. 정사를 도모하되 작은 것이나 큰 것 할 것 없이 혹시라도 어렵게 여기지 않음이 없어서 마땅히 폐할 것이 있고 마땅히 일으킬 것이 있을 적에 반드시 출입하고 반복하기를 무리들과 함께 헤아려서 여러 의논이 이미 같거든 또 紬繹하여 깊이 생각한 뒤에 행하라고 말한 것이다. 출입하기를 너의 무리들로부터 헤아리라는 것은 남들과 똑같이함에 합하는 것이며, 여러 말이 같거든 다시 생각하라는 것은 자기 혼자함에 결단하는 것이다. 孟子가 말씀하기를 "國人이 모두 어질다고 말한 뒤에 살펴보고, 국인이 모두 죽일 만하다고 말한 뒤에 살펴본다." 하였으니, 여러 말이 같으면 다시 생각함을 말한 것이다.

6. 爾有嘉謀嘉猷어든 則入告爾后于內하고 爾乃順之于外하여 曰 斯謀斯猷 惟我后之德이라하라 嗚呼라 臣人이 咸若時라사 惟良顯哉인저

너는 아름다운 꾀와 아름다운 계책이 있거든 들어와 안에서 네 임금에게 告하고, 너는 마침내 밖에 가르쳐 말하기를 '이 꾀와 이 계책은 우리 임금님의 덕이다.'라고 하라. 아! 신하가 모두 이와 같이 하

繹 : 생각할 역

여야 어질고 드러날 것이다."

言切於事를 謂之謀요 言合於道를 謂之猷니 道與事 非二也요 各擧其甚者言之라 良은 以德言이요 顯은 以名言이라 或曰 成王이 擧君陳前日已陳之善하여 而歎息以美之也라
○ 葛氏曰 成王이 殆失斯言矣라 欲其臣善則稱君은 人臣之細行也라 然君旣有是心인댄 至於有過면 則將使誰執哉아 禹는 聞善言則拜하시고 湯은 改過不吝하시니 端不爲此言矣시리라 嗚呼라 此其所以爲成王歟인저

말이 일에 간절함을 謀라 하고, 말이 道에 합함을 猷라 하니, 道와 일은 두 가지가 아니요 각기 그 심한 것을 들어 말한 것이다. 良은 덕으로 말하였고, 顯은 명성으로 말한 것이다. 혹자는 말하기를 "成王이 君陳이 前日에 이미 말했던 善言을 거론하여 탄식하고 贊美한 것이다." 한다.
○ 葛氏가 말하였다. "成王이 자못 이 말씀을 실수하였다. 신하가 善한 것에는 군주를 칭하고자 함은 신하의 작은 행실이다. 그러나 군주가 이러한 마음이 있다면 잘못이 있음에 이를 경우 장차 누구로 하여금 잡게 하겠는가. 禹王은 善言을 들으면 절하였고, 湯王은 과실을 고침에 인색하지 않았으니, 결단코 이러한 말씀을 하지 않았을 것이다. 아! 이것이 그 成王이 된 이유일 것이다."

7. 王曰 君陳아 爾惟弘周公丕訓하여 無依勢作威하며 無倚法以削하고 寬而有制하며 從容以和하라

王이 말씀하였다. "君陳아! 너는 周公의 큰 가르침을 넓혀서 세력에 의지하여 위엄을 부리지 말며, 법에 의지하여 〈백성들을〉 侵削(侵害)하지 말고, 너그러우면서도 제재가 있으며, 從容히 하여 和하도록 하라.

此篇에 言周公訓者三이니 曰懋昭라하고 曰式時라하고 至此則弘周公之丕訓이라하니 欲其益張而大之也라 君陳이 何至依勢以爲威하고 倚法以侵削者리오 然勢는 我所有也요 法은 我所用也니 喜怒予奪에 毫髮不於人而於

己면 是私意也요 非公理也니 安能不作威以削乎아 君陳之世는 當寬和之時也라 然寬不可一於寬이요 必寬而有其制며 和不可一於和요 必從容以和之니 而後에 可以和厥中也니라

이 편에 周公의 가르침을 말한 것이 세 번이니, "힘써 밝히라." 하고, "이것을 본받으라." 하였고, 이에 이르러서는 "周公의 큰 가르침을 넓히라." 하였으니, 더욱 넓혀서 키우고자 한 것이다. 君陳이 어찌 세력에 의지하여 위엄을 부리며, 법에 의지하여 백성들을 侵削함에 이르는 자이겠는가. 그러나 세력은 자신이 소유하였고 법은 자신이 쓰고 있으니, 기뻐하고 노여워하고 주고 빼앗음에 털끝만큼이라도 상대방에게 〈객관적으로〉 하지 않고 자신에게 한다면 이것은 私意이고 公理가 아니니, 어찌 위엄을 부리고 침해하지 않겠는가. 君陳의 세대는 마땅히 너그럽고 화해야 할 때이다. 그러나 너그러움은 너그러움에 한결같지 말고 반드시 너그러우면서도 제재가 있어야 하며, 화함은 화함에 한결같지 말고 반드시 종용히 화해야 하니, 그런 뒤에야 中道에 화할 것이다.

8. 殷民이 在辟이어든 予曰辟이라도 爾惟勿辟하며 予曰宥라도 爾惟勿宥하고 惟厥中하라

殷나라 백성이 형벌(죄)에 있거든 내가 죄를 주라 하여도 너는 죄를 주지 말며, 내가 용서하라 하여도 너는 용서하지 말고 오직 알맞게 하라.

上章은 成王이 慮君陳之徇己하고 此則慮君陳之徇君也라 言殷民之在刑辟者를 不可徇君以爲生殺이요 惟當審其輕重之中也라

上章은 成王이 君陳이 자신의 사욕을 따름을 염려하였고, 여기서는 君陳이 임금을 따름을 염려한 것이다. 殷나라 백성 중에 형벽에 있는 자를 군주를 따라 살리거나 죽이지 말고, 오직 그 경중의 알맞음을 살펴야 함을 말한 것이다.

9. 有弗若于汝政하며 弗化于汝訓이어든 辟以止辟이라사 乃

辟하라

너의 정사에 순종하지 않고 너의 가르침에 교화되지 않는 자가 있거든 형벌하여 형벌을 그칠 수 있어야 이에 형벌하라.

其有不順于汝之政하며 不化于汝之訓이면 刑之可也라 然刑期無刑이니 刑而可以止刑者라야 乃刑之라 此는 終上章之辟이라

너의 정사에 순종하지 않고 너의 가르침에 교화되지 않는 자가 있으면 형벌함이 가하다. 그러나 형벌은 형벌이 없음을 기약하여야 하니, 형벌하여 형벌이 그칠 수 있는 경우에야 이에 형벌하라. 이는 上章의 형벌함을 끝맺은 것이다.

10. 狃于姦宄하며 敗常亂俗은 三細라도 不宥니라

姦宄에 익숙하며 떳떳함을 무너뜨리고 풍속을 어지럽힘은 이 세 가지는 작은 죄라도 용서하지 말아야 한다.

狃는 習也라 常은 典常也요 俗은 風俗也라 狃于姦宄와 與夫毁敗典常, 壞亂風俗은 人犯此三者면 雖小罪라도 亦不可宥니 以其所關者大也라 此는 終上章之宥라

狃는 익힘이다. 常은 떳떳한 법이요, 俗은 풍속이다. 姦宄에 익숙한 자와 典常을 毁敗하고 풍속을 壞亂시킴은 사람이 이 세 가지를 범하면 비록 작은 죄라도 또한 용서하지 말아야 하니, 관계되는 바가 크기 때문이다. 이는 上章의 용서함을 끝맺은 것이다.

11. 爾無忿疾于頑하며 無求備于一夫하라

너는 완악함에 분해 하거나 미워하지 말며, 한 지아비에게 완비하

狃 : 익힐 뉴 宄 : 바깥도적 궤 宥 : 용서할 유 疾 : 미워할 질 頑 : 완악할 완

기를 구하지 말라.

無忿疾人之所未化하고 無求備人之所不能이라

사람이 교화되지 않는 것에 분해 하거나 미워하지 말며, 사람이 능하지 못한 것에 완비하기를 구하지 말라.

12. 必有忍이라사 其乃有濟하며 有容이라사 德乃大하리라

반드시 참음이 있어야 이에 이룸이 있으며, 포용함이 있어야 덕이 이에 커질 것이다.

孔子曰 小不忍則亂大謀라하시니 必有所忍而後에 能有所濟라 然此猶有堅制力蓄之意요 若洪裕寬綽하여 恢恢乎有餘地者는 斯乃德之大也라 忍은 言事요 容은 言德이니 各以深淺言也라

孔子가 말씀하기를 "작은 일을 참지 않으면 큰 일을 어지럽힌다." 하였으니, 반드시 참는 바가 있은 뒤에 이루는 바가 있는 것이다. 그러나 이것은 오히려 억지로 제재하고 힘써 저지하는 뜻이 있으며, 洪裕하고 寬綽하여 恢恢하게 餘地가 있는 것으로 말하면 이는 바로 덕의 큼이다. 忍은 일을 말하고 容은 덕을 말하였으니, 각기 깊고 얕음으로써 말한 것이다.

13. 簡厥修호되 亦簡其或不修하며 進厥良하여 以率其或不良하라

직무를 잘 닦는 자를 簡拔(선발)하되 또한 혹 닦지 못하는 자를 간발하며, 어진 사람을 進用하여 혹 어질지 못한 자를 이끌도록 하라.

王氏曰 修는 謂其職業이요 良은 謂其行義라 職業이 有修與不修하니 當簡而別之면 則人勸功이요 進行義之良者하여 以率其不良이면 則人勵行이라

綽 : 너그러울 작　恢 : 넓을 회

王氏가 말하였다. "修는 직업(직무)을 이르고 良은 行義(품행)를 이른다. 직업은 닦여지고 닦여지지 않음이 있으니, 마땅히 간발하여 구별하면 사람들이 功을 권면하고, 行義가 어진 자를 등용하여 어질지 못한 자를 이끌게 하면 사람들이 행실을 힘쓴다."

14. 惟民生厚하나 因物有遷이라 違上所命하고 從厥攸好하나니 爾克敬典在德하면 時乃罔不變이라 允升于大猷하리니 惟予一人이 膺受多福하며 其爾之休도 終有辭於永世하리라

백성들이 태어날 때는 厚하나 물건에 따라 옮겨간다. 윗사람의 명령하는 바를 어기고 그(윗사람)의 좋아하는 바를 따르니, 네가 능히 떳떳한 道를 공경하되 덕에 있게 하면 이에 변하지 않는 자가 없어 진실로 大猷(대도)에 오를 것이니, 나 한 사람이 많은 복을 응하여 받을 것이며, 너의 아름다움도 끝내 영원한 세상에 훌륭한 명성이 있을 것이다."

言斯民之生이 其性本厚나 而所以澆薄者는 以誘於習俗하여 而爲物所遷耳라 然厚者旣可遷而薄이면 則薄者豈不可反而厚乎아 反薄歸厚는 特非聲音笑貌之所能爲爾라 民之於上에 固不從其令이요 而從其好하나니 大學言 其所令이 反其所好면 則民不從이라하니 亦此意也라 敬典者는 敬其君臣父子兄弟夫婦朋友之常道也요 在德者는 得其典常之道하여 而著之於身也라 蓋知敬典而不知在德이면 則典與我猶二也요 惟敬典而在德焉이면 則所敬之典이 無非實有諸己하니 實之感人이 捷於桴鼓라 所以時乃罔不變하여 而信升于大猷也라 如是면 則君受其福하고 臣成其美하여 而有令名於永世矣리라

이 백성이 태어날 때에는 그 性이 본래 厚하나 흐리고 탁하게 되는 까닭은 習俗에 유인되어 물건에게 옮겨지는 바가 되기 때문이다. 그러나 후한 것이 옮겨져서 박해졌으면 박한 것이 어찌 돌아가 후해지지 않겠는가. 박

猷 : 길 유 膺 : 받을 응 澆 : 엷을 요 捷 : 빠를 첩 桴 : 북채 부

한 것을 돌이켜 후함으로 돌아가게 함은 다만 음성이나 웃음과 모양으로 할 수 있는 것이 아니다. 백성들은 윗사람에 대하여 진실로 그 명령을 따르지 않고 그 좋아함을 따르니,《大學》에 "그 명령하는 바가 좋아하는 바와 반대이면 백성이 따르지 않는다."고 하였으니, 또한 이러한 뜻이다. 敬典은 君臣·父子·兄弟·夫婦·朋友의 떳떳한 도를 공경하는 것이며, 在德은 떳떳한 도를 얻어 몸에 드러나는 것이다. 떳떳한 도를 공경할 줄만 알고 덕에 있을 줄을 모르면 떳떳한 도와 내가 오히려 둘이 되고, 오직 떳떳한 도를 공경하면서 덕에 있게 하면 떳떳한 도가 실제로 자기 몸에 있지 않음이 없을 것이니, 실제가 사람을 감동시킴이 북채로 북을 치는 것보다도 빠르다. 이 때문에 이에 변화하지 않는 자가 없어 진실로 大猷에 오르는 것이다. 이와 같다면 군주가 복을 받고 신하가 아름다움을 이루어서 영원한 세상에 훌륭한 명성이 있을 것이다.

顧命

顧는 還視也라 成王將崩할새 命群臣하여 立康王이어늘 史序其事爲篇하니 謂之顧命者는 鄭玄云 回首曰顧니 臨死에 回顧而發命也라 今文古文皆有하니라

○ 呂氏曰 成王이 經三監之變하여 王室幾搖라 故로 此는 正其終始에 特詳焉이라 顧命은 成王所以正其終이요 康王之誥는 康王所以正其始니라

顧는 돌아봄이다. 成王이 장차 별세할 적에 群臣들에게 명하여 康王을 세우게 하였는데, 史官이 이 일을 서술하여 편을 만들었으니, 이를 顧命이라고 말한 것은 鄭玄이 이르기를 "머리를 돌림을 顧라 하니, 죽음에 임하여 머리를 돌려 명령을 낸 것이다." 하였다. 今文과 古文에 모두 있다.

○ 呂氏가 말하였다. "成王이 三監의 변란을 겪어 王室이 거의 흔들렸다. 그러므로 이는 그 終과 始를 바룸에 특별히 자세한 것이다. 〈顧命〉은 成王이 마침을 바룬 것이고, 〈康王之誥〉는 康王이 그 시작을 바룬 것이다."

1. 惟四月哉生魄에 王이 不懌하시다

4월 哉生魄에 왕이 기쁘지 않으셨다.

始生魄은 十六日이라 王有疾이라 故로 不悅懌이라

비로소 어둠이 생긴 것은 16일이다. 왕이 병이 있기 때문에 기쁘지 않은 것이다.

2. 甲子에 王이 乃洮頮水어시늘 相이 被冕服한대 憑玉几하시다

甲子日에 왕이 물로 손을 씻고 얼굴을 씻자 相(부축하는 자)이 冕服을 입히니, 玉几에 기대었다.

王이 發大命, 臨群臣엔 必齊戒沐浴이로되 今疾病危殆라 故但洮盥頮面이어늘 扶相者被以袞冕하니 憑玉几以發命이라

왕이 大命을 발하고 群臣에게 임할 때에는 반드시 재계하고 목욕하는데 지금 질병이 위태하므로 다만 손을 씻고 얼굴을 씻자 부축하여 돕는 자가 袞冕을 입히니, 玉几에 기대어 명령을 발한 것이다.

3. 乃同召太保奭과 芮伯과 彤伯과 畢公과 衛侯와 毛公과 師氏와 虎臣과 百尹과 御事하시다

이에 太保인 奭·芮伯·彤伯·畢公·衛侯·毛公·師氏·虎臣·百尹·御事들을 함께 불렀다.

同召六卿하고 下至御治事者라 太保, 芮伯, 彤伯, 畢公, 衛侯, 毛公은 六卿也니 冢宰第一이니 召公領之[1)]하고 司徒第二니 芮伯爲之하고 宗伯第

懌 : 기쁠 역　洮 : 손씻을 조(도)　頮 : 세수할 회　憑 : 의지할 빙
几 : 안석 궤　盥 : 세수할 관　芮 : 성 예　彤 : 붉을 동

三이니 彤伯爲之하고 司馬第四니 畢公領之하고 司寇第五니 衛侯爲之하고 司空第六이니 毛公領之라 太保, 畢, 毛는 三公兼也요 芮, 彤, 畢, 衛, 毛는 皆國名이니 人爲天子公卿이라 師氏는 大夫官이요 虎臣은 虎賁氏요 百尹은 百官之長及諸御治事者라 平時則召六卿하여 使帥其屬하나니 此則將發顧命일새 自六卿至御事히 同以王命召也라

六卿을 함께 부르고 아래로 일을 다스리는 자에 이른 것이다. 太保·芮伯·彤伯·畢公·衛侯·毛公은 六卿이다. 冢宰가 제일이니, 召公이 거느리고(겸직), 司徒가 두 번째이니 芮伯이 하고, 宗伯이 세 번째이니 彤伯이 하고, 司馬가 네 번째이니 畢公이 거느리고, 司寇가 다섯 번째이니 衛侯가 하고, 司空이 여섯 번째이니 毛公이 거느렸다. 太保와 畢公과 毛公은 三公을 겸하였고, 芮·彤·畢·衛·毛는 모두 나라의 이름이니 들어와서 천자의 公卿이 된 것이다. 師氏는 大夫의 관원이고, 虎臣은 虎賁氏이고, 百尹은 百官의 우두머리 및 여러 일을 다스리는 자이다. 평상시에는 六卿을 불러 그 관속을 거느리게 하는데, 이때에는 장차 顧命을 내려 하였으므로 六卿으로부터 御事에 이르기까지 똑같이 왕명으로 부른 것이다.

譯註 1. 召公領之 : 領은 高官이 낮은 벼슬을 겸임하는 것으로 당시 召公은 三公의 하나인 太保가 되어 冢宰를 겸임하였다.

4. 王曰 嗚呼라 疾이 大漸惟幾하여 病日臻하여 旣彌留할새 恐不獲誓言嗣하여 茲予審訓命汝하노라

王이 말씀하였다. "아! 병이 크게 번져 위태로워서 병이 날로 이르러 이미 더 심해지고 오래 지체하므로 맹세하는 말을 하여 〈내 뜻을〉 잇지 못할까 두려워, 이에 내 살펴 가르쳐 너를 명하노라.

此下는 成王之顧命也라 自嘆其疾大進하여 惟危殆하여 病日至하여 旣彌甚而留連할새 恐遂死하여 不得誓言以嗣續我志하니 此我所以詳審發訓命汝라 統言曰疾이요 甚言曰病이라

臻 : 이를 진　彌 : 더할 미　嗣 : 이을 사

이 이하는 成王의 顧命이다. 스스로 탄식하기를 "병이 크게 진전되어 위태로워서 병이 날로 이르러 이미 더 심해지고 留連하기에 마침내 죽어서 맹세하는 말을 하여 나의 뜻을 잇지 못할까 두려우니, 이 때문에 내 자세히 살펴 훈계를 내어 너를 명하는 것이다. 통틀어 말하면 疾이라 하고, 심한 것으로 말하면 病이라 한다.

5. 昔君文王武王이 宣重光하사 奠麗(리)陳教하신대 則肄(예)하여 肄不違하여 用克達殷하여 集大命하시니라

옛날 군주이신 文王·武王이 거듭 빛난 德을 베푸시어 〈백성들이〉 의지하여 살 바를 정해주고 가르침을 펴시자, 백성들이 익혀 익히고 어기지 아니하여 능히 殷나라에 도달해서 큰 명을 모으셨다.

武猶文일새 謂之重光하니 猶舜如堯일새 謂之重華也라 奠은 定이요 麗는 依也라 言文武宣布重明之德하사 定民所依하고 陳列教條하신대 則民習服하여 習而不違하여 天下化之하니 用能達於殷邦하여 而集大命於周也라

武王이 文王과 같으므로 重光이라 이른 것이니, 舜이 堯와 같으므로 重華라 이른 것과 같다. 奠은 정함이고, 麗는 의지함이다. 文王·武王이 거듭 밝은 덕을 선포하여 백성들이 의지할 바를 정해주고 가르침의 조목을 진열하자, 백성들이 習服(익혀 잘 행함)하여 익히고 어기지 아니하여 천하가 교화되었으니, 이 때문에 殷나라에 도달해서 大命을 周나라에 모았다고 말한 것이다.

6. 在後之侗하여 敬迓天威하여 嗣守文武大訓하여 無敢昏逾호라

뒤의 어리석은 나에 있어서는 하늘의 위엄을 공경히 맞이하여 文王·武王의 큰 교훈을 이어 지켜서 감히 어둡거나 넘음이 없었노라.

肄 : 익힐 예　侗 : 지각없을 동　迓 : 맞을 아　逾 : 넘을 유

侗은 愚也니 成王自稱이라 言其敬迎上天威命하여 而不敢少忽하여 嗣守文武大訓하여 而無敢昏逾라 天威는 天命也요 大訓은 述天命者也라 於天에 言天威하고 於文武에 言大訓하니 非有二也니라

侗은 어리석음이니, 成王이 자칭한 것이다. 공경히 上天의 威命을 맞이해서 감히 소홀히 하지 아니하여, 文王·武王의 큰 교훈을 이어 지켜서 감히 어둡거나 넘음이 없었음을 말한 것이다. 天威는 天命이고, 大訓은 천명을 기술한 것이다. 하늘에는 天威를 말하고, 文王·武王에는 大訓을 말했으니, 두 가지가 있는 것이 아니다.

7. 今天이 降疾하사 殆弗興弗悟로소니 爾尙明時朕言하여 用敬保元子釗(소)하여 弘濟于艱難하라

이제 하늘이 병을 내리시어 위태로워 일어나지 못하고 깨닫지 못하게 되었으니, 너는 부디 이 나의 말을 밝혀서 元子인 釗를 공경히 보호하여 어려움을 크게 구제하도록 하라.

釗는 康王名이라 成王言 今天이 降疾我身하여 殆將必死하여 弗興弗悟로소니 爾庶幾明是我言하여 用敬保元子釗하여 大濟于艱難이라 曰元子者는 正其統也라

釗는 康王의 이름이다. 成王이 말씀하기를 "이제 하늘이 내 몸에 병을 내려 위태로워 장차 반드시 죽어서 일어나지 못하고 깨닫지 못할 것이니, 너는 바라건대 나의 이 말을 밝혀서 공경히 원자인 釗를 보호하여 어려움을 크게 구제하라." 한 것이다. 元子라고 말한 것은 王統을 바르게 한 것이다.

8. 柔遠能邇하며 安勸小大庶邦하라

멀리 있는 자를 회유하고 가까이 있는 자를 잘 길들이며, 작고 큰

悟 : 깨달을 오 釗 : 힘쓸 소

여러 나라들을 편안히 하고 권면하라.

懷來馴擾하고 安寧勸導는 皆君道所當盡者라 合遠邇小大而言하니 又以見君德所施 公平周溥하여 而不可有所偏滯也라

회유하고 오게 하고 길들이며, 안녕하게 하고 勸導함은 모두 군주의 도리에 마땅히 다해야 할 것들이다. 遠邇와 小大를 합하여 말했으니, 또 군주의 덕을 베푸는 것이 公平하고 두루하여 편벽되고 막히는 바가 있어서는 안됨을 나타낸 것이다.

9. 思夫人은 自亂于威儀니 爾無以釗로 冒貢于非幾하라

생각하건대 사람은 스스로 威儀를 다스려야 하니, 너희들은 釗를 데리고 非幾(나쁜 幾微)에 무릅쓰고 나아가지 말라."

亂은 治也라 威者는 有威可畏요 儀者는 有儀可象이니 擧一身之則而言也라 蓋人이 受天地之中以生이라 是以로 有動作威儀之則하니 成王이 思夫人之所以爲人者는 自治於威儀耳라 自治云者는 正其身而不假於外求也라 貢은 進也라 成王이 又言 群臣은 其無以元子而冒進於不善之幾也라 蓋幾者는 動之微而善惡之所由分也니 非幾는 則發於不善而陷於惡矣라 威儀는 擧其著於外者而勉之也요 非幾는 擧其發於中者而戒之也라 威儀之治 皆本於一念一慮之微하니 可不謹乎아 孔子所謂知幾와 子思所謂謹獨과 周子所謂幾善惡[1]者 皆致意於是也라 成王垂絶之言에 而拳拳及此하니 其有得於周公者 亦深矣라

○ 蘇氏曰 死生之際는 聖賢之所甚重也라 成王將崩之一日에 被冕服하여 以見百官하여 出經遠保世之言하니 其不死於燕安婦人之手也 明矣라 其致刑措[2] 宜哉인저

亂은 다스림이다. 威는 위엄이 있어 두려울 만한 것이요, 儀는 예의가 있

馴 : 길들일 순 擾 : 길들일 요 溥 : 넓을 부 冒 : 무릅쓸 모
貢 : 나아갈 공 拳 : 생각할 권 措 : 버려둘 조

어 본받을 만한 것이니, 한 몸의 법칙을 들어 말한 것이다. 사람이 천지의 中(이치)을 받아 태어났다. 이 때문에 動作과 威儀의 법칙이 있으니, 成王이 생각하건대 사람이 사람이 되는 까닭은 스스로 위의를 다스리기 때문이라고 여긴 것이다. '스스로 다스린다'는 것은 자기 몸을 바루고 밖에 구함을 빌리지 않는 것이다. 貢은 나아감이다. 成王이 또 말씀하기를 "여러 신하들은 元子를 데리고 不善한 幾微에 무릅쓰고 나아가지 말라." 하였다. 幾는 동함이 은미한 것으로 善·惡이 말미암아 나누어지는 것이니, 非幾는 不善에서 발하여 惡에 빠지는 것이다. 威儀는 밖에 드러나는 것을 들어 권면한 것이요, 非幾는 마음 속에 발하는 것을 들어 경계한 것이다. 威儀의 다스림이 모두 한 생각과 한 思慮의 작은 것에서 근본하니, 삼가지 않겠는가. 孔子의 이른바 '기미를 안다'는 것과, 子思의 이른바 '홀로를 삼간다'는 것과, 周子의 이른바 '幾에 善·惡이 있다'는 것이 다 여기에 뜻을 다한 것이다. 成王의 垂絶(임종)하는 말씀에 拳拳히 여기에 미쳤으니, 周公에게서 얻음이 또한 깊은 것이다.

○ 蘇氏가 말하였다. "死生의 즈음은 聖賢이 매우 중하게 여기는 바이다. 成王이 장차 별세하려는 一日에 冕服을 입고서 백관을 만나 永遠히 지나도록 세상을 보존할 말씀을 내었으니, 편안히 부인의 손에서 죽지 않았음이 분명하다. 형벌을 버려두고 쓰지 않음을 이룬 것이 당연하구나."

譯註 1. 孔子所謂知幾 … 幾善惡 : 孔子의 말씀은 《周易》 〈繫辭下〉에 "知幾如神"이라고 보이며 子思의 말씀은 《中庸》의 "君子愼其獨"을 가리킨 것이며, 周子는 周濂溪로 '幾善惡'은 그의 저서인 《通書》에 보인다.

2. 刑措 : 刑措不用의 줄임말로 나라가 잘 다스려지고 백성들이 악한 자가 없어 형벌을 버려두고 쓰지 않는 것이다.

10. 茲既受命還커늘 出綴(추)衣于庭하더니 越翼日乙丑에 王이 崩하시다

이미 명을 받고 돌아가자, 綴衣를 路寢의 뜰에 내놓았는데, 다음날

綴 : 꿰맬 추

乙丑日에 王이 별세하였다.

綴衣는 幄帳也[1]니 群臣既退에 徹出幄帳於庭이라 喪大記云 疾病이어든 君徹懸하고 東首於北牖下 是也라 於其明日에 王崩이라

綴衣는 幄帳(휘장)이니, 群臣이 이미 물러가자 幄帳을 뜰에 거두어 내놓았다. 〈喪大記〉에 "군주가 병이 심해지면 매달아 놓은 악기(鐘磬)를 철거하고 북쪽 창문 아래에 동쪽으로 머리를 둔다."는 것이 이것이다. 그 다음 날에 王이 별세한 것이다.

譯註 1. 綴衣幄帳也 : 幄帳은 옷감을 꿰매어 연결해서 만든 휘장 따위로, 左右의 옆에 있는 것을 帳이라 하고 위에 있는 것을 幕이라 하고 여러 방을 사방으로 싸고 있는 것을 幄이라 한다.

11. 太保命仲桓, 南宮毛하여 俾爰齊侯呂伋으로 以二干戈와 虎賁百人으로 逆子釗於南門之外하여 延入翼室하여 恤宅宗하시다

太保가 仲桓과 南宮毛에게 명하여 齊侯인 呂伋으로 하여금 干戈 둘과 虎賁 백 명으로 太子 釗를 南門의 밖에서 맞이하여, 翼室로 인도해 들어와 恤宅(여막)에 종주가 되게 하였다.

桓, 毛는 二臣名이라 伋은 太公望子니 爲天子虎賁氏라 延은 引也라 翼室은 路寢旁左右翼室也라 太保以冢宰攝政하여 命桓毛二臣하여 使齊侯呂伋으로 以二干戈, 虎賁百人으로 逆太子釗于路寢門外하여 引入路寢翼室하여 爲憂居宗主也라 呂氏曰 發命者는 冢宰요 傳命者는 兩朝臣이요 承命者는 勳戚顯諸侯라 體統尊嚴하고 樞機周密하니 防危慮患之意 深矣라 入自端門하여 萬姓咸覩는 與天下共之也요 延入翼室하여 爲憂居之宗은

幄 : 장막 악　牖 : 창문 유　伋 : 생각할 급　賁 : 날랠 분　延 : 맞이할 연
閹 : 내시 엄　寺 : 내시 시　掖 : 대궐곁담 액

示天下不可一日無統也라 唐穆敬文武以降으로 閹寺執國命하여 易主於宮掖호되 而外廷猶不聞하니 然後에 知周家之制 曲盡備豫하여 雖一條一節이라도 亦不可廢也로라

桓과 毛는 두 신하의 이름이다. 伋은 太公 望의 아들이니, 천자국의 虎賁氏가 되었다. 延은 인도함이다. 翼室은 路寢 곁에 있는 左右의 翼室이다. 太保가 총재로서 섭정하여 桓·毛 두 신하에게 명해서 齊侯인 呂伋으로 하여금 干戈 둘과 虎賁 백 명으로 太子 釗를 路寢의 門 밖에서 맞이하여 路寢의 翼室로 인도해 들어와 憂居의 종주가 되게 한 것이다.

呂氏가 말하였다. "명령을 발한 것은 冢宰이고, 명령을 전달한 것은 두 朝臣이며, 명령을 받든 것은 勳戚(공로가 있는 외척)의 드러난 제후였다. 체통이 존엄하고 樞機가 周密하니, 위험을 막고 화를 염려한 뜻이 깊다. 端門(궁전의 正門)으로부터 들어와 萬姓이 모두 보게 한 것은 천하와 함께 한 것이며, 翼室로 맞이하여 들어와 憂居의 종주가 되게 한 것은 천하에 하루라도 통솔자가 없어서는 안됨을 보여준 것이다. 唐나라는 穆宗·敬宗·文宗·武宗 이후로 閹寺(환관)들이 나라의 정사를 잡아 宮掖(궁중)에서 군주를 바꿔도 밖의 조정에서는 오히려 듣지 못하였으니, 이러한 뒤에야 周나라의 제도가 곡진하고 미리 대비하여 비록 한 조목과 한 節目이라도 또한 폐할 수 없음을 알았다."

12. 丁卯에 命作冊度하시다

丁卯日에 명하여 책과 법도를 만들게 하였다.

命史하여 爲冊書法度하여 傳顧命於康王이라

史官에게 명하여 冊書와 法度를 만들어 顧命을 康王에게 전한 것이다.

13. 越七日癸酉에 伯相이 命士須材하니라

7일이 지난 癸酉日에 伯相(召公)이 士에게 명하여 〈棺槨의〉 재목을 취해오게 하였다.

伯相은 召公也니 召公이 以西伯爲相이라 須는 取也니 命士取材木하여 以供喪用이라

伯相은 召公이니, 召公이 西伯으로 相(정승)이 되었다. 須는 취함이니, 士에게 명하여 재목을 취해 오게 해서 喪事에 쓰도록 한 것이다.

14. 狄이 設黼扆(依)綴衣하니라

狄이 黼扆와 綴衣를 진설하였다.

狄은 下士라 祭統云 狄者는 樂吏之賤者也라하고 喪大記에 狄人이 設階라하니 蓋供喪役而典設張之事者也라 黼扆는 屛風畵爲斧文者니 設黼扆幄帳하여 如成王生存之日也라

狄은 下士이다. 〈祭統〉에 "狄은 樂吏 중에 천한 자이다." 하였고, 〈喪大記〉에 "狄人이 계단을 설치한다." 하였으니, 喪役에 종사하여 진설하고 베푸는 일을 맡은 자이다. 黼扆는 병풍에 도끼 문양을 그린 것이니, 黼扆와 幄帳을 진설하여 成王이 생존했던 날과 같이 한 것이다.

15. 牖間에 南嚮하여 敷重篾席黼純(준)하니 華玉仍几러라

牖의 사이에 남향하여 이중으로 된 篾席을 黼로 선두른 것을 펴니, 華玉으로 된 几는 그대로 두었다.

此는 平時見群臣覲諸侯之坐也라 敷設重席은 所謂天子之席三重者也라 篾席은 桃竹枝席[1]也라 黼는 白黑雜繒[2]이라 純은 緣也라 華는 彩色也니 華玉以飾几라 仍은 因也니 因生時所設也라 周禮에 吉事變几, 凶事仍几是也라

黼 : 보불 보 扆 : 병풍 의 敷 : 펼 부 篾 : 대껍질 멸 純 : 선두를 준
繒 : 비단 증 緣 : 선두를 연

이는 평상시 群臣을 만나보고 제후들에게 조회 받는 자리이다. 重席을 편 것은 이른바 천자의 자리가 삼중이라는 것이다. 篾席은 桃枝의 대로 만든 자리이다. 黼는 백색과 흑색이 섞여 있는 비단이다. 純은 선을 두른 것이다. 華는 채색이니, 華玉으로 几를 꾸민 것이다. 仍은 인함이니, 생시에 설치했던 것을 그대로 따른 것이다. 《周禮》에 "吉事(祭禮)에는 几를 변하고 凶事(喪禮)에는 几를 그대로 둔다."는 것이 이것이다.

譯註 1. 桃竹枝席 : 《蔡傳旁通》에 "桃竹枝는 마땅히 桃枝竹이 되어야 한다. 桃枝는 대나무의 이름으로 4寸마다 마디가 있으며 표피가 매끄러워 자리를 만들기에 적합하다." 하였다.

2. 黼白黑雜繒 : 黼는 백색과 흑색이 차례로 섞여 있는 비단에 도끼모양의 자수를 놓은 것이다.

16. 西序에 東嚮하여 敷重底席綴純하니 文貝仍几려라

西序에 동향하여 이중으로 된 底席을 여러 문채로 선두른 것을 펴니, 文貝로 꾸민 几는 그대로 두었다.

此는 旦夕聽事之坐也라 東西廂을 謂之序라 底席은 蒲席也라 綴는 雜彩라 文貝는 有文之貝니 以飾几也라

이는 아침저녁으로 정사를 다스리는 자리이다. 東西의 廂을 序라 이른다. 底席은 부들로 만든 자리이다. 綴는 여러가지 채색이다. 文貝는 무늬가 있는 조개이니, 이것으로 几를 꾸민 것이다.

17. 東序에 西嚮하여 敷重豊席畫純하니 雕玉仍几려라

東序에 서향하여 이중으로 된 豊席을 채색으로 선두른 것을 펴니, 雕玉으로 꾸민 几는 그대로 두었다.

廂 : 행랑 상　蒲 : 부들 포　雕 : 조각할 조　莞 : 왕골 관　鏤 : 새길 루

此는 養國老, 饗群臣之坐也라 豊席은 (筍)〔莞〕席也[1]라 畫는 彩色이라 雕는 刻鏤也라

이는 國老를 기르고 群臣을 연향하는 자리이다. 豊席은 莞席(왕골자리)이다. 畫는 채색이다. 雕는 조각한 것이다.

譯註 1. 豊席筍席也 : 《蔡傳旁通》에 아래에 별도로 筍席이 있음을 상기하고 古註를 들어 "筍은 마땅히 莞이 되어야 한다." 하였으므로 이에 의거하여 修訂하였다.

18. 西夾에 南嚮하여 敷重筍席玄紛純하니 漆仍几러라

西夾에 남향하여 이중으로 된 筍席을 검정색을 섞어 선두른 것을 펴니, 옻칠한 几는 그대로 두었다.

此는 親屬私燕之坐也니 西廂夾室之前이라 筍席은 竹席也라 紛은 雜也니 以玄黑之色으로 雜爲之緣이라 漆은 漆几也라 牖間兩序西夾에 其席有四하니 牖戶之間을 謂之扆라 天子는 負扆朝諸侯하니 則牖間南嚮之席은 坐之正也요 其三席은 各隨事以時設也라 將傳先王顧命일새 知神之在此乎아 在彼乎아 故로 兼設平生之坐也라

이는 親屬을 사사로이 잔치하는 자리이니, 西廂 夾室의 앞이다. 筍席은 대자리이다. 紛은 섞임이니, 玄黑의 색깔을 섞어 선두른 것이다. 漆은 옻칠한 几이다. 牖의 사이와 兩序와 西夾에 자리 네 개가 있으니, 牖戶의 사이를 扆라 이른다. 천자는 扆를 등지고 제후에게 조회받으니, 牖의 사이에 남향한 자리는 자리 중에 바른 것이며, 나머지 세 자리는 각각 일에 따라 때로 설치한다. 장차 先王의 顧命을 전하려 하는데 神이 여기에 있는지 저기에 있는지 알 수 있겠는가. 그러므로 평소의 자리를 겸하여 설치한 것이다.

19. 越玉五重하며 陳寶하니 赤刀와 大訓과 弘璧과 琬琰은

琬 : 아름다운옥 원(완) 琰 : 아름다운옥 염

在西序하고 **大玉**과 **夷玉**과 **天球**와 **河圖**는 **在東序**하고 **胤之舞衣**와 **大貝**와 **鼖鼓**는 **在西房**하고 **兌之戈**와 **和之弓**과 **垂之竹矢**는 **在東房**하니라

및 玉을 五重으로 진열하고 보물을 진열하니, 赤刀와 大訓과 弘璧(큰 벽옥)과 琬琰은 西序에 있고, 大玉(큰 옥)과 夷玉(보통 옥)과 天球와 河圖는 東序에 있고, 胤나라에서 만든 춤추는 옷과 大貝와 큰 북은 西房에 있고, 兌가 만든 창과 和가 만든 활과 垂가 만든 대나무 화살은 東房에 있었다.

於東西序坐北에 列玉五重하고 及陳先王所寶器物이라 赤刀는 赤削也라 大訓은 三皇五帝之書니 訓誥亦在焉이요 文武之訓을 亦曰大訓이라 弘璧은 大璧也라 琬琰은 圭名이라 夷는 常也요 球는 鳴球也라 河圖는 伏羲時에 龍馬負圖하여 出於河하니 一六位北하고 二七位南하고 三八位東하고 四九位西하고 五十居中者니 易大傳所謂河出圖 是也라 胤은 國名이니 胤國所制舞衣라 大貝는 如車渠[1]라 鼖鼓는 長八尺이라 兌, 和는 皆古之巧工이요 垂는 舜時共工이라 舞衣, 鼖鼓, 戈弓, 竹矢는 皆制作精巧하여 中法度라 故로 歷代傳寶之하니라 孔氏曰 弘璧, 琬琰, 大玉, 夷玉, 天球는 玉之五重也라 呂氏曰 西序所陳은 不惟赤刀弘璧이라 而大訓參之하고 東序所陳은 不惟大玉夷玉이라 而河圖參之하니 則其所寶者를 斷可識矣니라 愚謂 寶玉器物之陳은 非徒以爲國容觀美라 意者컨대 成王平日之所觀閱로 手澤在焉하니 陳之는 以象其生存也라 楊氏中庸傳曰 宗器를 於祭陳之는 示能守也요 於顧命陳之는 示能傳也라하니라

동·서의 序 자리 북쪽에 玉을 오중으로 진열하고 先王이 보물로 여긴 기물을 진열한 것이다. 赤刀는 붉은 削刀이다. 大訓은 三皇·五帝의 글이니, 訓誥가 또한 여기에 들어 있으며, 文王·武王의 가르침을 또한 大訓이라 한다. 弘璧은 큰 璧玉이다. 琬琰은 圭의 이름이다. 夷는 보통이요, 球는 鳴球

鼖 : 큰북 분

(石磬)이다. 河圖는 伏羲氏 때에 龍馬가 그림을 지고 하수에서 나오니, 1·6은 북쪽에 위치하고 2·7은 남쪽에 위치하고 3·8은 동쪽에 위치하고 4·9는 서쪽에 위치하고 5·10은 중앙에 위치하였으니, 《周易》의 〈大傳〉에 이른바 "河에서 圖가 나왔다."는 것이 이것이다. 胤은 나라의 이름이니, 胤나라에서 만든 춤추는 옷이다. 大貝는 車渠와 같은 것이다. 鼖鼓는 길이가 8척이다. 兌와 和는 모두 옛날에 공교로운 工人이며, 垂는 帝舜 때의 共工이다. 춤추는 옷과 큰 북과 창과 활과 대나무 화살은 모두 제작이 정교하여 법도에 맞는 까닭에 역대에 전하여 보물로 여긴 것이다.

孔氏가 말하였다. "弘璧·琬琰·大玉·夷玉·天球는 오중의 玉이다."

呂氏가 말하였다. "西序에 진열한 것은 단지 赤刀·弘璧 만이 아니요 大訓이 참여되었으며, 東序에 진열한 것은 단지 大玉·夷玉 만이 아니요 河圖가 참여되었으니, 그렇다면 그 보물로 여긴 것을 결단코 알 수 있다."

내가 생각하건대 寶玉과 기물을 진열한 것은 한갓 나라의 위용을 보기에 아름답게 하기 위해서가 아니요, 짐작컨대 成王이 평소에 보던 것으로 손때가 남아 있으니, 이것을 진열한 것은 그 생존함을 형상한 것이다. 楊氏의 《中庸傳》에 "宗器를 제사할 때에 진열함은 잘 지킴을 보이는 것이며, 顧命에 진열함은 잘 전함을 보이는 것이다." 하였다.

譯註 1. 大貝如車渠: 車渠는 큰 조개의 이름으로 크기가 수레바퀴의 도랑과 같다 하여 붙인 이름이라 하며, 또한 渠는 罔(그물)으로도 통하는바, 조개의 껍질이 수레의 그물 모양과 같기 때문에 이름하였다고도 한다.

20. 大輅는 在賓階하여 面하고 綴輅는 在阼階하여 面하고 先輅는 在左塾之前하고 次輅는 在右塾之前하니라

大輅는 賓階(서쪽 뜰)에 있어 面(남향)하고, 綴輅는 阼階(동쪽 뜰)에 있어 面하고, 先輅는 左塾의 앞에 있고, 次輅는 右塾의 앞에 있었다.

大輅는 玉輅也요 綴輅는 金輅也요 先輅는 木輅也요 次輅는 象輅, 革輅

阼: 동쪽섬돌 조　塾: 사랑채 숙

也라 王之五輅[1]에 玉輅는 以祀不以封하니 爲最貴요 金輅는 以封同姓하니 爲次之요 象輅는 以封異姓하니 爲又次之요 革輅는 以封四衛하니 爲又次之요 木輅는 以封蕃國하니 爲最賤이라 其行也는 貴者宜自近이요 賤者宜遠也라 王乘玉輅하니 綴之者는 金輅也라 故로 金輅를 謂之綴輅요 最遠者는 木輅也라 故로 木輅를 謂之先輅라 以木輅爲先輅면 則革輅, 象輅爲次輅矣라 賓階는 西階也요 阼階는 東階也라 面은 南嚮也라 塾은 門側堂也라 五輅陳列은 亦象成王之生存也라 周禮典路(輅)云 若有大祭祀면 則出路하고 大喪, 大賓客에도 亦如之라하니 是大喪出輅는 爲常禮也라 又按 所陳寶玉器物을 皆以西爲上者는 成王殯이 在西序故也라

大輅는 玉輅이고, 綴輅는 金輅이고, 先輅는 木輅이고, 次輅는 象輅와 革路이다. 王의 다섯 수레 중에 玉輅는 제사에만 쓰고 봉하는 데는 쓰지 않으니 가장 귀하고, 金輅는 同姓을 봉할 때에 쓰니 다음이 되고, 象輅는 異姓을 봉할 때에 쓰니 또 다음이 되고, 革輅는 四衛를 봉할 때에 쓰니 또 그 다음이 되고, 木輅는 蕃國을 봉할 때에 쓰니 가장 천하다. 그 항렬은 귀한 것이 자연 가까워야 하고 천한 것이 마땅히 멀어야 한다. 왕은 玉輅를 타니, 그 사이를 연결하는 것은 金輅이므로 金輅를 綴輅라 하였고, 가장 멀리 있는 것은 木輅이므로 목로를 先輅라 하였다. 木輅를 先輅라 한다면 革輅와 象輅가 次輅가 되는 것이다. 賓階는 서쪽 계단이고, 阼階는 동쪽 계단이다. 面은 남향이다. 塾은 문 곁에 있는 堂이다. 五輅를 진열한 것은 또한 成王이 생존함을 형상한 것이다. 《周禮》의 〈典路〉에 "만약 큰 제사가 있으면 수레를 내고, 큰 초상과 큰 빈객에도 또한 이와 같이 한다." 하였으니, 이 大喪에 수레를 냄은 떳떳한 禮이다. 또 살펴보건대 진열한 寶玉과 기물을 모두 서쪽을 上으로 삼은 것은 成王의 빈소가 西序에 있기 때문이다.

譯註 1. 王之五輅 : 玉輅와 金輅·象輅는 玉과 金과 象牙로 수레의 끝을 장식한 것이며, 革輅는 가죽으로 위를 덮고 옻칠한 것이며, 木輅는 가죽으로 덮지 않고 옻칠만 한 것이다.

21. 二人은 雀弁으로 執惠하여 立于畢門之內하고 四人은 綦

殯 : 빈소 빈 雀 : 참새 작 綦 : 얼룩무늬 기

弁으로 執戈上刃하여 夾兩階戺하고 一人은 冕으로 執劉하여 立于東堂하고 一人은 冕으로 執鉞하여 立于西堂하고 一人은 冕으로 執戣하여 立于東垂(陲)하고 一人은 冕으로 執瞿하여 立于西垂하고 一人은 冕으로 執(銳)〔鈗〕하여 立于側階하니라

두 사람은 雀弁으로 惠(세모진 창)를 잡고서 畢門의 안에 서 있고, 네 사람은 綦弁(얼룩무늬 두건)으로 창을 잡되 칼날을 위로 하여 두 계단의 섬돌에 좌우로 늘어서고, 한 사람은 冕服으로 창을 잡고서 東堂에 서 있고, 한 사람은 冕服으로 도끼를 잡고서 西堂에 서 있고, 한 사람은 冕服으로 戣(양지창)를 잡고서 동쪽 귀퉁이에 서 있고, 한 사람은 면복으로 창을 잡고서 서쪽 귀퉁이에 서 있고, 한 사람은 면복으로 창을 잡고서 옆 계단에 서 있었다.

弁은 士服이라 雀弁은 赤色弁也요 綦弁은 以文鹿子皮爲之라 惠는 三隅矛라 路寢門을 一名畢門이라 上刃은 刃外嚮也라 堂廉曰戺라 冕은 大夫服이라 劉는 鉞屬이요 戣, 瞿는 皆戟屬이라 銳는 當作鈗이니 說文曰 鈗은 侍臣所執兵이니 從金允聲이라 周書曰 一人은 冕執鈗하니 讀若允이라하니라 東西堂은 路寢東西廂之前堂也요 東西垂는 路寢東西序之階上也요 側階은 北陛之階上也라

○ 呂氏曰 古者에 執戈戟하여 以宿衛王宮이 皆士大夫之職이라 無事而奉燕私면 則從容養德하여 而有膏澤之潤하고 有事而司禦侮면 則堅明守義하여 而無腹心之虞하니 下及秦漢에도 陛楯執戟이 尙餘一二라 此制旣廢에 人主接士大夫者 僅有視朝數刻이요 而周廬陛楯[1]을 或環以椎埋嚚悍之徒하니 有志於復古者는 當深繹也니라

弁은 士의 복식이다. 雀弁은 적색의 변이고, 綦弁은 얼룩무늬의 사슴새끼 가죽으로 만든 것이다. 惠는 세모진 창이다. 路寢의 문을 일명 畢門이라 한

戺：섬돌 사　劉：도끼 류　鉞：도끼 월　戣：창 규　瞿：창 구　鈗：창 윤
廬：집 려　楯：방패 순　嚚：어리석을 은

다. 上刃은 칼날이 밖을 향하게 한 것이다. 堂의 모서리를 戺라 한다. 冕은 大夫의 복식이다. 劉는 鉞의 등속이고, 戣와 瞿는 모두 戟의 등속이다. 銳는 마땅히 鈗이 되어야 하니, 《說文》에 "鈗은 모시는 신하가 잡는 병기이니, 金을 따르고 允의 음이다. 〈周書〉에 "한 사람은 면복으로 鈗을 잡았다." 하였는데, 읽기를 允과 같이 한다." 하였다. 東西堂은 路寢의 동·서 廂의 앞에 있는 堂이며, 東西垂는 路寢의 동·서 序의 뜰 계단 위이고, 側階는 북쪽 뜰의 계단 위이다.

○ 呂氏가 말하였다. "옛날에 戈와 戟을 잡아 王宮을 宿衛하는 것은 모두 士와 大夫의 직책이었다. 일이 없어 사사로울 때 받들어 모시면 從容히 德을 길러 膏澤의 윤택함이 있고, 일이 있어 禦侮를 맡으면 굳게 밝히고 義를 지켜 腹心의 근심이 없었으니, 아래로 秦·漢에 이르기까지 陛楯과 창을 잡는 자들이 오히려 한두 명 남아 있었다. 이 제도가 이미 폐해짐에 임금이 士와 大夫를 접하는 것은 겨우 조회볼 때의 몇 시각일 뿐이며, 周廬와 陛楯을 혹 椎埋(사람을 때려 죽여 파묻음)하는 어리석고 사나운 무리로 빙 둘러 놓았으니, 옛날의 제도를 회복하려는 데 뜻이 있는 자는 마땅히 깊이 생각하여야 할 것이다."

譯註 1. 周廬陛楯 : 周廬는 王宮 주위에 설치한 警護舍로 곧 여기에서 근무하는 자이며, 陛楯은 御前에서 방패를 잡고 호위하는 자이다.

22. 王이 麻冕黼裳으로 由賓階하여 隮커시늘 卿士邦君은 麻冕蟻裳으로 入卽位하니라

王이 麻冕과 黼裳으로 賓階를 따라 오르시자, 卿士와 邦君(제후왕)들은 麻冕과 蟻裳(검은 치마)으로 들어가 자리에 나아갔다.

麻冕은 三十升麻로 爲冕也라 隮는 升也라 康王이 吉服으로 自西階升堂하여 以受先王之命이라 故로 由賓階也라 蟻는 玄色이니 公卿大夫及諸侯皆同服하니 亦廟中之禮라 不言升階者는 從王賓階也라 入卽位者는 各就其位也라

隮 : 오를 제 蟻 : 검을 의

○ 呂氏曰 麻冕黼裳은 王祭服也라 卿士邦君祭服之裳이 皆纁이어늘 今蟻裳者는 蓋無事於奠祝하니 不欲純用吉服이요 有位於班列하니 不可純用凶服일새 酌吉凶之間하여 示禮之變也니라

麻冕은 30升 삼베로 면류관을 만든 것이다. 隮는 오름이다. 康王이 吉服을 입고 서쪽 계단으로부터 堂에 올라 先王의 명령을 받았으므로 賓階를 따라 올라간 것이다. 蟻는 검정색이니, 公卿·大夫와 諸侯가 모두 똑같은 의복을 입었으니, 또한 사당 가운데의 禮이다. 계단을 오름을 말하지 않은 것은 왕의 賓階를 따라 올랐기 때문이다. 들어가 자리에 나아갔다는 것은 각기 그 자리로 나아간 것이다.
○ 呂氏가 말하였다. "麻冕과 黼裳은 王의 祭服이다. 卿士와 邦君의 祭服의 치마는 모두 붉은 색인데 이제 검은 치마를 입은 것은 제수를 올리고 祝을 읽을 일이 없으니 순전히 吉服을 쓰고자 하지 않은 것이고, 班列에 자리가 있으니 순전히 凶服을 쓸 수가 없으므로 길·흉의 중간을 참작하여 禮의 變을 나타낸 것이다."

23. 太保와 太史와 太宗은 皆麻冕彤裳이러니 太保는 承介圭하고 上宗은 奉同瑁하여 由阼階隮하고 太史는 秉書하여 由賓階隮하여 御王冊命하니라

太保와 太史와 太宗은 모두 麻冕에 붉은 치마를 입었는데, 太保는 介圭(큰 圭)를 받들고, 上宗은 同(술잔)과 瑁를 받들어 阼階로부터 오르고, 太史는 책을 잡고서 賓階로부터 올라 王에게 冊命을 바쳤다.

太宗은 宗伯也라 彤은 纁也라 太保受遺하고 太史奉冊하고 太宗相禮라 故로 皆祭服也라 介는 大也라 大圭는 天子之守니 長尺有二寸이라 同은 爵名이니 祭以酌酒者라 瑁는 方四寸이니 邪刻之하여 以冒諸侯之珪璧하여 以齊瑞信也라 太保, 宗伯은 以先王之命으로 奉符寶[1]하여 以傳嗣君하니 有主道焉이라 故升自阼階요 太史는 以冊命御王이라 故持書하여 由賓階以

纁 : 붉을 훈 介 : 클 개 瑁 : 서옥뚜껑 모 珪 : 홀 규

升이라 蘇氏曰 凡王所臨所服用을 皆曰御라

太宗은 宗伯이다. 彤은 붉음이다. 太保는 遺命을 받고, 太史는 책을 받들고, 太宗은 禮를 돕는 까닭에 모두 祭服을 입은 것이다. 介는 큼이다. 大圭는 천자가 지키는 것이니, 길이가 1척 2촌이다. 同은 술잔의 이름이니, 제사에 술을 따르는 것이다. 瑁는 方이 4촌이니, 기울게 새겨서 제후의 珪璧에 뒤집어 씌워 瑞信(圭)을 맞추는 것이다. 太保와 宗伯은 先王의 명으로 符寶를 받들어 嗣君에게 전하니, 主人의 도가 있으므로 阼階로부터 올라가고, 太史는 冊命을 가지고 왕에게 올리므로 책을 잡고서 賓階를 따라 올라간 것이다.

蘇氏가 말하였다. "무릇 왕이 임하는 바와 입고 쓰는 것을 모두 御라 한다."

譯註 1. 奉符寶：符는 瑁를 가리키고 寶는 介圭를 가리킨 것이다.

24. 曰 皇后憑玉几하사 道揚末命하사 命汝嗣訓하노니 臨君周邦하여 率循大卞하여 燮和天下하여 用答揚文武之光訓하라하시다

〈太史가〉 다음과 같이 말하였다. "皇后(위대한 군주)께서 玉几에 기대어 마지막 명령을 道揚(말씀)하사 너에게 명하여 가르침을 잇게 하시니, '周나라에 임하여 군주노릇해서 大卞(큰 법)을 따라 천하를 燮和(조화)하여 文王·武王의 빛나는 가르침을 答揚하라.' 하셨다."

成王顧命之言은 書之冊矣니 此는 太史口陳者也라 皇은 大요 后는 君也라 言大君成王이 力疾하여 親憑玉几하여 道揚臨終之命하여 命汝嗣守文武大訓이라 曰汝者는 父前子名之義라 卞은 法也라 臨君周邦은 位之大也요 率循大卞은 法之大也요 燮和天下는 和之大也니 居大位, 由大法, 致大和然後에 可以對揚文武之光訓也라

憑：기댈 빙 卞：법 변

成王의 顧命한 말씀은 책에 썼으니, 이는 太史가 입으로 진술한 것이다. 皇은 큼이요, 后는 군주이다. 大君인 成王이 힘을 다해 병든 몸을 부축하여 친히 玉几에 기대어 임종의 명령을 말씀해서 너에게 명하여 文王·武王의 큰 가르침을 이어 지키라고 하였음을 말한 것이다. 너라고 말한 것은 아버지 앞에서는 자식의 이름을 부르는 義이다. 卞은 법이다. 周나라에 임하여 군주노릇함은 지위의 큰 것이요, 큰 법을 따름은 법의 큰 것이요, 천하를 燮和함은 화합의 큰 것이니, 大位에 거하고 大法을 따르고 大和를 이룬 뒤에야 文王·武王의 빛나는 가르침을 對揚할 수 있는 것이다.

25. 王이 再拜興하사 答曰 眇眇予末小子는 其能而(如)亂四方하여 以敬忌天威아

王이 재배하고 일어나 답하였다. "眇眇한 나 末小子가 그 능히 〈父·祖와〉 같이 사방을 다스려 하늘의 위엄을 공경하고 삼가겠는가."

眇는 小요 而는 如요 亂은 治也라 王拜受顧命하여 起答太史曰 眇眇然予微末小子 其能如父祖治四方하여 以敬忌天威乎아하니 謙辭退托於不能也라 顧命에 有敬迓天威, 嗣守文武大訓之語라 故太史所告와 康王所答이 皆於是致意焉하니라

眇는 작음이고, 而는 如(같음)이고, 亂은 다스림이다. 王이 절하고 顧命을 받은 다음 일어나 太史에게 답하기를 "眇眇한 나 微末의 小子가 능히 父·祖와 같이 사방을 다스려 하늘의 위엄을 공경하고 삼가겠는가." 하였으니, 겸사로 능하지 못하다고 退托한 것이다. 顧命에 "공경히 하늘의 위엄을 맞이하고 文王·武王의 큰 가르침을 이어 지키라."는 말이 있었다. 그러므로 太史가 고한 것과 康王이 답한 것이 모두 여기에 뜻을 다한 것이다.

26. 乃受同瑁하사 王이 三宿, 三祭, 三咤하신대 上宗曰 饗이라하다

眇 : 작을 묘　咤 : 잔올릴 타　饗 : 흠향할 향

마침내 同과 瑁를 받아 王이 세 번 宿(술잔을 잡고 神에게 나아감)하고 세 번 祭하고(땅에 부음) 세 번 咤(다시 술잔을 神에게 올림)하시자, 上宗이 "흠향했노라." 하였다.

王受瑁爲主하고 受同以祭라 宿은 進爵也요 祭는 祭酒也요 咤는 奠爵也니 禮成於三이라 故로 三宿, 三祭, 三咤라 葛氏曰 受上宗同瑁면 則受太保介圭를 可知라 宗伯曰饗者는 傳神命하여 以饗告也라

王이 瑁를 받아 喪의 主가 되고 同을 받아 祭한 것이다. 宿은 잔을 올리는 것이요, 祭는 술을 祭하는 것이요, 咤는 잔을 제자리에 놓는 것이니, 禮가 세 번에 이루어지기 때문에 세 번 宿하고 세 번 祭하고 세 번 咤한 것이다.

葛氏가 말하기를 "上宗의 同과 瑁를 받았으면 太保의 介圭를 받았음을 알 수 있다." 하였다. 宗伯이 "흠향했다."고 말한 것은 神의 명령을 전달해서 "흠향했노라."고 고한 것이다.

27. 太保受同하여 降盥하고 以異同으로 秉璋以酢하고 授宗人同하고 拜한대 王이 答拜하시다

太保가 同을 받아 내려와 손을 씻고는 딴 同으로 璋을 잡아 술을 따르고 宗人에게 同을 준 다음 절하자, 王이 답배하였다.

太保受王所咤之同하여 而下堂盥洗하고 更用他同하여 秉璋以酢이라 酢은 報祭也니 祭禮에 君執圭瓚祼尸어든 太宗이 執璋瓚亞祼이라하니 報祭는 亦亞祼之類라 故로 亦秉璋也라 以同授宗人하고 而拜尸에 王答拜者는 代尸拜也라 宗人은 小宗伯之屬이니 相太保酢者也라 太宗供王이라 故로 宗人供太保라

太保는 王이 咤한 同을 받아 堂에서 내려와 손을 씻고는 다시 딴 同을

爵 : 술잔 작　璋 : 옥잔 장　酢 : 술따를 작　瓚 : 옥잔 찬　祼 : 강신할 관

사용하여 璋을 잡고 술을 따른 것이다. 酢은 報祭(亞獻)이니, 〈祭禮〉에 "군주가 圭瓚을 잡고 尸에게 술을 따르거든 太宗이 璋瓚을 잡고 亞祼을 한다." 하였으니, 報祭는 또한 아관의 類이므로 또한 璋을 잡은 것이다. 同을 宗人에게 주고 尸에 절하자 王이 답배한 것은 尸를 대신하여 절한 것이다. 宗人은 小宗伯의 관속이니, 太保를 도와 술을 따른 자이다. 太宗이 왕을 위해 술을 따르므로 宗人이 太保를 위해 술을 따른 것이다.

28. 太保受同하여 祭嚌하고 宅하여 授宗人同하고 拜한대 王이 答拜하시다

太保가 同을 받아 祭하고 술을 이에만 대고는 물러가 자기 자리로 가서 宗人에게 同을 준 다음 절하자, 王이 답배하였다.

以酒至齒曰嚌니 太保復受同以祭하고 飮福至齒라 宅은 居也라 太保退居其所하여 以同授宗人하고 又拜한대 王復答拜라 太保飮福至齒者는 方在喪疚하여 歆神之賜로되 而不甘其味也라 若王則喪之主니 非徒不甘味라 雖飮福이라도 亦廢也니라

술을 이〔齒〕에만 대는 것을 嚌라 하니, 太保가 다시 同을 받아 祭하고, 음복하여 이에 이른 것이다. 宅은 居함이다. 太保가 물러가 자기 자리에 居하여 同을 宗人에게 주고 다시 절하자, 王이 다시 답배한 것이다. 太保가 음복하되 이에만 댄 것은 막 喪疚(상중)에 있어 神이 주신 것을 먹되 그 맛을 달게 여기지 않은 것이다. 王으로 말하면 喪主이니, 비단 맛을 달게 여기지 않을 뿐만 아니라, 비록 음복이라도 폐해야 한다.

29. 太保降커늘 收하더니 諸侯出廟門하여 俟하니라

太保가 내려오자 거두더니, 제후가 廟門을 나와 기다렸다.

嚌 : 맛볼 제　疚 : 병들 구

太保下堂이어늘 有司收撤器用이라 廟門은 路寢之門也니 成王之殯在焉이라 故로 曰廟라 言諸侯則卿士以下를 可知라 俟者는 俟見新君也라

太保가 堂을 내려오자, 有司가 器用을 거둔 것이다. 廟門은 路寢의 문이니, 成王의 빈소가 있기 때문에 廟라 한 것이다. 제후를 말했으면 卿士 이하를 알 수 있다. 俟는 새 군주를 뵙기를 기다리는 것이다.

康王之誥

今文古文皆有로되 但今文은 合于顧命하니라

今文과 古文에 모두 있으나 다만 今文은 〈顧命〉에 합쳐져 있다.

1. 王이 出在應門之內어시늘 太保는 率西方諸侯하여 入應門左하고 畢公은 率東方諸侯하여 入應門右하니 皆布乘黃朱러라 賓이 稱奉圭兼幣하여 曰 一二臣衛는 敢執壤奠이라하고 皆再拜稽首한대 王이 義嗣德이라 答拜하시다

王이 나가서 應門의 안에 있자, 太保는 西方의 제후를 거느려 應門으로 들어와 왼쪽에 서고, 畢公은 東方의 제후를 거느려 應門으로 들어와 오른쪽에 서니, 모두 乘黃(네 마리의 黃馬)에 갈기가 붉은 것을 진열하였다. 賓(제후왕)이 받든 圭와 겸하여 폐백을 들어 올리며 말하기를 "한두 명의 臣衛는 감히 토지에서 나오는 것을 잡아 올립니다." 하고, 모두 재배하고 머리를 조아리자, 王이 德을 이음이 마땅하므로 답배하였다.

漢孔氏曰 王出畢門하여 立應門內라 鄭氏曰 周禮五門이니 一曰皐門이요 二曰雉門이요 三曰庫門이요 四曰應門이요 五曰路門이니 路門은 一曰畢門이라 外朝는 在路門外하니 則應門之內는 蓋內朝所在也라 周中分天下諸

侯하여 主以二伯하여 自陝以東은 周公主之하고 自陝以西는 召公主之하니 召公率西方諸侯는 蓋西伯舊職이요 畢公率東方諸侯는 則繼周公하여 爲東伯矣라 諸侯入應門하여 列于左右하니라 布는 陳也요 乘은 四馬也니 諸侯皆陳四黃馬而朱其鬣하여 以爲廷(庭)實이라 或曰 黃朱는 若篚厥玄黃之類라 賓은 諸侯也라 稱은 擧也니 諸侯擧所奉圭兼幣라 曰一二臣衛는 一二는 見非一也니 爲王蕃衛故로 曰臣衛라 敢執壤地所出奠贄라하고 皆再拜, 首至地하여 以致敬이라 義는 宜也니 義嗣德云者는 史氏之辭也라 康王이 宜嗣前人之德이라 故로 答拜也라 吳氏曰 穆公이 使人弔公子重耳한대 重耳稽顙而不拜하니 穆公曰 仁夫라 公子稽顙而不拜하니 則未爲後也라하니 蓋爲後者는 拜하나니 不拜라 故로 未爲後也라 弔者, 含者, 襚者 升堂致命이어든 主孤拜稽顙하나니 成爲後者也라 康王之見諸侯에 若以爲不當拜라하여 而不拜면 則疑未爲後也요 且純乎吉也니 答拜는 旣正其爲後요 且知其以喪見也니라

漢나라 孔氏가 말하기를 "王이 畢門을 나가 應門의 안에 섰다." 하였다. 鄭氏는 말하기를 "《周禮》에 다섯 개의 문이니, 첫번째는 皐門이고, 두번째는 雉門이고, 세번째는 庫門이고, 네번째는 應門이고, 다섯번째는 路門이니, 路門은 일명 畢門이라 한다." 하였다. 바깥 조정은 路門의 밖에 있으니, 應門의 안은 안 조정이 있는 곳이다. 周나라는 천하의 제후를 반으로 나누어 두 伯에게 주관하게 하여, 陝 이동 지방은 周公이 주관하고 陝 이서 지방은 召公이 주장하였으니, 召公이 서방의 제후를 거느린 것은 西伯의 옛 직책이고, 畢公이 東方의 제후를 거느린 것은 周公을 이어 東伯이 된 것이다. 제후가 應門에 들어와 좌·우로 진열하였다. 布는 진열함이요, 乘은 네 필의 말이니, 제후가 모두 네 마리의 황마에 갈기가 붉은 것을 진열하여 庭實로 삼은 것이다. 或者는 말하기를, "黃朱는 《詩經》의 '篚厥玄黃(검은 비단과 누른 비단을 광주리에 담음)'과 같다." 한다. 賓은 제후이다. 稱은 듦이니, 제후가 받든 바의 圭와 겸하여 폐백을 들어 올린 것이다. '한두 명의 臣衛'라고 말한 것은, 一二는 하나가 아님을 나타낸 것이니, 王의 蕃衛가 되었기 때문에 臣衛라고 한 것이다. 감히 토지에서 나오는 것을 잡아 폐백

皐 : 높을 고 陝 : 땅이름 섬 鬣 : 말갈기 렵 篚 : 광주리 비 襚 : 수의 수

을 올린다 하고, 모두 재배하고 머리가 땅에 이르러 공경을 지극히 하였다. 義는 마땅함이니, 덕을 이음이 마땅하다는 것은 史官의 말이다. 康王이 前人의 덕을 이음이 마땅하므로 답배한 것이다.

吳氏가 말하였다. "秦穆公이 사람으로 하여금 公子 重耳에게 조문하게 하자, 중이가 머리를 조아리기만 하고 절하지 않으니, 穆公이 말하기를 '仁하다. 公子가 머리를 조아리기만 하고 절하지 않으니, 후계자가 되지 않은 것이다.' 하였으니, 후계자가 된 자는 절하는데, 절하지 않았으므로 후계자가 되지 않은 것이다. 조문하는 자와 飯含(시신의 입에 쌀을 넣어줌)하는 자와 襚衣를 입히는 자가 堂에 올라가 명령을 올리면 喪主인 孤가 절하고 머리를 조아리니, 이는 후계자가 됨을 이룬 것이다. 康王이 제후를 만나볼 때에 만일 마땅히 절하지 않아야 한다 하여 절하지 않으면 후계자가 되지 않는가 의심되고 또 길함에 순수하니, 답배한 것은 이미 후계자가 됨을 바르게 하고, 또 喪禮로써 만나봄을 알게 한 것이다."

2. 太保暨芮伯으로 咸進相揖하고 皆再拜稽首하여 曰 敢敬告天子하노이다 皇天이 改大邦殷之命이어시늘 惟周文武誕受羑若하사 克恤西土하시니이다

太保가 芮伯과 더불어 함께 나아가 서로 읍하고는 모두 재배하고 머리를 조아려 말하기를 "감히 천자께 공경히 아뢰옵니다. 皇天이 大邦인 殷나라의 명을 바꾸시자, 周나라의 文王·武王께서 크게 羑若을 받으시어 능히 서쪽 지방을 구휼하셨습니다.

冢宰及司徒與群臣이 皆進相揖하여 定位하고 又皆再拜稽首하여 陳戒於王曰 敢敬告天子라하니 示不敢輕告요 且尊稱之는 所以重其聽也라 曰大邦殷者는 明有天下 不足恃也라 羑若은 未詳이라 蘇氏曰 羑는 羑里也니 文王이 出羑里之囚에 天命自是始順이라하고 或曰 羑若은 卽下文之厥若也라하니 羑厥에 或字有訛謬라 西土는 文武所興之地니 言文武所以大受命者는 以其能恤西土之衆也라 進告에 不言諸侯는 以內見外라

暨 : 더불 기 羑 : 인도할 유 訛 : 그릇될 와 謬 : 그릇될 류

冢宰와 司徒와 群臣이 모두 나아가 서로 읍하여 자리를 정하고는 또 모두 재배하고 머리를 조아려 王에게 경계 말씀을 올리기를 "감히 공경히 천자에게 고한다." 하였으니, 이는 감히 가볍게 고하지 못함을 보인 것이며, 또 천자라고 존칭한 것은 그 들음을 중하게 하기 위해서이다. 大邦인 殷이라고 말한 것은 천하를 소유함이 믿을 것이 못됨을 밝힌 것이다. 羑若은 상세하지 않다. 蘇氏는 말하기를 "羑는 羑里이니, 文王이 갇혀 있던 羑里에서 나오자, 천명이 이로부터 비로소 순했다." 하였고, 혹자는 "羑若은 곧 下文의 厥若이다."라고 하니, 羑와 厥에 혹 글자가 오류가 있는 듯하다. 서쪽 지방은 文王·武王이 일어난 지역이니, 文王·武王이 크게 천명을 받은 까닭은 서쪽 지방의 무리를 구휼했기 때문임을 말한 것이다. 나아가 고할 적에 제후를 말하지 않은 것은 안으로 밖을 나타낸 것이다.

3. 惟新陟王이 畢協賞罰하사 戡定厥功하사 用敷遺後人休하시니 今王은 敬之哉하사 張皇六師하사 無壞我高祖寡命하소서

새로 승하하신 王(成王)께서 賞과 罰을 모두 합당하게 하시어 그 공을 이겨 정해서 후인에게 아름다움을 펴서 끼쳐 주셨으니, 今王께서는 공경하여 六師를 張皇해서 우리 高祖께서 어렵게 얻은 명을 무너뜨리지 마소서."

陟은 升遐也니 成王初崩하여 未葬未諡라 故로 曰新陟王이라 畢은 盡이요 協은 合也라 好惡在理하고 不在我라 故로 能盡合其賞之所當賞, 罰之所當罰하여 而克定其功하여 用施(이)及後人之休美하니 今王嗣位에 其敬勉之哉인저 皇은 大也니 張皇六師하고 大戒戎備하여 無廢壞我文武艱難寡得之基命也라 按召公此言은 若導王以尙威武者라 然守成之世엔 多溺宴安하여 而無立志하나니 苟不詰爾戎兵하여 奮揚武烈이면 則廢弛怠惰하여 而陵遲之漸이 見矣라 成康之時에 病正在是라 故로 周公於立政에 亦懇懇言之하시니라 後世에 墜先王之業하고 忘祖父之讐하여 上下苟安하여 甚至於口不言兵하니 亦異於召公之見矣니 可勝嘆哉아

戡 : 이길 감　敷 : 펼 부　施 : 뻗을 이

陟은 昇遐함이니, 成王이 처음 별세하여 아직 장례하지 않고 시호를 짓지 않았으므로 '새로 승하한 왕'이라고 한 것이다. 畢은 다이고, 協은 합함이다. 좋아하고 미워함이 이치에 있고 자신에게 있지 않았으므로 상은 마땅히 상주어야 할 바에 벌은 마땅히 벌주어야 할 바에 모두 합하여 그 공을 이겨 정해서 뻗쳐 후인의 아름다움에 미치게 하였으니, 今王은 지위를 이음에 공경하여 힘써야 할 것이다. 皇은 큼이니, 六師를 張皇하고 戎備(國防)를 크게 경계하여 우리 文王·武王이 어렵게 얻은 基命을 廢壞하지 말라.

살펴보건대 召公의 이 말은 왕을 위엄과 무력을 숭상함으로 인도하는 듯하다. 그러나 守成의 세대에는 宴安에 빠져서 立志가 없는 경우가 많으니, 만약 너의 戎兵을 다스려 武烈을 뽐내고 드날리지 않는다면 廢弛하고 怠惰하여 陵遲(침체)의 징조가 나타난다. 成王·康王의 때에는 병통이 바로 여기에 있었다. 그러므로 周公이 〈立政〉에서 또한 간곡히 말씀한 것이다. 후세에는 先王의 基業을 실추하고 祖·父의 원수를 잊어서 上下가 구차히 편안하여 심지어는 입으로 兵事를 말하지 않기까지 하였으니, 또한 召公의 소견과 다르니, 이루 다 탄식할 수 있겠는가.

4. 王若曰 庶邦侯甸男衛아 惟予一人釗는 報誥하노라

王이 이렇게 말씀하였다. "여러 나라의 侯·甸·男·衛야! 나 한 사람 釗는 誥에 답하노라.

報誥而不及群臣者는 以外見內라 康王在喪이라 故로 稱名하니 春秋嗣王在喪에도 亦書名也하니라

誥에 답하면서 群臣을 언급하지 않은 것은 밖으로써 안을 나타낸 것이다. 康王이 喪中에 있었으므로 이름을 칭한 것이니, 《春秋》에 嗣王이 상중에 있을 때에도 또한 이름을 썼다.

5. 昔君文武 丕平富하시며 不務咎하사 底(지)至齊信하사 用

釗 : 힘쓸 소　丕 : 클 비

昭明于天下어시늘 則亦有熊羆之士와 不二心之臣이 保乂王家하여 用端命于上帝하시니 皇天이 用訓厥道하사 付畀四方하시니라

옛날 군주이신 文王·武王께서 크게 공평하고 부유하게 하시며 허물(처벌)을 힘쓰지 아니하사, 지극함을 이루며 가지런히 지극히 하고 정성스럽게 하시어 천하에 밝히시자, 또한 熊羆와 같은 勇士와 두 마음을 품지 않은 신하들이 王家(왕실)를 보존하고 다스려서 上帝에게 바른 명을 받으시니, 皇天이 그 도를 순히 하시어 사방을 맡겨 주셨다.

丕平富者는 溥博均平하고 薄斂富民이니 言文武德之廣也요 不務咎者는 不務咎惡하여 輕省刑罰이니 言文武罰之謹也라 底至者는 推行而底其至也요 齊信者는 兼盡而極其誠也라 文武務德不務罰之心을 推行而底其至하고 兼盡而極其誠하여 內外充實이라 故로 光輝發越하여 用昭明于天下하니 蓋誠之至者 不可揜也요 而又有熊羆武勇之士와 不二心忠實之臣이 勠力同心하여 保乂王室하여 文武用受正命於天하시니 上天이 用順文武之道하여 而付之以天下之大也라 康王言此者는 求助群臣諸侯之意라

크게 균평하여 부유하게 했다는 것은 溥博하게 均平하고 세금을 적게 거두어 백성을 부유하게 한 것이니 文王·武王의 덕이 넓음을 말한 것이며, 허물을 힘쓰지 않았다는 것은 咎惡을 힘쓰지 아니하여 형벌을 가볍게 하고 줄인 것이니 文王·武王이 형벌을 삼가함을 말한 것이다. 底至는 미루어 행해서 그 지극함을 이루는 것이요, 齊信은 겸하여 다해서 그 誠信을 지극히 하는 것이다. 文王·武王이 덕을 힘쓰고 형벌을 힘쓰지 않는 마음을 미루어 행해서 지극함을 이루고, 겸하여 다해서 誠信을 지극히 하여 內外가 충실하였다. 그러므로 光輝가 發越(發揚)하여 천하에 밝혀졌으니 誠信이 지극함을 가릴 수 없으며, 또 熊羆와 같은 武勇을 갖춘 勇士와 두 마음을 품지 않은 忠實한 신하들이 힘을 합하고 마음을 함께 하여 王室을 보호하고 다스려서 文王·武王이 하늘에게 바른 명을 받으셨으니 上天이 文王·武王의

熊：곰 웅　羆：큰곰 비　畀：줄 비　溥：넓을 부　揜：가릴 암

道를 순히 하여 천하의 큰을 맡겨주신 것이다. 康王이 이것을 말한 것은 群臣과 諸侯들에게 도움을 구하는 뜻이다.

6. 乃命建侯樹屛은 在我後之人이니 今予一二伯父는 尙胥曁顧綏爾先公之臣服于先王하여 雖爾身在外하나 乃心은 罔不在王室하여 用奉恤厥若하여 無遺鞠子羞하라

명하여 侯를 세워 藩屛을 세우심은 뜻이 우리 後人에게 있으시니, 지금 우리 한두 명의 伯父들은 부디 서로 더불어 너희들의 先公이 先王께 臣服했던 것을 돌아보고 편안히 하여, 비록 너희들의 몸은 밖에 있으나 너희들의 마음은 왕실에 있지 않음이 없어, 근심함을 받들어 순히 이어서 鞠子에게 부끄러움을 끼치지 말도록 하라."

天子稱同姓諸侯曰伯父라 康王言 文武所以命建侯邦하여 植立蕃屛者는 意蓋在我後之人也니 今我一二伯父 庶幾相與顧綏爾祖考 所以臣服于我先王之道하여 雖身守國在外하나 乃心은 當常在王室하여 用奉上之憂勤하여 其順承之하여 毋遺我稚子之恥也라

天子가 同姓의 제후를 칭하여 伯父라 한다. 康王이 말씀하기를 "文王·武王이 명하여 제후나라를 세워 藩屛을 세운 까닭은 뜻이 우리 後人에게 있었으니, 지금 우리 한두 명의 伯父들은 부디 서로 더불어 너희들의 祖·考가 우리 先王에게 臣服했던 바의 道를 돌아보고 편안히 하여, 비록 몸은 나라를 지키기 위해 밖에 있으나 너희들의 마음은 항상 왕실에 있어 윗사람의 근심하고 수고로운 마음을 받들어 순히 이어서 나 稚子에게 부끄러움을 끼치지 말라."고 한 것이다.

7. 群公이 旣皆聽命하고 相揖趨出이어늘 王이 釋冕하시고 反喪服하시다

屛 : 병풍 병　鞠 : 기를 국　稚 : 어릴 치　釋 : 벗을 석　冕 : 면류관 면

여러 公들이 모두 명령을 듣고는 서로 읍하고 추창하여 나가자, 王이 冕服을 벗고 다시 喪服을 입었다.

始相揖者는 揖而進也요 此相揖者는 揖而退也라 蘇氏曰 成王崩未葬에 君臣皆冕服이 禮歟아 曰 非禮也니라 謂之變禮 可乎아 曰 不可하다 禮는 變於不得已하나니 嫂非溺이면 終不援也라 三年之喪에 旣成服하고 釋之而卽吉은 無時而可者니라 曰 成王顧命을 不可以不傳이요 旣傳이면 不可以喪服受也니라 曰 何爲其不可也오 孔子曰 將冠子할새 未及期日하여 而有齊衰大功之喪이면 則因喪服而冠이라하시니 冠은 吉禮也로되 猶可以喪服行之하니 受顧命, 見諸侯에 獨不可以喪服乎아 太保使太史奉冊하여 授王于次어든 諸侯入哭於路寢하고 而見王於次하며 王은 喪服으로 受敎戒諫하고 哭踊答拜니 聖人復起라도 不易斯言矣시리라 春秋傳曰 鄭子皮如晉하여 葬晉平公할새 將以幣行한대 子產曰 喪에 安用幣리오호되 子皮固請以行이러니 旣葬에 諸侯之大夫 欲因見新君한대 叔向이 辭之曰 大夫之事畢矣어늘 而又命孤하시니 孤는 斬焉在衰絰之中하시니 其以嘉服見이면 則喪禮未畢이요 其以喪服見이면 是는 重受弔也니 大夫將若之何오하니 皆無辭以退하니라 今康王이 旣以嘉服見諸侯하고 而又受乘黃玉帛之幣하니 使周公在면 必不爲此하시리라 然則孔子何取此書也오 曰 至矣라 其父子君臣之間에 敎戒深切著明하여 足以爲後世法하니 孔子何爲不取哉시리오 然이나 其失禮則不可不辨이니라

처음에 서로 揖한 것은 읍하고 나아간 것이며, 여기에 서로 읍한 것은 읍하고 물러간 것이다.

蘇氏가 말하였다. "'成王이 별세하여 장례하지 않았는데, 군주와 신하가 모두 冕服을 입는 것이 禮인가?' '禮가 아니다.' '變禮라고 하는 것이 가하겠는가?' '可하지 않다. 禮는 부득이하여 변하는 것이니, 嫂(형수나 제수)가 물에 빠지지 않았으면 끝내 손으로 구원할 수 없는 것이다. 3년상에 이미 成服한 뒤에 상복을 벗고 吉服에 나아감은 可한 때가 없는 것이다.' '成王의 顧命을 전하지 않을 수 없고, 이미 전한다면 상복으로 받을 수 없다.'

嫂 : 아제미 수 踊 : 뛸 용 衰 : 상복 최 絰 : 수질 질

'어찌하여 不可하겠는가. 孔子가 말씀하기를「장차 자식을 冠禮하려 할 적에 기일에 미치지 못하여 齊衰(期年)와 大功의 喪이 있으면 상복을 그대로 입고 관례한다.」하였으니, 冠禮는 吉禮인데도 오히려 상복을 입고 행하니, 顧命을 받고 제후를 만나봄에 홀로 상복으로 할 수 없단 말인가. 太保가 太史로 하여금 책을 받들어 喪次(여막)에서 王에게 올리거든 제후들이 路寢에 들어가 哭하고 王을 喪次에서 뵈며, 王은 상복으로 가르침과 경계와 간언을 받고는 哭하고 踊하고 답배하여야 하니, 聖人이 다시 나오셔도 이 말을 바꾸지 않으실 것이다.《春秋傳》에「鄭나라 子皮가 晉나라에 가서 晉나라 平公을 장례할 적에 장차 폐백을 가지고 가려 하자, 子產이 말하기를 '상사에 폐백을 어디에다가 쓰겠는가' 하였으나 子皮가 굳이 청하여 가지고 갔었다. 장례를 마친 다음 제후의 大夫들이 인하여 새 군주를 뵙고자 하자, 叔向이 사양하기를 '대부의 일이 끝났는데 다시 孤(상주)에게 명하니, 孤는 斬焉히 衰絰의 가운데 계시니, 嘉服(길복)으로 만나본다면 喪禮가 아직 다하지 않았고, 상복으로 만나 본다면 이는 거듭 조문을 받는 것이니, 大夫가 장차 어쩌겠는가?'라고 하니, 모두 할 말이 없어 스스로 물러갔다.」하였다. 이제 康王이 嘉服으로 제후를 만나보고 또 乘黃과 玉帛의 폐백을 받았으니, 가령 周公이 계셨다면 반드시 이렇게 하지 않았을 것이다. 그렇다면 孔子가 어찌하여 이 글을 취하였는가? 지극하다. 부자간과 군신간에 가르침과 경계가 깊고 간절하고 저명하여 후세의 법이 될 만하니, 孔子가 어찌하여 취하지 않으시겠는가. 그러나 그 失禮는 분변하지 않을 수 없다."

書經集傳 卷十

畢命

康王이 以成周之衆으로 命畢公保釐하니 此其冊命也라 今文無，古文有하니라
○ 唐孔氏曰 漢律曆志云 康王畢命豊刑曰 惟十有二年六月庚午朏에 王命作冊書豊刑이라하니 此僞作者 傳聞舊語하여 得其年月하고 不得以下之辭하여 妄言作豊刑耳라 亦不知豊刑之言이 何所道也로라

康王이 成周의 무리를 畢公에게 명하여 保釐(보호하고 다스림)하게 하니, 이것이 그 冊命(策命)이다. 今文에는 없고 古文에는 있다.
○ 唐나라 孔氏가 말하였다. "《漢書》〈律曆志〉에 '康王의 畢命 豊刑에 12년 6월 庚午朏(초사흘)에 왕이 명하여 冊書인 豊刑을 짓게 했다.' 하였는데, 이는 僞作한 자가 옛말을 전해 들어 그 年月만 알고 그 이하의 말은 알지 못하고서 망령되이 豊刑을 지었다고 말한 것이다. 또한 豊刑이란 말이 무엇을 말한 것인지 알 수 없다."

1. 惟十有二年六月庚午朏越三日壬申에 王朝步自宗周하사 至于豊하사 以成周之衆으로 命畢公하여 保釐東郊하시다

12년 6월 庚午朏에서 3일이 지난 壬申日에 王이 아침에 宗周로부터 걸어 豊땅에 이르러서 成周의 무리를 畢公에게 명하여 東郊를 保釐하게 하였다.

釐：다스릴 리　朏：초사흘달 비

康王之十二年也라 畢公이 嘗相文王이라 故로 康王이 就豊文王廟하여 命之라 成周는 下都也라 保는 安이요 釐는 理也니 保釐는 卽下文旌別淑慝之謂니 蓋一代之治體요 一篇之宗要也라

康王이 卽位한 12년이다. 畢公이 일찍이 文王을 도왔으므로 康王이 豊땅에 있는 文王의 사당에 가서 명한 것이다. 成周는 下都(洛邑)이다. 保는 편안함이요 釐는 다스림이니, 保釐는 곧 下文에 善과 惡을 표창하고 구별함을 말하니, 一代의 다스리는 體統이고 한 篇의 宗要이다.

2. 王若曰 嗚呼라 父師아 惟文王武王이 敷大德于天下하사 用克受殷命하시니라

王이 다음과 같이 말씀하였다. "아! 父師야. 文王과 武王이 큰 德을 천하에 펴시어 능히 殷나라의 命을 받으셨다.

畢公이 代周公爲太師也라 文王武王이 布大德于天下하사 用能受殷之命하니 言得之之難也라

畢公이 周公을 대신하여 太師가 되었다. 文王과 武王이 큰 德을 천하에 펴시어 능히 殷나라의 명을 받았으니, 얻기 어려움을 말한 것이다.

3. 惟周公이 左右先王[1)]하여 綏定厥家하시고 毖殷頑民하여 遷于洛邑하여 密邇王室하시니 式化厥訓하여 既歷三紀하여 世變風移하여 四方無虞하니 予一人이 以寧호라

周公이 先王을 도와 집(국가)을 편안히 안정시키시고, 殷나라의 완악한 백성들을 삼가 洛邑으로 옮겨서 王室에 가깝게 하시니, 그 가르침에 교화되어 이미 3紀가 지나 代가 변하고 풍속이 바뀌어 사방이 근심이 없으니, 나 한 사람이 편안하노라.

旌 : 표할 정 淑 : 착할 숙 慝 : 간사할 특 綏 : 편안할 수 毖 : 징계할 비

譯註 1. 左右先王 : 左右는 佐佑와 같은 뜻으로 돕는 것을 이르는바, 音을 '자우'로 읽는다.

十二年曰紀요 父子曰世라 周公이 左右文武成王하여 安定國家하고 謹毖頑民하여 遷于洛邑하여 密近王室하니 用化其敎하여 旣歷三紀하여 世已變而風始移하여 今四方이 無可虞度之事하니 而予一人이 以寧이니 言化之之難也라

12년을 紀라 하고, 父子間을 世라 한다. 周公이 文王·武王·成王을 도와서 국가를 안정시키고 완악한 백성들을 삼가 洛邑으로 옮겨서 왕실에 가깝게 하니, 그 가르침에 교화되어 이미 3紀가 지났다. 그리하여 代가 이미 변하고 풍속이 비로소 바뀌어서 이제 사방이 헤아릴(걱정할) 만한 일이 없으니 나 한 사람이 편안하다 하였으니, 교화하기 어려움을 말한 것이다.

4. 道有升降하며 政由俗革하니 不臧厥臧하면 民罔攸勸하리라

道는 오르내림이 있으며 정사는 풍속을 따라 변혁하니, 善을 善하게 여기지 않으면 백성들이 권면됨이 없을 것이다.

有升有降은 猶言有隆有汚也라 周公은 當世道方降之時요 至君陳畢公之世하여는 則將升於大猷矣라 爲政者 因俗變革이라 故로 周公毖殷而謹厥始하고 君陳有容而和厥中하니 皆由俗爲政者라 當今之政은 旌別淑慝之時也니 苟不善其善이면 則民無所勸慕矣라

오름이 있고 내림이 있다는 것은 성함이 있고 쇠함이 있다는 말과 같다. 周公은 世道가 막 내려가는 때를 당하였고, 君陳과 畢公의 세대에 이르러서는 장차 大猷(大道)에 오르게 되었다. 정사를 하는 자는 풍속을 따라 변혁하여야 한다. 그러므로 周公은 殷나라 백성들을 삼가 그 처음을 삼갔고, 君陳은 포용함이 있어 그 中間을 和하게 하였으니, 모두 풍속을 따라 정사한 것이다. 當今의 정사는 善과 惡을 표창하고 구별해야 할 때이니, 만약 선을

虞 : 헤아릴 우 臧 : 착할 장

선하게 여기지 않으면 백성들이 권면되고 사모하는 바가 없을 것이다.

5. 惟公이 懋德으로 克勤小物하여 弼亮四世하여 正色率下한대 罔不祗師言하여 嘉績이 多于先王하니 予小子는 垂拱仰成하노라

公(畢公)이 성대한 德으로 능히 작은 행실을 부지런히 힘써 4代를 보필하고 밝혀서 얼굴빛을 바르게 하고 아랫사람들을 거느리자, 太師의 말을 공경하지 않음이 없어 아름다운 공적이 先王의 세대보다 많으니, 나 小子는 衣裳을 드리우고 손을 마주잡고서 이루어지기만을 바라노라."

懋는 盛大之義니 予懋乃德之懋라 小物은 猶言細行也라 言畢公이 既有盛德하고 又能勤於細行하여 輔導四世하여 風采凝峻하여 表儀朝著[1]하여 若大若小히 罔不祗服師訓하여 休嘉之績이 蓋多於先王之時矣라 今我小子復何爲哉아 垂衣拱手하여 以仰其成而已라 康王이 將付畢公以保釐之寄라 故로 敍其德業之盛하여 而歸美之也라

懋는 성대한 뜻이니, "내 너의 덕을 성대히 여긴다.〔予懋乃德〕"는 懋이다. 小物은 細行(작은 행실)이란 말과 같다. 畢公이 이미 성대한 덕이 있고 또 작은 행실을 부지런히 힘써 4代를 輔導해서 풍채가 凝峻하여 朝著에 儀表가 되어서 큰 사람과 작은 사람이 太師의 가르침에 공경히 복종하지 않음이 없어 아름다운 功績이 先王의 때보다 많다. 지금 나 小子는 다시 무엇을 하겠는가. 衣裳을 드리우고 손을 마주잡고서 그 이루어지기만을 우러를 뿐이다. 康王이 장차 畢公에게 保釐를 맡기려 하였으므로 德業의 성대함을 서술하여 그에게 아름다움을 돌린 것이다.

譯註 1. 表儀朝著：朝著는 朝宁로도 쓰는바, 朝廷을 이른다. 沙溪의 《經書辨疑》에는 "조정의 안에 있는 여러 자리로 일정한 위치가 있는 것

懋：성대할 무　拱：손모을 공　凝：엄숙할 응　寄：맡길 기

이다.〔朝內列位有常處〕" 하였다.

6. 王曰 嗚呼라 父師아 今予祗命公以周公之事하노니 往哉어다

王이 말씀하였다. "아! 父師야. 지금 나는 公에게 周公의 일을 공경히 명하노니, 갈지어다.

今我敬命公以周公化訓頑民之事하노니 公其往哉어다 言非周公所爲면 不敢屈公以行也라

지금 나는 公에게 周公이 頑民을 교화하고 가르쳤던 일을 공경히 명하노니, 公은 갈지어다. 이는 周公이 행한 바가 아니면 감히 公을 굽혀서 가게 할 수 없음을 말한 것이다.

7. 旌別淑慝하여 表厥宅里하며 彰善癉(탄)惡하여 樹之風聲하며 弗率訓典이어든 殊厥井疆하여 俾克畏慕하며 申畫(획)郊圻하며 愼固封守하여 以康四海하라

善과 惡을 표창하고 구별하여 거주하는 마을을 旌表하며, 善을 표창하고 惡을 병들게 하여 風聲(명성)을 세워주며, 가르치는 법을 따르지 않거든 井疆을 달리하여 두려워하고 사모하게 하며, 거듭 郊圻를 구획하며 封疆의 지킴을 삼가고 튼튼히 하여 四海를 편안하게 하라.

淑은 善이요 慝은 惡이요 癉은 病也라 旌善別惡은 成周今日에 由俗革之政也라 表異善人之居里는 如後世旌表門閭之類라 顯其爲善者하고 而病其爲不善者하여 以樹立爲善者風聲하여 使顯於當時而傳於後世니 所謂旌

癉：병들 탄　俾：하여금 비　圻：지경 기

淑也요 其不率訓典者는 則殊異其井里疆界하여 使不得與善者雜處라 禮記曰 不變이어든 移之郊하고 不變이어든 移之遂가 卽其法也라 使能畏爲惡之禍하고 而慕爲善之福이니 所謂別慝也라 圻는 與畿同하니 郊圻之制를 昔固規畫矣니 曰申云者는 申明之也요 封域之險을 昔固有守矣니 曰謹云者는 戒嚴之也라 疆域障塞는 歲久則易湮하고 世平則易玩이니 時緝而屢省之 乃所以尊嚴王畿니 王畿安이면 則四海安矣리라

淑은 善이요, 慝은 惡이요, 癉은 병들게 함이다. 선을 표창하고 악을 구별함은 成周가 오늘날 풍속을 따라 변혁하는 정사이다. 善人이 거주하는 마을을 表異함은 후세에 門閭를 旌表하는 類와 같은 것이다. 善을 하는 자를 드러내고 不善을 하는 자를 병들게 하여, 선을 하는 자의 風聲을 세워주어 당시에 드러나고 후세에 전해지게 하니 이른바 '善을 표창한다.'는 것이며, 가르치는 법을 따르지 않는 자는 그 井里와 疆界를 다르게 하여 善한 자와 뒤섞여 살지 못하게 한다. 《禮記》에 "변하지 않거든 郊로 옮기고 변하지 않거든 遂로 옮긴다."는 것이 바로 이 법이다. 惡을 하는 禍를 두려워하고 善을 하는 福을 사모하게 하는 것이니 이른바 '惡을 구별한다.'는 것이다. 圻는 畿와 같으니, 郊圻의 제도를 옛날에 진실로 구획하였으니 거듭한다고 말한 것은 거듭 밝히는 것이다. 封域의 험함을 옛날에 진실로 지킴이 있었으니, 삼간다고 말한 것은 경계하고 엄하게 하는 것이다. 疆域과 障塞는 세월이 오래되면 무너지기 쉽고 세상이 태평하면 하찮게 여기기 쉬운 바, 때때로 보수하고 여러번 살핌이 바로 王畿를 존엄히 하는 것이니, 王畿가 편안하면 四海가 편안할 것이다.

8. 政貴有恒이요 辭尙體要라 不惟好異니 商俗이 靡靡하여 利口를 惟賢이러니(하던) 餘風이 未殄하니 公其念哉어다

정사는 항상함이 있음을 귀하게 여기고, 말은 體와 要를 숭상한다. 괴이함을 좋아하지 않아야 하니, 商나라 풍속이 靡靡(사치하고 화려함)하여 말 잘하는 것을 어질게 여겼는데 남은 풍속이 아직도 끊어지

湮 : 빠질 인, 무너질 인 靡 : 사치할 미, 쓰러질 미 殄 : 끊을 진

지 않았으니, 公은 이것을 생각할지어다.

對暫之謂恒이요 對常之謂異라 趣完具而已之謂體요 衆體所會之謂要라 政事純一하고 辭令簡實이니 深戒作聰明, 趨浮末, 好異之事라 凡論治體者 皆然이로되 而在商俗하여는 則尤爲對病之藥也라 蘇氏曰 張釋之諫漢文帝호되 秦任刀筆之吏하여 爭以亟疾苛察로 相高하니 其弊徒文具요 無惻隱之實이라 以故로 不聞其過하여 陵夷至於二世에 天下土崩이니이다 今以嗇夫口辯而超遷之[1]하시면 臣恐天下隨風靡하여 爭口辯無其實하노이다하니 凡釋之所論은 則康王以告畢公者也니라

暫과 대칭되는 것을 恒이라 하고, 常과 대칭되는 것을 異라 한다. 志趣가 완전히 갖추어졌을 뿐인 것을 體라 하고, 여러 體가 모인 것을 要라 한다. 政事는 純一하고 辭令은 간략하고 진실하여야 하니, 聰明을 일으키고(사사롭게 쓰고) 浮末에 달려서 괴이함을 좋아하는 일을 깊이 경계한 것이다. 무릇 다스리는 體統을 논한 것이 모두 그러하나 商나라의 풍속에 있어서는 더욱 병에 대한 약이 된다.

蘇氏가 말하였다. "張釋之가 漢나라 文帝에게 간하기를 '秦나라는 刀筆의 아전에게 맡겨서 빨리하고 까다롭게 살핌을 다투어 서로 숭상하니, 그 병폐가 한갓 文具(文飾)만 있고 惻隱해 하는 실제가 없었습니다. 이 때문에 과실을 듣지 못하여 陵夷(침체)해서 二世에 이르러 天下가 土崩하였습니다. 지금 嗇夫가 口辯이 있다 하여 크게 승진시키신다면 臣은 천하가 바람을 따라 쏠려서 구변만을 다투고 실제는 없을까 두렵습니다.' 하였으니, 무릇 張釋之가 논한 것은 康王이 畢公에게 고한 것이다."

譯註 1. 嗇夫口辯而超遷之 : 嗇夫는 下級官吏이며 超遷은 벼슬을 몇 계급 올려 승진시킴을 이른다. 漢나라 文帝가 上林苑에 가서 호랑이를 키우는 동물원을 구경하고 上林尉에게 이곳에서 기르는 짐승과 새들의 숫자를 물었으나 제대로 대답하지 못하였다. 이때 마침 嗇夫가 옆에 있다가 매우 자세하게 설명하니, 文帝는 그를 上林苑의 長인 令으로 삼고자 하였으므로 말한 것이다.

暫 : 잠깐 잠 嗇 : 인색할 색

9. 我聞호니 曰 世祿之家 鮮克由禮하여 以蕩陵德하며 實悖天道하여 敝化奢麗 萬世同流니라

내가 들으니, '世祿의 집안들은 능히 禮를 따르는 이가 적어, 방탕함으로 德있는 이를 능멸하며 실로 天道를 어지럽혀, 敎化를 무너뜨려 사치하고 화려함이 萬世에 한 가지로 흐른다." 하였다.

古人論 世祿之家 逸樂豢養하여 其能由禮者鮮矣라 旣不由禮면 則心無所制하여 肆其驕蕩하여 陵蔑有德하고 悖亂天道하여 敝壞風化하여 奢侈美麗 萬世同一流也라 康王이 將言殷士怙侈滅義之惡이라 故로 先取古人論世族者하여 發之하니라

옛사람이 논하기를 "世祿의 집안은 逸樂하고 豢養(잘 길러줌)하여 능히 禮를 따르는 자가 적다. 이미 禮를 따르지 않으면 마음이 제재하는 바가 없어서 교만함과 방탕함을 부려 德있는 이를 능멸하고 天道를 悖亂하여, 風化를 무너뜨려 사치하고 화려함이 萬世에 동일하게 흐른다." 하였다. 康王이 장차 殷나라 선비들이 세력을 믿고 사치하여 義를 멸한 惡을 말하려 하였으므로, 먼저 古人이 世族을 논한 것을 취하여 말씀한 것이다.

10. 茲殷庶士 席寵이 惟舊하여 怙侈滅義[1)]하며 服美于人하여 驕淫矜侉하여 將由惡終이러니 雖收放心하나 閑之惟艱하니라

이 殷나라의 여러 선비들은 은총을 憑藉한 지가 오래여서 세력을 믿고 사치하여 義를 멸하며 의복을 남에게 아름다움을 자랑하여 驕淫하고 矜侉해서 장차 惡으로 말미암아 마치게 되었었는데, 지금은 비록 放心을 거두었으나 막기가 어렵다.

譯註 1. 怙侈滅義：諺解에는 '侈를 怙하여 義를 滅하며'로 풀이하였으나 退

敝：무너질 폐 豢：기를 환 怙：믿을 호 侉：자랑할 과 閑：막을 한

溪의 說을 따라 修訂하였다.

呂氏曰 殷士憑藉光寵하여 助發其私欲者 有自來矣라 私欲公義 相爲消長이라 故로 怙侈면 必至滅義니 義滅이면 則無復羞惡之端하여 徒以服飾之美로 侉之於人하고 而身之不美는 則莫之恥也라 流而不反하여 驕淫矜侉하여 百邪竝見하여 將以惡終矣러니 洛邑之遷에 式化厥訓하여 雖已收其放心이나 而其所以防閑其邪者 猶甚難也라

呂氏가 말하였다. "殷나라 선비들이 光寵을 빙자해서 私慾을 조장하여 냄은 由來가 있었다. 私慾과 公義는 서로 사라지고 자란다. 그러므로 세력을 믿어 사치하면 반드시 義를 멸함에 이르니, 義가 멸하면 다시는 羞惡하는 마음이 없어 한갓 服飾의 아름다움을 남에게 과시하고 몸의 아름답지 못함은 부끄러워하지 않는다. 흘러가고 돌아오지 아니하여 驕淫하고 矜侉하여 온갖 사악함이 아울러 나타나서 장차 惡으로 마치게 되었는데, 洛邑으로 옮김에 써 가르침에 교화되어 이미 그 放心을 거두었으나 사악함을 막기가 오히려 심히 어려운 것이다."

11. 資富能訓이 惟以永年이니 惟德惟義 時乃大訓이니라 不由古訓이면 于何其訓이리오

物資가 풍부하거든 가르치는 것이 年數를 길게 하는 것이니, 德과 義 이것이 바로 큰 가르침이다. 옛날을 따라 가르치지 않으면 무엇으로 가르치겠는가."

言殷士不可不訓之也라 資는 資財也라 資富而能訓이면 則心不遷於外物하여 而可全其性命之正也라 然이나 訓은 非外立教條也요 惟德惟義而已니 德者는 心之理요 義者는 理之宜也라 德義는 人所同有也니 惟德義以爲訓이 是乃天下之大訓이라 然訓은 非可以己私言也요 當稽古以爲之說이라 蓋善無證이면 則民不從이니 不由古以爲訓이면 于何以爲訓乎아

殷나라 선비를 가르치지 않을 수 없음을 말한 것이다. 資는 資財이다. 資

財가 풍부하고서 가르치면 마음이 外物에 옮겨가지 아니하여 性命의 바름을 온전히 할 수 있다. 그러나 가르침은 겉으로 敎條를 세우는 것이 아니요 오직 德과 義로써 할 뿐이니, 德은 마음의 이치이고 義는 이치에 마땅한 것이다. 德과 義는 사람이 똑같이 가지고 있는 것이니, 德과 義로써 가르치는 것이 바로 천하의 큰 가르침이다. 그러나 가르침은 자기의 사사로운 생각으로 말할 것이 아니요, 마땅히 옛날을 상고하여 말해야 한다. 善은 증거가 없으면 백성들이 따르지 않으니, 옛날을 따라 가르치지 않으면 무엇으로 가르치겠는가.

12. 王曰 嗚呼라 父師아 邦之安危는 惟茲殷士니 不剛不柔라사 厥德이 允修하리라

王이 말씀하였다. "아! 父師야. 나라의 안위가 이 殷나라 선비들에게 달려 있으니, 剛하지도 않고 柔하지도 않아야 그 德이 진실로 닦여질 것이다.

是時에 四方無虞矣요 蕞爾殷民도 化訓三紀之餘하니 亦何足慮리오마는 而康王拳拳以邦之安危 惟繫於此라하여 其不苟於小成者如此하니 文武周公之澤이 其深長也 宜哉인저 不剛은 所以保之요 不柔는 所以釐之니 不剛不柔면 其德이 信乎其修矣리라

이때에 사방이 근심할 만한 일이 없었고, 작은 殷나라 백성들도 가르침에 교화된 지가 3紀인 뒤였으니, 또한 어찌 우려할 것이 있겠는가마는 康王이 拳拳히 나라의 安危가 여기에 달려 있다고 하여 작은 이룸에 구차하지 않음이 이와 같았으니, 文王·武王과 周公의 은택이 깊고 긺이 당연하다. 剛하지 않음은 보호하는 것이요 柔하지 않음은 다스리는 것이니, 剛하지도 않고 柔하지도 않으면 그 德이 진실로 닦여질 것이다.

13. 惟周公이 克愼厥始하여늘 惟君陳이 克和厥中하여늘 惟

蕞 : 작을 최

公이 克成厥終하여 三后協心하여 同底(지)于道하여 道洽政治하여 澤潤生民하여 四夷左衽이 罔不咸賴하니 予小子는 永膺多福이로다

周公이 능히 그 처음을 삼가고 君陳이 능히 그 중간을 和하게 하였으니, 公이 능히 그 끝을 이루어서 세 后가 마음을 합하여 함께 道에 이르러, 道가 흡족하고 정사가 다스려져서 은택이 生民들에게 윤택하여 左衽한 사방의 오랑캐들이 모두 의뢰하지 않음이 없으니, 나 小子는 길이 많은 복을 應할 것이다.

殊厥井疆은 非治之成也니 使商民皆善然後에 可謂之成이어늘 此曰成者는 預期之也라 三后所治者는 洛邑이로되 而施及四夷하니 王畿는 四方之本也라 吳氏曰 道者는 致治之道也라 始之, 中之, 終之 雖時有先後나 皆能卽其行事하여 觀其用心而有以濟之가 若出於一時하고 若成於一人하니 謂之協心이 如此니라

井疆을 달리함은 다스림을 이룬 것이 아니니, 商나라 백성들을 모두 善하게 한 뒤에야 이루었다고 말할 수 있는데, 여기에 이루었다고 말한 것은 미리 기약한 것이다. 세 后가 다스린 것은 洛邑이었으나 뻗쳐 四夷에 미쳤으니, 王畿는 四方의 근본이다.

吳氏가 말하였다. "道는 다스림을 지극히 하는 道이다. 시작하고 중간에 이어가고 끝마침이 비록 때에는 先後가 있으나 모두 行事에 나아가 用心을 살펴보아 이룸이 있는 것이 마치 한 때에 나온 듯하고 한 사람에게서 이루어진 듯하니, 마음을 합했다고 이른 것이 이와 같다.

14. 公其惟時成周에 建無窮之基하면 亦有無窮之聞하리니 子孫이 訓其成式하여 惟乂하리라

公이 이 成周에 무궁한 基業을 세우면 또한 무궁한 명예가 있을 것이니, 子孫이 이루어놓은 법을 순히 하여 다스려질 것이다.

建은 立이요 訓은 順이요 式은 法也라 成周는 指下都而言이라 呂氏曰 畢公은 四世元老니 豈區區立後世名者리오마는 而勳德之隆을 亦豈少리오 此는 康王이 所以望之者라 蓋相期以無窮事業이니 乃尊敬之至也니라

建은 세움이요, 訓은 순함이요, 式은 법이다. 成周는 下都를 가리켜 말한 것이다.

呂氏가 말하였다. "畢公은 4代의 元老이니, 어찌 후세에 이름을 세우는 데 구구한 자이겠는가마는 功德이 융성함을 어찌 하찮게 여기겠는가. 이는 康王이 바란 것이다. 서로 무궁한 사업으로 기약하였으니, 존경함이 지극하다."

15. 嗚呼라 罔曰弗克이라하여 惟旣厥心하며 罔曰民寡라하여 惟愼厥事하여 欽若先王成烈하여 以休于前政하라

아! 능하지 못하다고 말하지 말아 그 마음을 다하며, 백성이 적다고 말하지 말아 그 일을 삼가하여, 先王이 이룬 功烈을 공경하고 순히 하여 옛 정사에 아름답게 하라."

蘇氏曰 曰弗克者는 畏其難而不敢爲者也요 曰民寡者는 易其事以爲不足爲者也라 前政은 周公君陳也라

蘇氏가 말하기를 "능하지 못하다는 것〔弗克〕은 그 어려움을 두려워하여 감히 하지 못하는 것이요, 백성이 적다는 것〔民寡〕은 그 일을 쉽게 여겨 할 것이 없다고 여기는 것이다." 하였다. 前政은 周公과 君陳이다.

君牙

君牙는 臣名이라 穆王이 命君牙하여 爲大司徒하니 此其誥命也라 今文無, 古文有하니라

君牙는 신하의 이름이다. 穆王이 君牙를 명하여 大司徒를 삼으니, 이것이 그 誥命이다. 今文에는 없고 古文에는 있다.

1. 王若曰 嗚呼라 君牙아 惟乃祖乃父 世篤忠貞하여 服勞王家하여 厥有成績이 紀于太常하니라

王이 다음과 같이 말씀하였다. "아! 君牙야. 네 할아버지와 네 아버지가 대대로 忠貞을 돈독히 하여 王家에 服勞(수고로운 일을 함)하여 그 이룩한 업적이 太常에 기록되어 있다.

王은 穆王也니 康王孫이요 昭王子라 周禮司勳云 凡有功者는 銘書於王之太常이라하고 司常云 日月爲常이니 畫日月於旌旗也라하니라

王은 穆王이니, 康王의 손자이고 昭王의 아들이다. 《周禮》의 〈司勳〉에 "무릇 功이 있는 자는 王의 太常에 이름을 쓴다." 하였고, 〈司常〉에 "해와 달을 常이라 하니, 해와 달을 旌旗에 그리는 것이다." 하였다.

2. 惟予小子 嗣守文武成康遺緖함은(혼든) 亦惟先王之臣이 克左右하여 亂四方하니 心之憂危 若蹈虎尾하며 涉于春冰호라

나 小子가 文王·武王·成王·康王이 남기신 전통을 이어 지킴은 또한 先王의 신하들이 능히 左右(보좌)하여 四方을 다스리기 때문이니, 마음에 근심하고 위태롭게 여김이 범의 꼬리를 밟는 듯하며 봄에 살얼음을 건너는 듯하다.

緖는 統緖也라 若蹈虎尾는 畏其噬요 若涉春冰은 畏其陷이라 言憂危之至하여 以見求助之切也라

緖는 統緖이다. 범의 꼬리를 밟는 듯하다는 것은 물릴까 두려워하는 것

蹈 : 밟을 도 噬 : 깨물 서

이요, 봄에 살얼음을 건너는 듯하다는 것은 빠질까 두려워하는 것이다. 근심하고 위태롭게 여김이 지극함을 말하여 도움을 구함이 간절함을 나타낸 것이다.

3. 今에 命爾하노니 予翼하여 作股肱心膂하여 纘乃舊服하여 無忝祖考하라

지금에 너를 명하노니, 너는 나를 도와서 股肱과 心膂가 되어 네 祖·考가 옛날 일하던 것을 이어서 祖·考에게 욕됨이 없도록 하라.

膂는 脊也라 舊服은 忠貞服勞之事라 忝은 辱也라 欲君牙以其祖考事先王者로 而事我也라

膂는 등뼈이다. 舊服은 忠貞으로 服勞한 일이다. 忝은 욕됨이다. 君牙가 그 祖·考가 先王을 섬기던 것으로 자신을 섬겨주기를 바란 것이다.

4. 弘敷五典하여 式和民則하라 爾身이 克正하면 罔敢弗正하리니 民心이 罔中이라 惟爾之中이니라

五典을 키워 넓혀서 백성의 법을 공경하여 和하라. 네 몸이 능히 바르면 감히 바르지 않음이 없을 것이니, 백성들의 마음이 中하지 못하니, 너의 中으로 하여야 한다.

弘敷者는 大而布之也요 式和者는 敬而和之也라 則은 有物有則之則이니 君臣之義, 父子之仁, 夫婦之別, 長幼之序, 朋友之信이 是也라 典은 以設教言이라 故曰弘敷요 則은 以民彝言이라 故曰式和라 此는 司徒之教也나 然教之本은 則在君牙之身이라 正也中也는 民則之體니 而人之所同然也라 正은 以身言이니 欲其所處無邪行也요 中은 以心言이니 欲其所存無邪思也라 孔子曰 子率以正이면 孰敢不正이리오하시고 周公曰 率自中이라하

膂 : 힘 려, 등골뼈 려 纘 : 이을 찬 脊 : 등골뼈 척

시니 此는 告君牙以司徒之職也니라

弘敷는 크게 하여 폄이요, 式和는 공경하여 화하게 하는 것이다. 則은 '사물이 있으면 법칙이 있다.〔有物有則〕'는 則이니, 君臣의 義와 父子의 仁과 夫婦의 別과 長幼의 序와 朋友의 信이 이것이다. 典은 가르침을 베푸는 것으로 말하였기 때문에 크게 하여 편다고 말하였고, 則은 백성의 떳떳함으로 말하였기 때문에 공경하여 화한다고 말한 것이다. 이는 司徒의 가르침이나 가르침의 근본은 君牙 자신에게 있는 것이다. 正과 中은 백성의 法의 體이니, 사람들이 똑같이 옳게 여기는 것이다. 正은 몸으로 말하였으니 처하는 바에 사악한 행실이 없고자 함이요, 中은 마음으로 말하였으니 마음에 둔 것이 사악한 생각이 없고자 한 것이다. 孔子가 말씀하기를 "그대가 바름으로 이끌면 누가 감히 바르지 않겠는가." 하였고, 周公이 말씀하기를 "거느리기를 中으로부터 하라." 하였으니, 이는 君牙에게 司徒의 직책을 말한 것이다.

5. 夏暑雨에 小民이 惟曰怨咨하며 冬祁寒에 小民이 亦惟曰怨咨하나니 厥惟艱哉인저 思其艱하여 以圖其易(이)하면 民乃寧하리라

여름에 무덥고 비가 내리면 小民들이 원망하며 겨울에 크게 추우면 小民들이 또한 원망하니, 어려운 것이다. 그 어려움을 생각하여 쉽게 해줄 것을 도모하면 백성들이 이에 편안해질 것이다.

祁는 大也라 暑雨, 祁寒에 小民怨咨는 自傷其生之艱難也라 厥惟艱哉者는 嘆小民之誠爲艱難也니 思念其難하여 以圖其易하면 民乃安也라 艱者는 飢寒之艱이요 易者는 衣食之易라 司徒는 敷五典하고 擾兆民하여 兼教養之職하니 此는 又告君牙以養民之難也라

祁는 큼이다. 무덥고 비가 내리거나 크게 추움에 小民들이 원망함은 스스로 삶의 어려움을 서글퍼하는 것이다. 그 어렵다는 것은 小民들이 진실

祁 : 성할 기　咨 : 원망할 자

로 어려움이 됨을 한탄한 것이니, 그 어려움을 생각하여 쉽게 해줄 것을 도모하면 백성들이 이에 편안할 것이다. 艱은 飢寒의 어려움이요, 易는 衣食의 쉬움이다. 司徒는 五典을 펴고 兆民을 길들여서 가르치고 기르는 직책을 겸하였으니, 이는 또 君牙에게 백성을 기르는 어려움을 말한 것이다.

6. 嗚呼라 丕顯哉라 文王謨여 丕承哉라 武王烈이여 啓佑我後人하사되 咸以正罔缺하시니 爾惟敬明乃訓하여 用奉若于先王하여 對揚文武之光命하며 追配于前人하라

아! 크게 드러났다. 文王의 가르침이여! 크게 계승하였다. 武王의 功烈이여! 우리 後人들을 啓導하고 도와주시되 모두 바름으로써 하고 결함이 없게 하셨으니, 너는 네 가르침을 공경히 밝혀서 先王을 받들어 순히 하여 文王·武王의 빛나는 명을 對揚하며 前人에게 追配(똑같게)하라."

丕는 大요 謨는 謀요 烈은 功也라 文顯於前하고 武承於後하니 曰謨, 曰烈은 各指其實而言之라 咸以正者는 無一事不出於正이요 咸罔缺者는 無一事不致其周密이라 若은 順이요 對는 答이요 配는 匹也라 前人은 君牙祖父라

丕는 큼이요, 謨는 꾀요, 烈은 공이다. 文王은 앞에서 드러났고 武王은 뒤에서 이었으니, 謨와 烈은 각기 그 실제를 가리켜 말한 것이다. 모두 바름으로써 했다는 것은 한 가지 일도 바름에서 나오지 않음이 없는 것이요, 모두 결함이 없게 했다는 것은 한 가지 일도 周密함을 지극히 하지 않음이 없는 것이다. 若은 순함이요, 對는 답함이요, 配는 짝함이다. 前人은 君牙의 祖·父이다.

7. 王若曰 君牙아 乃惟由先正舊典하여 時式하라 民之治亂이 在兹하니 率乃祖考之攸行하여 昭乃辟之有乂하라

王이 다음과 같이 말하였다. "君牙야! 너는 先正의 옛 법을 따라서 이에 법받으라. 백성의 다스려지고 어지러움이 이에 달려 있으니, 네

祖·考가 행하신 바를 따라 네 군주의 다스림을 밝혀라."

先正은 君牙祖父也라 君牙由祖父舊職하여 而是法之니 民之治亂이 在此而已니 法則治하고 否則亂也라 循汝祖父之所行하여 而顯其君之有乂라하니 復申戒其守家法以終之라 按此篇은 專以君牙祖父爲言하여 曰纘舊服, 曰由舊典, 曰無忝, 曰追配, 曰由先正舊典, 曰率祖考攸行이라하니 然則君牙之祖父 嘗任司徒之職이요 而其賢을 可知矣라 惜載籍之無傳也여 陳氏曰 康王時에 芮伯이 爲司徒하니 君牙豈其後耶아

先正은 君牙의 祖·父이다. 君牙가 祖·父의 옛 직책을 따라 법받아야 하니, 백성의 다스려지고 어지러움이 이에 달려 있을 뿐이니, 법받으면 다스려지고 그렇지 않으면 어지러운 것이다. 네 祖·父가 행하신 바를 따라 군주의 다스림을 드러내라 하였으니, 다시 家法을 지킬 것을 거듭 경계하여 끝맺은 것이다.

살펴보건대, 이 편은 오로지 君牙의 祖·父를 가지고 말하여 '옛 일을 이으라' 하고, '옛 법을 따르라' 하고, '욕되게 하지 말라' 하고, '追配하라' 하고, '先正의 옛 법을 따르라' 하고, '祖·考가 행하신 바를 따르라' 하였으니, 그렇다면 君牙의 祖·父가 일찍이 司徒의 직책을 맡았고, 그 어질었음을 알 수 있다. 載籍에 전하지 않음이 애석하다. 陳氏가 말하기를 "康王 때에 芮伯이 司徒가 되었으니, 君牙가 그 후손인가 보다." 하였다.

冏命

穆王이 命伯冏하여 爲太僕正하니 此其誥命也라 今文無, 古文有하니라
○ 呂氏曰 陪僕暬御之臣을 後世에 視爲賤品하여 而不之擇者는 曾不知人主朝夕與居하여 氣體移養이 常必由之하니 潛消默奪於冥冥之中하고 而明爭顯諫於昭昭之際는 抑末矣라 自周公作立政으로 而嘆綴衣虎賁知恤者鮮하니 則君德之所繫를 前此知之者 亦罕矣러니 周公이 表而出之하사

冏 : 빛날 경 陪 : 모실 배 暬 : 가까이모시는사람 설 罕 : 드물 한

其選始重이라 穆王之用太僕正에 特作命書하여 至與大司徒略等하니 其知本哉인저

穆王이 伯冏을 명하여 太僕正을 삼았으니, 이것이 그 誥命이다. 今文에는 없고 古文에는 있다.
○ 呂氏가 말하였다. "陪僕과 暬御의 신하를 후세에서는 천한 品類로 보아 선별하지 않으니, 이는 일찍이 人主가 조석으로 함께 거처하여 氣體를 기름이 항상 반드시 이에서 말미암음을 알지 못하는 것이다. 어둡고 어두운 가운데에 은근히 사라지고 묵묵히 빼앗기고는 밝고 밝은 즈음에 밝게 간하고 드러나게 간하는 것은 末이다. 周公이 〈立政〉을 지음으로부터 綴衣(추의)와 虎賁이 근심할 줄 아는 자가 적음을 한탄하였으니, 군주의 德이 관계되는 것을 이보다 앞서 안 자가 또한 드물었는데, 周公이 表出하여 그 選任을 비로소 중하게 한 것이다. 穆王은 太僕正을 등용할 적에 특별히 명하는 글을 지어 大司徒와 대략 비등하게 함에 이르렀으니, 그 근본을 알았다고 할 것이다."

1. 王若曰 伯冏아 惟予弗克于德하여 嗣先人宅丕后하니(하여) 怵惕惟厲하여 中夜以興하여 思免厥愆하노라

王이 다음과 같이 말씀하였다. "伯冏아! 나는 德에 능하지 못하면서 先人을 이어 큰 임금의 자리에 거하니, 두려워하고 위태롭게 여겨서 한밤중에 일어나 허물을 면할 것을 생각하노라.

伯冏은 臣名이라 穆王言 我不能于德하여 繼前人하여 居大君之位하니 恐懼危厲하여 中夜以興하여 思所以免其咎過라

伯冏은 신하의 이름이다. 穆王이 말하기를 "내 德에 능하지 못하면서 前人을 이어 大君의 지위에 거하니, 恐懼하고 危厲하여 한밤중에 일어나 허물을 면할 것을 생각한다." 한 것이다.

怵 : 두려울 출　惕 : 두려울 척　厲 : 위태로울 려　愆 : 허물 건

2. 昔在文武하사 聰明齊聖이어시늘 小大之臣이 咸懷忠良하며 其侍御僕從이 罔匪正人이라 以旦夕에 承弼厥辟일새(혼들로) 出入起居에 罔有不欽하며 發號施令에(을) 罔有不臧한대 下民이 祇若하며 萬邦이 咸休하니라

옛날 文王·武王에 있어 총명하고 공경하며 聖스러우셨는데 작고 큰 신하들이 모두 忠良을 생각하며, 侍御하는 僕從들이 올바른 사람이 아닌 이가 없었다. 그리하여 아침저녁에 군주를 받들어 순종하고 보필하였으므로, 出入하고 起居함에 공경하지 않음이 없으며 호령을 냄에 不善함이 없으니, 下民들이 공경하여 순종하며 萬邦이 모두 아름다웠다.

侍는 給侍左右者요 御는 車御之官이라 僕從은 太僕群僕으로 凡從王者라 承은 承順之謂요 弼은 正救之謂라 雖文武之君이 聰明齊聖하고 小大之臣이 咸懷忠良하니 固無待於侍御僕從之承弼者나 然其左右奔走 皆得正人이면 則承順正救 亦豈小補哉아

侍는 좌우에서 심부름하고 모시는 자이고, 御는 수레를 모는 관원이다. 僕從은 太僕과 群僕으로 무릇 왕을 따르는 자이다. 承은 받들어 순종함을 이르고, 弼은 바로잡음을 이른다. 비록 文王·武王의 군주가 총명하고 공경하고 성스러웠으며 작고 큰 신하가 모두 忠良을 생각하였으니, 진실로 侍御와 僕從이 받들어 순종하고 보필할 필요가 없었으나, 좌우에서 분주한 자들이 모두 올바른 사람을 얻는다면 받들어 순종하고 바로잡음이 또한 어찌 작은 도움이겠는가.

3. 惟予一人이 無良하여 實賴左右前後有位之士의 匡其不及하며 繩愆糾謬하여 格其非心하여 俾克紹先烈하노라

匡 : 바를 광　繩 : 바로잡을 승　糾 : 살필 규　謬 : 잘못 류

나 한 사람이 어질지 못하여 실로 左右, 前後의 지위에 있는 선비들이 미치지 못함을 도우며 허물을 바로잡고 잘못을 바로잡아 나의 나쁜 마음을 바루어 先祖의 功烈을 계승하게 함을 힘입고자 하노라.

無良은 言其質之不善也라 匡은 輔助也라 繩은 直이요 糾는 正也라 非心은 非僻之心也라 先烈은 文武也라

無良은 資質이 좋지 않음을 말한 것이다. 匡은 輔助함이다. 繩은 곧게 폄이요, 糾는 바로잡음이다. 非心은 非僻한 마음이다. 先烈은 文王·武王이다.

4. 今予命汝하여 作大正하노니 正于群僕侍御之臣[1]하여 懋乃后德하여 交修不逮하라

이제 나는 너를 명하여 大正을 삼노니, 群僕과 侍御하는 신하들을 바로잡아 네 임금의 德을 힘써서 여러 가지로 미치지 못하는 것을 닦아라.

譯註 1. 群僕侍御之臣 : 諺解를 따라 '群僕과 侍御하는 신하'로 해석하였으나 群僕은 바로 侍御하는 자이므로 '群僕으로서 侍御하는 신하'로 풀이함이 옳을 듯하다.

大正은 太僕正也라 周禮에 太僕은 下大夫也라 群僕은 謂祭僕, 隷僕, 戎僕, 齊僕[1]之類라 穆王이 欲伯冏正其群僕侍御之臣하여 以勉進君德하여 而交修其所不及이라 或曰 周禮에 下大夫는 不得爲正이라 漢孔氏 以爲太御는 中大夫라하니 蓋周禮에 太御最長하고 下又有群僕하니 與此所謂正于群僕者合이요 且與君同車하여 最爲親近也라

大正은 太僕正이다. 《周禮》에 太僕은 下大夫이다. 群僕은 祭僕, 隷僕, 戎僕, 齊僕의 따위를 이른다. 穆王은 伯冏이 群僕과 侍御하는 신하를 바로잡아 君主의 德을 힘써 나아가게 하여 여러 가지로 미치지 못하는 바를 닦게 하고자 한 것이다. 혹자는 말하기를 "《周禮》에 '下大夫는 正이 될 수 없다.' 하였고 漢나라 孔氏는 '太御는 中大夫이다.' 하였으니, 《周禮》에 太御

가 가장 우두머리이고 아래에 또 群僕이 있는 바, 여기의 이른바 '群僕을 바로잡는다.'는 말과 합하며, 또 군주와 함께 수레를 타서 가장 친근함이 된다." 한다.

譯註 1. 祭僕隷僕戎僕齊僕 : 모두 夏官에 소속되어 있는 侍御의 신하인바, 祭僕은 제사할 때에 모시는 자로 品階가 中士이고, 隷僕은 吏隷란 뜻으로 下士이며, 戎僕은 戎車(兵車)에서 모시는 자로 中大夫이고, 齊僕은 齋戒할 때에 모시는 자로 下大夫이다.

5. 愼簡乃僚호되 無以巧言令色便辟側媚하고 其惟吉士하라

네 幕僚들을 삼가 선발하되 말을 잘하고 얼굴빛을 좋게 하며 便辟되고 側媚한 자를 쓰지 말고 吉士를 쓰도록 하라.

巧는 好요 令은 善也니 好其言하고 善其色하여 外飾而無質實者也라 便者는 順人之所欲이요 辟者는 避人之所惡(오)며 側者는 姦邪요 媚者는 諛悅이니 小人也라 吉士는 君子也라 言當謹擇汝之僚佐호되 無任小人이요 而惟用君子也라 又按此言謹簡乃僚라하니 則成周之時에 凡爲官長者 皆得自擧其屬이요 不特辟除府史胥徒[1]而已니라

巧는 아름다움이요 令은 좋음이니, 말을 아름답게 하고 얼굴빛을 좋게 하여 겉만 꾸미고 實質이 없는 자이다. 便은 남이 하고자 하는 바를 순종함이요 辟은 남이 싫어하는 바를 피하는 것이며, 側은 간사함이요 媚는 아첨함이니, 小人이다. 吉士는 君子이다. 마땅히 너의 僚佐들을 삼가 선택하되 小人에게 맡기지 말고 오직 君子를 쓰라고 말한 것이다. 또 살펴보건대 여기에 "네 幕僚들을 삼가 선발하라." 하였으니, 成周의 때에 모든 官長이 된 자들은 모두 스스로 官屬을 들어 쓸 수 있었고, 비단 府·史·胥·徒를 불러 제수할 뿐만이 아니었다.

譯註 1. 府史胥徒 : 모두 하급관리인바, 府·史는 지금의 書記와 같고 胥·徒는 민간인으로 심부름을 하는 자이다.

側 : 기울 측 媚 : 아첨할 미 諛 : 아첨할 유

6. 僕臣正이면 厥后克正하고 僕臣諛면 厥后自聖하리니 后德도 惟臣이며 不德도 惟臣이니라

僕臣이 바르면 군주가 능히 바르고 僕臣이 아첨하면 군주가 스스로 聖人이로라 할 것이니, 군주가 德이 있는 것도 신하 때문이며 덕이 없는 것도 신하 때문이다.

自聖은 自以爲聖也라 僕臣之賢否 係君德之輕重이 如此라 呂氏曰 自古小人之敗君德하여 爲昏, 爲虐, 爲侈, 爲縱이 曷其有極이리오 至於自聖하여는 猶若淺之爲害로되 穆王이 獨以是蔽之者는 蓋小人之蠱其君에 必使之虛美熏心하여 傲然自聖하면 則謂人莫己若이라하여 而欲予言莫之違하나니 然後에 法家拂(弼)士日遠하여 而快意肆情之事 亦莫或齟齬其間이니 自聖之證이 旣見에 而百疾從之라 昏虐侈縱은 皆其枝葉이니 而不足論也니라

自聖은 스스로 聖人이라고 여기는 것이다. 僕臣의 어질고 어질지 않음이 군주의 德의 輕重에 관계됨이 이와 같다.

呂氏가 말하였다. "自古로 小人들이 君主의 德을 무너뜨려 어둡게 하고 사납게 하고 사치하게 하고 방종하게 함이 어찌 다함이 있겠는가. 스스로 聖人이라고 여김에 이르러서는 오히려 해됨이 얕을 듯한데도 穆王이 오히려 이것으로 결단한 것은 小人이 君主를 蠱惑시킬 적에 반드시 헛된 칭찬으로 마음을 동요시켜 오만하게 스스로 聖人이라고 여기게 만든다. 그러면 군주는 사람들이 자기만 못하다고 여겨 자신의 말을 어기지 않기를 바라니, 그런 뒤에 法度있는 집안과 輔弼하는 신하가 날로 멀어져서 뜻을 쾌하게 하고 情을 부리는 일이 또한 혹시라도 그 사이에 齟齬함이 없게 되니, 스스로 聖人이라고 여기는 증세가 이미 나타남에 백 가지 병통이 따르게 된다. 어둡고 사납고 사치하고 방종함은 모두 그 지엽이니, 족히 논할 것이 없다."

蔽 : 덮을 폐, 결단할 폐　熏 : 태울 훈　齟 : 어긋날 저　齬 : 어긋날 어

7. 爾無昵于憸人하여 充耳目之官하여 迪上以非先王之典하라

너는 간사한 사람을 친하여 耳目의 관원에 채워서 君上을 先王의 法이 아닌 것으로 인도하지 말라.

汝無比近小人하여 充我耳目之官하여 導君上以非先王之典이라 蓋穆王이 自量其執德未固하여 恐左右以異端[1]進而蕩其心也라

너는 小人들을 比近하여 나의 耳目의 官에 채워서 君上을 先王의 法이 아닌 것으로 인도하지 말라. 穆王이 스스로 헤아려봄에 德을 잡음이 견고하지 못하여 左右가 異端을 올려 그 마음을 방탕하게 할까 두려워한 것이다.

譯註 1. 異端 : 바르지 못한 일로 사냥이나 놀이 등을 가리킨 것이다.

8. 非人其吉이요 惟貨其吉이면 若時瘝厥官하리니 惟爾大弗克祗厥辟이라 惟予汝辜호리라

사람을 善하게 여기지 않고 재물을 善하게 여기면 이에 그 관직을 폐할 것이니, 너는 네 군주를 크게 공경하지 않는 것이다. 나는 너를 죄줄 것이다."

戒其以貨賄任群僕也라 言不于其人之善이요 而惟以貨賄爲善이면 則是曠厥官이니 汝大不能敬其君이라 而我亦汝罪矣리라

財貨와 뇌물로 群僕을 選任함을 경계한 것이다. 사람의 善함으로 하지 않고 오직 재화와 뇌물로 善하게 여기면 이는 그 관직을 버리는 것이니, 네가 네 군주를 크게 공경하지 않는 것이다. 내가 또한 너를 죄줄 것이다.

9. 王曰 嗚呼라 欽哉하여 永弼乃后于彝憲하라

昵 : 친할 닐　憸 : 간사할 첨　瘝 : 병들 환　賄 : 뇌물 회　曠 : 빌 광

王이 말씀하였다. "아! 공경하여 네 군주를 떳떳한 법으로 길이 도와라."

彝憲은 常法也라 呂氏曰 穆王卒章之命에 望於伯冏者 深且長矣러니 此心不繼하여 造父(보)爲御하여 周遊天下하여 將必有車轍馬迹하여 導其侈者 果出於僕御之間하니 抑不知伯冏猶在職乎否也로라 穆王이 豫知所戒하여 憂思深長이로되 猶不免躬自蹈之하니 人心操捨之無常이 可懼哉인저

彝憲은 떳떳한 법이다. 呂氏가 말하였다. "穆王이 마지막 章의 명령에 伯冏에게 바란 것이 깊고 또 길었는데, 이 마음이 이어지지 아니하여 造父를 마부로 삼아 천하를 周遊하여 장차 반드시 수레바퀴 자국과 말 발자국이 있어, 사치함으로 인도한 자가 과연 僕御의 사이에서 나왔으니, 伯冏이 이 때까지도 직책에 있었는지 알 수 없다. 穆王이 미리 경계할 바를 알아 근심하는 생각이 깊고 길었는데도 오히려 몸소 스스로 범함을 면치 못하였으니, 人心을 잡고 버림의 無常함이 두려울 만하다."

呂刑

呂侯爲天子司寇어늘 穆王이 命訓刑하여 以詰四方한대 史錄爲篇하니 今文古文皆有하니라

○ 按此篇은 專訓贖刑하니 蓋本舜典金作贖刑之語나 今詳此書컨대 實則不然이라 蓋舜典所謂贖者는 官府學校之刑爾요 若五刑則固未嘗贖也라 五刑之寬은 惟處以流하고 鞭扑之寬이라야 方許其贖이어늘 今穆王贖法은 雖大辟이라도 亦與其贖免矣라 漢張敞이 以討羌에 兵食不繼라하여 建爲入穀贖罪之法하니 初亦未嘗及夫殺人及盜之罪로되 而蕭望之等이 猶以爲如此면 則富者得生하고 貧者獨死하니 恐開利路하여 以傷治化라하니 曾謂唐虞之世에 而有是贖法哉아 穆王이 巡遊無度하여 財匱民勞하고 至其末年하여는 無以爲計일새 乃爲此一切權宜之術하여 以斂民財하니 夫子錄之는

詰 : 다스릴 힐　贖 : 속죄할 속　鞭 : 채찍 편　扑 : 회초리칠 복　敞 : 밝을 창

蓋亦示戒라 然其一篇之書 哀矜惻怛하여 猶可以想見三代忠厚之遺意云爾라 又按書傳引此에 多稱甫刑이라하고 史記에 作甫侯言於王하여 作修刑辟이라하니 呂後爲甫歟인저

呂侯가 천자의 司寇가 되자, 穆王이 명하여 형벌을 가르쳐 四方을 다스리게 하였다. 史官이 이것을 기록하여 篇을 만들었으니, 今文과 古文에 모두 있다.

○ 살펴보건대, 이 篇은 오로지 贖刑을 가르쳤으니, 〈舜典〉에 "金으로 贖刑을 만든다."는 말에 근본한 것이나 이제 이 글을 살펴보면 실제는 그렇지 않다. 〈舜典〉에 이른바 '贖刑'이라는 것은 官府와 學校의 刑일 뿐이요, 五刑으로 말하면 진실로 일찍이 贖罪해 주지 않았다. 五刑의 관대함은 오직 流刑으로 처리하였고, 채찍과 회초리의 관대함이라야 비로소 贖罪를 허락하였는데, 이제 穆王의 贖罪法은 비록 大辟이라도 또한 贖免에 참여시켰다. 漢나라 張敞이 오랑캐를 토벌할 적에 兵食(군량)이 이어지지 못한다 하여 곡식을 납입하고 속죄받는 법을 만들 것을 건의하였는데, 애당초 또한 일찍이 살인자와 도둑질을 한 죄인에게는 미치지 않았다. 그러나 蕭望之 등은 오히려 말하기를 "이와 같이 하면 부유한 자들은 살고 가난한 자들만이 죽을 것이니, 이익의 길을 열어 治化를 손상할까 두렵다." 하였으니, 일찍이 唐·虞의 세대에 이러한 贖法이 있었다고 말하겠는가. 穆王은 巡遊하기를 법도가 없이 하여 재물이 다하고 백성들이 수고로웠으며, 末年에 이르러는 계책을 할 수 없으므로 마침내 이러한 일체 權宜(일시방편)의 방법을 만들어 백성들의 재물을 거둔 것이니, 夫子가 기록함은 또한 경계를 보인 것이다. 그러나 한 편의 글이 哀矜하고 惻怛하여 오히려 三代의 忠厚한 남은 뜻을 상상해 볼 수 있다. 또 살펴보건대 《書傳》에 이 편을 인용하면서 많이 '甫刑'이라 칭하였고, 《史記》에 "甫侯가 王에게 말하여 刑辟을 지어 닦았다."라고 하였으니, 呂氏가 뒤에 甫氏가 되었는가 보다.

1. 惟呂를 命하시니 王이 享國百年에 耄荒하여 度(탁)作刑하여

匱 : 다할 궤　耄 : 늙을 모

以詰四方하시다

呂侯를 명하니, 王이 나라를 누린 지 백년에 耄荒하여, 헤아려 형벌을 만들어 사방을 다스렸다.

惟呂命은 與惟說命[1]으로 語意同하니 先此하여 以見訓刑이 爲呂侯之言也라 耄는 老而昏亂之稱이요 荒은 忽也라 孟子曰 從獸無厭을 謂之荒이라하시니라 穆王이 享國百年에 車轍馬跡이 遍于天下라 故로 史氏以耄荒二字로 發之하니 亦以見贖刑이 爲穆王耄荒所訓耳라 蘇氏曰 荒은 大也니 大度作刑은 猶禹曰予荒度土功[2]이니 荒當屬下句라하니 亦通이라 然耄亦貶之之辭也라

'惟呂命'은 '惟說命'과 말뜻이 같으니, 이것을 먼저하여 형벌을 가르침이 呂侯를 위한 말임을 나타낸 것이다. 耄는 늙어서 혼란함을 일컫고 荒은 소홀함이다. 孟子가 말씀하기를 "사냥함에 짐승을 좇아 만족함이 없음을 荒이라 한다." 하였으니, 穆王이 나라를 누린 지 백년에 수레바퀴 자국과 말 발자국이 천하에 두루 미쳤다. 그러므로 史官이 耄荒이라는 두 글자로 발하였으니, 또한 贖刑은 穆王이 耄荒하여 가르친 것임을 나타낸 것이다. 蘇氏가 말하기를 "荒은 큼이니 크게 헤아려 형벌을 만들었다는 것은 禹임금이 '내 크게 土功을 헤아렸다.'고 말씀한 것과 같으니, 荒字는 마땅히 아래 句에 연결해야 한다." 하였으니, 또한 통한다. 그러나 耄는 또한 貶下하는 말이다.

譯註 1. 惟說命 : 위의 〈說命 中〉에 '惟說命 總百官'이라고 보인다.
2. 禹曰予荒度土功 : 위의 〈益稷〉에 '惟荒度土功 弼成五服 至于五千'이라고 보인다.

2. 王曰 若古에 有訓하니 蚩尤[1]惟始作亂한대 延及于平民하여 罔不寇賊하여 鴟義姦宄하며 奪攘矯虔하니라

蚩 : 어리석을 치 鴟 : 마음대로날뛸 치 宄 : 바깥도적 궤 矯 : 속일 교

王이 말씀하였다. "옛날에 가르침이 있었으니, 蚩尤가 처음으로 난을 일으키자 평민에게까지 미쳐서 寇賊이 되지 않는 자가 없어 鴟張함을 義로운 것으로 여겨 도둑질하고 빼앗으며 속이고 죽였다.

譯註 1. 蚩尤 : 黃帝 때의 諸侯로 九黎의 군주인데 黃帝의 토벌을 받고 패망하였다 한다.

言鴻荒之世에 渾厚敦厖이러니 蚩尤始開暴亂之端하여 驅扇熏炙에 延及平民하여 無不爲寇爲賊이라 鴟義者는 以鴟張跋扈爲義요 矯虔者는 矯詐虔劉也라

鴻荒의 세대에 渾厚하고 敦厖하였는데, 蚩尤가 처음으로 暴亂의 단서를 열어 몰아서 선동하고 熏炙함에 평민에게까지 뻗쳐 寇賊이 되지 않음이 없음을 말한 것이다. 鴟義는 鴟張하고 跋扈함을 義로 여기는 것이며, 矯虔은 矯詐(속임)하고 虔劉(죽임)하는 것이다.

3. 苗民[1)]이 弗用靈하여 制以刑이요 惟作五虐之刑曰法이라하여 殺戮無辜하니 爰始淫爲劓刵椓黥하여 越茲麗(리)刑하고(하여) 幷制하여 罔差有辭하니라

苗民이 善을 써서 형벌을 제재하지 않고, 오직 다섯 가지 사나운 형벌을 만들고는 法이라고 하여 無辜한 자들을 殺戮하니, 이에 처음으로 지나치게 코베고 귀베고 구멍(陰部)을 상하고 얼굴을 刺字하여, 죄에 걸린 자들을 형벌하고 아울러 죄가 없는 자까지 제재하여 論罪하는 말로 차별을 둠이 없었다.

譯註 1. 苗民 : 실제는 三苗(有苗)의 군주인데 완악함이 무식한 백성과 같다 하여 이렇게 칭했다 한다. 一說에는 그를 미워하여 군주로 대하지 않고 卑賤하게 호칭한 것이라 한다.

虔 : 죽일 건 厖 : 클 방 劓 : 코벨 의 刵 : 귀벨 이 椓 : 찍을 탁

苗民이 承蚩尤之暴하여 不用善而制以刑하고 惟作五虐之刑하여 名之曰法이라하여 以殺戮無罪라 於是에 始過爲劓鼻刵耳椓竅[1]黥面之法하여 於麗法者에 必刑之하고 幷制無罪하여 不復以曲直之辭로 爲差別하고 皆刑之也라

苗民이 蚩尤의 포악함을 이어 善을 써서 형벌을 제재하지 않고, 오직 다섯 가지 사나운 형벌을 만들고는 法이라고 이름하여, 無罪한 자를 殺戮하였다. 이에 비로소 지나치게 코를 베고 귀를 베고 구멍을 상하고 얼굴을 刺字하는 법을 만들어 법에 걸린 자를 반드시 형벌하고 아울러 무죄한 자까지 제재하여, 다시는 曲直의 말로 차별하지 않고 모두 형벌한 것이다.

譯註 1. 椓竅 : 男子를 去勢하는 것을 이르는데 혹은 婦人의 陰部를 손상시키는 것이라 하기도 한다.

4. 民興胥漸하여 泯泯棼棼하여 罔中于信이요 以覆詛盟하니 虐威庶戮이 方告無辜于上한대 上帝監民하시니 罔有馨香德이요 刑發聞이 惟腥이러라

백성들이 일어나 서로 물들어서 어둡고 어지러워 마음속에 誠信으로 하지 않고, 詛盟(저주와 맹약)을 반복하니, 사나운 정사로 위엄을 베풀어 여러 형벌을 받은 자들이 바야흐로 無辜함을 上天에 하소연하였다. 上帝께서 백성들을 굽어 보시니, 향기로운 덕이 없고 형벌의 發聞(냄새가 풍김)이 비린내 뿐이었다.

泯泯은 昏也요 棼棼은 亂也라 民相漸染하여 爲昏爲亂하여 無復誠信하고 相與反覆詛盟而已라 虐政作威하여 衆被戮者 方各告無罪於天한대 天視苗民하니 無有馨香德이요 而刑戮發聞이 莫非腥穢라 呂氏曰 形於聲嗟는 窮之反也요 動於氣臭는 惡之熟也라 馨香은 陽也요 腥穢는 陰也라 故로 德爲馨香이요 而刑發腥穢也라

黥 : 자자할 경 棼 : 어지러울 분 詛 : 저주할 저 腥 : 비린내날 성

泯泯은 어두움이요, 棼棼은 어지러움이다. 백성들이 서로 물들어서 어두운 짓을 하고 어지러운 짓을 하여, 다시는 誠信이 없고 서로 詛盟을 반복할 뿐이었다. 사나운 정사로 위엄을 세워 모든 형벌을 받은 자들이 바야흐로 각기 무죄함을 하늘에 하소연하였다. 하늘이 苗民을 살펴보니, 향기로운 德이 없고 刑戮의 發聞이 腥穢(더러운 비린내) 아님이 없었다.

呂氏가 말하였다. "목소리로 슬퍼함에 나타남은 궁하여 근본에 돌아감이요, 기운과 냄새에 동함은 惡이 성숙한 것이다. 馨香은 陽이고 腥穢는 陰이다. 그러므로 덕은 형향이 되고 형벌은 성예를 풍기는 것이다.

5. 皇帝哀矜庶戮之不辜하사 報虐以威하사 遏絶苗民하여 無世在下하시니라

皇帝(舜帝)께서 여러 형벌을 받은 자의 無罪함을 가엾게 여기시어 사나움을 갚되 위엄으로써 하여 苗民을 끊어서 대를 이어 下國에 있지 못하게 하였다.

皇帝는 舜也라 以書攷之컨대 治苗民과 命伯夷, 禹, 稷, 皐陶는 皆舜之事라 報苗之虐호되 以我之威라 絶은 滅也니 謂竄與分北(背)之類[1]니 遏絶之하여 使無繼世在下國이라

皇帝는 舜이다. 《書經》을 가지고 살펴보면 苗民을 다스린 것과 伯夷와 禹·稷·皐陶에게 명한 것은 모두 舜의 일이다. 苗의 사나움을 갚되 자신의 위엄으로써 하였다. 絶은 멸함이니, 竄과 分北의 類를 이르니, 끊고 멸하여 대를 이어 下國에 있지 못하게 한 것이다.

譯註 1. 竄與分北之類 : 위의 〈舜典〉에 '竄三苗于三危', '分北三苗'라고 각각 보인다.

6. 乃命重黎하사 絶地天通하사 罔有降格케하신대 群后之逮

竄 : 귀양갈 찬　逮 : 미칠 체

在下 明明棐常하여 鰥寡無蓋하니라

〈舜은〉 마침내 重·黎에게 명하여 땅이 하늘과 통함을 끊어 降格(강림)함이 없게 하시니, 여러 제후와 아래에 있는 자들이 明明하게 떳떳한 道를 도와 鰥寡가 가리움이 없었다.

重은 少昊之後요 黎는 高陽之後니 重은 卽羲요 黎는 卽和也라 呂氏曰 治世엔 公道昭明하여 爲善得福하고 爲惡得禍하여 民曉然知其所由하여 則不求之渺茫冥昧之間이러니 當三苗昏虐하여는 民之得罪者 莫知其端하여 無所控訴하여 相與聽於神하여 祭非其鬼하여 天地人神之典이 雜糅瀆亂하니 此는 妖誕之所以興이요 人心之所以不正也라 在舜에 當務之急이 莫先於正人心일새 首命重黎하여 修明祀典하사 天子然後에 祭天地하고 諸侯然後에 祭山川하여 高卑上下各有分限하여 絶地天之通하고 嚴幽明之分하여 焄蒿妖誕之說[1]이 擧皆屛息한대 群后及在下之群臣이 皆精白一心하여 輔助常道하니 民卒善而得福하고 惡而得禍하여 雖鰥寡之微라도 亦無有蓋蔽而不得自伸者也라

○ 按國語曰 少皞氏之衰에 九黎[2]亂德하니 民神雜糅하여 家爲巫史하고 民瀆齊盟하여 禍災荐臻이러니 顓頊이 受之하여 乃命南正重司天하여 以屬神하고 北正黎司地하여 以屬民하여 使無相侵瀆이러니 其後에 三苗復九黎之德이어늘 堯復育重黎之後하니 不忘舊者하여 使復典之라하니라

重은 少昊의 후손이고 黎는 高陽(顓頊)의 후손이니, 重은 곧 羲이고 黎는 곧 和이다. 呂氏가 말하였다. "治世에는 공정한 도가 밝아져서 선을 하면 복을 얻고 악을 하면 화를 얻어, 백성들이 분명히 그 이유를 알아 아득하고 어두운 사이에 구하지 않는다. 그런데 三苗가 어둡고 사나운 때를 당해서는 백성 중에 죄를 얻은 자가 그 단서(까닭)를 알지 못하여 控訴(하소)할 곳이 없어서, 서로 더불어 神에게 들어 자신의 조상신이 아닌 것에 제사하였다. 그리하여 하늘과 땅과 사람의 神에 대한 禮가 혼잡하고 瀆亂

渺 : 아득할 묘 茫 : 아득할 망 控 : 하소연할 공 糅 : 섞일 유 焄 : 태울 훈
蒿 : 쑥 호 皞 : 횔 호 荐 : 거듭 천 顓 : 어리석을 전 頊 : 굽신거릴 욱

하니, 이는 妖誕이 일어나는 이유이고 人心이 바르지 못하게 된 까닭이다. 舜에게 있어 마땅히 힘써야 할 급선무가 人心을 바로잡는 것보다 먼저할 것이 없으므로 먼저 重·黎에게 명하여 제사하는 禮를 修明하여, 天子인 뒤에야 天地에 제사하고 諸侯인 뒤에야 山川에 제사하여, 尊卑와 上下가 각각 分限이 있어 天·地의 통함을 끊고 幽·明의 구분을 엄격히 하여 焄蒿와 妖誕한 말이 모두 감춰져 종식되니, 여러 제후와 아래에 있는 群臣들이 모두 한 마음을 精白히 하여 떳떳한 道를 도왔다. 그리하여 백성들이 마침내 선하면 복을 얻고 악하면 화를 얻어 비록 鰥寡의 미천한 자라도 또한 가리워져 스스로 폄을 얻지 못한 자가 없었다."

○ 살펴보건대 《國語》에 "少皞(少昊)氏가 쇠하자 九黎가 德을 어지럽히니, 백성과 神이 혼잡하여 집집마다 巫史(무당)를 위하고 백성들이 煩瀆하게 서로 맹약하여 재앙이 거듭 이르렀는데, 顓頊이 이를 받아서 마침내 南正 重을 명하여 하늘을 맡아 神을 소속시키고, 北正 黎로 땅을 맡아 백성을 소속시켜 서로 侵亂하고 煩瀆함이 없게 하였다. 그후 三苗가 九黎의 德을 회복하므로 堯가 다시 重·黎의 뒤를 길렀으니, 옛날을 잊지 아니하여 다시 주관하게 한 것이다." 하였다.

譯註 1. 焄蒿妖誕之說：焄蒿는 쑥 등의 향기가 나는 물건을 태우는 것인바, 焚香하여 神을 강림하게 한다는 등의 요망하고 허황한 말을 이른다.
2. 九黎：少昊氏 때의 諸侯로 黎氏 중에 아홉 사람이 있어 붙인 칭호이며 蚩尤의 무리라 한다.

7. 皇帝淸問下民하시니 鰥寡有辭于苗어늘 德威하신대 惟畏하고 德明하신대 惟明하니라

皇帝께서 下民들에게 겸허히 물으시니, 鰥寡가 苗에 원망하는 말이 있었다. 황제께서 德으로 위엄을 보이시자 두려워하고, 德으로 밝히시자 밝아졌다.

淸問은 虛心而問也라 有辭는 聲苗之過也라 苗以虐爲威하고 以察爲明이어늘 帝反其道하사 以德威而天下無不畏하고 以德明而天下無不明也라

淸問은 마음을 비우고 묻는 것이다. 有辭는 苗의 허물을 성토하는 것이다. 苗는 사나움을 위엄으로 삼고 살핌을 밝음으로 삼았는데, 舜帝가 그 도를 반대로 하여 덕으로 위엄을 보이자 천하가 두려워하지 않음이 없고, 덕으로 밝히자 천하가 밝지 않음이 없었다.

8. 乃命三后하사 恤功于民하시니 伯夷는 降典하여 折(絶)民惟刑하고 禹平水土하여 主名山川하고 稷降播種하여 農殖嘉穀하니 三后成功하여 惟殷于民하니라

마침내 세 后를 명하여 백성을 구휼하는 공을 세우게 하시니, 伯夷는 禮를 내려 백성들이 형벌에 들어감을 끊고, 禹는 水土를 다스려 유명한 山川을 주관하게 하고, 稷은 파종하는 법을 내려 농사가 아름다운 곡식이 번식하니, 세 后가 공을 이루어 백성들을 성하게 하였다.

恤功은 致憂民之功也라 典은 禮也라 伯夷降天地人之三禮하여 以折民之邪妄이라 蘇氏曰 失禮則入刑하니 禮刑이 一物也라 伯夷降典하여 以正民心하고 禹平水土하여 以定民居하고 稷降播種하여 以厚民生하니 三后成功하여 而致民之殷盛富庶也라 吳氏曰 二典에 不載有兩刑官[1]하니 蓋傳聞之謬也라 愚意皐陶未爲刑官之時에 豈伯夷實兼之歟아 下文에 又言伯夷播刑之迪이라하니 不應如此謬誤니라

恤功은 백성을 근심하는 공을 이루는 것이다. 典은 禮이다. 伯夷는 天·地·人의 세 禮를 내려 백성들의 邪妄한 짓을 끊었다.

蘇氏가 말하였다. "禮를 잃으면 형벌로 들어가니, 예와 형벌이 한 물건이다. 伯夷가 禮를 내려 민심을 바로잡고, 禹가 水土를 다스려 백성들의 거처를 안정시키고, 稷이 파종하는 법을 내려 백성들의 삶을 厚하게 하니, 세 后가 공을 이루어 백성들의 殷盛하고 富庶함을 이루었다."

吳氏가 말하기를 "二典에 두 刑官이 실려 있지 않으니, 아마도 傳聞의 오류이다." 하였는데, 내 생각에는 皐陶가 刑官이 되기 전에 아마도 伯夷가 실제로 겸직한 듯하다. 下文에 또 伯夷가 형벌을 베풀어 인도했다고 말하였으니, 응당 이와 같이 잘못되지 않았을 것이다.

譯註 1. 兩刑官：伯夷와 皐陶를 가리킨 것이다.

9. 士制百姓于刑之中하여 以教祗德[1)]하니라

士가 백성들을 형벌의 알맞음에 통제하여 공경하는 德을 가르쳤다.

譯註 1. 以教祗德：諺解에는 "써 德의 祗함을 教하니라"로 풀이하였으나 退溪의 說을 따라 修訂하였다.

命皐陶爲士하여 制百姓于刑辟之中하니 所以檢其心而教以祗德也라
○ 吳氏曰 皐陶不與三后之列하여 遂使後世로 以刑官爲輕이라 後漢楊賜 拜廷尉에 自以代非法家라하여 言曰 三后成功하여 惟殷于民이어늘 皐陶不與라하니 蓋吝之也라 是는 後世非獨人臣以刑官爲輕이요 人君亦以爲輕矣라 觀舜之稱皐陶曰 刑期于無刑하여 民協于中이 時乃功이라하시고 又曰 俾予從欲以治하여 四方風動이 惟乃之休라하시니 其所繫 乃如此하니 是可輕哉아 呂氏曰 呂刑一篇은 以刑爲主라 故로 歷敍本末하고 而歸之於皐陶之刑하니 勢不得與伯夷禹稷雜稱이니 言固有賓主也니라

皐陶를 명하여 士를 삼아 백성들을 刑辟의 알맞음에 통제하니, 그 마음을 검속하여 덕을 공경함을 가르친 것이다.
○ 吳氏가 말하였다. "皐陶가 세 后의 열에 참여되지 아니하여, 마침내 후세로 하여금 刑官을 경시하게 하였다. 後漢의 楊賜가 廷尉에 拜授되자, 스스로 가문이 대대로 法家가 아니라 하여 말하기를 '세 后가 功을 이루어 백성을 성하게 하였는데, 皐陶가 참여되지 않았다.' 하였으니, 廷尉를 하찮게 여긴 것이다. 이는 후세에 홀로 신하만이 刑官을 경시했을 뿐만 아니라 인군 또한 경시한 것이다. 舜이 皐陶를 칭한 것을 보면 말씀하기를 '형벌은 형벌이 없음에 기약하여 백성이 中에 화합함이 네 공이다.' 하였고, 또 말씀하기를 '나로 하여금 하고자 하는 대로 따라 다스려져서 사방이 風動함이 너의 아름다움이다.' 하였으니, 그 관계되는 바가 이와 같으니, 가볍게 여길 수 있겠는가."

吝：하찮게여길 린, 부끄러울 린

呂氏가 말하였다. "〈呂刑〉 한 편은 형벌을 위주로 하였기 때문에 本末을 낱낱이 서술하고 皐陶의 형벌에 귀결하였으니, 文勢가 伯夷와 禹와 稷과 섞어서 칭할 수 없으니, 말에 진실로 賓·主가 있는 것이다."

10. 穆穆在上하며 明明在下하여 灼于四方하여 罔不惟德之勤하니 故乃明于刑之中하여 率乂于民하여 棐彝하니라

군주는 穆穆히 위에 있고 신하는 明明히 아래에 있어 사방에 빛나서 덕을 부지런히 힘쓰지 않음이 없으니, 그러므로 마침내 형벌의 알맞음을 밝혀서 백성을 모두 다스려 떳떳한 성품을 도왔다.

穆穆者는 和敬之容也요 明明者는 精白之容也라 灼于四方者는 穆穆明明하여 輝光發越而四達也라 君臣之德이 昭明如是라 故로 民皆觀感動盪하여 爲善而不能自已也라 如是而猶有未化者라 故로 士師明于刑之中하여 使無過不及之差하여 率乂于民하여 輔其常性하니 所謂刑罰之精華也라

穆穆은 和敬하는 모양이요, 明明은 精白한 모양이다. 사방에 빛났다는 것은 穆穆하고 明明하여 빛남이 發揚해서 사방으로 도달한 것이다. 君·臣의 德이 밝음이 이와 같았으므로 백성들이 모두 보고 감동하고 動盪하여 善을 해서 스스로 그치지 않았다. 그러나 이와 같은데도 오히려 교화되지 않는 자가 있었다. 그러므로 士師가 형벌의 알맞음을 밝혀서 過·不及의 잘못이 없어 백성을 모두 다스려서 떳떳한 성품을 도왔으니, 이른바 형벌의 精華라는 것이다.

11. 典獄은 非訖于威라 惟訖于富니 敬忌하여 罔有擇言在身하여 惟克天德이라사 自作元命하여 配享在下하리라

獄을 맡은 자는 위엄을 부리는 권력가에게만 법을 다할 것이 아니라, 뇌물을 주는 富者에게도 다해야 하니, 공경하고 조심해서 가릴 말

灼 : 밝을 작　棐 : 도울 비　訖 : 다할 흘

이 몸이 있지 않게 하여 능히 하늘의 덕을 간직하여야 스스로 큰 命을 만들어서 짝하여 누려 아래에 있을 것이다."

訖은 盡也라 威는 權勢也요 富는 賄賂也라 當時典獄之官은 非惟得盡法於權勢之家라 亦惟得盡法於賄賂之人이니 言不爲威屈하고 不爲利誘也라 敬忌之至하여 無有擇言在身하면 大公至正하여 純乎天德하여 無毫髮不可擧以示人者하리니 天德在我하면 則大命自我作하여 而配享在下矣라 在下者는 對天之辭니 蓋推典獄用刑之極功하여 而至於與天爲一者 如此니라

訖은 다함이다. 威는 권세이고 富는 뇌물이다. 당시에 獄을 맡은 관원은 오직 권세있는 집안에만 법을 다할 것이 아니라 또한 뇌물을 주는 사람에게도 법을 다해야 하니, 위엄에 굽히지 않고 이익에 유혹되지 않음을 말한 것이다. 공경하고 조심함이 지극하여 가릴 말이 몸에 없으면 大公하고 至正하여 天德에 순수해서 털끝만큼이라도 들어서 남에게 보일 수 없는 것이 없을 것이니, 天德이 자신에게 있으면 큰 命이 자신으로부터 만들어져서 짝하여 누려 아래에 있을 것이다. 아래에 있다는 것은 하늘과 상대한 말이니, 옥사를 주관하는 자가 형벌을 쓰는 지극한 공을 미루어서 하늘과 더불어 하나가 됨에 이름이 이와 같은 것이다.

12. 王曰 嗟四方司政典獄아 非爾惟作天牧가 今爾는 何監고 非時伯夷播刑之迪가 其今爾何懲고 惟時苗民이 匪察于獄之麗(리)하며 罔擇吉人하여 觀于五刑之中이요 惟時庶威奪貨로 斷制五刑하여 以亂無辜한대 上帝不蠲하사 降咎于苗하시니 苗民이 無辭于罰하여 乃絶厥世하니라

王이 말씀하였다. "아! 사방의 정사를 맡아 옥사를 주관하는 자들아. 네가 天牧이 되지 않았는가? 이제 너는 무엇을 볼 것인가? 이 伯夷가 형벌을 베풀어 인도함이 아니겠는가. 지금 너는 무엇을 징계할

麗 : 걸릴 리 蠲 : 깨끗할 견

것인가? 이 苗民들이 옥사에 걸림을 살피지 않으며, 吉人을 가려 五刑의 알맞음을 보여주게 하지 않고 이 여러 위엄과 재물(뇌물)로 법을 빼앗은 자들로 하여금 五刑을 斷制하여 無辜한 자들을 어지럽히자, 上帝가 용서하지 아니하여 허물을 苗에 내리시니, 苗民이 하늘의 벌에 할 말이 없어 마침내 그 대를 끊게 되었다."

司政典獄은 漢孔氏曰 諸侯也니 爲諸侯主刑獄而言이라 非爾諸侯 爲天牧養斯民乎아 爲天牧民이면 則今爾何所監懲고 所當監者 非伯夷乎아 所當懲者 非有苗乎아 伯夷布刑하여 以啓迪斯民하니 捨皐陶而言伯夷者는 探本之論也라 麗는 附也라 苗民이 不察於獄辭之所麗하고 又不擇吉人하여 俾觀于五刑之中이요 惟是貴者 以威亂政하고 富者以貨奪法하여 斷制五刑하여 亂虐無罪한대 上帝不蠲貸而降罰于苗하시니 苗民이 無所辭其罰하여 而遂殄滅之也라

司政典獄은 漢나라 孔氏가 말하기를 "諸侯이니, 제후 중에 刑獄을 주장하는 자를 위하여 말한 것이다." 하였다. 너 제후는 하늘을 위하여 이 백성을 牧養하는 것이 아니겠는가? 하늘을 위하여 백성을 기른다면 지금 너는 무엇을 보고 징계할 것인가? 마땅히 보아야 것은 伯夷가 아니겠는가? 마땅히 징계해야 할 것은 苗가 아니겠는가? 伯夷가 형벌을 베풀어 이 백성을 啓迪하였으니, 皐陶를 버리고 伯夷를 말한 것은 근본을 탐구하는 말이다. 麗는 붙음이다. 苗民이 옥사에 걸림을 살피지 않으며 또 吉人을 가려 五刑의 알맞음을 보여주게 하지 않고, 오직 귀한 자는 위엄으로 정사를 어지럽히고, 부한 자는 재물로 법을 빼앗아서 五刑을 斷制하여 무죄한 자들을 어지럽히고 포악히 하자, 上帝가 용서하지 아니하여 苗에 벌을 내리시니, 苗民이 그 벌에 할 말이 없어서 마침내 끊어져 멸하게 된 것이다.

13. 王曰 嗚呼라 念之哉어다 伯父와 伯兄과 仲叔과 季弟와 幼子와 童孫아 皆聽朕言하라 庶有格命[1)]하니라 今爾罔不由慰日勤하나니 爾罔或戒不勤하라 天齊于民이라 俾我一日이시니 非終惟終이 在人하니 爾尙敬逆天命하여 以奉我一人하여

雖畏(威)나 勿畏하며 雖休나 勿休하여 惟敬五刑하여 以成三德하면 一人有慶하며 兆民賴之하여 其寧惟永하리라

王이 말씀하였다. "아! 생각할지어다. 伯父와 伯兄과 仲叔과 季弟와 幼子와 童孫들아. 모두 朕의 말을 들어라. 거의 지극한 명령이 있을 것이다. 지금 네가 말미암아 위로함이 날로 부지런하지 않음이 없으니, 너는 혹시라도 부지런하지 않음을 경계하지 말라. 하늘이 백성들을 가지런히 하기 위하여 나로 하여금 하루만 형벌을 쓰게 하신 것이니, 終이 아님과 終인 것이 사람에게 있으니, 너는 부디 天命을 공경히 맞이해서 나 한 사람을 받들어라. 그리하여 내가 비록 형벌하라 하더라도 형벌하지 말고 내가 비록 아름답게 용서하라 하더라도 용서하지 말아서 五刑을 공경하여 三德을 이루면 나 한 사람이 경사가 있을 것이며, 兆民들이 힘입어 그 편안함이 영원할 것이다."

譯註 1. 庶有格命 : 諺解의 해석을 따랐으나 《蔡傳旁通》에는 "至命은 어떤 命인지 모르겠다."고 전제하고, 新安胡氏의 '下文에 敬逆天命이란 말이 있으니, 이것은 마땅히 거의 天命을 感格함이 있어야 한다로 해석해야 한다.'는 말을 倂記하였다.

此는 告同姓諸侯也라 格은 至也라 參錯訊鞫하여 極天下之勞者 莫若獄이니 苟有毫髮怠心이면 則民有不得其死者矣라 罔不由慰日勤者는 爾所用以自慰者 無不以日勤이라 故로 職擧而刑當也라 爾罔或戒不勤者는 刑罰之用은 一成而不可變者也니 苟頃刻之不勤이면 則刑罰失中하여 雖深戒之나 而已施者亦無及矣라 戒固善心也나 而用刑을 豈可以或戒也哉아 且刑獄은 非所恃以爲治也니 天以是整齊亂民하여 使我爲一日之用而已라 非終은 卽康誥大罪非終之謂니 言過之當宥者요 惟終은 卽康誥小罪惟終之謂니 言故之當辟者라 非終惟終이 皆非我得輕重이요 惟在夫人所犯耳니 爾當敬逆天命하여 以承我一人이라 畏威는 古通用이니 威는 辟之也요 休는 宥之也라 我雖以爲辟이라도 爾惟勿辟하며 我雖以爲宥라도 爾惟

訊 : 물을 신 鞫 : 국문할 국

勿宥하고 惟敬乎五刑之用하여 以成剛柔正直之德이면 則君慶於上하고 民賴於下하여 而安寧之福이 其永久而不替矣리라

이것은 同姓의 諸侯에게 고한 것이다. 格은 지극함이다. 交錯하여 訊鞠(심문하고 국문함)해서 천하의 수고로움을 지극히 함이 獄事보다 더한 것이 없으니, 만일 털끝만치라도 게으른 마음이 있으면 백성들이 그 올바른 죽음을 얻지 못하는 자가 있을 것이다. '말미암아 위로함이 날로 부지런하지 않음이 없다'는 것은 스스로 위로함이 날로 부지런하지 않음이 없으므로 직책이 거행되어 형벌이 마땅한 것이다. '너는 혹시라도 부지런하지 않음을 경계하지 말라'는 것은 형벌의 씀은 한 번 이루어지면 다시는 변경할 수 없으니, 만일 頃刻이라도 부지런하지 않으면 형벌이 알맞음을 잃어서 비록 깊이 경계하더라도 이미 형벌을 시행한 자에게는 미칠 수가 없다. 경계함은 진실로 좋은 마음이나 형벌을 씀을 어찌 혹시라도 경계할 수 있겠는가. 또 刑獄은 믿고서 다스릴 수 있는 것이 아니니, 하늘이 이로써 어지러운 백성들을 整齊하여 나로 하여금 하루의 씀을 하게 할 뿐이다. 非終은 곧 〈康誥〉에 큰 죄라도 終이 아니라는 것이니 과실로 마땅히 용서할 자를 말한 것이며, 惟終은 곧 〈康誥〉에 작은 죄라도 終이라는 것이니 고의범으로 마땅히 형벌해야 할 자를 말한 것이다. 非終과 惟終이 모두 내가 가볍거나 무겁게 할 수 있는 것이 아니요, 오직 그 사람의 범한 바에 달려 있을 뿐이니, 너는 마땅히 天命을 공경히 맞이해서 나 한 사람을 받들라는 것이다. 畏와 威는 옛날에 통용되었으니, 威는 형벌하는 것이고 休는 용서하는 것이다. 내가 비록 형벌하라 하더라도 너는 형벌하지 말고, 내가 비록 용서하라 하더라도 너는 용서하지 말고, 오직 五刑의 씀을 공경하여 剛·柔와 正直의 德을 이루면 군주는 위에서 경사스럽고 백성들은 아래에서 힘입어 安寧한 복이 영구하여 폐해지지 않을 것이다.

14. 王曰 吁라 來하라 有邦有土아 告爾祥刑하노라 在今爾安百姓인댄 何擇고 非人가 何敬고 非刑가 何度(탁)고 非及가

王이 말씀하였다. "아! 이리 오라. 나라를 소유하고 토지를 소유한 자들아. 너에게 상서로운 형벌을 고하노라. 이제 너에게 있어 백성들을 편안히 하려 할진댄 무엇을 가려야 하는가? 사람이 아니겠는가.

무엇을 공경해야 하는가? 형벌이 아니겠는가. 무엇을 헤아려야 하는가? 옥사에 미치는 것이 아니겠는가.

有民社者 皆在所告也라 夫刑은 凶器也어늘 而謂之祥者는 刑期無刑하여 民協于中이면 其祥莫大焉이라 及은 逮也라 漢世에 詔獄所逮 有至數萬人者하니 審度其所當逮者而後에 可逮之也라 曰何, 曰非는 問答以發其意하여 以明三者之決不可不盡心也라

백성과 社稷을 소유한 자가 모두 고할 對象에 있는 것이다. 형벌은 凶器인데 상서라고 말한 것은 형벌은 형벌이 없음을 기약하여 백성들이 中에 맞으면 그 상서로움이 이보다 클 수 없다. 及은 미침이다. 漢나라 세대에 詔命으로 다스리는 獄事에 미치는 바가 수만 명에 이른 경우가 있으니, 마땅히 미쳐야 할 것을 살펴 헤아린 뒤에 미치게 하는 것이다. '何'라고 말하고 '非'라고 말한 것은 문답하여 그 뜻을 나타내서 세 가지에 결코 마음을 다하지 않을 수 없음을 밝힌 것이다.

15. 兩造요 具備어든 師聽五辭호리니 五辭에 簡孚어든 正于五刑하며 五刑에 不簡이어든 正于五罰하며 五罰에 不服이어든 正于五過하라

〈다투는 자가〉 두 사람 모두 法庭에 이르고 〈말과 證據가〉 구비되었으면 여러 士가 五辭를 들을 것이니, 五辭에 진실하고 믿을 만하거든 五刑에 질정하며, 五刑에 진실하지 않거든 五罰(다섯 가지 벌금형)에 질정하며, 五罰에 복종하지 않거든 五過(다섯 가지 과오)에 질정하라.

兩造者는 兩爭者皆至也니 周官에 以兩造聽民訟하니라 具備者는 詞證皆在也라 師는 衆也라 五辭는 麗於五刑之辭也라 簡은 核其實也요 孚는 無可疑也라 正은 質也니 五辭簡核而可信이라야 乃質于五刑也라 不簡者는

孚 : 믿을 부 核 : 조사할 핵

辭與刑이 參差(치)不應이니 刑之疑者也라 罰은 贖也니 疑於刑則質于罰也라 不服者는 辭與罰이 又不應也니 罰之疑者也라 過는 誤也니 疑於罰이면 則質于過而宥免之也라

兩造는 두 다투는 자가 모두 이르는 것이니, 《周官》에 "두 사람이 이르면 백성의 송사를 다스린다." 하였다. 具備는 말과 증거가 모두 있는 것이다. 師는 무리이다. 五辭는 五刑에 걸린 말이다. 簡은 그 진실을 조사함이요, 孚는 의심이 없는 것이다. 正은 질정함이니, 五辭가 진실하여 믿을 만하여야 비로소 五刑에 질정하는 것이다. 不簡은 말과 刑이 어긋나서 응하지(맞지) 않는 것이니, 형벌함에 의심스러운 것이다. 罰은 贖(벌금형)이니, 형벌함에 의심스러우면 罰에 질정하는 것이다. 不服은 말과 罰이 또 응하지 않는 것이니, 벌에 의심스러운 것이다. 過는 과오이니, 罰에 의심스러우면 過에 질정하여 용서해서 면하는 것이다.

16. 五過之疵는 惟官과 惟反과 惟內와 惟貨와 惟來니 其罪惟均하니 其審克之하라

五過의 병폐는 官權과 反(보답함)과 內(궁녀의 청탁)와 뇌물과 來(간청)이니 그 죄가 똑같으니, 살펴서 능하게 하라.

疵는 病也라 官은 威勢也요 反은 報德怨也요 內는 女謁也요 貨는 賄賂也요 來는 干請也라 惟此五者之病으로 以出入人罪면 則以人之所犯으로 坐之也라 審克者는 察之詳而盡其能也니 下文에 屢言하여 以見其丁寧忠厚之志라 疵於刑罰에 亦然이로되 但言於五過者는 擧輕以見重也라

疵는 병통이다. 官은 威勢요, 反은 은덕과 원한에 보답함이요, 內는 궁녀의 청탁이요, 貨는 뇌물이요, 來는 간청이다. 이 다섯 가지의 병폐로써 사람의 죄를 내고 들이면 그 사람이 범한 죄로 坐罪하는 것이다. 審克은 살피기를 자세히 하여 그 능함을 다하는 것이니, 下文에 여러번 말하여 丁寧하고 忠厚한 뜻을 나타내었다. 병폐는 刑과 罰에 있어서도 또한 그러하나

疵 : 병폐 자　屢 : 여러 루

다만 다섯 가지 과오에만 말한 것은 가벼운 것을 들어 무거운 것을 나타낸 것이다.

17. 五刑之疑 有赦하고 五罰之疑 有赦하니 其審克之하라 簡孚有衆이어든 惟貌有稽니 無簡이어든 不聽하여 具嚴天威하라

五刑에 의심스러운 것은 사면함이 있고, 五罰에 의심스러운 것도 사면함이 있으니, 살펴서 능하게 하라. 진실을 조사하여 믿을 만한 것이 많거든 얼굴을 상고함이 있으니, 진실하지 않거든 듣지 말아서 모두 하늘의 위엄을 두려워 하라.

刑疑有赦는 正于五罰也요 罰疑有赦는 正于五過也라 簡核情實하여 可信者衆이면 亦惟考察其容貌니 周禮所謂色聽[1]이 是也라 然聽獄은 以簡核爲本이니 苟無情實이면 在所不聽이라 上帝臨汝하시니 不敢有毫髮之不盡也라

五刑에 의심스러운 것은 사면함이 있다는 것은 五罰에 질정함이요, 五罰에 의심스러운 것은 사면함이 있다는 것은 五過에 질정하는 것이다. 실정을 조사하여 믿을 만한 것이 많으면 또한 그 용모를 고찰하여야 하니,《周禮》에 이른바 "얼굴빛을 보고 다스린다."는 것이 이것이다. 그러나 옥사를 다스림은 진실을 조사함을 근본으로 삼으니, 만약 실정이 없으면 다스리지 않아야 하는 것이다. 上帝가 너를 굽어보고 계시니, 털끝만큼이라도 미진함이 있어서는 안된다.

譯註 1. 周禮所謂色聽：色聽은 獄訟을 다스릴 적에 얼굴빛을 보고 정직한가 정직하지 않은가를 가려냄을 이른다. 小司寇는 다섯 가지 방법으로 罪人이나 爭訟하는 자들을 살펴보아 獄訟을 다스리는바, 첫째는 辭聽으로 말하는 것을 살펴보는 것이고, 둘째는 色聽이고, 셋째는 氣聽으로 숨쉬는 것을 살펴보는 것이고, 넷째는 耳聽으로 말소리를 제대로 듣는가를 살펴보는 것이고, 다섯째는 目聽으로 눈동자나 시선을 살펴보는 것이다.

18. 墨辟疑赦는 其罰이 百鍰이니 閱實其罪하라 劓辟疑赦는 其罰이 惟倍니 閱實其罪하라 剕辟疑赦는 其罰이 倍差니 閱實其罪하라 宮辟疑赦는 其罰이 六百鍰이니 閱實其罪하라 大辟疑赦는 其罰이 千鍰이니 閱實其罪하라 墨罰之屬이 千이요 劓罰之屬이 千이요 剕罰之屬이 五百이요 宮罰之屬이 三百이요 大辟之罰이 其屬이 二百이니 五刑之屬이 三千이니 上下比罪하여 無僭亂辭하며 勿用不行이요 惟察惟法하여 其審克之하라

墨辟의 疑赦(의심스러워 사면함)는 그 벌금이 1백 鍰이니, 그 죄를 閱實(자세히 조사하여 진실히 함)하라. 劓辟의 疑赦는 그 벌금이 배이니, 그 죄를 열실하라. 剕辟의 疑赦는 벌금이 배하고 차이가 있으니, 그 죄를 열실하라. 宮辟의 疑赦는 그 벌금이 6백 환이니, 그 죄를 열실하라. 大辟의 疑赦는 그 벌금이 1천 환이니, 그 죄를 열실하라. 墨罰의 종류가 천이고 劓罰의 종류가 천이고 剕罰의 종류가 5백이고 宮辟의 종류가 3백이고 大辟의 종류가 2백이니, 五刑의 종류가 3천 가지이다. 올리고 내려 죄를 붙여서 어지러운 말에 잘못되지 말며, 지금에 시행하지 않는 법을 쓰지 말고 법을 잘 살펴서, 살펴 능하게 하라.

墨은 刻顙而涅之也요 劓는 割鼻也요 剕는 刖足也라 宮은 淫刑也니 男子는 割勢하고 婦人은 幽閉라 大辟은 死刑也라 六兩曰鍰이라 閱은 視也라 倍는 二百鍰也라 倍差는 倍而又差니 五百鍰也라 屬은 類也라 三千은 總計之也라 周禮에 司刑所掌은 五刑之屬이 二千五百이니 刑雖增舊나 然輕罪는 比舊爲多요 而重罪는 比舊爲減也[1]라 比는 附也니 罪無正律이면 則以上下刑하여 而比附其罪也라 無僭亂辭勿用不行은 未詳이라 或曰 亂辭는 辭之不可聽者요 不行은 舊有是法而今不行者니 戒其無差誤於僭亂之辭

鍰 : 여섯냥 환　劓 : 코벨 의　剕 : 발벨 비　涅 : 검은물들일 날　刖 : 발벨 월

하고 勿用今所不行之法이요 惟詳明法意而審克之也라

○ 今按皐陶所謂罪疑惟輕者는 降一等而罪之耳어늘 今五刑疑赦而直罰之以金하니 是는 大辟, 宮, 剕, 劓, 墨이 皆不復降等用矣라 蘇氏謂 五刑疑를 各入罰不降은 當因古制라하나 非也라 舜之贖刑은 官府學校鞭扑之刑耳라 夫刑莫輕於鞭扑이니 入於鞭扑之刑하고 而又情法이 猶有可議者면 則是無法以治之라 故로 使之贖하니 特不欲遽釋之也어늘 而穆王之所謂贖은 雖大辟이라도 亦贖也하니 舜豈有是制哉리오 詳見篇題하니라

墨은 이마에 새겨 먹물을 들임이요, 劓는 코를 벰이요, 剕는 발꿈치를 벰이다. 宮은 淫刑이니, 男子는 去勢를 하고 婦人은 유폐시킨다. 大辟은 死刑이다. 여섯 냥을 鍰이라 한다. 閱은 살펴봄이다. 倍는 2백 환이다. 倍差는 배하고 또 차이가 있는 것이니, 5백 환이다. 屬은 종류이다. 3천은 총계한 것이다. 《周禮》에 司刑이 관장하는 것은 五刑의 종류가 2천 5백 가지이니, 형벌은 비록 옛날보다 증가하였으나 가벼운 죄는 옛날에 비하여 많고, 무거운 죄는 옛날에 비하여 줄어들었다. 比는 붙임이니, 죄가 바른 律이 없으면 刑을 올리고 내려서 그 죄를 붙이는 것이다. '無僭亂辭勿用不行'은 자세하지 않다. 혹자는 말하기를 "亂辭는 말중에 들을 수 없는 것이요 不行은 옛날에는 이러한 법이 있었으나 지금은 시행하지 않는 것이니, 참란한 말에 差誤하지 말고 지금 시행하지 않는 법을 쓰지 말고, 오직 법의 뜻을 자세히 밝혀서 살펴 능하게 하라고 경계한 것이다."라고 한다.

○ 지금 살펴보건대 皐陶의 이른바 '죄가 의심스러운 것을 가볍게 한다'는 것은 한 등급을 낮추어 죄주는 것이었는데 이제 五刑의 疑赦에 곧바로 벌금형으로 벌하였으니, 이는 大辟과 宮·剕·劓·墨刑에 모두 다시는 강등하여 쓰지 않은 것이다. 蘇氏는 이르기를 "五刑에 의심스러운 것을 각기 벌금형에 넣고 강등하지 않은 것은 마땅히 옛 제도를 따랐을 것이다." 하였는데, 이는 잘못이다. 舜의 贖刑은 官府와 學校의 채찍과 회초리의 형벌일 뿐이었다. 형벌은 채찍과 회초리보다 가벼운 것이 없으니, 채찍과 회초리의 형벌에 들어가고 또 情과 法이 오히려 의논할 만한 것이 있으면 이는 법으로 다스릴 수가 없으므로 贖錢을 내게 하였으니, 다만 대번에 석방시키고자 하지 않은 것이었다. 그런데 穆王의 이른바 '贖'은 비록 大辟이라도 또한 贖免하였으니, 舜이 어찌 이러한 제도가 있었겠는가. 편 머리에 자세히 보인다.

譯註 1. 周禮司刑所掌 … 比舊爲減也 :《周禮》에는 墨刑과 劓刑, 刖刑과 宮刑 및 사형에 해당하는 죄가 각각 5백 가지여서 도합 2천 5백 가지이므로 말한 것이다.

19. 上刑이라도 適輕이어든 下服하며 下刑이라도 適重이어든 上服하라 輕重諸罰이 有權하며 刑罰이 世輕世重하나니 惟齊非齊나 有倫有要하니라

罪目이 上刑이라도 가벼움에 적당하거든 아래로 적용하며, 죄목이 下刑이라도 무거움에 적당하거든 위로 적용하라. 여러 벌을 가볍게 하고 무겁게 함이 權道가 있으며, 형과 벌을 세상에 따라 가볍게 하고 무겁게 하여야 하니, 똑같지 않은 형벌로 가지런히 하나 倫(질서)이 있고, 要(요점)가 있는 것이다.

事在上刑이라도 而情適輕이면 則服下刑이니 舜之宥過無大와 康誥所謂大罪非終者 是也라 事在下刑이라도 而情適重이면 則服上刑이니 舜之刑故無小와 康誥所謂小罪非眚者 是也라 若(謂)〔諸〕罰之輕重이 亦皆有權焉하니 權者는 進退推移하여 以求其輕重之宜也라 刑罰世輕世重者는 周官에 刑新國에 用輕典하고 刑亂國에 用重典하고 刑平國에 用中典이라하니 隨世而爲輕重者也라 輕重諸罰有權者는 權一人之輕重也요 刑罰世輕世重者는 權一世之輕重也라 惟齊非齊者는 法之權也요 有倫有要者는 法之經也라 言刑罰이 雖惟權變是適하여 而齊之以不齊焉이나 至其倫要所在하여는 蓋有截然而不可紊者矣니 此兩句는 總結上意라

일이 上刑에 있더라도 情이 가벼움에 적당하면 下刑을 시행하여야 하니, 舜의 과오를 용서하여 크게 하지 않음과 〈康誥〉의 이른바 큰 죄라도 終이 아니라는 것이다. 일이 下刑에 있더라도 情이 무거움에 적당하면 上刑을 시행하여야 하니, 舜의 고의범을 형벌하여 작게 하지 않음과 〈康誥〉의 이른바 작은 죄라도 과오가 아니라는 것이다. 여러 벌의 가볍고 무겁게 함이

眚 : 모르고지은죄 생　截 : 자를 절

또한 權道가 있으니, 權은 進退하고 推移하여 輕重의 마땅함을 구하는 것이다. 형벌을 세상에 따라 가볍게 하고 무겁게 한다는 것은《周官》에 "새로 창건한 나라를 형벌할 때에는 가벼운 법을 쓰고, 어지러운 나라를 형벌할 때에는 무거운 법을 쓰고, 평범한 나라를 형벌할 때에는 중간의 벌을 쓴다." 하였으니, 세상을 따라 輕重하는 것이다. 여러 벌의 가볍게 하고 무겁게 함이 權道가 있다는 것은 한 사람의 輕重을 저울질함이요, 형벌을 세상에 따라 가볍게 하고 무겁게 한다는 것은 한 세상의 輕重을 저울질함이다. 가지런하지 않음을 가지런히 한다는 것은 법의 權道이며, 倫이 있고 要가 있다는 것은 법의 經(원칙)이다. 형과 벌이 비록 權變을 맞추어 가지런하지 않음을 가지런히 하나 그 倫·要가 있는 곳에 이르러는 截然(엄격)하여 문란할 수 없음을 말한 것이니, 이 두 句는 上文을 總結한 것이다.

20. 罰懲이 非死나 人極于病하나니 非佞이 折獄이라 惟良이 折獄이라사 罔非在中하리라 察辭于差하여 非從惟從하며 哀敬折獄하며 明啓刑書하여 胥占이라사 咸庶中正하리니 其刑其罰을 其審克之하여사 獄成而孚하며 輸而孚하리니 其刑을 上備호되 有幷兩刑하라

벌금으로 징계함이 죽는 것은 아니나 사람들이 지극히 괴로워하니, 말 잘하는 자가 옥사를 결단할 것이 아니라 선량한 자가 옥사를 결단하여야 中에 있지 않음이 없을 것이다. 말을 어긋남에 살펴 따르려 하지 않으면서 따르며 가엾게 여기고 공경하여 옥사를 결단하며 刑書를 밝게 열어 서로 점쳐야 모두 거의 中正할 것이다. 형과 벌을 살펴서 능하게 하여야 옥사가 이루어짐에 백성들이 믿으며, 위로 올림에 군주가 믿을 것이니, 형벌을 결단한 내용을 갖추어 올리되 두 형벌을 겸하여 올려라.

罰以懲過는 雖非致人於死나 然民重出贖하니 亦甚病矣라 佞은 口才也라

佞 : 말잘할 녕　折 : 결단할 절

非口才辯給之人이 可以折獄이요 惟溫良長者로 視民如傷者 能折獄이라야 而無不在中也니 此는 言聽獄者當擇其人也라 察辭于差者는 辭非情實이면 終必有差니 聽獄之要는 必於其差而察之라 非從惟從者는 察辭에 不可偏主니 猶曰不然而然이니 所以審輕重而取中也라 哀敬折獄者는 惻怛敬畏하여 以求其情也요 明啓刑書胥占者는 言詳明法律하여 而與衆占度(탁)也요 咸庶中正者는 皆庶幾其無過忒也니 於是에 刑之罰之호되 又當審克之也라 此는 言聽獄者 當盡其心也니 若是면 則獄成於下而民信之하고 獄輸於上而君信之라 其刑上備有幷兩刑者는 言上其斷獄之書에 當備情節이니 一人而犯兩事면 罪雖從重이나 亦幷兩刑而上之也라 此는 言讞獄者 當備其辭也라

벌금으로 과오를 징계함은 비록 사람을 죽임에 이르게 하는 것은 아니나 백성들이 무겁게 贖錢을 내니, 또한 심히 괴로워한다. 佞은 말재주이다. 말재주가 辯給한 사람이 옥사를 결단할 것이 아니요, 오직 溫良한 長者로서 백성을 보기를 상할 듯이 여기는 자가 옥사를 결단하여야 中에 있지 않음이 없을 것이니, 이는 옥사를 결단하는 자는 마땅히 훌륭한 사람을 가려야 함을 말한 것이다. 말을 어긋남에 살핀다는 것은 말이 실정이 아니면 끝내는 반드시 어긋남이 있으니, 옥사를 다스리는 요점은 반드시 그 어긋남에서 살펴야 한다. 따르려 하지 않으면서 따른다는 것은 말을 살필 적에 편벽되이 주장해서는 안되니, '그렇게 하려고 하지 않았는데 그렇게 되었다'는 말과 같으니, 경중을 살펴 알맞음을 취하는 것이다. 가엾게 여기고 공경하여 옥사를 결단한다는 것은 惻怛하고 敬畏하여 그 실정을 찾는 것이며, 刑書를 밝게 열어 서로 점친다는 것은 법률을 자세히 밝혀 여러 사람과 함께 점치고 헤아리는 것이며, 모두 거의 中正하다는 것은 모두 거의 잘못됨이 없는 것이니, 이에 형벌을 하되 또 마땅히 살펴 능하게 하여야 한다. 이는 옥사를 다스리는 자가 마땅히 그 마음을 다해야 함을 말한 것이니, 이와 같으면 옥사가 아래에서 이루어짐에 백성들이 믿고, 옥사를 위로 올림에 군주가 믿는다. 형벌을 결단한 것을 올려 내용을 갖추되 두 형벌을 겸하여 올린다는 것은 옥사를 결단한 글을 올릴 적에 마땅히 情節(심정과 행위)을 구비하여야 하니, 한 사람이 두 가지 일을 범했으면 죄는 비록 무거

讞 : 죄의논할 언

운 것을 따르나 또한 두 형벌을 겸하여 올리는 것이다. 이는 옥사를 결단하는 자가 마땅히 그 말을 갖춰야 함을 말한 것이다.

21. 王曰 嗚呼라 敬之哉어다 官伯族姓아 朕言多懼하노라 朕敬于刑하노니 有德이라사 惟刑이니라 今天이 相民이시니 作配在下어다 明淸于單辭하라 民之亂은 罔不中聽獄之兩辭니 無或私家于獄之兩辭하라 獄貨는 非寶라 惟府辜功하여 報以庶尤하나니 永畏는 惟罰이니라 非天이 不中이라 惟人이 在命하니 天罰이 不極이면 庶民이 罔有令政이 在于天下하리라

王이 말씀하였다. "아! 공경할지어다. 옥사를 맡은 관원과 伯(제후)과 同族과 異姓들아. 朕은 말하려 함에 많이 두렵노라. 짐은 형벌을 두려워하니, 德이 있어야 형벌할 수 있는 것이다. 지금 하늘이 백성을 도우시니, 짝이 되어 아래에 있을지어다. 單辭(한 말)에 밝고 깨끗이 하라. 백성들의 다스림은 獄事의 兩辭(두 말)을 알맞게 듣지 않음이 없으니, 혹시라도 獄事의 兩辭로 私家에 致富하지 말라. 옥사를 재물로 여김은 보배가 아니요 辜功(죄상)을 모아서 온갖 허물로 보답하나니, 길이 두려워할 것은 형벌이다. 하늘이 中道로 대하지 않는 것이 아니라 사람들이 잘못을 저질러 재앙의 명에 있는 것이니, 천벌이 지극하지 않으면 서민들이 훌륭한 정사가 천하에 있지 못할 것이다."

此는 總告之也라 官은 典獄之官也요 伯은 諸侯也요 族은 同族이요 姓은 異姓也라 朕之於刑에 言且多懼하니 況用之乎아 朕敬于刑者는 畏之至也요 有德惟刑은 厚之至也라 今天이 以刑으로 相治斯民하시니 汝實任責하여 作配在下 可也라 明淸以下는 敬刑之事也라 獄辭는 有單有兩하니 單辭者는 無證之辭也니 聽之爲尤難이라 明者는 無一毫之蔽요 淸者는 無一點之汚라 曰明曰淸은 誠敬篤至하고 表裏洞徹하여 無少私曲이니 然後에 能

尤 : 허물 우 鬻 : 팔 육

察其情也라 亂은 治也라 獄貨는 鬻獄而得貨也라 府는 聚也라 辜功은 猶云罪狀也라 報以庶尤者는 降之百殃也라 非天不中惟人在命者는 非天이 不以中道待人이라 惟人이 自取其殃禍之命爾라 此章은 文有未詳者하니 姑缺之하노라

이는 총괄하여 告한 것이다. 官은 옥사를 주관하는 관원이고, 伯은 제후이며, 族은 同族이고, 姓은 異姓이다. 짐은 형벌에 대하여 말하는 것도 많이 두려우니, 하물며 형벌을 씀에 있어서랴. 짐은 형벌을 공경한다는 것은 두려움이 지극함이요, 덕이 있어야 형벌할 수 있다는 것은 厚함이 지극한 것이다. 지금 하늘이 형벌로써 이 백성들을 도와 다스리시니, 너는 진실로 책임을 맡아 짝이 되어 아래에 있어야 할 것이다. 明清 이하는 형벌을 두려워하는 일이다. 獄에 대한 말은 單(한 가지)이 있고 兩(두 가지)이 있으니, 單辭라는 것은 증거가 없는 말이니, 다스리기가 더욱 어렵다. 明은 一毫의 가리움이 없는 것이요, 淸은 한 점의 더러움이 없는 것이다. 明과 淸은 정성과 공경이 돈독하고 지극하며, 表裏가 洞徹해서 조금도 私曲이 없는 것이니, 이렇게 한 뒤에야 그 情을 살필 수 있는 것이다. 亂은 다스림이다. 獄貨는 獄事를 팔아 재물을 얻는 것이다. 府는 모음이다. 辜功은 罪狀이라는 말과 같다. 온갖 허물로 보답한다는 것은 온갖 재앙을 내리는 것이다. 非天不中惟人在命은 하늘이 中道로 사람을 대하지 않는 것이 아니라 사람이 스스로 殃禍의 命을 취하는 것이다. 이 章은 글이 자세하지 않은 것이 많으니, 우선 빼놓는다.

22. 王曰 嗚呼라 嗣孫아 今往은 何監고 非德于民之中가 尙明聽之哉어다 哲人이 惟刑하여 無疆之辭는 屬于五極하여 咸中이라 有慶이니 受王嘉師는 監于茲祥刑이어다

王이 말씀하였다. "아! 嗣孫아. 지금으로부터 무엇을 보아야 할 것인가? 덕으로 백성의 中을 온전히 함이 아니겠는가. 부디 분명히 들을지어다. 哲人이 형벌하여 무궁한 칭찬의 말을 듣는 것은 五極(오형)에 붙여 모두 맞아서 경사가 있는 것이니, 왕의 아름다운 무리를 받은 자들은 이 상서로운 형벌을 거울삼을지어다."

此는 詔來世也라 嗣孫은 嗣世子孫也라 言今往은 何所監視오 非用刑成德하여 而能全民所受之中者乎아 下文哲人은 卽所當監者라 五極은 五刑也라 明哲之人이 用刑而有無窮之譽는 蓋由五刑이 咸得其中이니 所以有慶也라 嘉는 善이요 師는 衆也라 諸侯受天子良民善衆이면 當監視于此祥刑이니 申言以結之也라

이것은 來世에 告한 것이다. 嗣孫은 대를 이은 자손들이다. 지금으로부터는 무엇을 거울로 삼아 살펴보아야 할 것인가? 형벌을 써서 덕을 이루어 백성들이 받은 바의 中(본성)을 온전히 함이 아니겠는가. 下文의 哲人은 곧 마땅히 거울로 삼아야 할 자이다. 五極은 五刑이다. 명철한 사람이 형벌을 씀에 무궁한 명예가 있는 것은 五刑이 모두 알맞음을 얻어서이니, 이 때문에 경사가 있는 것이다. 嘉는 善함이요, 師는 무리이다. 제후가 천자의 어진 백성과 善한 무리를 받았으면 마땅히 이 상서로운 형벌을 거울로 삼아 보아야 할 것이니, 거듭 말하여 맺은 것이다.

文侯之命

幽王이 爲犬戎所殺한대 晉文侯與鄭武公으로 迎太子宜臼하여 立之하니 是爲平王이라 遷於東都하다 平王이 以文侯爲方伯하고 賜以秬鬯弓矢할새 作策書하여 命之어늘 史錄爲篇하니 今文古文皆有하니라

幽王이 犬戎에게 살해당하자 晉나라 文侯가 鄭나라 武公과 함께 太子 宜臼를 맞이하여 세우니, 이가 平王인데 東都(낙양)로 천도하였다. 平王은 文侯를 方伯으로 삼고 검은 기장술과 활과 화살을 내려줄 적에 策書를 만들어 명하였는데, 史官이 이것을 기록하여 편을 만들었으니, 今文과 古文에 모두 있다.

秬 : 검은기장 거 鬯 : 술이름 창

1. 王若曰 父義和아 丕顯文武 克愼明德하사 昭升于上하며 敷聞在下하신대 惟時上帝 集厥命于文王이어시늘 亦惟先正이 克左右하여 昭事厥辟하여 越小大謀猷에 罔不率從이라 肆先祖 懷在位하시니라

王이 대략 다음과 같이 말씀하였다. "父인 義和야! 크게 드러나신 文王·武王께서 능히 明德을 삼가 밝게 위에 오르시며 펴져 아래에 있으면서 알려지시자, 이 上帝가 그 명을 文王에게 모으셨는데 또한 先正들이 능히 도와서 그 임금을 밝게 섬겨 크고 작은 꾀와 계책에 따르지 않음이 없었다. 그러므로 先祖께서 지위에 편안히 계셨다.

同姓故로 稱父라 文侯는 名仇요 義和는 其字니 不名者는 尊之也라 丕顯者는 言其德之所成이요 克謹者는 言其德之所修요 昭升, 敷聞은 言其德之所至也라 文武之德如此라 故上帝集厥命於文王이요 亦惟爾祖父 能左右하여 昭事其君하여 於小大謀猷에 無敢背違라 故先王得安在位라

同姓이므로 父라 칭하였다. 文侯는 이름이 仇이고 義和는 그의 字이니, 이름을 부르지 않음은 높인 것이다. 丕顯은 그 德의 이룬 바를 말한 것이요, 克謹은 그 덕의 닦은 바를 말한 것이요, 昭升과 敷聞은 그 덕의 이른 바를 말한 것이다. 文王·武王의 덕이 이와 같았으므로 上帝가 그 명을 文王에게 모았고, 또한 너의 祖·父가 능히 도와서 그 군주를 밝게 섬겨 작고 큰 꾀와 계책에 감히 위배함이 없었다. 그러므로 先王이 지위에 편안히 계셨던 것이다.

2. 嗚呼라 閔予小子는 嗣造天丕愆하여 殄資澤于下民이라 侵戎我國家純커늘 即我御事 罔或耆壽俊이 在厥服하며 予則罔克호라 曰 惟祖惟父 其伊恤朕躬고 嗚呼라 有績予一人이면 永綏在位하리라

嗣 : 이을 사 純 : 클 순

아! 불쌍한 나 小子는 지위를 계승한 초기에 하늘의 큰 허물(재앙)을 만나 資澤이 下民들에게 끊겼다. 오랑캐가 우리 국가를 침해함이 컸는데 나의 御事들은 혹시라도 耆壽(老成)한 자와 준걸스러운 자가 신하의 자리에 있는 이가 없었으며, 나도 능하지 못하노라. 祖·父의 항렬에 있는 자들은 그 누가 朕의 몸을 구휼할 것인가? 아! 나 한 사람에게 功이 있으면 길이 편안히 지위에 있을 것이다.

歎而自痛傷也라 閔은 憐也라 嗣造天丕愆者는 嗣位之初에 爲天所大譴하여 父死國敗也라 殄은 絶이요 純은 大也라 絶其資用惠澤於下民하여 本旣先撥이라 故로 戎狄이 侵陵하여 爲我國家之害甚大어늘 今我御事之臣이 無有老成俊傑在厥官者하며 而我小子도 又才劣無能하니 其何以濟難고 又言 諸侯在我祖父之列者 其誰能恤我乎아 又歎息言호되 有能致功予一人하면 則可永安厥位矣라 蓋悲國之無人하여 無有如上文先正之昭事而先王得安在位也라

탄식하고 스스로 痛傷(애통하고 서글퍼 함)한 것이다. 閔은 불쌍함이다. 嗣造天丕愆은 嗣位하던 초기에 하늘에게 큰 견책을 당하여 아버지가 죽고 나라가 패망한 것이다. 殄은 끊어짐이요, 純은 큼이다. 資用과 혜택이 하민에게 끊겨 이미 근본이 먼저 뽑혔기 때문에 戎狄이 侵陵하여 우리 국가의 폐해가 됨이 심히 컸는데, 지금 나의 일을 다스리는 신하들은 老成한 자와 준걸스러운 자가 그 관직에 있는 자가 없었으며, 나 小子도 재주가 용렬하여 능하지 못하니, 어떻게 어려움을 구제하겠는가. 또 말하기를 "제후로서 나의 祖·父의 항렬에 있는 자들은 그 누가 나를 구휼하겠는가?" 하고, 또 탄식하여 말하기를 "능히 나 한 사람에게 공을 이루는 자가 있으면 길이 그 지위를 편안하게 할 것이다." 하였다. 이는 나라에 사람이 없어서 上文에 先正들이 밝게 섬겨 先王이 편안히 지위에 계셨던 것처럼 하는 이가 없음을 슬퍼한 것이다.

3. 父義和아 汝克昭乃顯祖하여 汝肇刑文武하여 用會紹乃

撥 : 뽑힐 발　肇 : 비로소 조

辟하여 **追孝于前文人**하라 **汝多修扞我于艱**하니 **若汝**는 **予嘉**니라

父인 義和야! 너는 능히 너의 훌륭하신 선조를 밝혀, 네가 비로소 文王·武王을 본받아 네 임금을 모으고 이어서 前文人을 따라 효도하라. 네가 닦아서 나를 어려움에 호위함이 많으니, 너와 같은 이는 내 아름답게 여기노라."

顯祖, 文人은 皆謂唐叔이니 卽上文先正昭事厥辟者也라 後罔或耆壽俊在厥服이면 則刑文武之道 絶矣니 今刑文武 自文侯始라 故曰肇刑文武라 會者는 合之而使不離요 紹者는 繼之而使不絶이라 前文人은 猶云前寧人이라 汝多所修完扞衛我于艱難하니 若汝之功은 我所嘉美也라

顯祖와 文人은 모두 唐叔을 이르니, 곧 上文에 先正이 그 임금을 밝게 섬겼다는 것이다. 뒤에 혹시라도 老成한 자와 준걸스러운 자가 신하의 자리에 있는 이가 없다면 文王·武王의 道를 본받음이 끊긴 것이니, 이제 文王·武王을 본받음이 文侯로부터 비롯되었다. 이 때문에 '비로소 文王·武王을 본받으라고 한 것이다. 會는 합하여 떠나지 않게 하는 것이요, 紹는 이어서 끊기지 않게 하는 것이다. 前文人은 前寧人이란 말과 같다. 네가 닦고 완전히 해서 나를 어려움에 扞衛(호위)함이 많으니, 너의 功과 같은 것을 내 아름답게 여기는 바이다.

4. 王曰 父義和아 **其歸視爾師**하여 **寧爾邦**하라 **用賚爾秬鬯一卣**와 **彤弓一**과 **彤矢百**과 **盧弓一**과 **盧矢百**과 **馬四匹**하노니 **父往哉**하여 **柔遠能邇**하며 **惠康小民**하여 **無荒寧**하여 **簡恤爾都**하여 **用成爾顯德**하라

王이 말씀하였다. "父인 義和야. 돌아가 네 무리를 돌아보아 네 나

扞 : 막을 한　賚 : 줄 뢰　卣 : 술그릇 유　彤 : 붉을 동　盧 : 검을 로

라를 편안히 하라. 써 너에게 검은 鬱邑酒 한 동이와 붉은 활 하나와 붉은 화살 백 개와 검은 활 하나와 검은 화살 백 개와 말 네 필을 하사하노니, 父는 가서 멀리 있는 자를 회유하고 가까이 있는 자를 길들이며, 小民들을 은혜롭고 편안히 하여 荒寧하지 말아서 네 都鄙를 간열하고 구휼하여 너의 드러난 德을 이루도록 하라."

師는 衆也라 黑黍曰秬니 釀以邑草라 卣는 中尊(樽)也라 諸侯受錫命이면 當告其始祖라 故賜邑也라 彤은 赤이요 盧는 黑也라 諸侯有大功이면 賜弓矢하나니 然後에 得專征伐이라 馬는 供武用이라 四匹曰乘이라 侯伯之賜는 無常하여 以功大小爲度也라 簡者는 簡閱其士요 恤者는 惠恤其民이라 都者는 國之都鄙也라
○ 蘇氏曰 予讀文侯篇하고 知東周之不復興也로라 宗周傾覆에 禍敗極矣니 平王이 宜若衛文公, 越句踐[1]然이어늘 今其書乃旋旋焉하여 與平康之世로 無異라 春秋傳曰 厲王之禍에 諸侯釋位하여 以間王政이러니 宣王이 有志而後에 效官이라하니 讀文侯之命하고 知平王之無志也로라 愚按 史記에 幽王이 娶於申하여 而生太子宜臼러니 後에 幽王이 嬖褒姒하여 廢申后, 去太子한대 申侯怒하여 與繒西夷犬戎으로 攻王而殺之어늘 諸侯卽申侯而立故太子宜臼하니 是爲平王이라 平王은 以申侯立己爲有德하여 而忘其弑父爲當誅하고 方將以復讐討賊之衆으로 而爲戍申戍許之擧[2]하니 其忘親背義하여 得罪於天이 已甚矣니 何怪其委靡頹墮而不自振也哉아 然則是命也는 孔子以其猶能言文武之舊而存之歟아 抑亦以示戒於天下後世而存之歟아

師는 무리이다. 검은 기장을 秬라 하니, 鬱邑草(鬱金草)로 빚는다. 卣는 中樽(중간 크기의 술동이)이다. 제후가 錫命(명을 내려줌)을 받으면 마땅히 始祖에게 고유하여야 하므로 鬱邑酒를 하사한 것이다. 彤은 붉음이요, 盧는 검음이다. 제후가 큰 공이 있으면 弓矢를 하사하니, 그런 뒤에야 정벌을 자유로이 할 수 있는 것이다. 馬는 軍用에 이바지한다. 네 필을 乘이라 한다. 侯伯의 하사는 일정함이 없어서 공의 크고 작음으로 한도를 삼는다.

姒 : 성 사 繒 : 비단 증

簡은 군사들을 簡閱함이요, 恤은 백성들을 은혜롭게 구휼하는 것이다. 都는 나라의 都와 鄙(촌)이다.

○ 蘇氏가 말하였다. "나는 〈文侯篇〉을 읽고 東周가 다시 흥하지 못할 줄을 알았노라. 宗周가 傾覆함에 禍敗가 지극하니, 平王은 마땅히 衛나라 文公과 越王 句踐과 같이 하여야 할 터인데, 이제 그 글이 마침내 旋旋(편안)하여 平康한 세상과 다름이 없다. 《春秋傳》에 이르기를 '厲王의 禍에 제후들이 자신의 지위를 버리고 王政을 간섭하였는데, 宣王이 意志가 있은 뒤에 제후들이 관직(직책)을 바쳤다.' 하였으니, 〈文侯之命〉을 읽고서 平王이 意志가 없었음을 알았노라."

내가 살펴보건대, 《史記》에 幽王이 申나라에서 장가들어 太子 宜臼를 낳았는데, 뒤에 幽王이 褒姒를 총애하여 申后를 폐하고 太子를 버리자, 申侯가 노하여 繒나라와 西夷인 犬戎과 함께 王을 공격하여 살해하였다. 제후들이 申侯에게 나아가 옛 太子인 宜臼를 세우니, 이가 平王이었다. 平王은 申侯가 자기를 세워준 것을 은덕이 있다고 여겨, 아버지를 시해한 자는 마땅히 주벌해야 함을 잊고, 장차 복수하여 역적을 토벌해야 할 군대로써 申나라를 지키고 許나라를 지키는 조처를 하였으니, 어버이를 잊고 義를 저버려 하늘에 죄를 얻음이 너무 심하다. 어찌 委靡하고 頹墮하여 스스로 떨치지 못함이 어찌 괴이하겠는가. 그렇다면 이 命은 孔子가 오히려 文王·武王의 옛것을 말하였다 하여 둔 것인가? 아니면 또한 天下 後世에 경계를 보이기 위하여 둔 것인가?

譯註 1. 衛文公越句踐 : 春秋시대에 衛나라 文公은 狄에게 패망한 뒤에 即位하여 삼베옷을 입고 검약하게 생활한 결과 끝내 나라를 富强하게 만들었으며, 越王 句踐은 會稽山에서 吳王 夫差에게 패하여 항복하고 臥薪嘗膽하며 복수할 것을 도모한 결과 마침내 吳나라를 멸망시키고 覇者가 되었다.

2. 戍申戍許之擧 : 平王이 外叔의 나라인 申과 그 부근인 許나라를 위하여 派兵한 일을 이른다. 《詩經》 王風의 〈揚之水〉는 바로 이것을 읊은 내용인바, 여기에서 朱子는 平王의 잘못을 극구 비판하였다.

戍 : 지킬 수　費 : 쓸 비

費誓

費는 地名이라 淮夷徐戎이 並起爲寇어늘 魯侯征之할새 於費誓衆이라 故로 以費誓名篇하니 今文古文皆有하니라

○ 呂氏曰 伯禽이 撫封於魯하니 夷戎이 妄意其未更(경)事하고 且乘其新造之隙이어늘 而伯禽應之者 甚整暇有序하여 先治戎備하고 次之以除道路하고 又次之以嚴部伍하고 又次之以立期會하여 先後之序 皆不可紊이라 又按 費誓, 秦誓는 皆侯國之事로되 而繫於帝王書末者는 猶詩之錄商頌魯頌也라

費는 지명이다. 淮夷와 徐戎이 함께 일어나 침략하자, 魯侯가 정벌할 적에 費땅에서 군사들에게 맹세하였다. 그러므로 '費誓'라고 편명하였으니, 今文과 古文에 모두 있다.

○ 呂氏가 말하였다. "伯禽이 魯나라에서 撫封(封內의 인민을 安撫함)하니, 淮夷와 徐戎은 그가 일을 경험하지 못하였다고 망녕되이 생각하였고 또 새로 나라를 만든 틈을 타려 하였는데, 伯禽이 이에 대응함이 심히 정돈되고 한가로와 차례가 있었다. 그리하여 먼저 戎備(군비)를 다스리고 다음에는 道路를 소제하고, 또 다음에는 部伍를 엄격히 하고, 또 다음에는 期會(날짜를 약속하여 모임)를 세워서 先後의 순서가 모두 문란할 수 없었다."

또 살펴보건대 〈費誓〉와 〈秦誓〉는 모두 제후국의 일인데 제왕의 글 끝에 단 것은 《詩經》에 〈商頌〉과 〈魯頌〉을 기록한 것과 같다.

1. 公曰 嗟人아 無譁하여 聽命하라 徂玆淮夷徐戎이 竝興이로다

公이 말씀하였다. "아! 사람들아. 떠들지 말고서 나의 명령을 들으라. 지난번에 淮夷와 徐戎들이 함께 일어났었다.

隙 : 틈 극 譁 : 떠들 화

漢孔氏曰 徐戎淮夷 竝起寇魯어늘 伯禽이 爲方伯하여 帥諸侯之師以征할새 歎而勅之하여 使無諠譁하여 欲其靜聽誓命이라 蘇氏曰 淮夷叛已久矣러니 及伯禽就國에 又脅徐戎竝起라 故로 曰徂玆淮夷徐戎竝興이라하니 徂玆者는 猶曰往者云이라

漢나라 孔氏가 말하였다. "淮夷와 徐戎이 함께 일어나 魯나라를 침략하자, 伯禽이 方伯이 되어 제후의 군사들을 거느리고 정벌할 적에 탄식하고 신칙하여 떠들지 말고서 그의 맹세하는 명령을 고요히 듣게 하고자 한 것이다."

蘇氏가 말하였다. "淮夷는 배반한 지가 이미 오래였는데, 伯禽이 나라에 나아가자 또 徐戎을 위협하여 함께 일어났다. 그러므로 '지난번에 淮夷와 徐戎이 함께 일어났었다.'고 말한 것이니, 徂玆는 往者라는 말과 같다."

2. 善敹乃甲胄하며 敿乃干호되 無敢不弔(적)하며 備乃弓矢하며 鍛乃戈矛하며 礪乃鋒刃호되 無敢不善하라

네 甲胄를 잘 수선하고 네 방패를 동여매되 감히 정밀하지 않음이 없으며, 네 弓矢를 갖추고 네 戈矛를 단련하고 네 칼날을 갈되 감히 좋지 않음이 없도록 하라.

敹는 縫完也니 縫完其甲胄하여 勿使斷毁라 敿는 鄭氏云 猶繫也라하고 王肅云 敿楯은 當有紛繫持之라하니라 弔은 精至也라 鍛은 淬요 礪는 磨也라 甲胄는 所以衛身이요 弓矢戈矛는 所以克敵이니 先自衛而後攻人은 亦其序也라

敹는 꿰매어 완전히 함이니, 甲胄를 꿰매어 완전하게 해서 끊어지거나 훼손되지 않게 한 것이다. 敿는 鄭氏는 "繫와 같다." 하였고, 王肅은 "방패를 매닮은 마땅히 끈이 있어 동여매어 잡았을 것이다." 하였다. 弔은 정함

諠 : 떠들 훤　敹 : 꿰맬 료　胄 : 투구 주　敿 : 동여맬 교　鍛 : 단련할 단
楯 : 방패 순　紛 : 끈 분　淬 : 담금질할 쉬

이 지극한 것이다. 鍛은 담금질이요, 礪는 가는 것이다. 甲冑는 몸을 호위하는 것이고 弓矢와 戈矛는 적을 이기는 것이니, 자기를 호위함을 먼저하고 남을 공격함을 뒤에 함은 또한 그 순서이다.

3. 今惟淫舍牿牛馬호리니 杜乃擭하며 敜乃穽하여 無敢傷牿하라 牿之傷하면 汝則有常刑하리라

이제 牛馬가 머물 牿(우리)을 크게 만들 것이니, 네 덫을 막고(거둠) 네 함정을 막아서 감히 마소를 상하지 말라. 마소를 상하면 너는 떳떳한 형벌이 있을 것이다.

淫은 大也요 牿은 閑牧也라 擭은 機檻也[1]요 敜은 塞也라 師旣出이면 牛馬所舍之閑牧이 大布於野하니 當窒塞其擭穽이라 一或不謹하여 而傷閑牧之牛馬하면 則有常刑하니 此令軍在所之居民也라 擧此例之컨대 凡川梁藪澤險阻屛翳에 有害於師屯者 皆在矣니 此는 除道路之事라

淫은 큼이요 牿은 閑牧(막아서 기름)이다. 擭은 機檻이요, 敜은 막음이다. 군대가 이미 출동하면 牛馬가 머무는 閑牧이 들판에 크게 펼쳐질 것이니, 마땅히 덫과 함정을 막아야 할 것이다. 한 가지라도 혹시 삼가지 아니해서 閑牧의 소와 말을 상하면 떳떳한 형벌이 있을 것이니, 이는 軍이 머물고 있는 곳의 거주민에게 명령한 것이다. 이 例를 들어보면 무릇 川梁과 藪澤의 험하고 막혀 가려진 곳으로 군대의 주둔에 장해가 되는 것은 모두 이 안에 들어 있으니, 이는 도로를 소제하는 일이다.

譯註 1. 擭機檻也 : 機檻은 짐승을 잡는 덫이다. 《正義》에 "擭은 범이나 표범을 잡기 위하여 땅을 깊이 파 함정을 만들어 놓고 그 위에 덫을 설치하여 짐승이 뛰어오르는 것을 방지하는 것이며, 穽은 작은 짐승을 잡기 위하여 함정만 파놓은 것이다." 하였다.

4. 馬牛其風[1]하며 臣妾逋逃어든 勿敢越逐하며 祗復(복)之하

牿 : 외양간 곡　擭 : 덫 확　敜 : 막을 녑(념)　藪 : 수풀 수　翳 : 가릴 예

라 **我商賚汝**호리라 **乃越逐**하며 **不復**하면 **汝則有常刑**하리라 **無敢寇攘**하며 **踰垣墻**하여 **竊馬牛**하며 **誘臣妾**하라 **汝則有常刑**하리라

마소가 바람나 도망하고 臣妾이 도망하거든 감히 軍壘를 넘어 쫓아가지 말며, 이것을 얻거든 공경히 반환하라. 내가 헤아려 너에게 상을 줄 것이다. 마침내 軍壘를 넘어 쫓아가며 주인에게 반환하지 않으면 너는 떳떳한 형벌이 있을 것이다. 감히 寇攘하며 담을 넘어 마소를 훔치고 臣妾을 유인하지 말라. 너는 떳떳한 형벌이 있을 것이다.

譯註 1. 馬牛其風 : 風은 암소나 암말이 發精하여 암놈과 수놈이 서로 뛰쳐 나옴을 이른다.

役人賤者를 男曰臣이요 女曰妾이라 馬牛風逸하고 臣妾逋亡이어든 不得越軍壘而逐之라 失主雖不得逐이나 而人得風馬牛逃臣妾者는 又當敬還之니 我商度多寡하여 以賞汝하리라 如或越逐而失伍하고 不復而攘取면 皆有常刑이요 有故竊奪하며 踰垣墻하여 竊人牛馬하고 誘人臣妾者도 亦有常刑이니 此는 嚴部伍之事라

사역하는 자 중에 천한 자를 男子는 臣이라 하고, 女子는 妾이라 한다. 마소가 바람나 도망하고 臣妾이 도망하거든 軍壘를 넘어 쫓아가지 말라. 이것을 잃은 주인은 비록 쫓아가지 못하나 사람중에 바람난 마소와 도망한 臣妾을 얻은 자는 또 마땅히 공경히 반환해야 하니, 내가 많고 적음을 헤아려 너에게 상을 줄 것이다. 만일 혹 軍壘를 넘어 쫓아가다가 대오를 잃거나 반환하지 않고 탈취하면 모두 떳떳한 형벌이 있을 것이요, 고의로 훔치고 빼앗으며 담을 넘어가 남의 마소를 훔치고 남의 臣妾을 유인하는 자가 있으면 또한 떳떳한 형벌이 있을 것이니, 이는 部伍를 엄격히 하는 일이다.

5. **甲戌**에 **我惟征徐戎**호리니 **峙乃糗糧**호되 **無敢不逮**하라 **汝**

逋 : 도망갈 포　壘 : 진 루　峙 : 쌓을 치　糗 : 미싯가루 구

則有大刑하리라 **魯人三郊三遂**아 **峙乃楨榦**하라 **甲戌**에 **我惟築**하리니 **無敢不供**하라 **汝則有無餘刑**이나 **非殺**이니라 **魯人三郊三遂**아 **峙乃芻茭**호되 **無敢不多**하라 **汝則有大刑**하리라

甲戌日에 나는 徐戎을 정벌할 것이니, 네 糗糧을 준비하되 감히 미치지 못함이 없도록 하라. 너는 큰 형벌이 있을 것이다. 魯나라 백성들의 3郊와 3遂야! 네 楨榦을 준비하라. 甲戌日에 내가 성을 쌓을 것이니, 감히 공급하지 못하는 일이 없도록 하라. 너는 남은 형벌이 없을 것이나 죽이지는 않을 것이다. 魯나라 백성들의 3郊와 3遂야! 네 芻茭(꼴과 마초)를 준비하되 감히 많지 않게 하지 말라. 너는 큰 형벌이 있을 것이다.

甲戌은 用兵之期也라 峙는 儲備也라 糗糧은 食也라 不逮는 若今之乏軍興이라 淮夷徐戎이 竝起어늘 今所攻이 獨徐戎者는 蓋量敵之堅瑕緩急而攻之也라 國外曰郊요 郊外曰遂라 天子는 六軍이니 則六鄕六遂요 大國은 三軍이라 故로 魯三郊三遂也라 楨榦은 板築之木이라 題曰楨이니 牆端之木也요 旁曰榦이니 牆兩邊障土木也라 以是日征하고 是日築者는 彼方禦我之攻하여 勢不得擾我之築也일새라 無餘刑非殺者는 刑之非一이로되 但不至于殺爾라 芻茭는 供軍牛馬之用이라 軍은 以期會芻糧으로 爲急이라 故로 皆服大刑이라 楨榦芻茭에 獨言魯人者는 地近而致便也일새라

甲戌은 용병하는 기일이다. 峙는 저축하여 대비하는 것이다. 糗糧은 밥이다. 不逮는 지금에 軍興(군수품)을 결핍함과 같은 것이다. 淮夷와 徐戎이 함께 일어났는데, 이제 유독 徐戎을 정벌한 것은 敵의 堅瑕(견고함과 하자)와 緩急을 헤아려 공격한 것이다. 國(서울)의 밖을 郊라 하고, 郊의 밖을 遂라 한다. 天子는 6軍이니, 6鄕·6遂이고, 大國은 3軍이므로 魯나라는 3郊·3遂인 것이다. 楨榦은 板築하는 나무이다. 머리에 있는 것을 楨이라 하니 담장 끝에 있는 나무이며, 곁에 있는 것을 榦이라 하니 담장의 양쪽 가에 있는 흙을 막는 나무이다. 이 날로 정벌하고 이 날로 축성하는 것은

楨 : 담틀 정 芻 : 꼴 추 茭 : 마른꼴 교

저들이 우리의 공격을 방어하느라 형편상 우리의 축성을 소요시킬 수 없기 때문이다. 남은 형벌이 있으나 죽이지는 않는다는 것은 형벌하기를 한 가지로 하지 않으나 다만 죽임에는 이르지 않는 것이다. 芻茭는 軍中의 마소의 씀에 공급하는 것이다. 군대는 期會와 마초와 군량을 시급한 것으로 삼기 때문에 모두 큰 형을 받는 것이다. 楨榦과 芻茭에 유독 魯나라 사람을 말한 것은 땅이 가까워 가져오기가 편리하기 때문이다.

秦誓

左傳에 杞子自鄭으로 使告于秦曰 鄭人이 使我掌其北門之管하니 若潛師以來면 國可得也라하여늘 穆公이 訪諸蹇叔한대 蹇叔曰 不可라 公辭焉하고 使孟明, 西乞, 白乙로 伐鄭이러니 晉襄公이 帥師하여 敗秦師于殽하고 囚其三帥하니라 穆公이 悔過하여 誓告群臣이어늘 史錄爲篇하니 今文古文皆有하니라

《左傳》에 杞子가 鄭나라에서 사람을 시켜 秦나라에 알리기를 "鄭나라 사람이 나로 하여금 北門의 열쇠를 관장하게 하니, 만약 군대를 은밀히 출동하여 오면 鄭나라를 얻을 수 있다." 하였다. 穆公이 이것을 蹇叔에게 물으니, 蹇叔은 "불가하다." 하였으나, 穆公은 사절하고 孟明·西乞·白乙로 하여금 鄭나라를 치게 하였는데, 晉나라 襄公이 군대를 거느려 秦軍을 殽땅에서 패퇴시키고 세 장수를 가두었다. 이에 穆公은 자신의 과오를 뉘우쳐 여러 신하들에게 맹세하여 고하였는데, 史官이 이것을 기록하여 편을 만들었으니, 今文과 古文에 모두 있다.

1. 公曰 嗟我士아 聽無譁하라 予誓告汝群言之首하노라

公이 말씀하였다. "아! 나의 선비들아. 나의 말을 듣고 떠들지 말라. 내 맹세하여 너희에게 여러 말의 첫번째를 고하노라.

管：자물쇠 관 蹇：절 건 殽：안주 효

首之爲言은 第一義也라 將擧古人之言이라 故로 先發此라

首란 말은 제일이라는 뜻이다. 장차 古人의 말을 꺼내려 하므로 먼저 이것을 말한 것이다.

2. 古人有言曰 民訖自若是多盤하나니 責人이 斯無難이라 惟受責俾如流 是惟艱哉인저

古人이 말하기를 '백성들은 모두 스스로 이와 같이 많이 편안하니, 사람을 책함이 어려운 것이 아니라, 오직 책함을 받아들이기를 흐르는 물처럼 하기가 어려운 것이다'

訖은 盡이요 盤은 安也라 凡人은 盡自若是多安於徇己하니 其責人이 無難이라 惟受責於人을 俾如流水하여 略無扞格이 是惟難哉인저 穆公이 悔前日安於自徇하여 而不聽蹇叔之言하고 深有味乎古人之語라 故로 擧爲誓言之首也라

訖은 모두이고 盤은 편안함이다. 凡人은 모두 스스로 이와 같이 자기를 따름에 편안하니, 사람을 책함이 어려운 것이 아니라, 오직 사람에게 책함을 받아들이기를 흐르는 물처럼 하여 조금도 扞格(막힘)이 없는 것이 어려운 것이다. 穆公이 前日에 자신의 말을 따름에 편안하여 蹇叔의 말을 듣지 않은 것을 후회하고, 깊이 古人의 말에 음미함이 있었으므로 이것을 들어 맹세하는 말의 첫번째로 삼은 것이다.

3. 我心之憂는 日月이 逾邁라 若弗云來니라

내 마음의 근심은 세월이 흘러가 다시는 오지 않을 듯함이다.

已然之過는 不可追어니와 未遷之善은 猶可及이나 憂歲月之逝하여 若無復

逾 : 갈 유 邁 : 갈 매

有來日也라

이미 지나간 잘못은 쫓을 수 없거니와 옮기지 않은 善은 오히려 미칠 수 있으나 세월이 흘러가서 다시는 내일이 없을 듯함을 근심한 것이다.

4. 惟古之謀人은(으란) 則曰未就予라하여 忌하고 惟今之謀人은 姑將以爲親하니 雖則云然이나 尙猷詢玆黃髮하면 則罔所愆하리라

옛날의 謀人(도모하는 사람)은 자신을 따르지 않는다 하여 싫어하고, 지금의 謀人은 우선 순종한다 하여 친하였다. 비록 그러하나 오히려 거의 黃髮(백발의 노인)에게 물을 것을 도모하면 잘못되는 바가 없을 것이다.

忌는 疾이요 姑는 且也라 古之謀人은 老成之士也요 今之謀人은 新進之士也라 非不知其爲老成이나 以其不就己而忌疾之하고 非不知其新進이나 姑樂其順便而親信之라 前日之過 雖已云然이나 然尙謀詢玆黃髮之人이면 則庶罔有所愆이니 蓋悔其旣往之失하고 而冀其將來之善也라

忌는 미워함이요, 姑는 우선이다. 옛날의 謀人은 老成한 선비이고, 지금의 謀人은 新進의 선비이다. 老成함을 모른 것은 아니나 자신을 따르지 않는다 하여 싫어하고 미워하였으며, 新進임을 모른 것은 아니나 우선 순종하고 익힘을 즐거워하여 親信하였다. 前日의 잘못은 비록 이미 그러하나 오히려 이 黃髮의 노인에게 물을 것을 도모하면 거의 잘못되는 바가 없을 것이니, 기왕의 잘못을 뉘우치고 장래의 善을 바란 것이다.

5. 番番(皤皤)良士 旅力[1]旣愆은 我尙有之하고 仡仡勇夫 射御不違는 我尙不欲하니 惟截截善諞言하여 俾君子로 易辭를 我皇(遑)多有之아

皤：휠 파 仡：굳셀 흘 諞：말잘할 편

皤皤한 어진 선비로 旅力이 이미 쇠한 자는 내 부디 소유하고, 仡仡한 勇夫로 활쏘기와 말타기를 어기지 않는 자는 내 부디 등용하고자 하지 않으니, 截截하게 말을 공교롭게 잘하여 君子로 하여금 말을 바꾸게 하는 자를 내 어느 겨를에 많이 소유하겠는가.

譯註 1. 旅力：古註에 旅를 衆의 뜻으로 보아 여러가지 힘으로 해석하였으나 旅는 膂와 통하므로 膂力으로 보는 것이 옳을 듯하다. 膂力은 肢體의 힘을 이른다.

番番는 老貌요 仡仡은 勇貌요 截截은 辯給貌라 諞은 巧也라 皇은 遑通이라 旅力既愆之良士는 前日所詆墓木既拱[1]者니 我猶庶幾得而有之요 射御不違之勇夫는 前日所誇過門超乘[2]者니 我庶幾不欲用之라 勇夫도 我尙不欲이어든 則辯給善巧言하여 能使君子로 變易其辭說者를 我遑暇多有之哉아 良士는 謂蹇叔이요 勇夫는 謂三帥요 諞言은 謂杞子라 先儒皆謂穆公悔用孟明이라하나 詳其誓意컨대 蓋深悔用杞子之言也라

番番는 늙은 모양이요, 仡仡은 용맹한 모양이요, 截截은 말을 잘하는 모양이다. 諞은 공교로움이다. 皇은 遑과 통한다. 旅力이 이미 쇠한 어진 선비는 前日에 墓의 나무가 이미 拱이 되었을 것이라고 꾸짖은 자이니, 내 오히려 부디 얻어 소유할 것이요, 활쏘기와 말타기를 어기지 않는 勇夫는 전일에 문을 지나며 수레에 뛰어오름을 과시한 자이니, 내 부디 등용하려 하지 않는다. 勇夫도 내 오히려 등용하고자 하지 않는데 口辯으로 말을 공교롭게 잘하여 君子로 하여금 그 辭說을 변역하게 하는 자를 내 어느 겨를에 많이 소유하겠는가. 良士는 蹇叔을 이르고 勇夫는 세 장수를 이르고, 諞言은 杞子를 이른다. 先儒는 모두 "穆公이 孟明을 등용한 것을 뉘우쳤다."고 말하였으나 맹세한 말을 자세히 살펴보면 杞子의 말을 따른 것을 깊이 뉘우친 것이다.

譯註 1. 墓木既拱：拱은 두 손을 모은 것으로 죽은 지가 오래되어 墓에 심은 나무가 이미 커서 두 움큼이 됨을 이른다. 穆公은 杞子의 연락

詆：꾸짖을 저

을 받고 鄭나라를 공격하려 하였으나 노재상인 蹇叔이 이에 반대하자 "그대가 너무 장수하였다. 그대가 보통사람의 수명이었다면 묘에 심은 나무가 이미 두 움큼은 되었을 것이다. 늙은 그대가 무엇을 안다고 반대하는가." 하고 꾸짖었다.

2. 過門超乘：超乘은 몸이 날렵하여 달리는 수레에 뛰어오르는 것이다. 秦나라 군사들은 일찍이 周나라의 北門을 지나가면서 투구를 벗고 달리는 수레에 뛰어올라 용맹을 과시하였으므로 말한 것이다.

6. 昧昧我思之호니 如有一介臣이 斷斷猗無他技나 其心이 休休焉한지 其如有容이라 人之有技를 若己有之하며 人之彥聖을 其心好之호되 不啻如自其口出하면 是能容之라 以保我子孫黎民이니(이며) 亦職有利哉인저

昧昧히(곰곰히) 내 생각해보니, 만일 한 신하가 斷斷하고 딴 技藝가 없으나 그 마음이 곱고 고와 용납함이 있는 듯하여, 남이 가지고 있는 기예를 자신이 소유한 것처럼 여기며, 남의 훌륭하고 聖스러움을 마음속에 좋아하되 입에서 나오는 것보다도 더 좋아한다면 이는 남을 포용하는 것이다. 나의 子孫과 黎民을 보호할 것이니, 또한 이로움이 있음을 주장할 것이다.

昧昧而思者는 深潛而靜思也라 介는 獨也니 大學에 作箇하니라 斷斷은 誠一之貌라 猗는 語辭니 大學에 作兮하니라 休休는 易直好善之意라 容은 有所受也라 彥은 美士也요 聖은 通明也라 技는 才요 聖은 德也라 心之所好가 甚於口之所言也라 職은 主也라

昧昧히 생각한다는 것은 깊이 잠겨서 고요히 생각하는 것이다. 介는 홀로이니, 《大學》에는 箇로 되어 있다. 斷斷은 정성스럽고 한결같은 모양이다. 猗는 어조사이니, 《大學》에는 兮로 되어 있다. 休休는 평이하고 정직하여 선을 좋아하는 뜻이다. 容은 받아들이는 바가 있는 것이다. 彥은 아름다

猗：어조사 의 啻：뿐 시

운 선비이며, 聖은 통명함이다. 技는 재주요, 聖은 덕이다. 마음에 좋아하는 바가 입으로 말하는 것보다 심한 것이다. 職은 주장함이다.

7. 人之有技를 冒疾以惡(오)之하며 人之彦聖을 而違之하여 俾不達하면 是不能容이라 以不能保我子孫黎民이니(이며) 亦曰殆哉인저

남이 가지고 있는 기예를 시기하고 미워하며, 남의 훌륭하고 聖스러움을 어겨서 통달하지 못하게 한다면 이것은 포용하지 못하는 것이다. 나의 子孫과 黎民을 보호하지 못할 것이니, 또한 위태로울 것이다.

冒는 大學에 作媢하니 忌也라 違는 背違之也라 達은 窮達之達이라 殆는 危也라 蘇氏曰 至哉라 穆公之論此二人也여 前一人은 似房玄齡이요 後一人은 似李林甫하니 後之人主 監此면 足矣니라

冒는 《大學》에는 媢로 되어 있으니, 시기함이다. 違는 등지고 어김이다. 達은 窮達의 達이다. 殆는 위태로움이다. 蘇氏가 말하였다. "지극하다. 穆公이 두 사람을 논함이여, 앞의 한 사람은 房玄齡과 같고, 뒤의 한 사람은 李林甫와 같으니, 후세의 군주가 이것을 거울로 삼으면 충분할 것이다."

8. 邦之杌隉(올날)은 曰由一人이며 邦之榮懷는 亦尙一人之慶이니라

나라가 杌隉(위태로움)함은 한 사람 때문이며, 나라가 영화롭고 편안함은 또한 거의 한 사람의 경사이다."

杌隉은 不安也라 懷는 安也라 言國之危殆가 繫於所任一人之非하고 國之榮安이 繫於所任一人之是하니 申繳上二章意라

冒 : 시기할 모 媢 : 시기할 모 杌 : 위태로울 올 隉 : 위태로울 날 繳 : 맺을 교

杌隉은 편안하지 않음이다. 懷는 편안함이다. 나라의 위태로움이 임용한 바 한 사람의 나쁨에 달려 있고, 나라의 영화롭고 편안함이 임용한바 한 사람의 옳음에 달려 있음을 말하였으니, 위의 두 章의 뜻을 거듭 맺은 것이다.

東洋古典國譯叢書 7

懸吐完譯 書經集傳 下　　정가 33,000원

1998년 03월 02일 초판 발행
2021년 03월 31일 초판 15쇄

譯　註　成百曉
編　輯 發行人　朴洪植
發行處　社團法人 傳統文化研究會
서울시 종로구 삼일대로 428 낙원빌딩 411호
전화 : (02)762-8401　전송 : (02)747-0083
전자우편 : juntong@juntong.or.kr
홈페이지 : juntong.or.kr
사이버書堂 : cyberseodang.or.kr
온라인서점 : book.cyberseodang.or.kr
등록 : 1989. 7. 3.　제1-936호

인쇄처 : 한국법령정보주식회사(02-462-3860)
총　판 : 한국출판협동조합(070-7119-1750)

ISBN 978-89-91720-32-9 04140
978-89-85395-48-3(세트)

전통문화연구회 도서목록

新編 基礎漢文教材·漢文讀解捷徑
- 新編 四字小學·推句 — 고전교육연구실 編譯 11,000원
- 新編 啓蒙篇·童蒙先習 — 고전교육연구실 編譯 11,000원
- 新編 明心寶鑑 — 李祉坤·元周用 譯註 15,000원
- 新編 擊蒙要訣 — 咸賢贊 譯註 12,000원
- 新編 註解千字文 — 李忠九 譯註 13,000원
- 新編 原文으로 읽는 故事成語 — 元周用 編譯 15,000원
- 新編 唐音註解選 — 權卿相 譯註 22,000원
- 漢文독해 기본패턴 — 고전교육연구실 著 15,000원
- 四書독해첩경 — 고전교육연구실 著 20,000원
- 한문독해첩경 文學篇 — 朴相水 李和春 李祉坤 元周用 著 15,000원
- 한문독해첩경 史學篇 — 朴相水 李和春 李祉坤 元周用 著 15,000원
- 한문독해첩경 哲學篇 — 朴相水 李和春 李祉坤 元周用 著 15,000원

東洋古典國譯叢書
- 大學·中庸集註 -개정증보판 — 成百曉 譯註 10,000원
- 論語集註 -개정증보판 — 成百曉 譯註 27,000원
- 孟子集註 -개정증보판 — 成百曉 譯註 30,000원
- 詩經集傳 上·下 — 成百曉 譯註 各 35,000원
- 書經集傳 上·下 — 成百曉 譯註 各 35,000원
- 周易傳義 上·下 — 成百曉 譯註 各 40,000원
- 小學集註 — 成百曉 譯註 30,000원
- 古文眞寶 後集 — 成百曉 譯註 32,000원

五書五經讀本
- 論語集註 上·下 — 鄭太鉉 譯註 各 25,000원
- 孟子集註 上·下 — 田炳秀·金東柱 譯註 各 30,000원
- 大學·中庸集註 — 李光虎·田炳秀 譯註 15,000원
- 小學集註 上·下 — 李忠九 外 譯註 各 25,000원
- 詩經集傳 上·中·下 — 朴小東 譯註 各 30,000원
- 書經集傳 上·中·下 — 金東柱 譯註 各 30,000원
- 周易傳義 元·亨·利·貞 — 崔英辰 外 譯註 各 30,000원
- 詳說古文眞寶大全後集 上·下 — 李相夏 外 譯註 各 32,000원
- 春秋左氏傳 上·中·下 — 許鎬九 外 譯註 各 36,000원~38,000원
- 禮記 上·中·下 — 成百曉 外 譯註 各 30,000원

東洋古典譯註叢書
〈經部〉
- 十三經注疏
  - 周易正義 1~4 — 成百曉·申相厚 譯註 各 30,000원~40,000원
  - 尙書正義 1~7 — 金東柱 譯註 各 25,000원~36,000원
  - 毛詩正義 1~8 — 朴小東 外 譯註 各 32,000원~37,000원
  - 禮記正義 1~3, 中庸·大學 — 李光虎 外 譯註 各 20,000원~30,000원
  - 論語注疏 1~3 — 鄭太鉉·李聖敏 譯註 各 25,000원~40,000원
  - 孟子注疏 1~4 — 崔彩基·梁基正 譯註 各 29,000원~30,000원
  - 孝經注疏 — 鄭太鉉·姜珉廷 譯註 35,000원
  - 周禮注疏 1~4 — 金容天·朴禮慶 譯註 各 27,000원~34,000원
  - 春秋左傳正義 1~2 — 許鎬九 外 譯註 各 27,000원~32,000원
  - 春秋公羊傳注疏 1 — 宋基采 外 譯註 37,000원
- 春秋左氏傳 1~8 — 鄭太鉉 譯註 各 18,000원~35,000원
- 禮記集說大全 1~6 — 辛承云 外 譯註 各 25,000원~40,000원
- 東萊博議 1~5 — 鄭太鉉·金炳愛 譯註 各 25,000원~35,000원
- 韓詩外傳 1~2 — 許敬震 外 譯註 各 29,000원~33,000원
- 說文解字注 1~5 — 李忠九 外 譯註 各 32,000원~38,000원

〈史部〉
- 思政殿訓義 資治通鑑綱目 1~23 — 辛承云 外 譯註 各 18,000원~35,000원
- 通鑑節要 1~9 — 成百曉 譯註 各 18,000원~40,000원
- 唐陸宣公奏議 1~2 — 沈慶昊·金愚政 譯註 各 35,000원~45,000원
- 貞觀政要集論 1~4 — 李忠九 外 譯註 各 25,000원~32,000원
- 列女傳補注 1~2 — 崔秉準·孔勤植 譯註 各 30,000원~38,000원
- 歷代君鑑 1~4 — 洪起殷·全百燦 譯註 各 32,000원~35,000원

〈子部〉
- 孔子家語 1~2 — 許敬震 外 譯註 各 35,000원/36,000원
- 管子 1~4 — 李錫明·金帝蘭 譯註 各 30,000원~32,000원
- 近思錄集解 1~3 — 成百曉 譯註 各 25,000원/35,000원
- 老子道德經注 — 金是天 譯註 30,000원
- 大學衍義 1~5 — 辛承云 外 譯註 各 26,000원~30,000원
- 墨子閒詁 1~6 — 李相夏 外 譯註 各 32,000원~38,000원
- 說苑 1~2 — 許鎬九 譯註 各 25,000원
- 世說新語補 1~5 — 金鎭玉 外 譯註 各 29,000원~40,000원
- 荀子集解 1~7 — 宋基采 譯註 各 25,000원~38,000원
- 心經附註 — 成百曉 譯註 35,000원
- 顔氏家訓 1~2 — 鄭在書·盧暻熙 譯註 各 22,000원/25,000원
- 揚子法言 1 — 朴勝珠 譯註 24,000원
- 列子鬳齋口義 — 崔秉準·孔勤植·權憲俊 共譯 34,000원
- 二程全書 1~6 — 崔錫起·姜導顯 譯註 各 30,000원~38,000원
- 莊子 1~4 — 安炳周·田好根 共譯 各 25,000원~30,000원
- 政經·牧民心鑑 — 洪起殷·全百燦 譯註 27,000원
- 韓非子集解 1~5 — 許鎬九 外 譯註 各 32,000원~38,000원
- 武經七書直解
  - 孫武子直解·吳子直解 — 成百曉·李蘭洙 譯註 35,000원
  - 六韜直解·三略直解 — 成百曉·李鍾德 譯註 26,000원
  - 尉繚子直解·李衛公問對直解 — 成百曉·李蘭洙 譯註 26,000원
  - 司馬法直解 — 成百曉·李蘭洙 譯註 26,000원

〈集部〉
- 古文眞寶 前集 — 成百曉 譯註 30,000원
- 唐詩三百首 1~3 — 宋載卲 外 譯註 各 25,000원~36,000원
- 唐宋八大家文抄 韓愈 1~3 — 鄭太鉉 譯註 各 22,000원/28,000원
- 〃 歐陽脩 1~7 — 李相夏 譯註 各 25,000원~35,000원
- 〃 王安石 1~2 — 申用浩·許鎬九 共譯 各 20,000원/25,000원
- 〃 蘇洵 — 李章佑 外 譯註 25,000원
- 〃 蘇軾 1~5 — 成百曉 譯註 各 22,000원
- 〃 蘇轍 1~3 — 金東柱 譯註 各 20,000원~22,000원
- 〃 曾鞏 — 宋基采 譯註 25,000원
- 〃 柳宗元 1~2 — 宋基采 譯註 各 22,000원
- 明淸八大家文鈔 1 歸有光·方苞 — 李相夏 外 譯註 35,000원
- 〃 2 劉大櫆·姚鼐 — 李相夏 外 譯註 35,000원
- 〃 3 梅曾亮·曾國藩 — 李相夏 外 譯註 38,000원
- 〃 4 張裕釗·吳汝綸 — 李相夏 外 譯註 근간

東洋古典新譯
- 당시선 — 송재소·최경렬·김영죽 편역 22,000원
- 손자병법 — 성백효 역주 14,000원
- 장자 — 안병주·전호근·김형석 역주 13,000원
- 고문진보 후집 — 신용호 번역 28,000원
- 노자도덕경 — 김시천 역주 15,000원
- 고문진보 전집 上·下 — 신용호 번역 각 22,000원
- 신식 비문척독 — 빅상수 번역 25,000원
- 안씨가훈 — 김창진 번역 근간

동양문화총서
- 동양사상 해설과 원전 — 정규훈 外 저 22,000원
- 화합의 길 《중용》 읽기 — 금장태 저 20,000원
- 호설과 시장 — 신용호 저 20,000원
- 어느 노학자의 젊은 시절 -《고문진보》選譯 — 심재기 저 22,000원

문화문고
- 경전으로 본 세계종교 그리스도교 — 이정배 편저 10,000원
- 〃 도교 — 이강수 편역 10,000원
- 〃 천도교 — 윤석산·홍성엽 편저 10,000원
- 〃 힌두교 — 길희성 편역 10,000원
- 〃 유교 — 이기동 편저 10,000원
- 〃 불교 — 김용표 편저 10,000원
- 〃 이슬람 — 김영경 편역 10,000원
- 논어·대학·중용 / 맹자 — 조수익·박승주 공역 각 10,000원
- 소학 — 박승주·조수익 공역 10,000원
- 십구사략 1~2 — 정광호 저 각 12,000원
- 무경칠서 손자병법·오자병법 — 성백효 역 10,000원
- 〃 육도·삼략 — 성백효 역 10,000원
- 〃 사마법·울료자·이위공문대 — 성백효 역 10,000원
- 당시선 — 송재소·최경렬·김영죽 편역 10,000원
- 한문문법 — 이상진 저 10,000원
- 한자한문전통교재 — 조수익·이성민 공역 10,000원
- 士小節 선비 집안의 작은 예절 — 이동희 편역 12,000원
- 儒學이란 무엇인가 — 이동희 저 10,000원
- 동아시아의 유교와 전통문화 — 이동희 저 13,000원
- 현대인, 동양고전에서 길을 찾다 — 이동희 저 10,000원
- 100자에 담긴 한자문화 이야기 — 김경수 저 12,000원
- 우리 설화 1~2 — 김동주 편역 각 10,000원
- 대한민국 국무총리 — 이재원 저 10,000원
- 백운거사 이규보의 문학인생 — 신용호 저 14,000원